easy Windows XP Home

D1628921

Unser Online-Tipp
für noch mehr Wissen …

informit.de

Aktuelles Fachwissen rund um die Uhr
– zum Probelesen, Downloaden oder
auch auf Papier.

www.informit.de

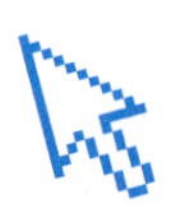

easy

Windows XP Home

Mit dem Computer einfach loslegen

GÜNTER BORN

Markt+Technik

→ leicht → klar → sofort

Die Deutsche Bibliothek – CIP-Einheitsaufnahme
Die Deutsche Bibliothek verzeichnet diese Publikation in der
Deutschen Nationalbibliographie; detaillierte bibliografische Daten
sind im Internet über http://dnb.ddb.de abrufbar.

Die Informationen in diesem Produkt werden ohne Rücksicht auf einen
eventuellen Patentschutz veröffentlicht.
Warennamen werden ohne Gewährleistung der freien Verwendbarkeit benutzt.
Bei der Zusammenstellung der Texte und Abbildungen wurde mit größter
Sorgfalt vorgegangen.
Trotzdem können Fehler nicht vollständig ausgeschlossen werden.
Verlag, Herausgeber und Autoren können für fehlerhafte Angaben
und deren Folgen weder eine juristische Verantwortung noch
irgendeine Haftung übernehmen.
Für Verbesserungsvorschläge und Hinweise auf Fehler sind Verlag und
Herausgeber dankbar.

Alle Rechte vorbehalten, auch die der fotomechanischen Wiedergabe und der
Speicherung in elektronischen Medien.
Die gewerbliche Nutzung der in diesem Produkt gezeigten Modelle und Arbeiten
ist nicht zulässig.

Fast alle Produktbezeichnungen, weitere Stichworte und sonstige Angaben, die in diesem
Buch verwendet werden, sind als eingetragene Marken geschützt. Da es nicht möglich ist, in
allen Fällen zeitnah zu ermitteln, ob ein Markenschutz besteht, wird das ® Symbol in
diesem Buch nicht verwendet.

Umwelthinweis:
Dieses Buch wurde auf chlorfrei gebleichtem Papier gedruckt.
Um Rohstoffe zu sparen, haben wir auf Folienverpackung verzichtet.

10 9 8 7 6 5 4 3

09 08

ISBN 978-3-8272-4074-3

© 2006 by Markt+Technik Verlag,
ein Imprint der Pearson Education Deutschland GmbH,
Martin-Kollar-Straße 10–12, D-81829 München/Germany
Alle Rechte vorbehalten
Coverkonzept: independent Medien-Design, Widenmayerstr. 16, 80538 München
Coverlayout: Thomas Arlt, München
Titelfoto: Image Direkt
Lektorat: Birgit Ellissen, bellissen@pearson.de
Herstellung: Monika Weiher, mweiher@pearson.de
Satz: Ulrich Borstelmann, Dortmund (www.borstelmann.de)
Druck: Kösel, Krugzell (www.KoeselBuch.de)
Printed in Germany

Inhaltsverzeichnis

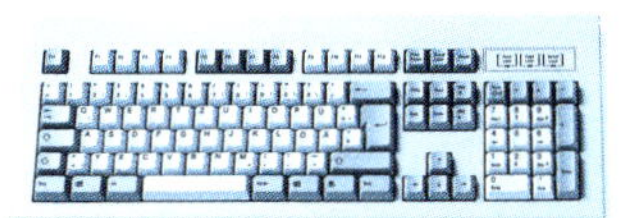

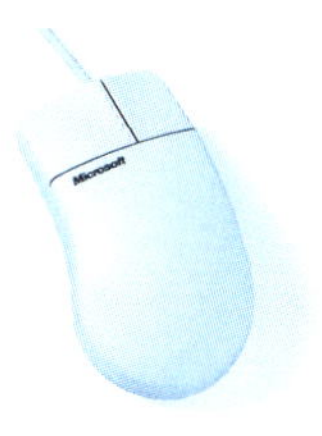

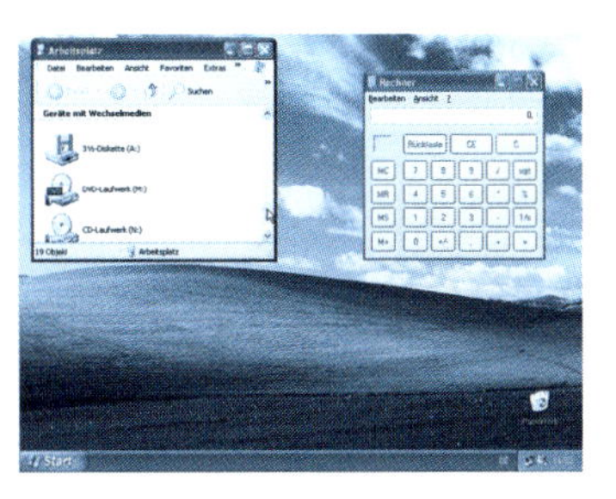

2 Laufwerke, Ordner und Dateien 62

3 Schreiben unter Windows 108

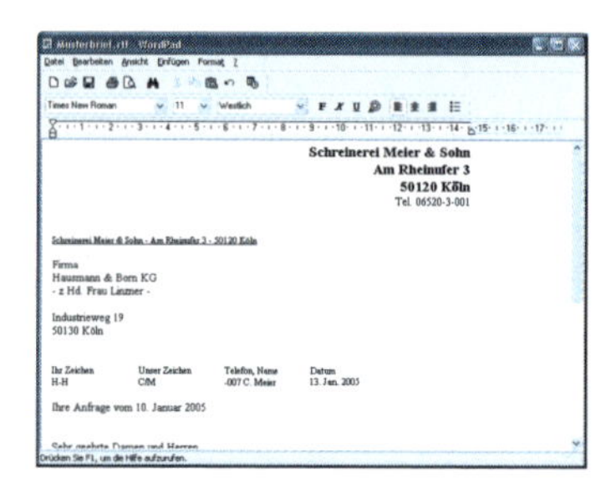

4 Fotos und Bilder 144

5 Musik und Videos 172

6 Windows-Spiele 188

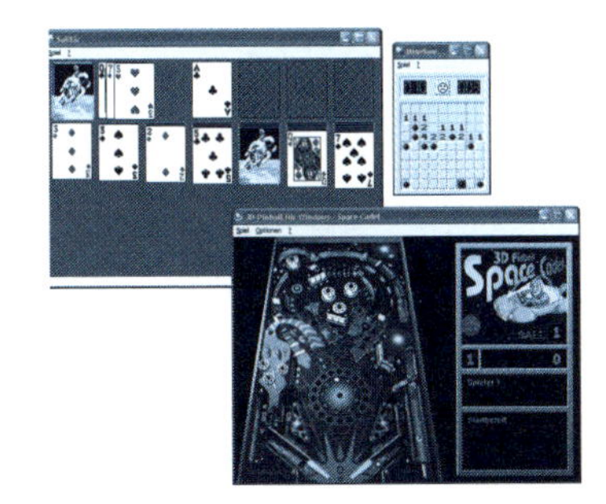

7 Surfen im Internet 198

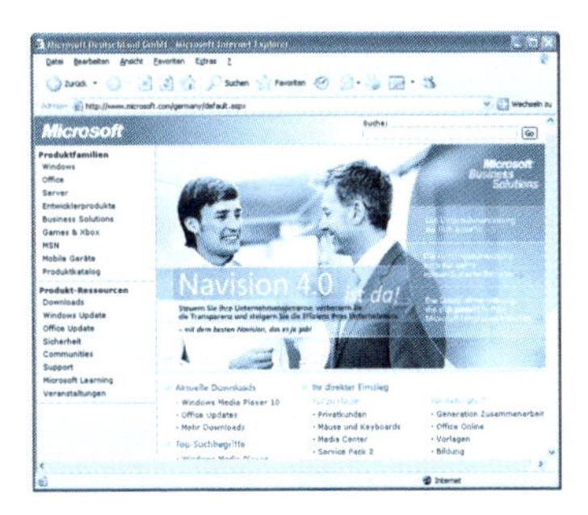

11 Windows anpassen 298

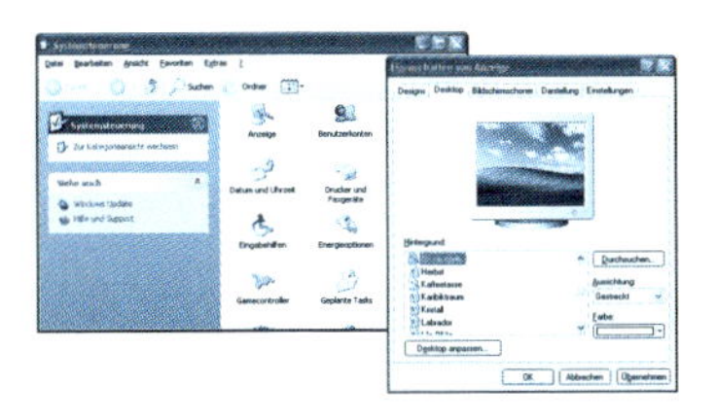

Kleine Hilfe bei Problemen 324

Lexikon 334

Stichwortverzeichnis 341

Liebe Leserin, lieber Leser!

Kommen Sie mit auf einen Streifzug, in dem Sie Windows XP Home Edition samt seinen Funktionen auf leichte und lockere Art kennen lernen. Sie werden staunen, was Windows alles zu bieten hat. Und das Stöbern in seinen Funktionen kann sogar Spaß machen, denn dieses Buch führt Sie schrittweise in die benötigten Techniken im Umgang mit Tastatur, Maus und so weiter ein. Sie erfahren, welche Programme Windows bietet, wie diese aufgerufen und genutzt werden. Das Buch vermittelt auch das Wissen, um Windows XP sicher zu machen.

Weiterhin lernen Sie mit Laufwerken, Disketten, Dateien und Dokumenten umzugehen. Dann ist es nur noch ein kleiner Schritt, um selbst Briefe zu schreiben, Grafiken oder Bilder bzw. Videos zu bearbeiten, im Internet zu surfen oder elektronische Post (E-Mail) auszutauschen. Auch Spielen unter Windows XP ist möglich. Nehmen Sie sich etwas Zeit und gehen Sie die Sache locker an. Dann klappt der Einstieg bestimmt – vieles lernt sich durch Wiederholen quasi nebenbei. In dieser Hinsicht wünsche ich Ihnen viel Erfolg mit Windows XP Home Edition und diesem Buch.

G. Born

Die Tastatur

Auf den folgenden drei Seiten sehen Sie, wie Ihre Computertastatur aufgebaut ist. Damit es für Sie übersichtlich ist, werden Ihnen immer nur bestimmte Tastenblöcke auf einmal vorgestellt.
Ein großer Teil der Computertasten funktioniert wie bei der Schreibmaschine. Es gibt aber noch einige zusätzliche Tasten, die auf Besonderheiten der Computerarbeit zugeschnitten sind.
Sehen Sie selbst ...

Schreibmaschinen-Tastenblock

Diese Tasten bedienen Sie genauso wie bei der Schreibmaschine.
Mit der Eingabetaste schicken Sie außerdem Befehle an den Computer ab.

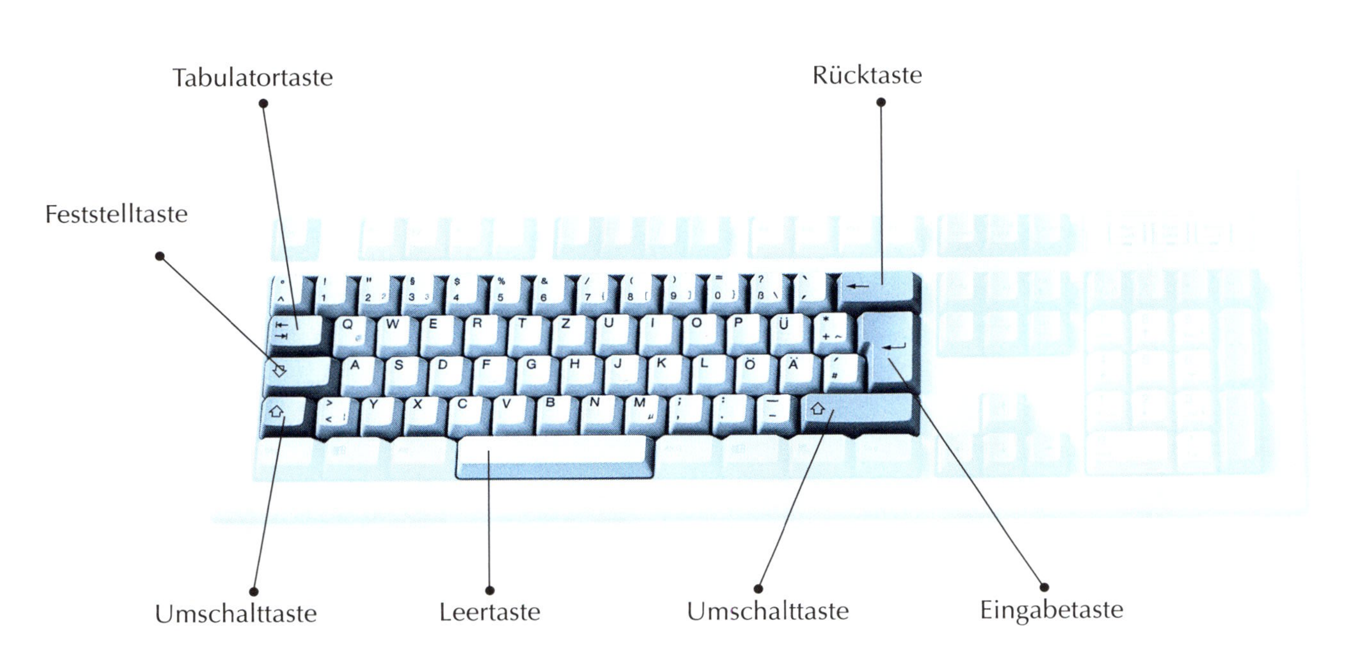

Sondertasten, Funktionstasten, Kontrollleuchten, Zahlenblock

Sondertasten und Funktionstasten werden für besondere Aufgaben bei der Computerbedienung eingesetzt. [Strg]-, [Alt]- und [AltGr]-Taste meist in Kombination mit anderen Tasten. Mit der [Esc]-Taste können Sie Befehle abbrechen, mit Einfügen und Entfernen u.a. Text einfügen oder löschen.

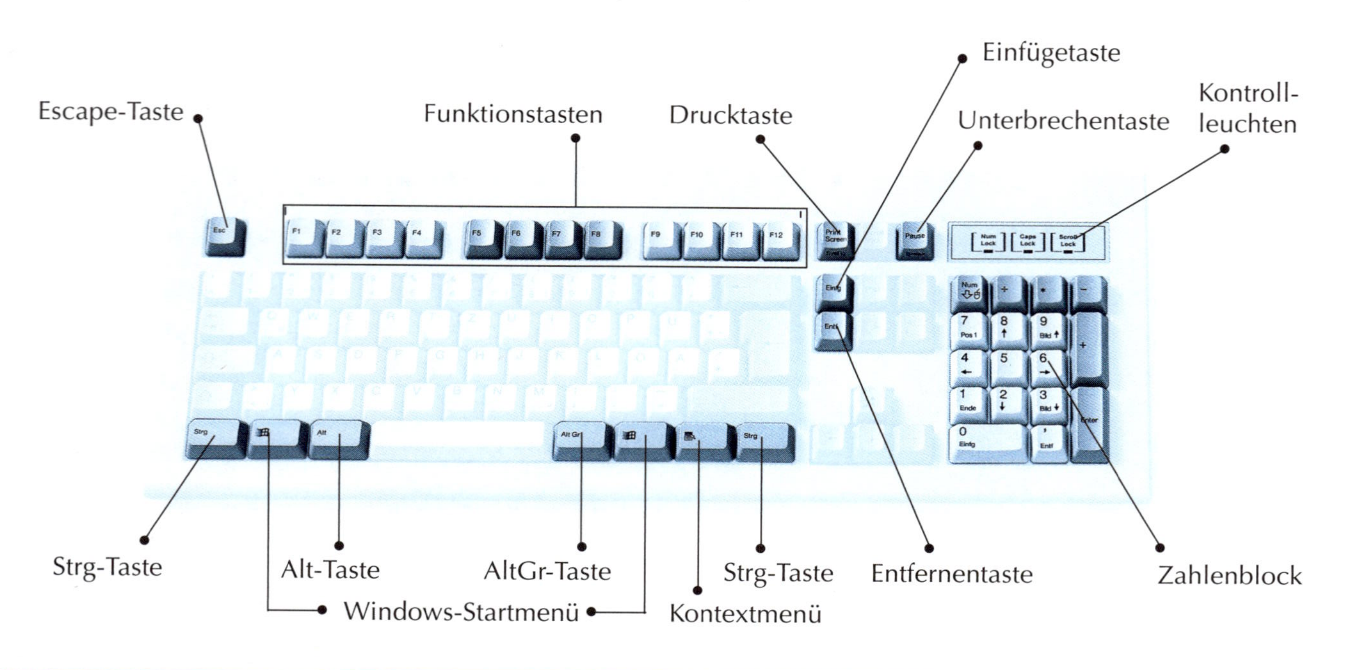

Navigationstasten

Mit diesen Tasten bewegen Sie sich auf dem Bildschirm.

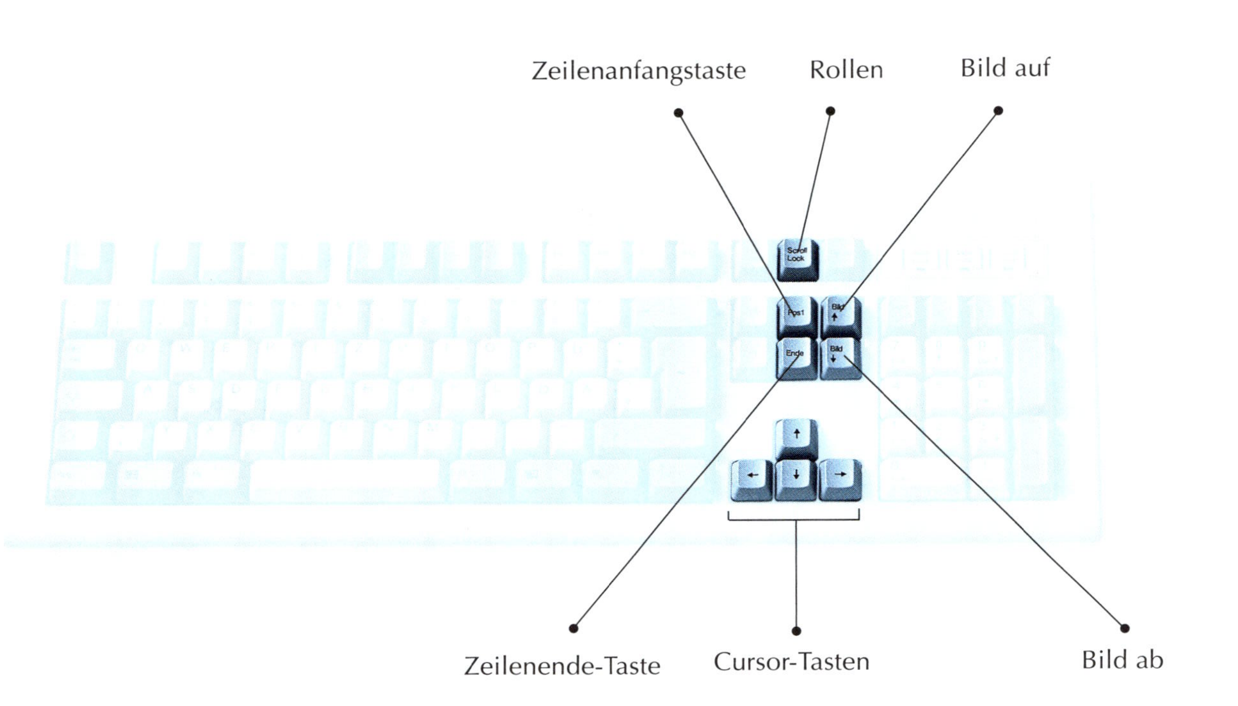

Die Maus

»Klicken Sie ...«

heißt: einmal kurz
auf eine Taste drücken.

Mit der
linken Maustaste
klicken ...

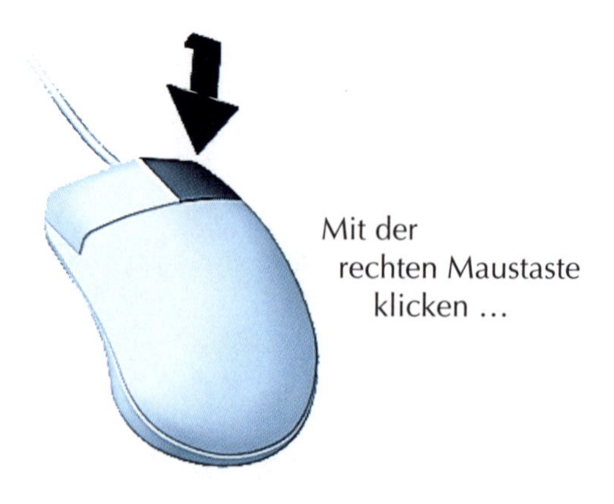

Mit der
rechten Maustaste
klicken ...

»Doppelklicken Sie …«

heißt: die linke Taste zweimal schnell hintereinander ganz kurz drücken.

Doppelklicken

»Ziehen Sie …«

heißt: auf bestimmte Bildschirmelemente mit der linken Maustaste klicken, die Taste gedrückt halten, die Maus bewegen und dabei das Element auf eine andere Position ziehen.

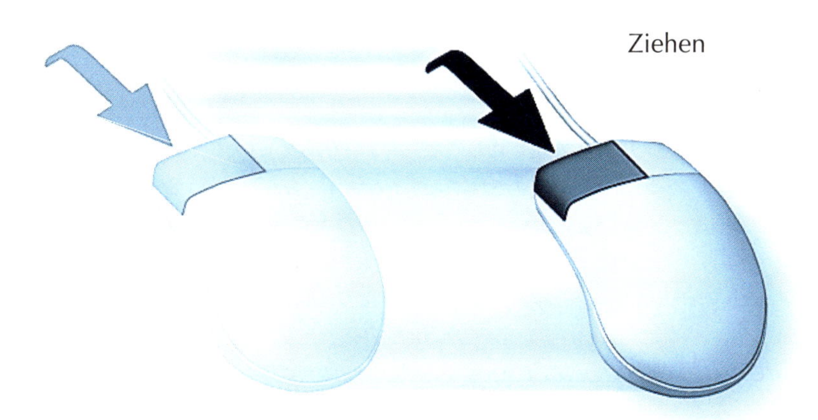

Ziehen

Kapitel 1

Windows, das erste Mal

Dieses Kapitel zeigt Ihnen, wie Sie sich unter Windows anmelden und wie Windows herunter gefahren wird. Weiterhin lernen Sie mit der Maus umzugehen und werden in die Grundlagen für den Umgang mit Windows XP eingeführt. Sie können anschließend Programme starten und mit Fenstern arbeiten. Zusätzlich beherrschen Sie die Techniken, um über das »Hilfe- und Supportcenter« weitere Informationen abzurufen.

Das lernen Sie neu:

Es geht los

Ist alles bereit? Dann kann es mit den ersten Schritten losgehen. Sie müssen den Rechner mitsamt dem Betriebssystem (also Windows) starten.

1 Schalten Sie den Rechner und den Monitor ein.

Nach einigen Sekunden wird Windows geladen. Sie sehen dies an einigen Meldungen auf dem Bildschirm. Wenn alles klappt, erscheint irgendwann diese (oder eine ähnliche) Darstellung auf dem Bildschirm.

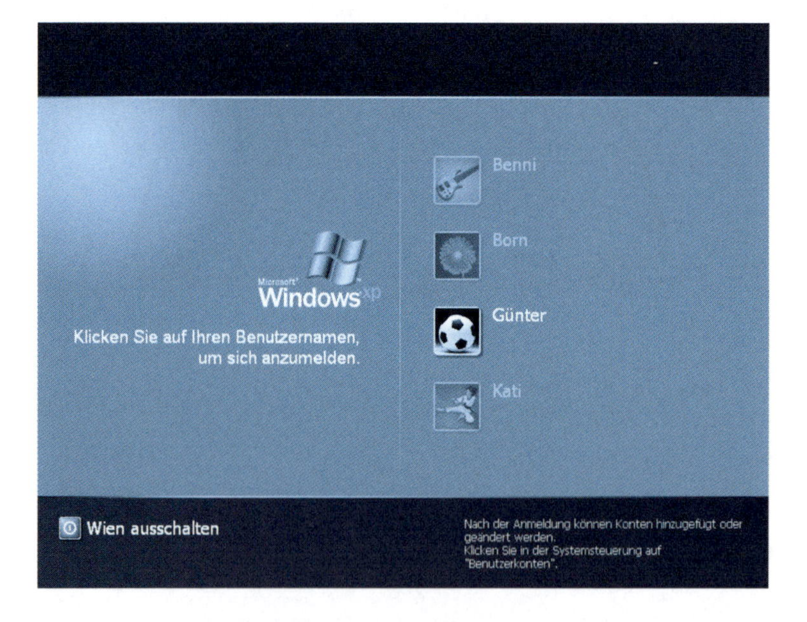

Für jeden unter Windows eingerichteten Benutzer erscheinen ein kleines Symbol und der Benutzername (hier zum Beispiel Benni, Born, Günter, Kati). Windows möchte nun, dass Sie sich anmelden, d.h., Sie teilen Windows Ihren Benutzernamen mit. Dadurch kann Ihnen Windows unter Ihrem so genannten Benutzerkonto eine persönliche Arbeitsumgebung bereitstellen.

Hier kommt die Maus

Hinweis

*Eine **Maus** besitzt meist zwei **Tasten** (manchmal auch drei). Die Maus können Sie auf einer Unterlage verschieben, und die Tasten lassen sich drücken. Für Windows benötigen Sie nur die beiden äußeren Tasten. Häufig wird die Maus auf einer Gummiunterlage, auch **Mauspad** – sprich »Mauspäd« – genannt, bewegt.*

Für die weiteren Schritte brauchen Sie die Maus. Dies trifft sich gut, denn bei dieser Gelegenheit lernen Sie bereits den Umgang mit diesem Gerät.

1 Nehmen Sie jetzt die Maus in die Hand.

2 Bewegen Sie die Maus auf der Unterlage.

Auf dem Bildschirm ist ein kleiner Pfeil, auch als **Mauszeiger** bezeichnet, zu sehen.

Sobald Sie die Maus auf der Unterlage verschieben, bewegt sich der Mauszeiger auf dem Bildschirm mit.

Günter

3 Verschieben Sie die Maus so lange, bis der Mauszeiger auf ein Symbol zeigt.

Dieses **Verschieben** des Mauszeigers wird als **Zeigen** mit der Maus bezeichnet. Dies ist sprachlich zwar etwas ungenau, Sie zeigen ja mit dem Mauszeiger, wird aber allgemein genutzt. Sie können mit der Maus in Windows auf verschiedene Elemente zeigen.

Vielleicht ist Ihnen beim Zeigen auf das Bild noch etwas aufgefallen? Der **Mauszeiger ändert** seine **Form** und wird zu einer stilisierten Hand. Windows ändert gelegentlich beim Zeigen auf ein Element automatisch die Form des Mauszeigers. Außerdem hebt Windows das Symbol, auf das Sie gerade zeigen, optisch etwas hervor. Sie erkennen also besser, welches Element sich unter dem Mauszeiger befindet.

4 Drücken Sie jetzt kurzzeitig die linke Maustaste und lassen diese los.

Dies wird als **Klicken mit der Maus** bezeichnet und wird Ihnen noch häufig unter Windows begegnen.

Was jetzt passiert, hängt etwas von den Windows-Einstellungen ab. In vielen Fällen meldet Windows, dass die Benutzereinstellungen geladen werden. Nach kurzer Zeit gelangen Sie dann zum Windows Desktop (siehe unten).

Windows lässt sich aber auch so einrichten, dass zum Arbeiten ein Kennwort eingegeben werden muss.

Dann erscheint ein Textfeld zur Kennwortabfrage.

In dem weißen Feld bleibt jetzt ein blinkender senkrechter Strich stehen, egal ob Sie die Maus bewegen oder nicht.

Geben Sie Ihr Kennwort ein.

5 Tippen Sie per Tastatur das zu Ihrem Namen gehörende Kennwort ein.

Für jedes eingetippte Zeichen erscheint im Kennwortfeld ein Sternchen *. Dies verhindert, dass Dritte das Kennwort mitlesen.

Hinweis

Das Kennwort sollte Ihnen vom Betreuer des Systems mitgeteilt worden sein oder Sie haben es selbst festgelegt. Haben Sie das Kennwort vergessen. Ist eine Schaltfläche mit einem Fragezeichen zu sehen? Zeigen Sie per Maus auf die Schaltfläche mit dem Fragezeichen. Windows blendet dann eine so genannte QuickInfo mit einem Kennworthinweis ein.

6 Klicken Sie jetzt auf diese Schaltfläche oder drücken Sie die [↵]-Taste.

Windows übernimmt Ihre Eingaben und gibt bei korrektem Kennwort das System zum Arbeiten frei.

> **Was ist das?**
>
> *Die kleinen Vierecke (z.B. mit dem Fragezeichen oder dem Pfeil) nennt man* ***Schaltflächen****. Durch Klicken mit der Maus lässt sich eine Funktion einschalten. Schaltflächen begegnen Ihnen unter Windows an vielen Stellen. Die weißen Rechtecke (z.B. zur Kennworteingabe) werden als* ***Eingabefelder*** *oder* ***Textfelder*** *bezeichnet. Eine* ***QuickInfo*** *ist ein Fenster mit Hinweisen. Solche QuickInfos lassen sich häufig beim Zeigen auf ein Element einblenden und geben Ihnen Zusatzinformationen zu einer Funktion.*

Hat bei der Anmeldung alles geklappt, gelangen Sie zum **Desktop** (siehe folgender Abschnitt). So ganz nebenbei haben Sie bereits den Umgang mit der Maus kennen gelernt, denn Sie können bereits **Zeigen** und **Klicken**. Weitere Maustechniken lernen Sie auf den folgenden Seiten.

> **Hinweis**
>
> *Bleibt bei Ihnen der Bildschirm dunkel? Vielleicht haben Sie vergessen, den Bildschirm einzuschalten. Prüfen Sie bitte auch, ob alle Kabel angeschlossen und die Stecker in der Steckdose eingesteckt sind. Dies gilt auch, wenn der Computer nach dem Einschalten absolut gar nichts tut.*

Was ist ein Desktop?

Nach einer erfolgreichen Anmeldung präsentiert Windows Ihnen den Arbeitsbereich, auch als **Benutzeroberfläche** oder als **Desktop** bezeichnet (Desktop ist der englische Name für Schreibtisch).

Sie sehen vermutlich ein Motiv (hier eine Hügellandschaft), das Symbol des Papierkorbs und eine Art »Balken« am unteren Bildrand. Dies ist die Umgebung, unter der Sie zukünftig arbeiten. In den verschiedenen Kapiteln dieses Buches lernen Sie die Elemente dieser Umgebung und ihre Funktionen kennen.

Hinweis

Enthält der Desktop bei Ihnen mehr Symbole, Fenster oder einen anderen Hintergrund? Dies ist nicht weiter tragisch. Jeder Benutzer kann Windows bzw. den Desktop entsprechend seinen Bedürfnissen anpassen, und bei der Installation von Programmen wird der Desktop ebenfalls häufig verändert. Das obige Bild zeigt die Ausgangskonfiguration von Windows. Auf den folgenden Seiten benutze ich bereits eine angepasste Konfiguration mit weißem Hintergrund, damit die Bildausschnitte besser erkennbar sind.

Der »Balken« am unteren Rand des Bildschirms wird als **Taskleiste** bezeichnet.

In dieser Leiste zeigt Ihnen Windows verschiedene Informationen an.

Rechts in der Taskleiste befindet sich der **Infobereich**. Dort wird die **Uhrzeit** und der Zustand verschiedener Geräte über Symbole angezeigt.

Die **Schaltfläche** *Start* in der linken Ecke der Taskleiste wird zum Beispiel benutzt, um Programme aufzurufen.

Die Funktionen der Taskleiste lernen Sie auf den folgenden Seiten kennen.

Dies ist das Symbol des Papierkorbs. Brauchen Sie ein Dokument (zum Beispiel einen Brief) nicht mehr, »verschieben« Sie dieses einfach in den Papierkorb.

Windows zeigt Ihnen übrigens am Symbol, ob der Papierkorb leer ist oder ob Sie bereits etwas »gelöscht« haben. Wie Sie mit dem Papierkorb arbeiten, erfahren Sie in Kapitel 2.

Ein paar Lockerungsübungen gefällig?

Auf den vorhergehenden Seiten habe ich Ihnen einige Elemente des Desktops vorgestellt und Ihnen auch gezeigt, wie Sie sich unter Windows anmelden. Falls Sie ganz neu eingestiegen sind, haben Sie so ganz nebenbei den Umgang mit der Maus geübt. Sie können bereits **Zeigen** und auch **Klicken** (d.h. kurz die linke Maustaste drücken und wieder loslassen).

Hinweis

*Falls es noch etwas Schwierigkeiten mit der Maus gibt, hier noch zwei Tipps: Nehmen Sie die Maus so in die Hand, dass der Zeigefinger auf der linken Taste und der Mittelfinger (oder der Ringfinger) auf der rechten Taste liegt. Achten Sie darauf, die Maus möglichst auf einer Unterlage aus Gummi oder Schaumstoff (**Mauspad**) zu bewegen, da sich diese Unterlage besser als eine glatte Tischplatte zum Arbeiten mit der Maus eignet.*

Jetzt wissen Sie schon eine ganze Menge und es kann weiter gehen. Aber vielleicht haben Sie zu Beginn noch etwas Schwierigkeiten, sich zu merken, wofür ein bestimmtes Symbol steht? Dies ist nicht weiter schlimm; Windows greift Ihnen unter die Arme, wenn Sie einmal nicht weiterwissen. Lassen Sie uns einmal einige Versuche machen.

1 **Zeigen** Sie jetzt mit der **Maus** in der **Taskleiste** auf die Schaltfläche *Start*.

Auch hier blendet Windows beim Zeigen auf das Element eine QuickInfo mit Hinweisen zur Funktion dieser Schaltfläche ein.

2 **Zeigen** Sie jetzt mit der **Maus** im **Infobereich** der **Taskleiste** auf die **Uhrzeit**.

Windows blendet den **Wochentag** und das **Datum** als Quickinfo ein. Sobald die Maus nicht mehr auf das Element zeigt, schließt Windows automatisch das QuickInfo-Fenster.

> **Hinweis**
>
> *Dies sollten Sie sich merken: Windows und viele Programme leisten auf diese Weise Hilfestellung und geben Ihnen über QuickInfos zusätzliche Informationen. Sie brauchen nur auf das betreffende Element wie zum Beispiel eine Schaltfläche zu zeigen. Zum Schließen müssen Sie nur auf einen Bereich neben der »Sprechblase« zeigen.*

Beim Anmelden unter Windows haben Sie bereits das **Klicken** mit der Maus kennen gelernt. Schauen wir uns jetzt an, was sich mit der Mausfunktion **Klicken** noch machen lässt.

1 Klicken Sie mit der Maus auf das Symbol *Papierkorb*.

Das Symbol, welches Sie gerade angeklickt haben, wird farblich hervorgehoben. Wenn Sie ein Element farblich hervorheben, nennt man dies auch **Markieren**.

2 Klicken Sie mit der Maus auf eine freie Stelle des Desktops.

Windows hebt jetzt die farbige Markierung des Symbols auf, das Symbol sieht dann wie vorher aus.

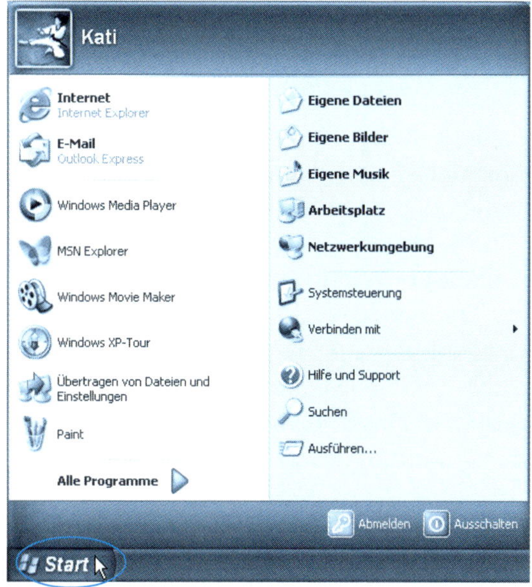

3 Klicken Sie jetzt versuchsweise mit der linken Maustaste auf die Schaltfläche *Start*.

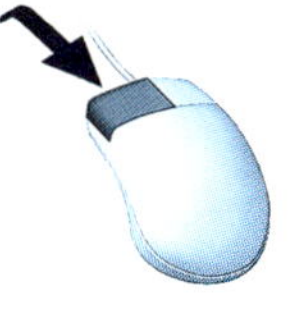

Es öffnet sich ein kleines Fenster. Dieses Fenster wird als **Startmenü** bezeichnet.

4 Klicken Sie auf eine freie Stelle des Desktops, um das Startmenü wieder zu schließen.

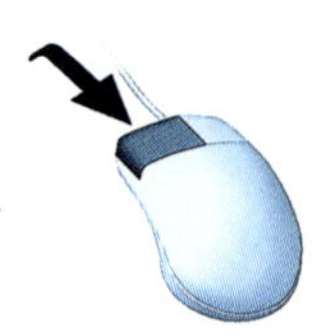

> **Was ist das?**
>
> *Der Begriff **Menü** wird Ihnen in Windows häufiger begegnen. Es handelt sich dabei um ein kleines Fenster, welches verschiedene Namen enthält. Ähnlich wie bei einer Speisenkarte können Sie auch unter Windows etwas per Mausklick aus einem Menü wählen.*

Über das **Startmenü** können Sie Programme oder andere Windows-Funktionen aufrufen. Wie das genau funktioniert, erfahren Sie auf den folgenden Seiten.

Anhand dieser Beispiele haben Sie gesehen, dass das Klicken mit der Maus durchaus unterschiedliche Reaktionen auslösen kann. Beim Klicken auf eine Schaltfläche (oder einen Menübefehl, wie Sie weiter unten lernen) wird eine Funktion ausgeführt. Klicken Sie dagegen auf ein (Desktop-)Symbol, markiert Windows dieses. Aber mit der Maus lässt sich noch mehr tun. Standardmäßig besitzt Windows XP nur noch das Symbol des Papierkorbs in der Ecke rechts unten – je nach Konfiguration kann Ihr Windows aber weitere Symbole enthalten. Diese Symbole lassen sich per Maus auf dem Desktop verschieben. Ganz nebenbei lernen Sie eine weitere Mausfunktion, das **Ziehen**, kennen:

1 Zeigen Sie mit dem Mauszeiger auf das Symbol des Papierkorbs.

2 Drücken Sie die linke Maustaste, halten diese aber weiterhin gedrückt, und **ziehen** Sie jetzt das Symbol des Papierkorbs über den Bildschirm.

Unter dem Mauszeiger wird ein zweites Symbol des Papierkorbs angezeigt, welches mit dem Mauszeiger mitwandert.

3 Sobald Sie das Symbol des Papierkorbs etwas auf dem Desktop verschoben haben, lassen Sie die linke Maustaste wieder los.

Windows setzt jetzt das Symbol des Papierkorbs an jene Stelle, an der Sie die linke Maustaste losgelassen haben.

> **Hinweis**
>
> *Das **Verschieben** der Maus **bei gedrückter linker** (oder manchmal auch rechter) **Maustaste** nennt man **Ziehen**. Nach dem Ziehen eines Symbols oder Fensters ist dieses noch markiert. Um die Markierung des Symbols nach dem Ziehen aufzuheben, klicken Sie mit der Maus auf eine freie Stelle des Desktops.*

Arbeiten mit Fenstern

In Windows benutzen Programme und Funktionen Fenster (engl. »windows«), um darin Informationen anzuzeigen. Um sich schnell zurechtzufinden, sollten Sie die wichtigsten Elemente eines Windows-Fensters kennen. Weiterhin müssen Sie wissen, wie sich solche Fenster öffnen, in der Größe verändern und auch wieder schließen lassen.

Es gibt viele Möglichkeiten, um unter Windows Fenster zu öffnen. Da der Umgang mit Fenstern aber immer gleich ist, möchte ich für die folgenden Übungen einfach den Papierkorb benutzen. So ganz nebenbei lernen Sie noch eine weitere Maustechnik, das **Doppelklicken**, kennen. Diese Technik brauchen Sie später, um mit Dokumenten und Ordnerfenstern etc. zu arbeiten.

1 Zeigen Sie auf das Symbol *Papierkorb*.

2 **Drücken** Sie **kurz** hintereinander **zweimal** die **linke Maustaste**.

Dieses zweimalige Drücken der linken Maustaste wird als Doppelklicken bezeichnet. Wichtig ist, dass beim **Doppelklicken** diese beiden Tastendrücke ganz schnell aufeinander folgen.

Hinweis

Gerade für Anfänger ist das Doppelklicken etwas schwierig. Häufig dauert es zwischen dem ersten und dem zweiten Tastendruck zu lange. Wenn es überhaupt nicht klappen will, versuchen Sie folgenden Trick: Markieren Sie das Symbol mit einem Mausklick und drücken Sie dann die ↵*-Taste. Dies wirkt wie ein Doppelklick.*

Wenn alles geklappt hat, öffnet Windows jetzt ein Fenster mit dem Namen *Papierkorb*. Der Inhalt des jeweiligen Fensters hängt dabei vom zugehörigen Programm ab (oder hier, was der Papierkorb gerade enthält).

Um mit Windows zu arbeiten, sollten Sie die wichtigsten Elemente eines Fensters kennen. Das Schöne an Windows ist aber, dass der grundlegende Aufbau der Fenster bei allen Windows-Programmen und -Funktionen gleich ist. Das Fenster *Papierkorb* ist deshalb typisch für viele Windows-Fenster, d.h., wir können es quasi als Stellvertreter für (fast) alle Windows-Fenster nutzen, um die Grundlagen kennen zu lernen.

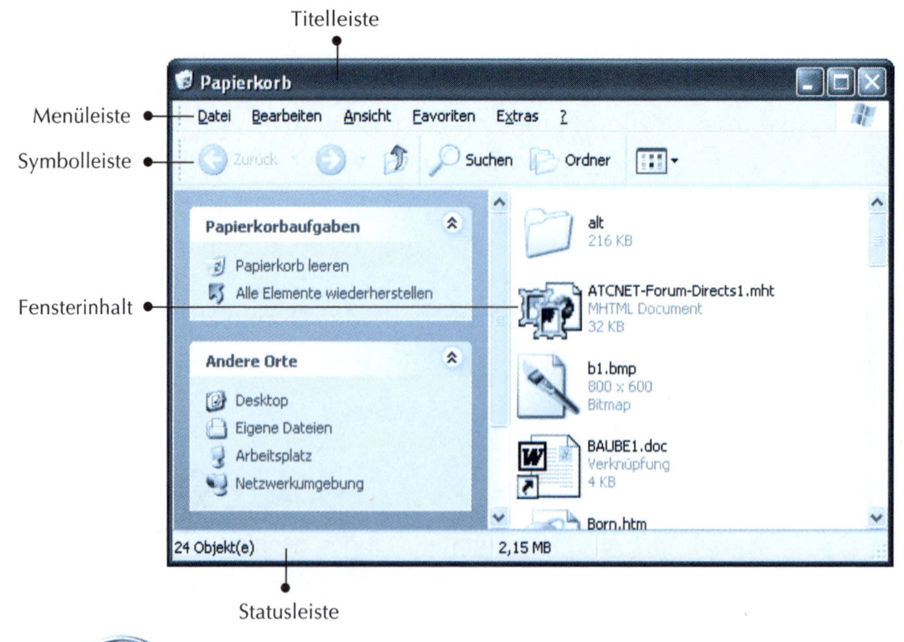

- Am oberen Fensterrand finden Sie die so genannte **Titelleiste**, in der Windows Ihnen den Namen des Fensters anzeigt. Das in der linken oberen Ecke des Fensters befindliche Symbol des so genannten Systemmenüs sowie die Schaltflächen in der rechten oberen Fensterecke dienen zum Abrufen bestimmter Fensterfunktionen (z.B. Schließen).
- Unterhalb der Titelleiste ist bei vielen Fenstern eine **Menüleiste** mit Namen wie *Datei, Bearbeiten, Ansicht* etc. zu sehen. Über die Menüs lassen sich Funktionen aufrufen.
- Manche Fenster besitzen zusätzlich eine (oder mehrere) **Symbolleiste(n)**, über deren Symbole Sie häufig benutzte Funktionen direkt aufrufen können, ohne zunächst mühsam den Weg über die Menüs gehen zu müssen.
- Am unteren Rand besitzen viele Fenster noch eine (optionale) **Statusleiste**, in der zusätzliche Informationen angezeigt werden. Im hier gezeigten Beispiel meldet Windows, dass das Fenster 24 Symbole (auch als **Objekte** bezeichnet) enthält. Wie Sie die Statusleiste ein- oder ausblenden, erfahren Sie in Kapitel 2.

Innen im Fenster wird dann sein Inhalt dargestellt. Details zu den einzelnen Funktionen lernen Sie im Verlauf dieses Buches noch kennen.

Für die ersten Schritte benötigen Sie nur die drei kleinen Schaltflächen rechts in der Titelleiste. Über diese Schaltflächen lässt sich ein Fenster schließen oder in der Größe verändern. Die meisten Fenster weisen zumindest eine oder zwei dieser Schaltflächen auf.

1 Zeigen Sie versuchsweise im geöffneten Fenster *Papierkorb* auf die mittlere Schaltfläche.

Windows blendet bereits beim Zeigen auf die Schaltfläche einen Hinweis auf ihre Funktion in einem Quickinfo-Fenster ein.

2 Klicken Sie jetzt auf die mittlere Schaltfläche **Maximieren**.

Windows vergrößert das Fenster so weit, bis es den gesamten Bildschirm einnimmt. Man sagt, das Fenster ist **maximiert**. Beachten Sie, dass sich das Symbol für die mittlere Schaltfläche verändert hat.

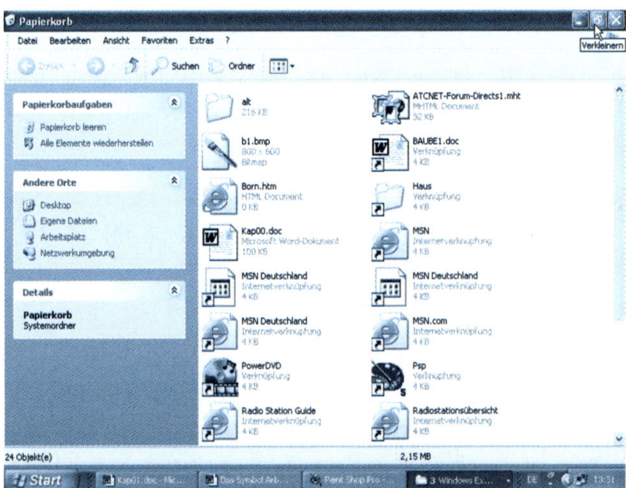

3 Um das Fenster auf die vorherige Größe zurückzusetzen, klicken Sie wieder auf die mittlere, jetzt mit **Verkleinern** bezeichnete, Schaltfläche.

4 Klicken Sie jetzt einmal in der rechten oberen Ecke des Fensters auf die linke Schaltfläche **Minimieren**.

Das Fenster verschwindet vom Desktop. Wenn Sie aber genau hinschauen, wurde es lediglich zum Symbol verkleinert. Sie finden das Symbol als Schaltfläche in der Taskleiste.

5 Um das Fenster wieder zu öffnen, klicken Sie in der Taskleiste auf die Schaltfläche des Fensters (hier *Papierkorb*).

> **Hinweis**
>
> *Windows zeigt in der Taskleiste die Symbole der meisten geöffneten Fenster und Programme an. Klicken Sie auf eine solche Schaltfläche, holt Windows das zugehörige Fenster auf dem Desktop in den Vordergrund. Ist das Fenster bereits im Vordergrund zu sehen, verkleinert ein Mausklick auf die Schaltfläche in der Taskleiste das Fenster erneut zum Symbol. Auf den folgenden Seiten finden Sie weitere Hinweise, wie sich die Taskleiste zum Umschalten zwischen Fenstern verwenden lässt.*

Bleibt nur noch die Aufgabe, ein geöffnetes Fenster endgültig zu schließen.

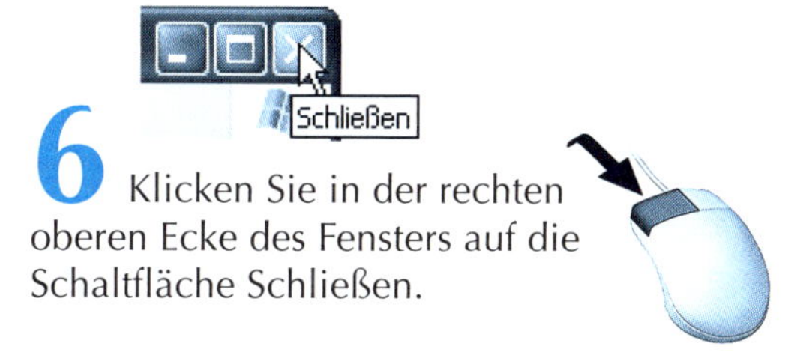

6 Klicken Sie in der rechten oberen Ecke des Fensters auf die Schaltfläche Schließen.

> **Hinweis**
>
> *Die meisten Fenster weisen die Schaltfläche ☒ auf. Möchten Sie also ein Programm beenden oder ein Fenster schließen, genügt ein Mausklick auf diese Schaltfläche.*

Über diese Schaltfläche wird das Fenster komplett geschlossen. Sie erkennen dies daran, dass das Symbol aus der Taskleiste verschwindet.

Die Fenstergröße verändern

Auf den vorhergehenden Seiten haben Sie ein Fenster über die Schaltflächen in der rechten oberen Ecke zur vollen Bildschirmgröße vergrößert oder zu einem Symbol verkleinert. Häufig ist es jedoch vorteilhafter, ein Fenster stufenlos auf die gewünschte Größe einzustellen. Dies ist in Windows sehr einfach möglich.

1 Öffnen Sie erneut das Fenster *Papierkorb* durch einen Doppelklick auf das gleichnamige Desktop-Symbol.

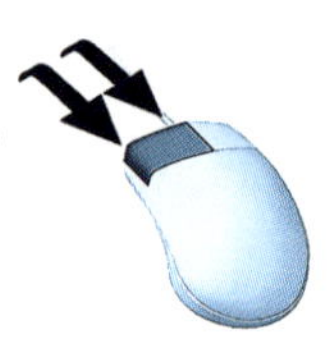

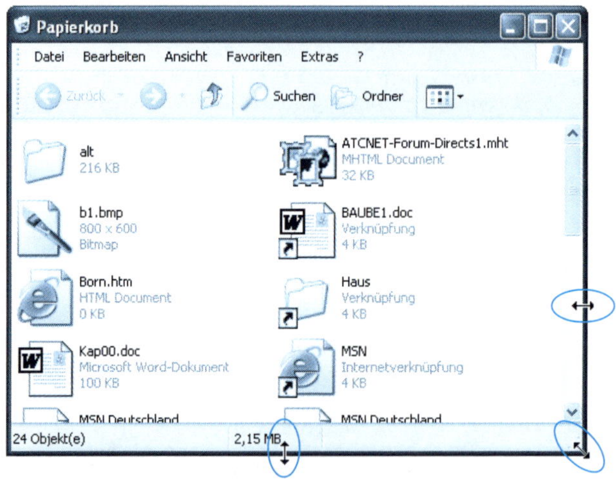

2 Zeigen Sie mit der Maus versuchsweise auf die so genannte Ziehmarke in der rechten unteren Ecke des betreffenden Fensters.

3 Zeigen Sie auf den unteren und den linken Rand.

Hinweis

Sobald Sie auf die richtige Stelle am Fensterrand zeigen, nimmt der Mauszeiger die Form eines Doppelpfeils an. Notfalls müssen Sie die Maus etwas verschieben, bis dieser Doppelpfeil erscheint. Der Doppelpfeil zeigt dabei die Richtung an, in der sich das Fenster in der Größe verändern lässt. Sie können daher den linken/rechten Fensterrand zum Verändern der Fensterbreite verwenden. Der untere/obere Fensterrand ändert die Höhe, und mit den Ecken lässt sich die Fenstergröße proportional einstellen.

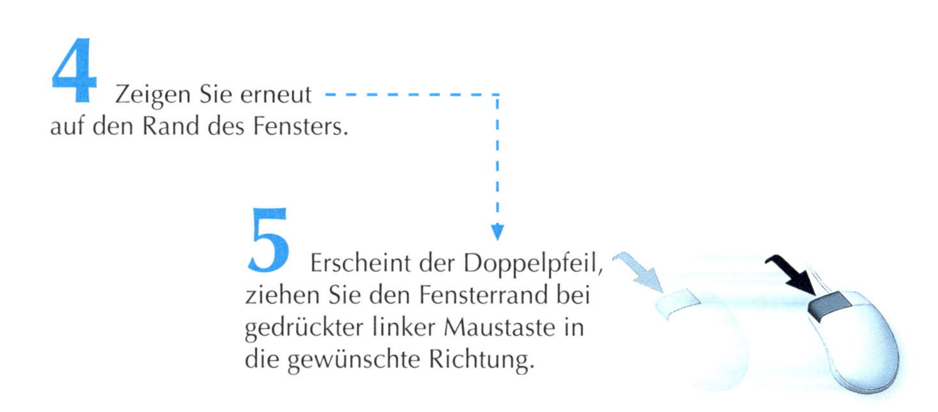

4 Zeigen Sie erneut auf den Rand des Fensters.

5 Erscheint der Doppelpfeil, ziehen Sie den Fensterrand bei gedrückter linker Maustaste in die gewünschte Richtung.

Je nach Einstellung zeigt Windows bereits beim Ziehen die neue Fenstergröße an oder stellt diese durch eine gestrichelte Linie dar.

6 Erreicht das Fenster die gewünschte Größe, lassen Sie die linke Maustaste los.

Windows passt jetzt die Größe des Fensters entsprechend an. Sie können auf diese Weise die Größe eines Fensters beliebig verändern. Ziehen Sie den Rahmen per Maus nach außen, wird das Fenster größer. »Schieben« Sie den Rahmen in das Fenster hinein, verkleinert Windows dieses.

Fenster verschieben

Eine der Stärken von Windows liegt darin, dass Sie gleichzeitig mit mehreren Programmen oder Fenstern arbeiten können (siehe auch folgende Seiten). Dann kommt es aber vor, dass ein Fenster die dahinterliegenden Teile des Desktops oder andere Fenster verdeckt. In diesem Fall kann das Verschieben eines Fenster notwendig werden.

1 Falls erforderlich, öffnen Sie das Fenster *Papierkorb* durch einen Doppelklick auf das Desktop-Symbol.

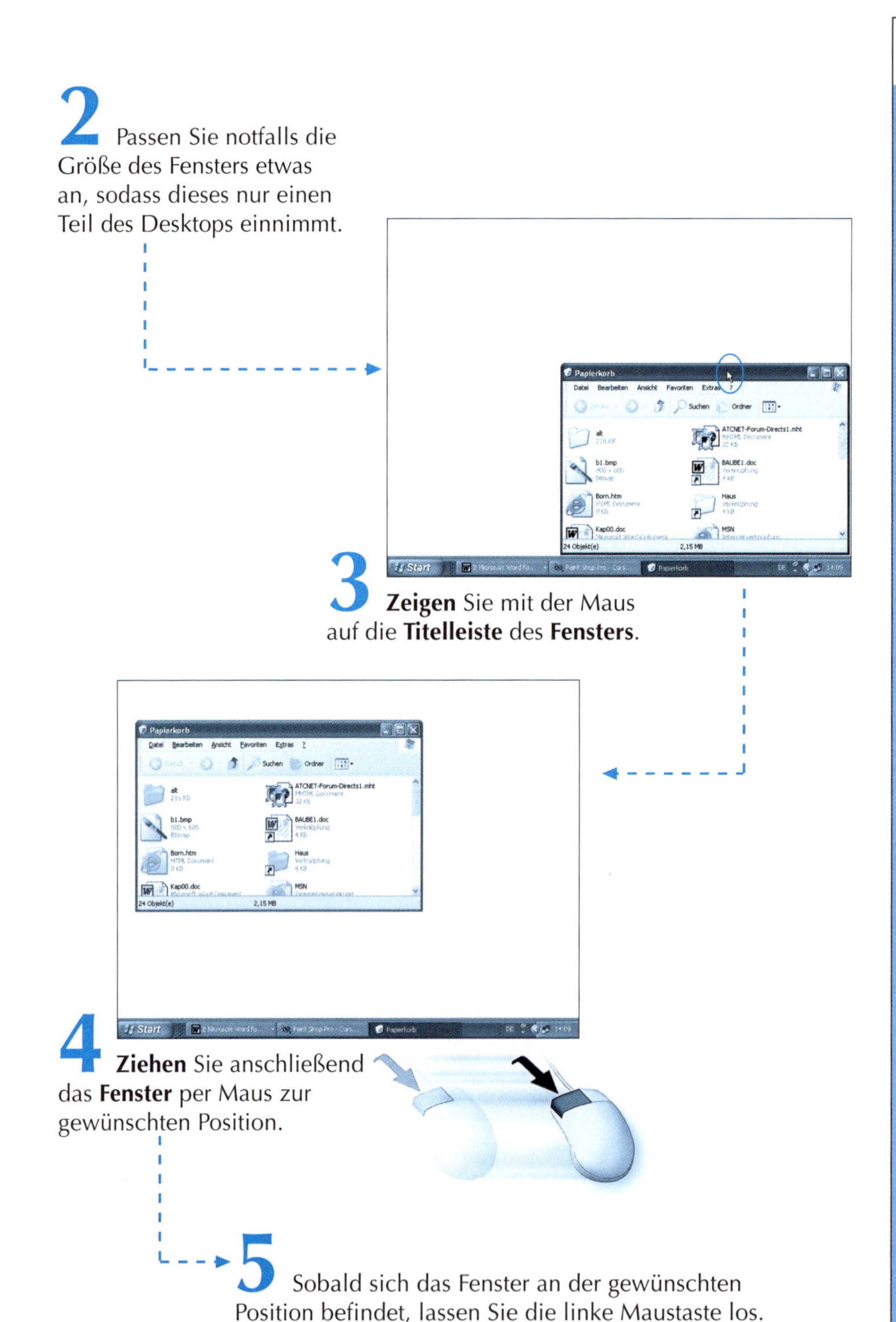

2 Passen Sie notfalls die Größe des Fensters etwas an, sodass dieses nur einen Teil des Desktops einnimmt.

3 **Zeigen** Sie mit der Maus auf die **Titelleiste** des **Fensters**.

4 **Ziehen** Sie anschließend das **Fenster** per Maus zur gewünschten Position.

5 Sobald sich das Fenster an der gewünschten Position befindet, lassen Sie die linke Maustaste los.

Windows verschiebt das Fenster an die neue Position. Auf diese Weise können Sie jedes Fenster durch Ziehen der Titelleiste zur gewünschten Position auf dem Desktop schieben.

Blättern im Fenster

Manchmal ist der Inhalt eines Fensters zu umfangreich, um angezeigt zu werden (z.B. ein mehrseitiger Brief, ein Papierkorb, der sehr viele Elemente enthält etc.). Dann enthält das Fenster am rechten oder manchmal auch am unteren Rand eine so genannte **Bildlaufleiste**. Diese Bildlaufleiste erlaubt es Ihnen, im Fenster zu blättern, um andere Dokumentteile anzuzeigen. Sehen wir uns dieses Verhalten einmal an.

1 Klicken Sie in der Taskleiste auf die Schaltfläche *Start* und im Startmenü auf das Symbol *Arbeitsplatz*.

Windows öffnet jetzt ein Fenster mit dem Namen *Arbeitsplatz*.

2 Verkleinern Sie das Fenster *Arbeitsplatz*, bis ein Teil der Inhalts verschwindet.

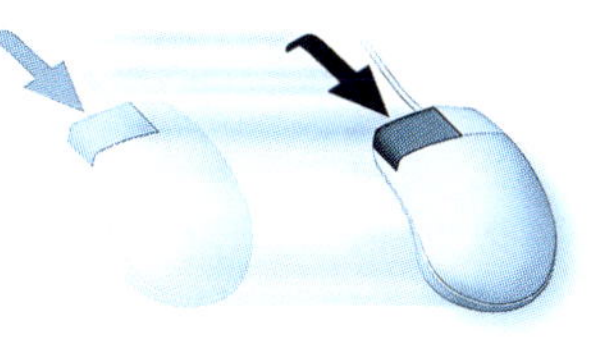

Hier sehen Sie das Fenster *Arbeitsplatz,* welches entsprechend verkleinert wurde. Die Bildlaufleiste findet sich am rechten Fensterrand.

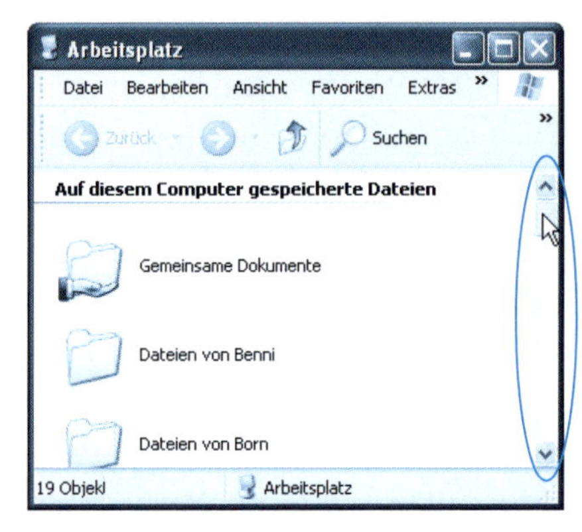

3 Zeigen Sie mit der Maus auf die rechteckige, als **Bildlauffeld** bezeichnete Fläche innerhalb der Bildlaufleiste.

4 Ziehen Sie jetzt das Bildlauffeld per Maus in die gewünschte Richtung.

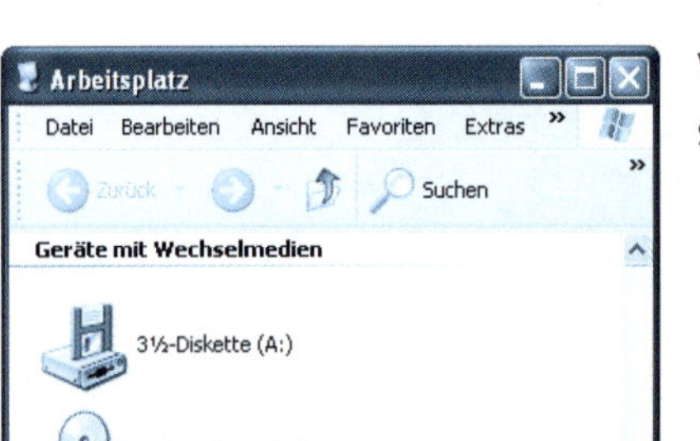

Windows zeigt dann andere Ausschnitte des Fensterinhalts an.

Hinweis

In den beiden obigen Bildern ist nur eine vertikale Bildlaufleiste zu sehen. Fenster können jedoch auch eine horizontale Bildlaufleiste besitzen. Dann lässt sich der Fensterinhalt nach rechts oder links verschieben. Beim Schreiben eines Texts können Sie beispielsweise über diese Bildlaufleiste im Text blättern.

An den Enden der Bildlaufleiste sehen Sie die zwei Schaltflächen und . Ist Ihnen das Blättern mit dem Bildlauffeld zu grob, können Sie mit einem Mausklick auf die jeweilige Schaltfläche schrittweise im Dokument blättern. Die Spitze des Pfeils zeigt dann die Richtung an, in die geblättert wird.

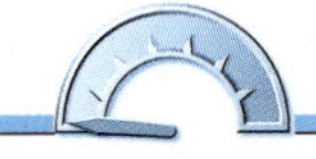

Programme im Griff

Wenn Sie mit Windows arbeiten, einen Brief schreiben, ein Foto anzeigen etc. werden die betreffenden Funktionen durch Programme bereitgestellt. Diese Programme können im Lieferumfang von Windows enthalten sein oder zugekauft werden. Nachdem Sie nun die grundlegenden Funktionen für den Umgang mit Fenstern kennen, ist es an der Zeit, die Techniken für den Umgang mit Programmen zu lernen. Auch wenn die Programme unterschiedliche Funktionen aufweisen, sind die Techniken zum Aufrufen und Arbeiten mit Programmen gleich. Nachfolgend erfahren Sie alles Wichtige über den Umgang mit Programmen.

Was ist das Startmenü?

Eingangs haben Sie bereits kurz das **Startmenü** kennen gelernt. Das Startmenü ist so etwas wie das »Regiezentrum« von Windows, über das Sie verschiedene Programme und Funktionen aufrufen.

Windows öffnet das hier gezeigte Fenster des Startmenü. Die Symbole mit den zugehörigen Texten stehen für Windows-Befehle, mit denen Sie durch Anklicken verschiedene Funktionen aufrufen, Untermenüs öffnen oder Programme starten können.

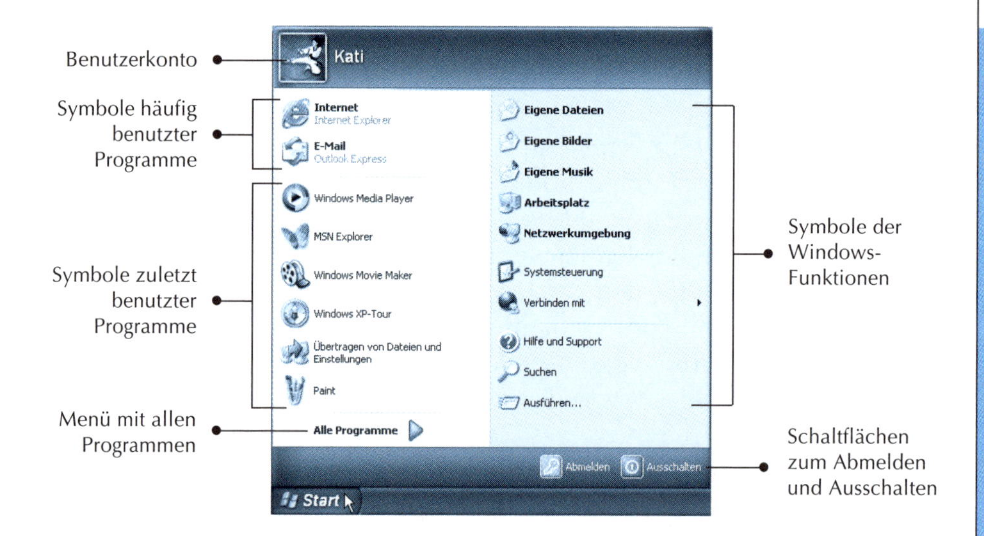

Am oberen Rand des Startmenü wird das Symbol des Kontos mit dem Namen des aktuellen Benutzers angezeigt.

Das Symbol **Internet Explorer** ermöglicht Ihnen den Zugriff auf das Internet (siehe Kapitel 7).

Mit diesem Symbol rufen Sie **Outlook Express** auf, ein Programm, mit dem sich elektronische Post bearbeiten lässt (siehe Kapitel 8).

Die darunter befindlichen Symbole der linken Spalte werden automatisch durch Windows verwaltet und verweisen auf die zuletzt von Ihnen benutzten Programme. In der rechten Spalte finden Sie noch eine Liste mit häufig benötigten Windows-Funktionen.

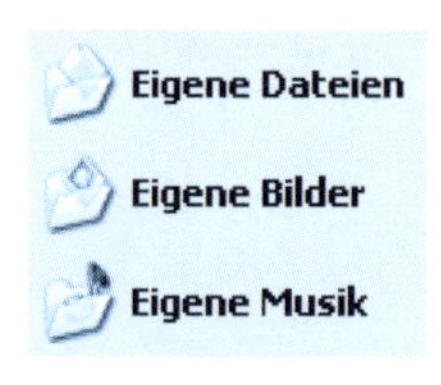

Diese Symbole öffnen Fenster, in denen Sie Musik, Bilder oder eigene Dokumente wie Briefe etc. speichern können.

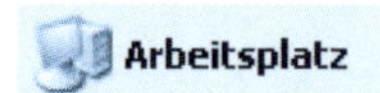

Das Symbol **Arbeitsplatz** enthält alle Funktionen (man sagt dazu auch **Ressourcen**), um mit Dateien wie Briefe, Bilder etc. und Programmen auf Ihrem Computer zu arbeiten. Näheres erfahren Sie in den folgenden Kapiteln.

Ist das Symbol **Netzwerkumgebung** auf Ihrem Desktop zu sehen? Dann ist der Computer über ein Kabel mit anderen Rechnern in ein Netzwerk eingebunden, und Sie können über dieses Symbol auf Funktionen zugreifen, um Daten mit den anderen Computern eines Netzwerks auszutauschen.

Die weiteren Symbole erlauben zusätzliche Windows-Funktionen wie die Hilfe etc. anzuwählen. Der Eintrag *Alle Programme* ermöglicht Ihnen, die meisten der unter Windows installierten Programme aufzurufen. Auf diese Funktion kommen wir gleich zu sprechen. Die unterste Zeile enthält Schaltflächen, mit denen Sie sich von Windows abmelden können oder mit denen Sie das Betriebssystem beenden. Dies wird am Kapi-telende erläutert.

Wie Sie mit den einzelnen Einträgen des Startmenü umgehen, erfahren Sie im Verlauf der folgenden Seiten und Kapitel noch detaillierter. An dieser Stelle reicht es, wenn Sie die grundlegenden Techniken kennen.

Programme starten

Um ein Programm unter Windows zu starten, brauchen Sie nur sein Symbol im Startmenü per Maus anzuklicken. Einzige Voraussetzung ist, dass das betreffende Symbol im Startmenü auftaucht. Betrachten wir dies einmal am Beispiel der Windows-Funktion *Arbeitsplatz*. Diese haben Sie bereits auf den vorhergehenden Seiten genutzt:

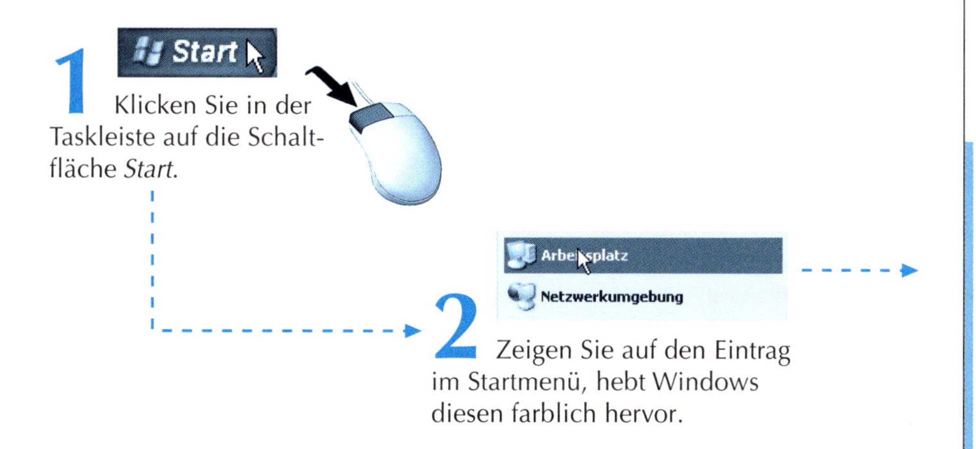

1 Klicken Sie in der Taskleiste auf die Schaltfläche *Start*.

2 Zeigen Sie auf den Eintrag im Startmenü, hebt Windows diesen farblich hervor.

3 Klicken Sie auf den Startmenüeintrag *Arbeitsplatz.*

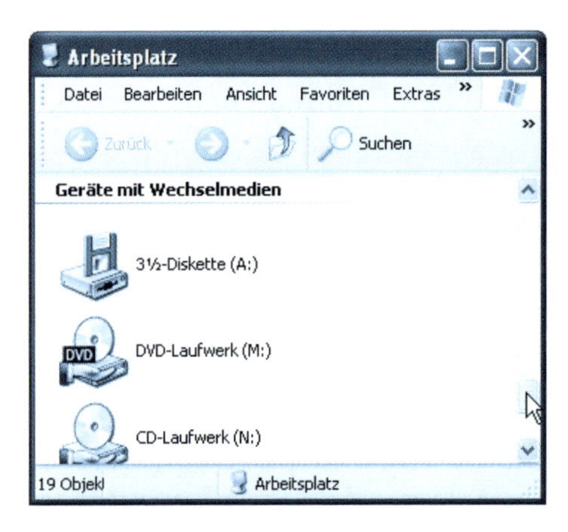

Windows öffnet jetzt das Fenster mit dem Titel *Arbeitsplatz.* Sie können anschließend den Fensterinhalt ansehen bzw. die Funktionen des zugehörigen Programms nutzen.

Ein Programm wieder beenden

Die Schritte zum Beenden eines Programms kennen Sie bereits vom Schließen eines Fensters.

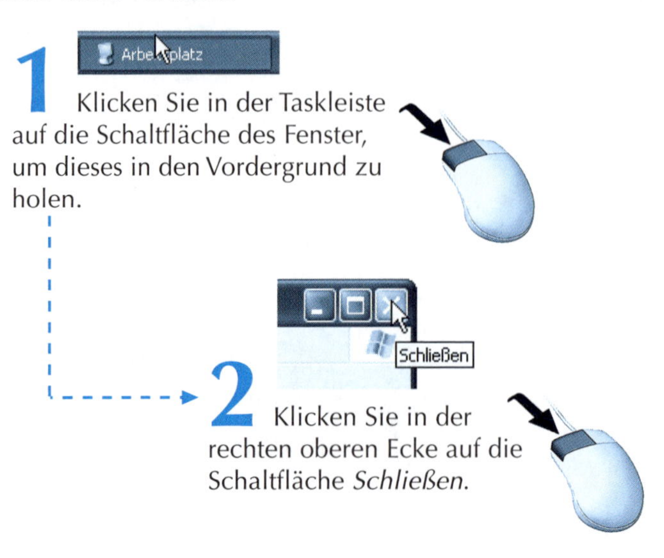

1 Klicken Sie in der Taskleiste auf die Schaltfläche des Fenster, um dieses in den Vordergrund zu holen.

2 Klicken Sie in der rechten oberen Ecke auf die Schaltfläche *Schließen.*

Windows schließt das Fenster des Rechners und beendet gleichzeitig das zugehörige Programm. Das Schließen eines Programms funktioniert demnach wie das Schließen eines Fensters.

Hinweis

Abhängig vom Programm gibt es jedoch noch weitere Methoden zum Schließen. Sie können beispielsweise in der Menüleiste des Fensters auf Datei *klicken und dann im geöffneten Menü einen Befehl wie* Schließen *anwählen. Enthält ein Programmfenster noch ungespeicherte Daten (z.B. einen gerade geschriebenen Brief), erhalten Sie Gelegenheit, diese Daten zu speichern. Wie dies geht, erfahren Sie in den folgenden Kapiteln.*

Arbeiten mit dem Menü *Alle Programme*

Ein Doppelklick auf das Desktop-Symbol des Papierkorbs oder ein Mausklick auf den Startmenüeintrag *Arbeitsplatz* öffnet das zugehörige Fenster. Letztlich haben Sie mit diesen weiter oben beschriebenen Techniken Programme gestartet. Sicherlich möchten Sie aber weitere Programme unter Windows nutzen, die nicht über Desktop-Symbole oder die »ersten Ebene« des Startmenü erreichbar sind. Viele dieser Programme erreichen Sie über den Befehl *Alle Programme* des Startmenüs. Dies soll am Beispiel des Windows-Rechners demonstriert werden.

1 Klicken Sie in der Taskleiste auf die Schaltfläche *Start*.

2 Zeigen Sie im Startmenü auf den Eintrag *Alle Programme*.

Windows öffnet ein weiteres Fenster, welches als **Untermenü** bezeichnet wird. Sie sehen dort die Symbole für Programme wie *Internet Explorer* oder *Outlook Express* etc., je nachdem, welche Programme auf Ihrem Computer installiert sind. Neben den Einträgen für Programme enthält das Startmenü noch Einträge, die mit dem Symbol versehen sind. Dieses Symbol (und das kleine Dreieck am rechten Rand eines Eintrags) steht für so genannte **Programmgruppen** (z.B. *Autostart, Zube-*

hör etc.). Programmgruppen fassen mehrere Programmsymbole (oder weitere Gruppen) zu einem **Untermenü** zusammen. Zeigen Sie auf das Symbol einer Programmgruppe, öffnet sich ein weiteres **Untermenü**, welches Symbole für weitere Programmgruppen oder Programme aufweisen kann. Welche Menüs und Untermenüs bei Ihnen im Startmenü zu sehen sind, hängt von den installierten Programmen ab.

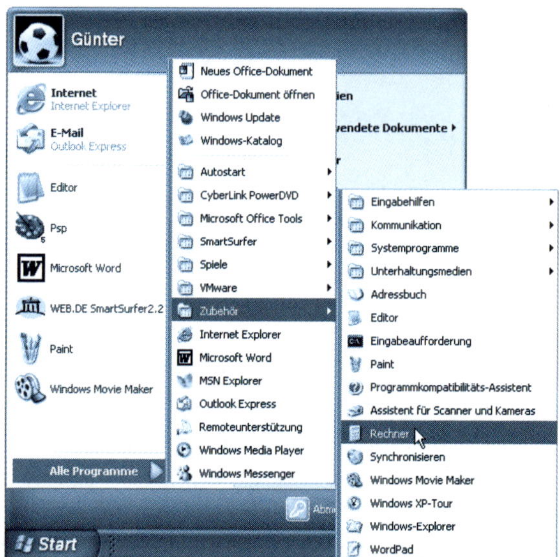

3 Zeigen Sie im Untermenü auf den Eintrag *Zubehör*, um das Untermenü zu öffnen.

> **Hinweis**
>
> *Beim Zeigen auf einen Programmeintrag blendet Windows vielfach bereits eine QuickInfo mit Hinweisen zur Programmfunktion ein.*

4 Klicken Sie im Untermenü *Zubehör* auf den Eintrag *Rechner*.

Windows schließt beim Anklicken eines Programmeintrags das Startmenü. Gleichzeitig wird das betreffende Anwendungsprogramm gestartet.

Mit den obigen Schritten des Beispiels erscheint das Fenster des Windows-Rechners auf dem Desktop.

Sie können anschließend den Rechner benutzen. Tippen Sie Rechenanweisungen wie 13 + 14 = einfach per Tastatur ein oder »drücken« Sie die betreffenden »Tasten« per Mausklick. Das Ergebnis wird im Rechner angezeigt.

Auf diese Weise lassen sich alle als Symbol im Startmenü eingetragenen Programme starten. Entsprechende Beispiele hierzu finden Sie auf den folgenden Seiten dieses Buches.

Arbeiten mit mehreren Programmen

Windows ermöglicht es Ihnen, mehrere Programme gleichzeitig zu laden. Anschließend können Sie zwischen den verschiedenen Programmen umschalten und sogar Daten zwischen den Programmen austauschen.

1 Falls noch nicht geschehen, starten Sie den Windows-Rechner gemäß den obigen Anweisungen.

2 Öffnen Sie das Startmenü und klicken Sie auf den Befehl *Arbeitsplatz*.

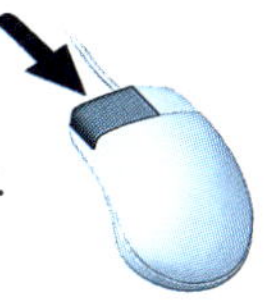

Ausgehend von den vorhergehenden Schritten enthält der Desktop jetzt zwei überlappende Fenster, die zu den gestarteten Programmen gehören. Eines dieser Fenster ist dabei im Vordergrund zu sehen.

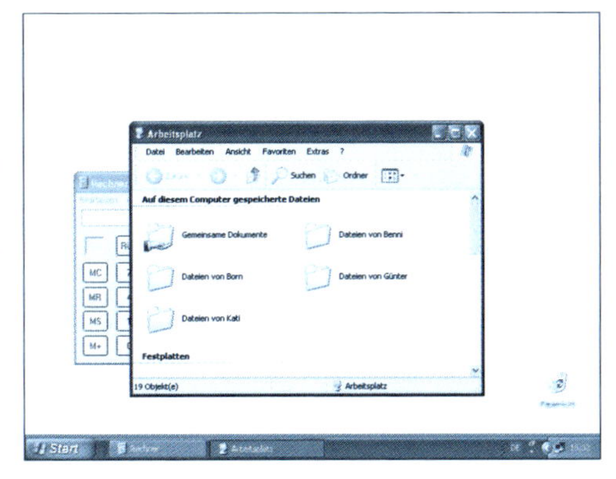

Sie können anschließend mit dem Rechner arbeiten oder den Inhalt des Fensters *Arbeitsplatz* ansehen, ohne vorher das jeweils zuletzt benutzte Programm beenden zu müssen.

3 Um beispielsweise mit dem Rechner zu arbeiten, klicken Sie auf die Titelleiste des betreffenden Fensters.

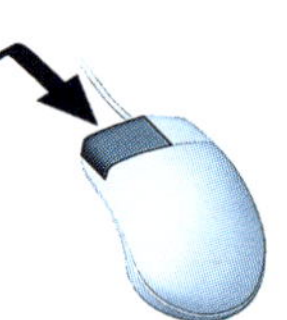

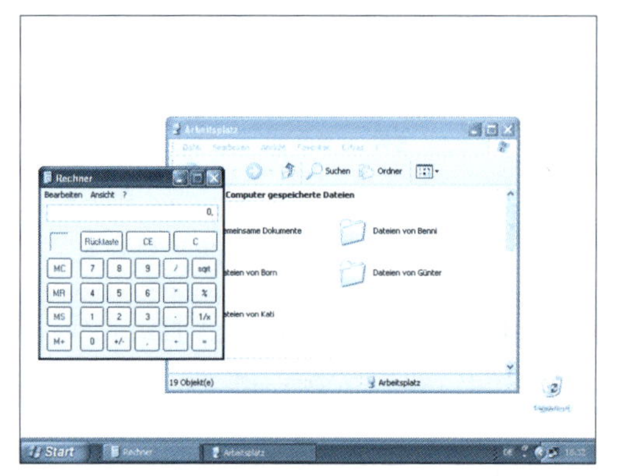

Das Fenster des Rechners gelangt in den Vordergrund, und Sie können mit dem Programm arbeiten.

Die Schwierigkeit bei diesem Ansatz besteht lediglich darin, dass die Titelleiste des Fensters häufig durch im Vordergrund befindliche Fenster verdeckt wird. Eine Möglichkeit besteht dann darin, wie weiter oben demonstriert, die beiden Fenster nebeneinander auf dem Desktop zu positionieren. Aber es gibt eine weitere Möglichkeit, das Fenster des gewünschten Programms in den Vordergrund zu schalten.

Hinweis

Die Schaltfläche des aktiven Fensters wird dabei in der ***Taskleiste*** *»eingedrückt« dargestellt. Zeigen Sie auf eine solche Schaltfläche, blendet Windows eine QuickInfo mit dem Programmnamen ein. Klicken Sie auf die »eingedrückt« dargestellte Schaltfläche des aktiven Fensters, verschwindet dieses im Vordergrund und ein anderes Fenster wird im Vordergrund sichtbar. Ein* ***Wechsel*** *zu einem anderen* ***Programmfenster*** *ist durch Anklicken der zugehörigen* ***Schaltfläche*** *in der Taskleiste jederzeit möglich.*

Arbeitsplatz

Rechner Arbeitsplatz

4 Um erneut mit dem Fenster *Arbeitsplatz* zu arbeiten, klicken Sie in der Taskleiste auf dessen Symbol.

Das Fenster *Arbeitsplatz* gelangt in den Vordergrund, und Sie können mit dem Programm arbeiten.

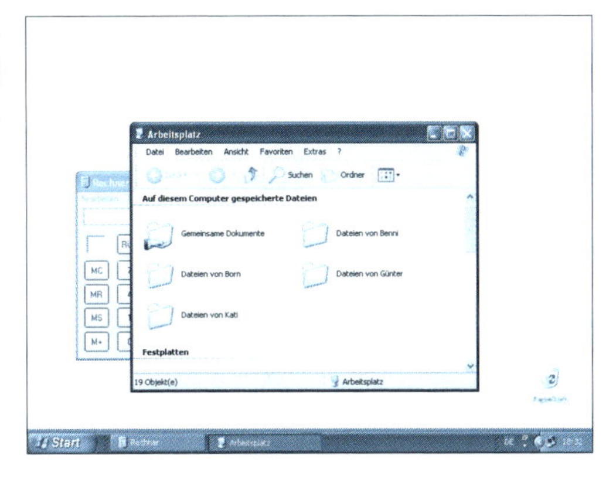

An dieser Stelle noch ein Hinweis: Falls Sie viele Programmfenster geöffnet haben, wird es »eng« in der Taskleiste. Sind mehrere Fenster einer Kategorie geöffnet, fasst Windows diese unter einer gemeinsamen Schaltfläche in der Taskleiste zusammen.

Sobald Sie auf diese Schaltfläche klicken, öffnet Windows ein Menü mit den Namen der Programmfenster. Wählen Sie dann einen Menüeintrag, um das zugehörige Fenster in den Vordergrund zu holen.

Hinweis

Neben den Schaltflächen der Taskleiste können Sie noch die Tastenkombination [Alt]+[⇆] *zum Umschalten zwischen Programmen verwenden. Halten Sie die* [Alt]*-Taste gedrückt, und betätigen Sie die* [⇆]*-Taste.*

Windows zeigt ein Fenster mit den Symbolen der geladenen Programme an. Jeder Druck auf die [⇆]*-Taste markiert ein anderes Programm. Lassen Sie die* [Alt]*-Taste los, wird das zuletzt gewählte Programmfenster in den Vordergrund »geholt«.*

Alternativen zum Starten von Programmen

Das Startmenü ermöglicht Ihnen, auf schnellem Weg ein Programm aufzurufen. Allerdings gibt es Nachteile: Das Programm muss so installiert werden, dass ein Eintrag im Startmenü vorhanden ist (siehe auch Kapitel 11). Weiterhin müssen Sie unter Umständen mehrere Menüs öffnen, bevor das betreffende Programm als Eintrag im Menü erscheint. Windows bietet Ihnen verschiedene Alternativen, um Programme zu starten:

Ist das Symbol des Programms auf dem Desktop zu sehen?

Microsoft Word

1 Doppelklicken Sie auf das Symbol eines solchen Programms (hier Microsoft Word).

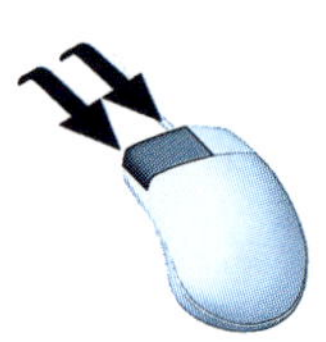

> **Hinweis**
>
> *Wie Sie selbst ein Programm als Symbol auf dem Desktop einrichten, erfahren Sie in Kapitel 11. Dort wird auch gezeigt, wie Programme in das Startmenü aufgenommen oder daraus entfernt werden können.*

Windows wird dann das zugehörige Programm sofort starten. Sie haben das bereits (ohne es zu wissen) beim Doppelklicken auf das Symbol *Papierkorb* kennen gelernt. Dies klappt auch, falls Sie das Symbol eines Programms oder eines Dokuments in dem im nächsten Kapitel vorgestellten Ordnerfenster sehen.

Schließlich können Sie ein Programm auch direkt aufrufen.

1 Öffnen Sie das Startmenü über die Schaltfläche *Start*.

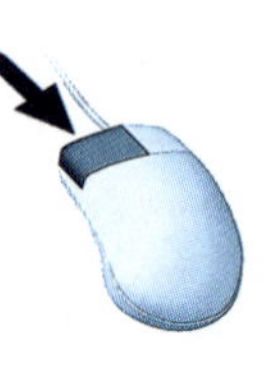

Ausführen...

2 Klicken Sie im Startmenü auf den Befehl *Ausführen*.

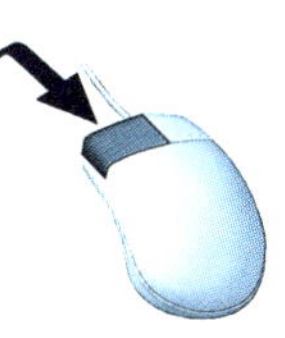

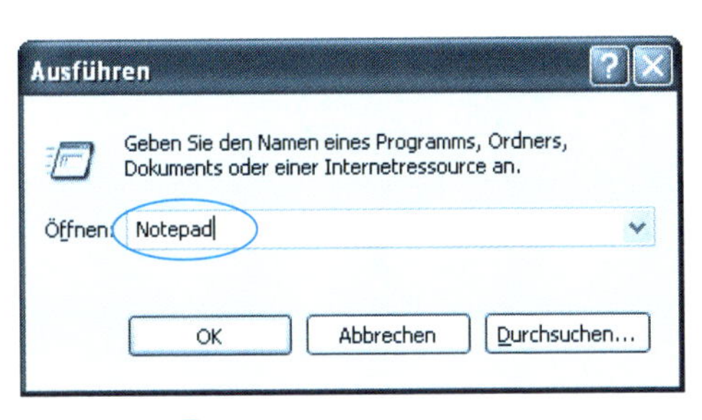

Windows öffnet daraufhin das Dialogfeld *Ausführen*.

3 Tippen Sie im Eingabefeld *Öffnen* den Namen des Programms ein.

4 Klicken Sie auf die *OK*-Schaltfläche.

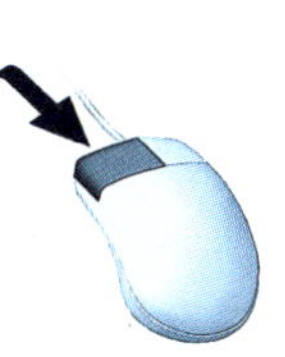

Windows sucht dann nach dem angegebenen Programm. Findet es dieses Programm, wird es gestartet. In diesem Beispiel erscheint das Fenster des Windows-Editors (einem Programm zum Bearbeiten von Textdateien).

Hilfe und Support gefällig?

Benötigen Sie bei der Lösung einer Aufgabe weitere Unterstützung oder bleiben nach der Lektüre dieses Buches noch Fragen offen? Dann hilft das in Windows eingebaute Hilfe- und Supportcenter vielleicht weiter.

1 Öffnen Sie das Startmenü durch Anklicken der Schaltfläche *Start*.

> **Hinweis**
>
> *Falls kein Fenster geöffnet ist, können Sie auch die Funktionstaste* F1 *drücken, um die Hilfe abzurufen.*

2 Klicken Sie im Startmenü auf den Befehl *Hilfe und Support*.

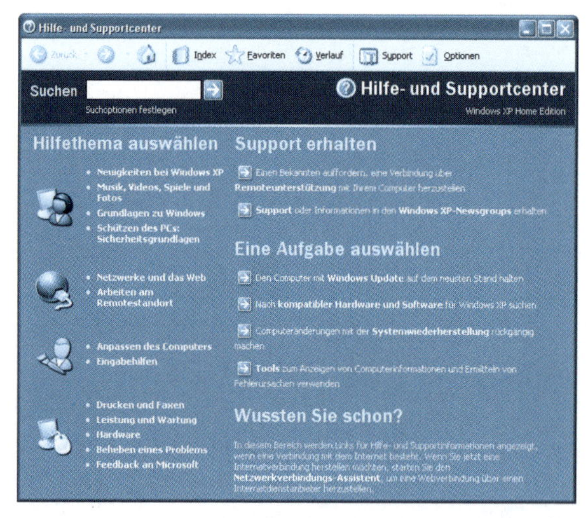

Windows öffnet jetzt das Fenster **Hilfe- und Supportcenter**, welches Sie bei der Lösung bestimmter Probleme unterstützt und Zusatzinformationen zu Windows anbietet.

Eine Symbolleiste am oberen Fensterrand erlaubt Ihnen, bestimmte Funktionen abzurufen. Im Dokumentbereich des Fensters finden Sie die Rubrik »Hilfethema auswählen« mit verschiedenen Überschriften. Zeigen Sie per Maus auf eine solche Rubrik, nimmt der Mauszeiger die Form einer stilisierten Hand an. Gleichzeitig wird der Text unterstrichen dargestellt. Dies bedeutet, dass die Überschrift als so genannter **Hyperlink** ausgeführt ist. Klicken Sie auf eine der unterstrichen dargestellten Themen (Hyperlinks), ruft Windows diese Hilfeseite ab. Dort finden Sie ggf. eine neue Liste mit Hyperlinks, dann klicken Sie auf das gewünschte Thema.

> **Was ist das?**
>
> ***Hyperlink*** *ist ein Begriff, der aus Webseiten stammt. Ein Hyperlink definiert einen Verweis zu einer anderen Dokumentstelle. Hyperlinks werden oft in blauer Schrift und unterstrichen dargestellt. Sobald Sie auf einen Hyperlink zeigen, wechselt die Form des Mauszeigers in eine stilisierte Hand. Ein Mausklick auf einen Hyperlink ruft die betreffende Dokumentstelle ab und zeigt diese im Fenster an. Die Windows-Hilfe setzt auf ähnliche Techniken auf, wie sie zur Darstellung von Webseiten benutzt werden (siehe auch Kapitel 7). Daher ähnelt die Bedienung der Hilfeseiten auch der Navigation in Webseiten.*

Wiederholen Sie diese Schritte so lange, bis die gewünschte Information im rechten Teil des Hilfefensters angezeigt wird.

> **Hinweis**
>
> *Im Grunde funktioniert die Bedienung der Hilfe wie das Arbeiten mit dem Inhaltsverzeichnis eines Buchs, nur wesentlich komfortabler. Sie brauchen einfach nur die »Überschriften« (hier in Form der Hyperlinks) anzuklicken, um zur gesuchten »Buchseite« zu gelangen.*

Und hier noch einige Tipps, wie Sie mit der Hilfe arbeiten:

Möchten Sie zum Inhaltsverzeichnis zurück, reicht ein Mausklick auf dieses Symbol.

Über diese beiden Pfeile lässt sich zwischen einzelnen bereits aufgerufenen Hilfethemen zurück und vorwärts blättern. Klicken Sie einfach auf den gewünschten Pfeil.

Arbeiten mit Stichwörtern

Sie können auch gezielt über den Index der Hilfe nach bestimmten Begriffen nachschlagen.

1 Klicken Sie im Hilfefenster auf dieses Symbol.

Windows zeigt daraufhin in der linken Spalte des Fensters eine Stichwortliste an.

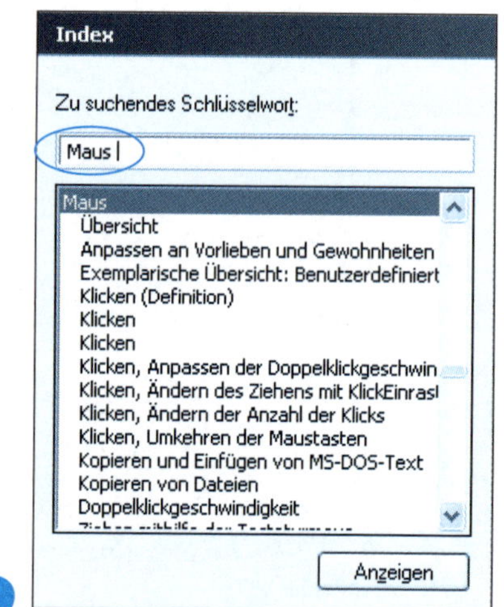

2 Tippen Sie im Textfeld *Zu suchendes Schlüsselwort* das Stichwort ein.

Bereits während der Eingabe zeigt Windows die mit dem Begriff übereinstimmenden Stichwörter in der Liste an.

3 Klicken Sie in der Liste auf den gefundenen Begriff und anschließend auf die Schaltfläche *Anzeigen*.

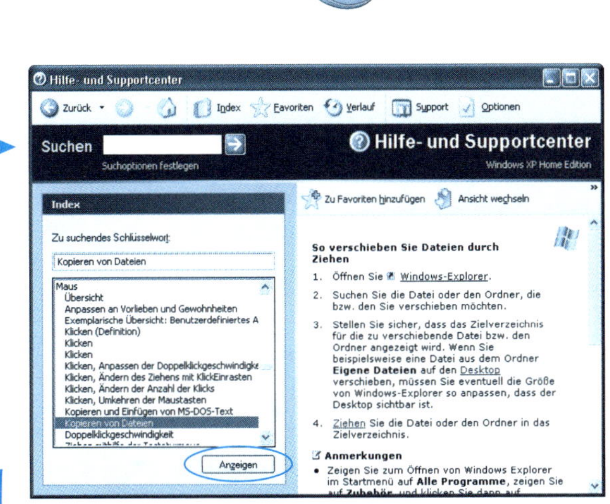

4 Wurden mehrere Themen gefunden, wählen Sie den gewünschten Eintrag in der angezeigten Themenliste.

Anschließend erscheint das Thema in der rechten Spalte des Hilfefensters.

Bei langen Texten lässt sich im rechten Teil mittels der Bildlaufleiste blättern. Finden Sie im Text weitere Hyperlinks (unterstrichene Textstellen etc.), können Sie die zugehörigen Dokumentteile per Mausklick abrufen.

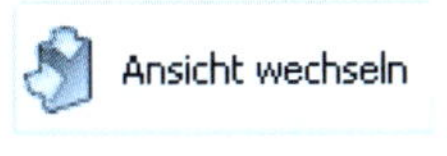

Werden andere Fenster durch das Hilfefenster verdeckt? Die nebenstehend gezeigte Schaltfläche *Ansicht wechseln* der Symbolleiste erlaubt die linke Spalte des Fensters wahlweise ein- oder auszublenden.

Hinweis

Um eine Seite zu drucken, genügt ein Mausklick auf das Drucken-Symbol. Im daraufhin angezeigten Dialogfeld Drucken *klicken Sie auf die* Drucken-*Schaltfläche. Weitere Einzelheiten zum Drucken von Webseiten finden Sie in den Kapiteln 7 und 10.*

Suchen nach Begriffen

Die Windows-Hilfe erlaubt Ihnen zusätzlich die Suche nach bestimmten Begriffen.

1 Öffnen Sie das Fenster *Hilfe- und Supportcenter*

2 Klicken Sie in das Textfeld *Suchen*.

3 Tippen Sie den Suchbegriff ein und klicken Sie auf die Schaltfläche mit dem Pfeil.

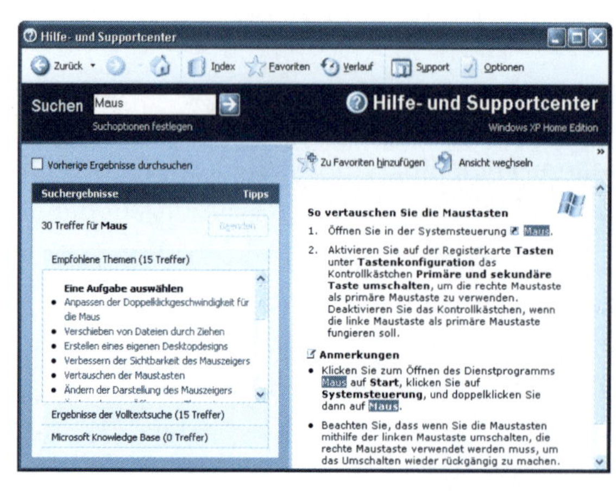

Windows zeigt die zum Suchbegriff gefundenen Hilfeeinträge in der linken Spalte an.

4 Klicken Sie auf den gewünschten Begriff, um die Hilfeseite abzurufen.

Die Hilfeseite erscheint im rechten Teil des Fensters, die Fundstellen des Suchbegriffs werden dabei farbig innerhalb der Seite hervorgehoben.

Hinweis

Über den Punkt »Neuigkeiten bei Windows XP« der Hilfe oder über den Befehl Alle Programme/Zubehör/Windows XP-Tour *können Sie zudem Lernprogramme aufrufen. Ein kleines Fenster, als Dialogfeld bezeichnet, erlaubt Ihnen die Auswahl verschiedener Optionen. Klicken Sie auf die Schaltfläche* Weiter, *wird ein Fenster mit entsprechenden Informationen angezeigt. Durch Anklicken von Hyperlinks lassen sich entsprechende Lektionen abrufen.*

Programmhilfe gefällig?

Neben Windows werden Sie auch mit Programmen arbeiten. Diese Programme unterstützen häufig eine eigene Hilfe, deren Fenster sich geringfügig vom Hilfe- und Supportcenter unterscheidet. An dieser Stelle möchte ich Ihnen einen kleinen Überblick geben, wie Sie die Hilfe aufrufen und nutzen.

1 Öffnen Sie das Fenster des Windows-Rechners über das Startmenü (*Alle Programme/Zubehör/Rechner*).

2 Klicken Sie in der Menüleiste des Rechners auf das Fragezeichen.

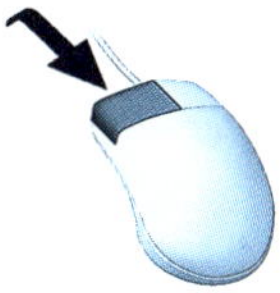

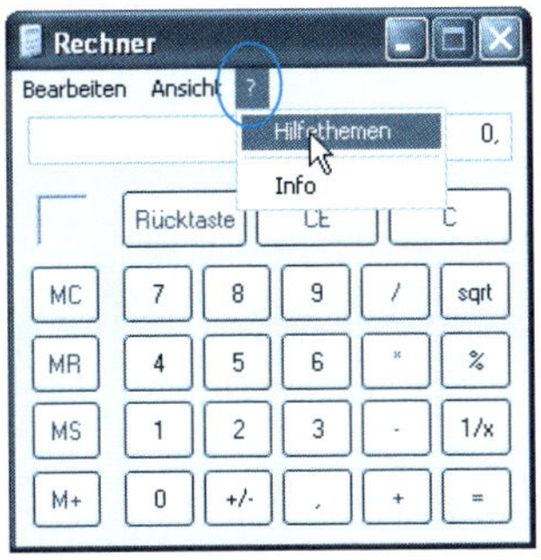

3 Klicken Sie auf den Befehl *Hilfethemen*.

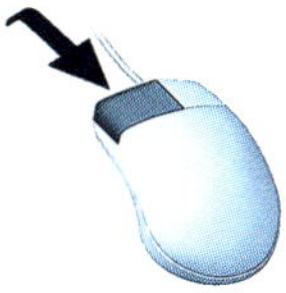

Windows zeigt das Fenster mit den **Registerkarten** *Inhalt, Index, Suchen* und, je nach Programm, zusätzlich *Favoriten* an.

Was ist das?

In vielen Fenstern reicht der Platz zur Darstellung aller Informationen nicht aus. Windows benutzt daher so genannte ***Registerkarten*** *zur Anzeige. Diese Registerkarten werden hintereinander angeordnet und lassen sich jeweils durch Anklicken des zugehörigen Registerreiters in den Vordergrund holen. Sie sehen dann immer nur den Inhalt der ersten Registerkarte.*

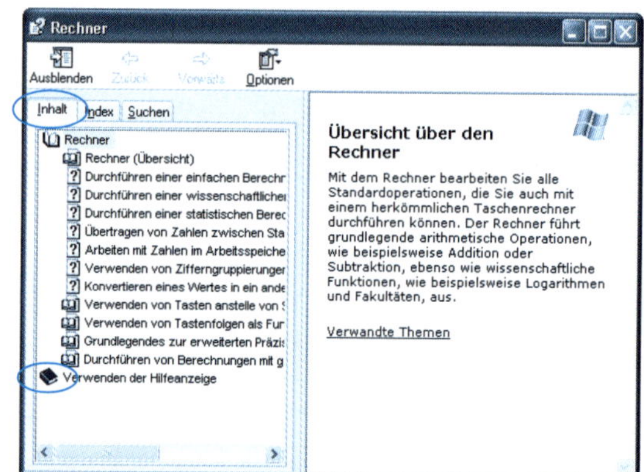

4 Klicken Sie auf der Registerkarte *Inhalt* auf das Symbol eines »geschlossenen« Buchs, um zu einem Thema untergeordnete Überschriften zu sehen.

5 Ein Mausklick auf das Dokumentsymbol oder den Hyperlink der Überschrift öffnet die betreffende Hilfeseite im rechten Teil des Fensters.

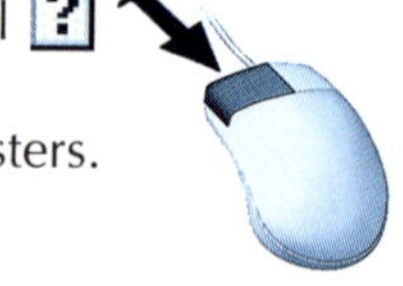

In der Hilfeseite können Sie, wie bereits auf den vorhergehenden Seiten gezeigt, per Bildlaufleiste blättern und über Hyperlinks Folgedokumente abrufen. Die Schaltflächen *Vorwärts* und *Zurück* der Symbolleiste ermöglichen Ihnen, zwischen besuchten Seiten zu wechseln.

Hinweis

Über die restlichen Registerkarten können Sie ebenfalls auf die Hilfe zugreifen. Die Registerkarte Index *entspricht dem Stichwortverzeichnis eines Buches. Klicken Sie auf den Registerreiter, wird die Registerkarte angezeigt. Dann können Sie, wie bereits oben gezeigt, ein Stichwort im Feld* Zu suchendes Schlüsselwort *eintippen und über die Schaltfläche* Anzeigen *die Hilfeseite abrufen. Auf der Registerkarte* Suchen *finden Sie ein Feld zur Eingabe eines Suchbegriffs. Über die Schaltflächen der Registerkarte lässt sich nach dem Begriff suchen. Klicken Sie in der Liste der gefundenen Themen einen Eintrag an und wählen dann die Schaltfläche* Anzeigen, *wird die Hilfeseite im rechten Teil des Fensters dargestellt – also alles, wie Sie dies von der Windows-Hilfe kennen.*

Hilfe zu Fensterelementen

Finden Sie die QuickInfo-Fenster hilfreich, die Windows beim Zeigen auf verschiedene Elemente einblendet? Etwas Ähnliches gibt es auch in einigen Programmfenstern.

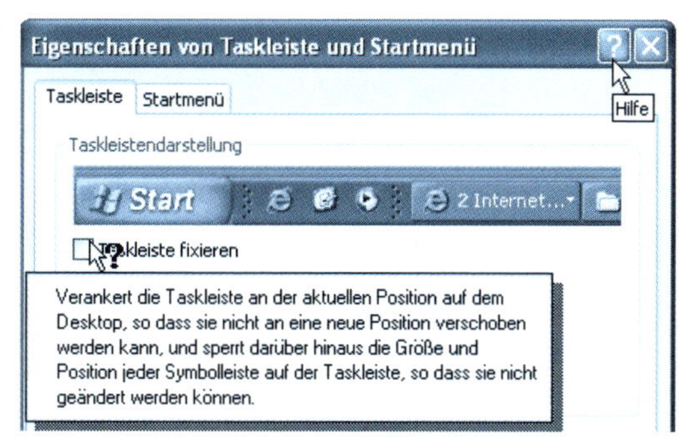

Manche Dialogfelder und Eigenschaftenfenster (das sind Fenster, welche eingestellte Eigenschaften in mehreren so genannten Registerkarten anzeigen) kennen noch die so genannte **Direkthilfe**.

Sobald Sie die in der rechten oberen Fensterecke angezeigte Schaltfläche mit dem Fragezeichen anklicken, wird zum Mauszeiger ein Fragezeichen eingeblendet. Klicken Sie auf ein Element des Fensters, erscheint eine QuickInfo mit Zusatzinformationen zum betreffenden Element. Ein weiterer Mausklick schließt diese QuickInfo.

Abmelden und beenden

Bevor Sie sich mit den nächsten Schritten befassen, bleibt noch eine Frage: Wie wird Windows eigentlich beendet? Zudem erlaubt Windows Ihnen, sich momentan vom Computer abzumelden, Windows bleibt aber weiterhin aktiv.

Vom Computer abmelden

Möchten Sie sich lediglich vom Computer abmelden, um später weiter zu arbeiten oder sich anschließend unter neuem Benutzernamen anzumelden?

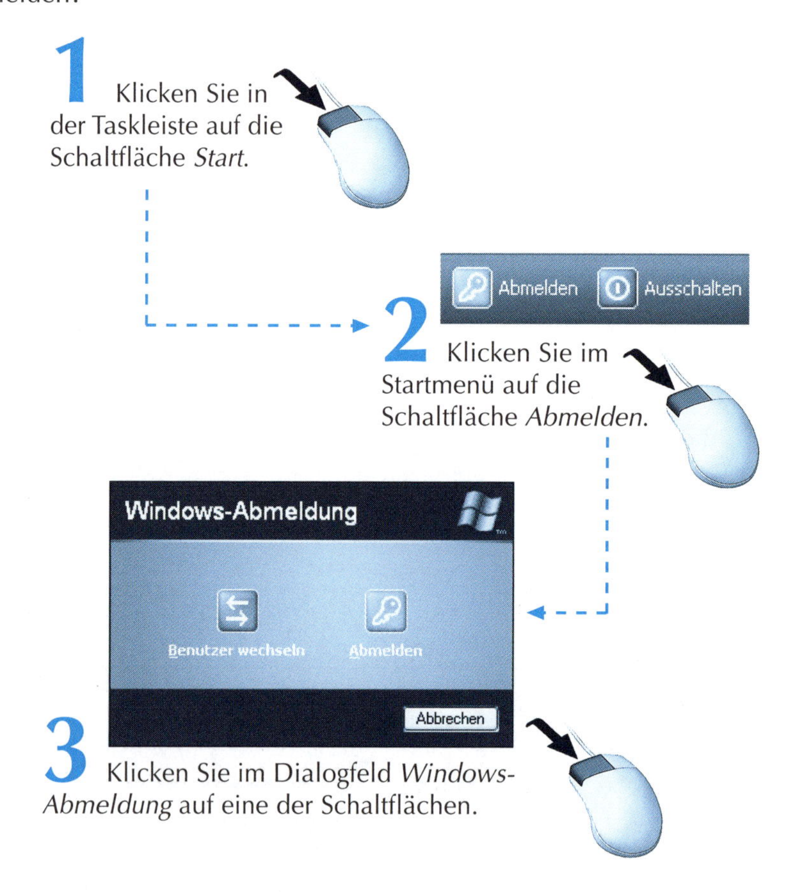

Die Schaltfläche *Abbrechen* schließt das Dialogfeld, und Sie können mit Windows weiterarbeiten. Die beiden anderen Schaltflächen *Benutzer wechseln* und *Abmelden* bewirken, dass Sie zu dem am Kapitelanfang gezeigten Windows-Anmeldedialog gelangen. Befolgen Sie die am Kapitelanfang beschriebenen Schritte zur Anmeldung an einem Benutzerkonto.

Hinweis

Bei der Schaltfläche Abmelden *werden vorher alle unter Windows laufenden Programme beendet. Wählen Sie dagegen* Benutzer wechseln, *bleiben die von Ihnen gestarteten Programme aktiv. Sie oder eine weitere Person können im Anmeldedialog ein anderes Benutzerkonto wählen, dort die gewünschten Tätigkeiten durchführen, sich wieder abmelden und dann zum alten Benutzerkonto zurückkehren. Anschließend lässt sich mit den noch laufenden Programmen weiterarbeiten.*

Windows beenden

Möchten Sie nicht weiter mit dem Computer arbeiten? Nachdem Sie alle geladenen Programme beendet und eventuell geöffnete Fenster geschlossen haben, müssen Sie Windows gezielt beenden.

Achtung

Sie könnten vielleicht auf die Idee kommen, den Computer samt Bildschirm einfach auszuschalten. Dann wird Windows zwangsweise beendet. So sollten Sie aber nie vorgehen. Dies kann dazu führen, dass Daten verloren gehen und Windows anschließend nicht mehr startet! Wählen Sie daher immer den folgenden Weg zum Herunterfahren Ihres Rechners.

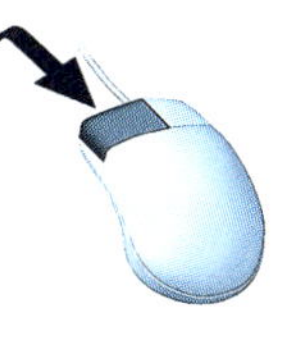

1 Klicken Sie in der Taskleiste auf die Schaltfläche *Start* und wählen Sie im Startmenü den Befehl *Ausschalten.*

2 Klicken Sie im Dialogfeld *Computer ausschalten* auf eine der Schaltflächen.

Die Schaltfläche *Abbrechen* schließt das Dialogfeld, und Sie können mit Windows weiterarbeiten. Die Schaltfläche *Ausschalten* fährt Windows herunter und schaltet den Computer ab. Über die Schaltfläche *Neu starten* wird Windows zwar beendet, anschließend aber erneut gestartet. Sie können sich dann anmelden und weiter arbeiten. Die Schaltfläche *Standby* versetzt Windows in einen speziellen »Schlafmodus«, aus dem sich Windows sehr schnell reaktivieren lässt. Halten Sie die [⇧]-Taste gedrückt, erscheint statt *Standby* die Schaltfläche *Ruhezustand*, bei dem Windows den aktuellen Zustand auf die Festplatte sichern und später wieder laden kann. In allen Fällen beginnt Windows nach Anwahl der Schaltfläche mit dem »Aufräumen«. Hierbei werden Daten auf die Festplatte gespeichert, eventuell noch laufende Programme beendet und die Einstellungen für den nächsten Windows-Start gesichert. Dann wird Windows beendet. Bei modernen Computern schaltet sich der Rechner anschließend automatisch aus und der Bildschirm wird dunkel. Schalten Sie dann bei Bedarf den Monitor noch aus.

Kleine Erfolgskontrolle

Zur Überprüfung Ihrer bisherigen Kenntnisse können Sie die folgenden Fragen bearbeiten (die Lösungen finden Sie in Klammern)

- Wie erreichen Sie, dass ein Fenster den gesamten Bildschirm einnimmt?

  (In der rechten oberen Ecke auf die Schaltfläche *Maximieren* klicken)

- Wie wird ein Programm beendet?

  (In der rechten oberen Ecke auf die Schaltfläche *Schließen* klicken)

- Nennen Sie die Alternativen, um ein Programm zu starten?

  (Über das Startmenü bzw. den Zweig *Alle Programme*, über den Befehl *Ausführen* im Startmenü, durch Doppelklicken auf das Programmsymbol)

- Wie lässt sich ein Fenster verschieben?

  (Durch Ziehen der Titelleiste)

- Wie wechseln Sie zwischen Fenstern?

  (Das Fenster oder dessen Schaltflächen in der Taskleiste anklicken)

Wenn es an einigen Stellen mit der Beantwortung der Fragen noch etwas hapert, ist dies nicht sonderlich tragisch. Lesen Sie einfach bei Bedarf die vorhergehenden Seiten nochmals. Viele Abläufe sind in Windows ähnlich, d.h. Sie lernen vieles nebenbei, wenn Sie die nächsten Kapitel bearbeiten.

Kapitel 2

Laufwerke, Ordner und Dateien

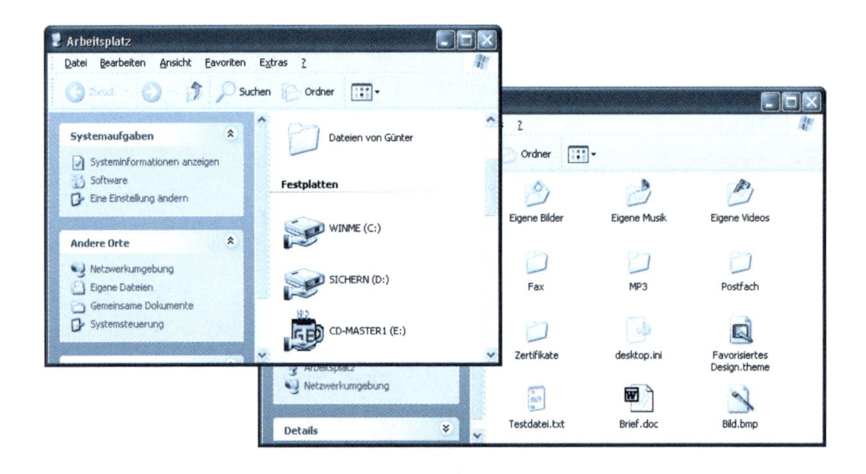

In diesem Kapitel lernen Sie den Umgang mit Laufwerken, Ordnern und Dateien kennen. Sie wissen anschließend, welche Laufwerkstypen es unter Windows gibt, und wie Disketten zum Speichern von Daten benutzt werden. Sie können Ordner und/oder Dateien anzeigen, kopieren, löschen, verschieben oder umbenennen. Weiterhin wird der Umgang mit dem Papierkorb gezeigt.

Das können Sie schon:

Das lernen Sie neu:

Laufwerke unter Windows

Zum Speichern von Daten wie Briefen, Bildern, Fotos, Programmen etc. werden Disketten, Festplatten oder CD-ROMs benutzt. Welche Laufwerke auf Ihrem Computer verfügbar sind, sehen Sie im Fenster *Arbeitsplatz*.

1 Öffnen Sie das Startmenü und klicken Sie auf das Symbol *Arbeitsplatz*.

Windows zeigt Ihnen das Fenster *Arbeitsplatz*. Die verschiedenen Laufwerke sind dabei jeweils durch einen Namen und ein Symbol gekennzeichnet und erscheinen in der rechten Spalte.

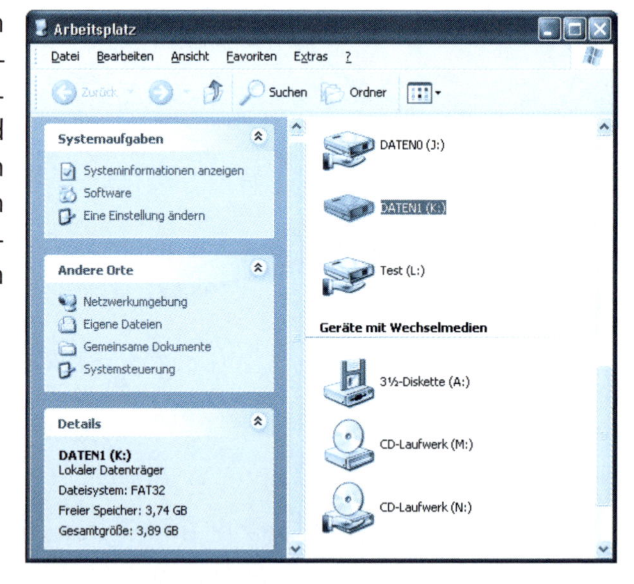

Die Symbole liefern Ihnen dabei einen Hinweis bezüglich der Laufwerkstypen. Wie viele und welche Symbole Sie sehen, hängt von Ihrem System ab. Die am häufigsten benutzten Laufwerkstypen sind:

Diskettenlaufwerke werden üblicherweise durch das nebenstehende Symbol dargestellt. Das stilisierte Symbol der Diskette zeigt hier an, dass eine so genannte 3,5-Zoll-Diskette benutzt wird. Dies sind Disketten mit einer Breite und Höhe von ca. 9 cm, die in einem stabilen Plastikgehäuse stecken.

DATEN1 (K:)

Festplattenlaufwerke erhalten dieses Symbol zugewiesen. Derartige Laufwerke sind fest im Computer eingebaut und lassen sich nicht wie eine Diskette wechseln. Auf einer Festplatte lassen sich wesentlich mehr Daten als auf einer Diskette speichern.

CD-Laufwerk (M:)

Besitzt der Computer ein CD-ROM- oder ein DVD-Laufwerk, wird dieses mit dem nebenstehenden Symbol dargestellt.

Hinweis

Manchmal werden Laufwerke mit einer stilisierten Hand in der linken unteren Ecke dargestellt. Diese Hand signalisiert, dass das Laufwerk in einem Netzwerk freigegeben ist, d.h. andere Benutzer im Netzwerk können auf dieses Laufwerk zugreifen. Diese stilisierte Hand wird auch für freigegebene Drucker oder Ordner benutzt (siehe auch Kapitel 9).

Test (L:)

Zum Abschluss bleibt noch die Frage: **Wie werden Laufwerke benannt?** Die im Fenster *Arbeitsplatz* angezeigten Bezeichnungen für das Laufwerk können computerspezifisch voneinander abweichen (z.B. Daten1 (K:), System (C:) etc.). Aber alle Laufwerke werden nach einem einfachen Schema benannt, das auf allen Windows-Computern gilt:

- Die Laufwerke werden mit Buchstaben von A bis Z durchnummeriert und mit einem Doppelpunkt abgeschlossen. Sie können diese Buchstaben im Fenster *Arbeitsplatz* in den Laufwerksbezeichnungen erkennen.
- Das **Diskettenlaufwerk** wird meist als erstes Laufwerk erkannt und folglich mit dem Buchstaben **A:** benannt. Ein eventuell vorhandenes **zweites Diskettenlaufwerk** erhält den Buchstaben **B:**.
- Die **erste Festplatte** wird mit dem Buchstaben **C:** versehen.

  Existieren **weitere Festplatten** und **CD-ROM**-Laufwerke, erhalten diese fortlaufend die Buchstaben **D:**, **E:**, **F:** bis **Z:** zugewiesen.

Der Umgang mit Disketten

Bei der Arbeit am Computer werden Sie vermutlich auch Disketten verwenden. Sie können zum Beispiel Dateien von der Festplatte auf Disketten kopieren und diese Disketten in einem Archiv aufbewahren. Beim Arbeiten mit Disketten sind einige Dinge zu beachten.

Hier sehen Sie eine 3,5-Zoll-Diskette, die in einer stabilen Plastikhülle untergebracht ist.

Der Papieraufkleber (auch als Label bezeichnet) dient zur Beschriftung der Diskette. Eine Diskette sollten Sie immer an diesem Aufkleber anfassen.

Der Metallschieber am unteren Rand schützt die Magnetschicht der in der Plastikhülle befindlichen Kunststoffscheibe vor Staub, Schmutz und Fingerabdrücken.

Hinweis

In der rechten oberen Ecke enthält die Diskette eine kleine rechteckige Öffnung, die durch einen Schieber verschlossen werden kann. Wird diese Öffnung durch den Schieber versperrt, lassen sich Dateien auf die Diskette kopieren. Durch Öffnen der Aussparung lässt sich die Diskette ***vor dem Überschreiben schützen****. Eine Öffnung auf der linken Seite der Diskette signalisiert, dass es sich um eine 1,44-Mbyte-Diskette handelt, während eine 720-Kbyte-Diskette diese Öffnung nicht aufweist.*

Zum Einlegen der Diskette fassen Sie diese am Papieraufkleber an und schieben sie gemäß nebenstehendem Schema (Metallschieber vorne, Papieraufkleber oben) bis zum Einrasten in das Laufwerk.

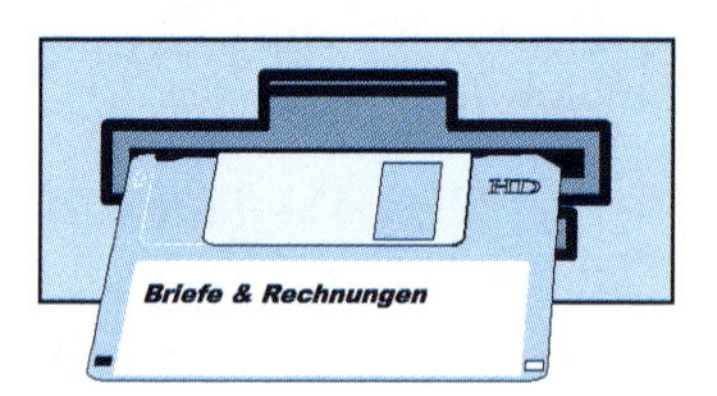

Hinweis

Die Disketten sollten Sie nach dem Herausnehmen aus dem Laufwerk in einer Diskettenbox wegschließen. Disketten dürfen weder Staub, Flüssigkeiten, Hitze noch Magnetfeldern (direkt neben Telefon, Monitor oder Lautsprecher) ausgesetzt werden, da dies zu Datenverlusten führen kann.

Zum Herausnehmen der Diskette drücken Sie die Auswurftaste, die sich am Diskettenlaufwerk befindet.

Arbeiten mit CDs und DVDs

Verfügt Ihr Computer über ein CD- oder ein DVD-Laufwerk, können Sie solche Medien einlegen und die darauf enthaltene Musik, Spielfilme abspielen bzw. Daten lesen.

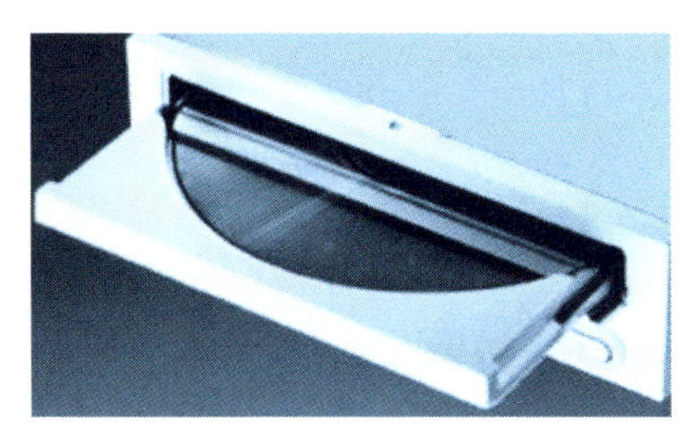

Zum Einlegen der DVD oder CD fassen Sie diese am Rand an, öffnen die Schublade des Laufwerks und legen das Medium mit der spiegelnden Seite nach unten in die Schublade ein.

Anschließend fahren Sie die Schublade in das Laufwerk ein. Zum Ein-/Ausfahren dieser Schublade besitzt das Laufwerk eine Auswurftaste in der rechten unteren Ecke. Achten Sie auf jeden Fall darauf, dass die spiegelnde Unterseite der CD/DVD frei von Staub, Schmutz, Kratzern und Fingerabdrücken bleibt. Andernfalls lässt sich das Medium u.U. nicht mehr lesen.

Was sind Ordner und Dateien?

Sobald Sie Briefe schreiben, Bilder bearbeiten oder andere Tätigkeiten unter Windows verrichten, kommen Sie mit den Begriffen Order und Dateien in Berührung. Vielleicht haben Sie sich die Frage gestellt: **Was sind Ordner und Dateien**, und wozu braucht man diese? Falls Ihnen diese Begriffe bereits geläufig sind, können Sie diesen Lernschritt überspringen.

Dateien werden vom Computer **benutzt, um etwas** (z.B. einen Brief, eine Zeichnung oder ein Bild) aufzubewahren – oder **zu speichern**, wie man dies auch nennt. Eine Datei können Sie sich daher als eine Art Container vorstellen, in den ein Brief, ein Bild, eine Kalkulationstabelle, ein Programm etc. gepackt wurde. Diese Dateien werden unter einem eindeutigen Namen auf der Festplatte des Computers, auf Disketten oder auf CDs abgelegt. Der Name der Datei erlaubt dem Computer und letztlich auch Ihnen, die betreffende Datei wiederzufinden.

Regeln für Dateinamen

Die Namen für Dateien müssen in Windows bestimmten Regeln genügen. Ein Dateiname darf bis zu 215 Zeichen lang sein. Um sich unnötige Tipparbeit zu ersparen, sollten Sie Dateinamen aber auf ca. 20 Zeichen begrenzen. Sie dürfen im Namen die Buchstaben A bis Z, a bis z, die Ziffern 0 bis 9, das Leerzeichen und verschiedene andere Zeichen verwenden. Ein gültiger Name wäre Brief an Müller. *Nicht zulässig sind aber die Zeichen " / \ | < > : ? * im Dateinamen.*

Neben dem Namen dürfen Dateien noch eine so genannte ***Dateinamenerweiterung*** *(oder kurz Erweiterung bzw. Extension genannt) aufweisen. Hierbei handelt es sich um einen Punkt, dem meist drei weitere Buchstaben folgen (z.B. .TXT, .BMP, .EXE, .BAT, .INI, .DOC etc.). Diese Erweiterungen legen den Typ der Datei fest, d.h. mit welchem Programm eine Datei bearbeitet werden kann.*

Hinweis

Standardmäßig zeigt Windows die Dateinamenerweiterungen nicht an. Weiter unten lernen Sie aber, wie Sie die betreffende Darstellung einrichten können. Sie dürfen den Dateinamen und die Erweiterung übrigens mit Groß- und Kleinbuchstaben schreiben. Dieses wird von Windows nicht unterschieden, d.h. die Namen »Brief an Müller.doc« und »brief an müller.doc« werden in Windows gleich behandelt.

Über die Dateinamenerweiterung und damit über den Dateityp werden den Dateien unter Windows noch verschiedene Symbole zugewiesen. Hier sehen Sie einige Beispiele für solche Dateinamen samt Dateinamenerweiterungen und Symbolen.

An den Symbolen lässt sich meist erkennen, was die Datei enthält. Das Symbol eines stilisierten Schreibblocks und die Erweiterung .txt stehen für Dateien, die einfache Texte enthalten. Solche Dateien können Sie zum Beispiel mit dem Windows-Programm *Editor* erstellen. Ein stilisierter Pinsel weist auf Grafiken hin, die sich oft mit dem Windows-Programm *Paint* bearbeiten lassen (siehe Kapitel 4).

Dateien mit der Erweiterung *.doc* enthalten ebenfalls Texte, die aber zusätzlich Bilder oder speziell formatierte Wörter bzw. Buchstaben (fett, kursiv etc.) enthalten können. Solche *.doc*-

> **Hinweis**
>
> *Es gibt noch viele andere Symbole für Dateien, die allerdings von den Dateierweiterungen und den unter Windows installierten Programmen abhängen.*

Dateien lassen sich mit dem Programm *Microsoft Word* oder mit dem Windows-Programm *WordPad* erstellen (siehe Kapitel 3). Die Erweiterung *.exe* steht für Programmdateien.

Ordner dienen zur Organisation der Dateiablage. Genau wie im Büro, wo man Ordner zum besseren Auffinden von Briefen und Dokumenten verwendet, nutzt der Computer Ordner zur Strukturierung der Dateiablage.

Windows ist dabei sehr flexibel: ein Ordner kann nicht nur Dateien enthalten, sondern auch Unterordner.

Ordner werden auf Laufwerken angelegt und besitzen wie Dateien einen Namen sowie ein Symbol. Je nach Inhalt kann Windows dabei sogar verschiedene Ordnersymbole verwenden.

Im Startmenü finden Sie den Eintrag *Eigene Dateien*, der den gleichnamigen Ordner in einem Fenster öffnet. Dieser Ordner ist unter Windows zum Speichern Ihrer Dokumente vorgesehen. Der Ordner besitzt automatisch die Unterordner *Eigene Bilder* und *Eigene Musik*, in denen Sie Musikstücke oder Bilder von Kameras etc. hinterlegen können. Zusätzlich besteht die Möglichkeit, dass Sie sich selbst Ordner zum Ablegen von Dokumenten erzeugen. Sie könnten also einen Ordner *Briefe* anlegen, der seinerseits wieder die Unterordner *Privat*, *Geschäftlich*, *Rechnungen* etc. enthält. Dateien, die thematisch zusammengehören, werden dann in den betreffenden **Ordnern** bzw. Unterordnern abgelegt. Welche Kriterien Sie zur Aufteilung der Dateien in Ordner verwenden, bleibt Ihnen überlassen.

> **Hinweis**
>
> ***Ordner*** *werden nach den gleichen Kriterien wie Dateien benannt. Allerdings entfällt bei Ordnern in der Regel die bei Dateien benutzte Dateinamenerweiterung. Dateien und Ordner müssen mit einem eindeutigen Namen versehen werden. Sie können in einem Ordner keine zwei Ordner oder Dateien gleichen Namens ablegen. Eine Datei darf jedoch unter ihrem (gleichen) Namen in unterschiedlichen Ordnern gespeichert werden.*

Arbeiten im Ordnerfenster

Zur Anzeige des Inhalts von Laufwerken und Ordnern werden in Windows so genannte **Ordnerfenster** benutzt. Dies kennen Sie bereits vom Fenster *Arbeitsplatz*.

1 Öffnen Sie das Startmenü und klicken Sie auf das Symbol *Arbeitsplatz*.

Windows öffnet das Ordnerfenster *Arbeitsplatz*. Dieses Ordnerfenster ist in zwei Spalten unterteilt. In der linken, als »Aufgabenleiste« bezeichneten Spalten finden Sie verschiedene Informationen sowie Befehle, die Sie durch Anklicken abrufen können. In der rechten Spalte zeigt das Ordnerfenster dagegen den Inhalt der Umgebung *Arbeitsplatz* an.

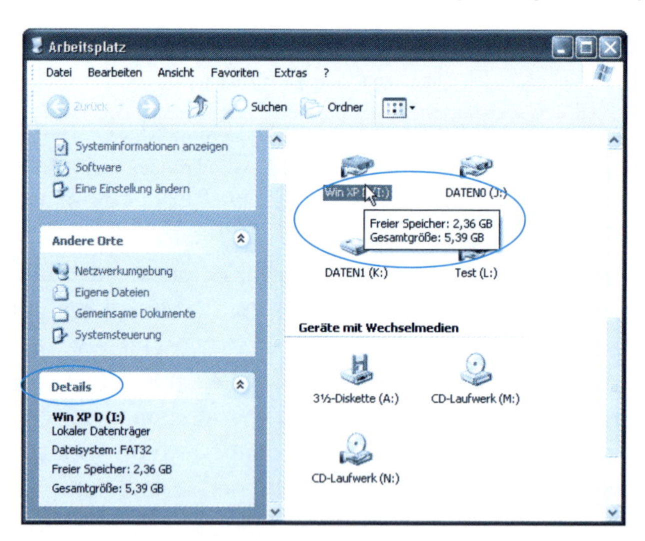

- Zeigen Sie im Ordnerfenster auf ein Laufwerkssymbol, blendet Windows dessen Größe (als Kapazität bezeichnet) sowie den noch freien Speicher in einem QuickInfo-Fenster ein.
- Klicken Sie auf ein Element in der rechten Spalte des Ordnerfensters, werden Detailinformationen in der unteren Ecke der Aufgabenleiste (in der Rubrik »Details«) angezeigt.

Diese Aufteilung des Ordnerfensters ist typisch für Windows XP. Egal was Sie tun, Sie finden in der linken Spalte der Aufgabenleiste in der obersten Rubrik immer die Befehle, die sich auf die in der rechten Spalte angezeigten Elemente anwenden lassen. In der Rubrik »Andere Orte« finden Sie die Symbole anderer Speicherorte wie z.B. *Eigene Dateien*. Durch einen Klick auf einen solchen Hyperlink lässt sich direkt zum gewünschten Speicherort wechseln. Die unterste Rubrik »Details« zeigt Informationen zum jeweils im Ordnerfenster gewählten Element (Laufwerk, Ordner, Datei).

Hinweis

Wenn Sie das Fenster genügend verkleinern, blendet Windows die linke Spalte der Aufgabenleiste aus. Sie können aber ein Laufwerks-, Ordner- oder Dateisymbol mit der rechten Maustaste anklicken und im Kontextmenü den Befehl Eigenschaften *wählen. Dann öffnet Windows ein spezielles Dialogfeld, welches auf verschiedenen Registerkarten die sonst in der linken Spalte angezeigten Eigenschaften sowie weitere Informationen enthält.*

Die restlichen Elemente des Fensters wie Bildlaufleisten, Symbolleiste, die Schaltflächen zum Schließen des Fensters etc. kennen Sie ja bereits aus Kapitel 1. Jetzt gilt es, das Arbeiten in Ordnerfenstern zu üben. Das Ordnerfenster *Arbeitsplatz* ist ja noch geöffnet.

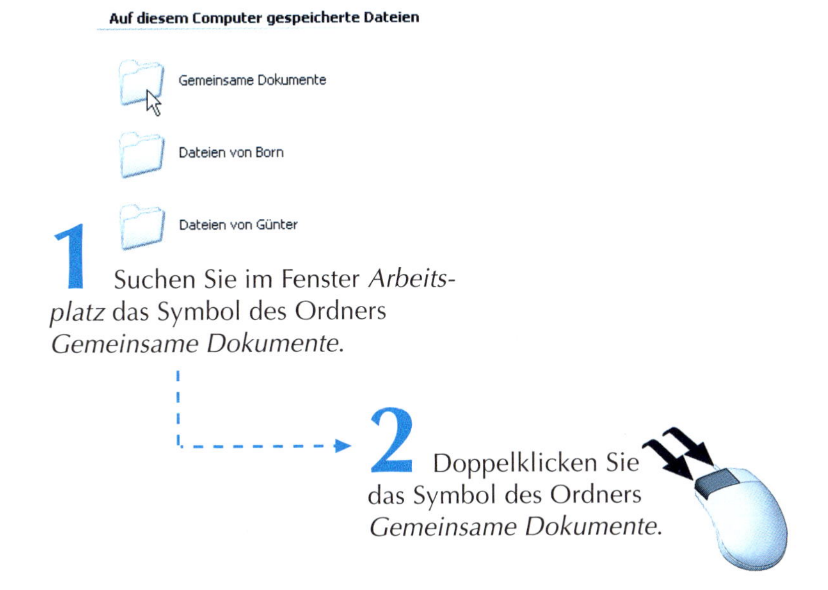

1 Suchen Sie im Fenster *Arbeitsplatz* das Symbol des Ordners *Gemeinsame Dokumente*.

2 Doppelklicken Sie das Symbol des Ordners *Gemeinsame Dokumente*.

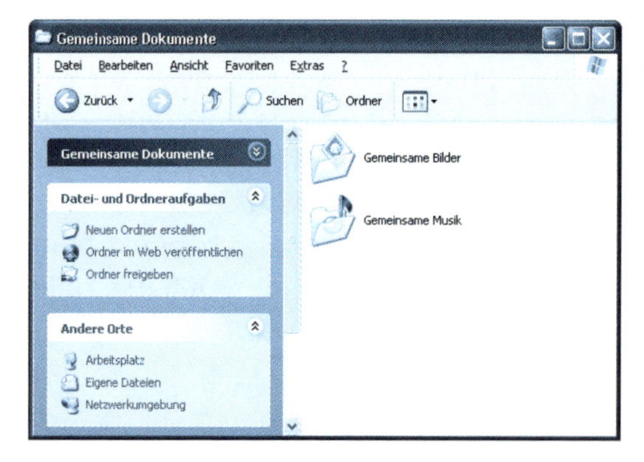

Jetzt zeigt Windows den Inhalt des betreffenden Ordners im Ordnerfenster. Hier sehen Sie die beiden Ordner *Gemeinsame Bilder* und *Gemeinsame Musik*.

Über die Bildlaufleisten können Sie im Ordnerfenster blättern. Alternativ haben Sie die Möglichkeit, die Größe des Fensters zu verändern. Die entsprechenden Schritte können Sie in Kapitel 1 nachlesen.

3 Doppelklicken Sie auf das Symbol des Ordners *Gemeinsame Bilder*.

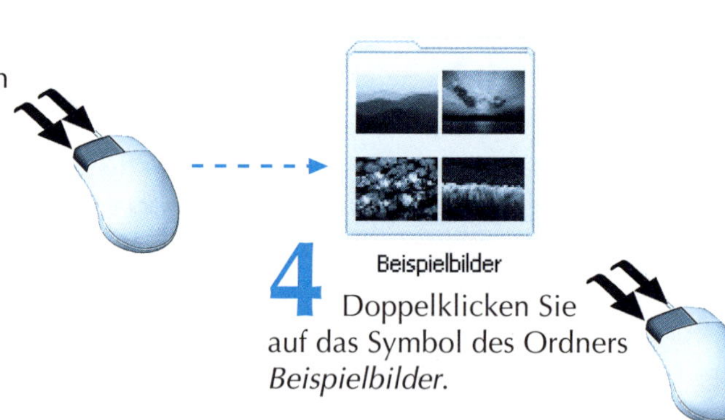

4 Doppelklicken Sie auf das Symbol des Ordners *Beispielbilder*.

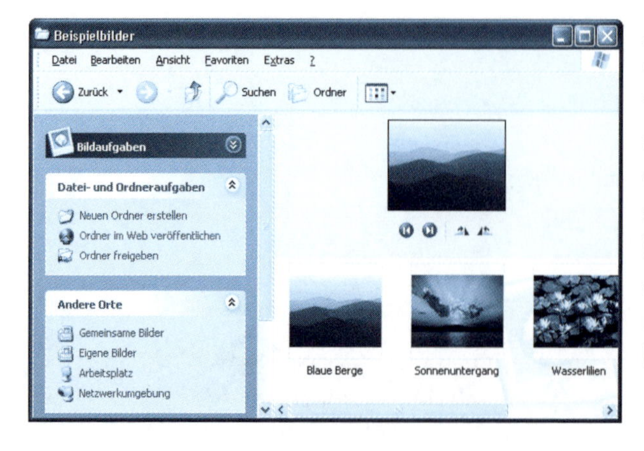

Jetzt öffnet Windows das Fenster des betreffenden Ordners. Hier sehen Sie den Inhalt des Ordner mit verschiedenen Fotos, die bei der Windows-Installation als Dateien in diesem Ordner hinterlegt werden.

Hinweis

Zusammenfassend lässt sich also sagen, dass sich der Inhalt eines Ordners durch einen Doppelklick auf ein Ordnersymbol im Ordnerfenster anzeigen lässt. Genauso können Sie im Ordnerfenster Arbeitsplatz *auch das Symbol eines Laufwerks per Doppelklick anwählen, um dessen Inhalt anzuzeigen. Bei Disketten- und CD-Laufwerken müssen Sie lediglich vorher sicherstellen, dass ein Datenträger (Diskette, CD) in das Laufwerk eingelegt wurde.*

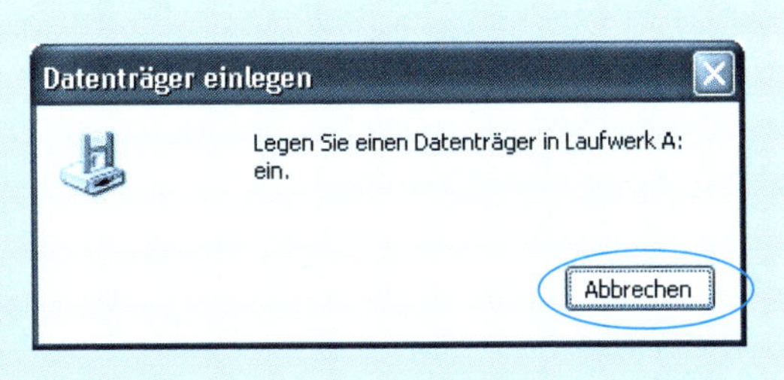

Andernfalls kann Windows nicht auf das Laufwerk zugreifen und fordert Sie über ein Dialogfeld zum Einlegen des Mediums auf. Das Dialogfeld wird nach dem Einlegen des Mediums automatisch oder beim Anklicken der Schaltfläche Abbrechen *geschlossen.*

Zu anderen Speicherorten wechseln

Auf den vorhergehenden Seiten haben Sie das Abrufen von Ordnerinhalten über das Ordnerfenster *Arbeitsplatz* gelernt. Sie müssen einfach ein Laufwerks- oder Ordnersymbol doppelt anklicken, schon wird sein Inhalt angezeigt. Wie geht es aber zum vorhergehenden Ordner zurück oder wie gelangen Sie auf einfache Weise zu anderen Speicherorten wie *Eigene Dateien* oder *Arbeitsplatz*? Von den vorhergehenden Schritten sollte noch das Ordnerfenster *Beispielbilder* geöffnet sein.

1 Klicken Sie in der Symbolleiste des Ordnerfensters auf die Schaltfläche *Aufwärts*.

Dann wechselt Windows zum übergeordneten Ordner oder Laufwerk zurück.

Durch schrittweises Anklicken der Schaltfläche *Aufwärts* gelangen Sie also zum Fenster *Arbeitsplatz* und dann sogar zum Ordner *Desktop* zurück. Alternativ können Sie die Taste [⇦] anstelle der Schaltfläche *Aufwärts* drücken, um in der Ordnerhierarchie aufwärts zu gehen. Aber Windows bietet noch mehr Komfort.

In der Kategorie »Andere Orte« der Aufgabenleiste blendet Windows die Symbole weiterer Speicherorte ein. Klicken Sie auf ein solches Symbol, zeigt Windows den Inhalt des betreffenden Speicherorts an.

Haben Sie bereits mehrere Ordner im Ordnerfenster abgerufen? Windows merkt sich dies und ermöglicht Ihnen, zwischen diesen Ordnern zu »blättern«.

Über die Schaltflächen *Zurück* und *Vorwärts* lässt sich zum vorherigen oder nächsten Ordner der Liste blättern. Klicken Sie auf den Pfeil neben der Schaltfläche, öffnet sich ein Menü mit den Namen der besuchten Ordner. Klicken Sie einen Namen an, bringt Sie Windows direkt zum betreffenden Ordner.

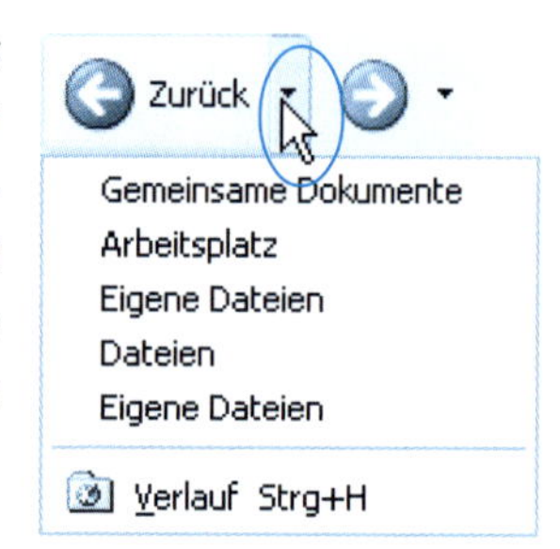

Arbeiten mit der Ordnerliste

Konnten Sie die obigen Schritte problemlos durchführen? Dann beherrschen Sie bereits die wichtigsten Techniken zum Umgang mit Ordnerfenstern. Ist dies nicht der Fall? Wenn Sie etwas häufiger mit Windows arbeiten, geht dies in »Fleisch und Blut« über. Jetzt sollten Sie aber noch eine »Komfortfunktion« des Ordnerfensters kennen.

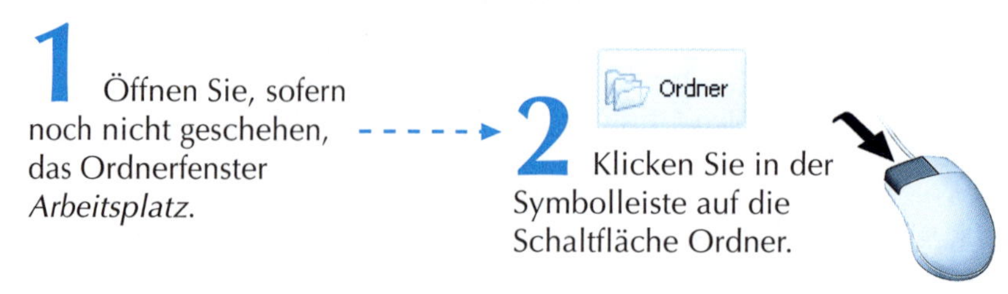

1 Öffnen Sie, sofern noch nicht geschehen, das Ordnerfenster *Arbeitsplatz*.

2 Klicken Sie in der Symbolleiste auf die Schaltfläche Ordner.

Die Aufgabenleiste verschwindet. Stattdessen erscheint in der linken Spalte die so genannte Explorer-Leiste mit einer Orderliste, in der das Element *Desktop*, alle Laufwerke sowie einige spezielle Ordner wie *Eigene Dateien* etc. zu sehen sind.

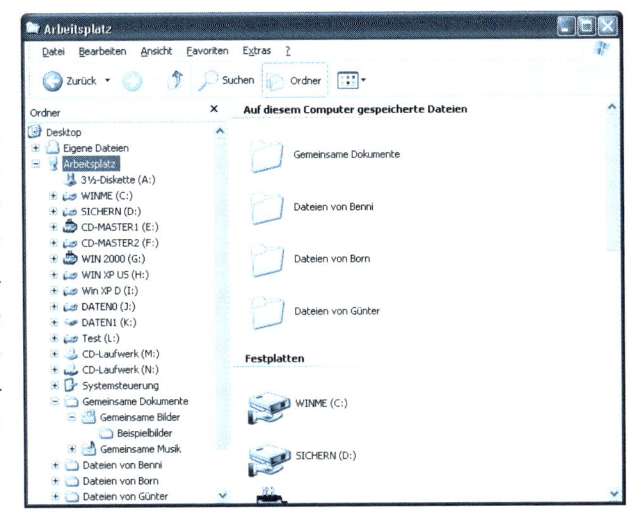

> **Hinweis**
>
> *Lassen Sie sich nicht irritieren, falls bei Ihrem Windows weniger Laufwerke oder Elemente angezeigt werden. Hier sehen Sie das System des Autors, welches mit sehr vielen Laufwerken ausgestattet ist.*

Diese Ordnerliste erlaubt den schnellen Zugriff auf alle Laufwerke und Ordner des Rechners.

1 Legen Sie eine Diskette in das Diskettenlaufwerk A: ein.

2 Blättern Sie ggf. in der Bildlaufleiste, bis das Diskettenlaufwerk zu sehen ist und klicken Sie auf das betreffende Symbol.

Windows zeigt anschließend direkt den Inhalt dieses Laufwerks im rechten Teil des Fensters an.

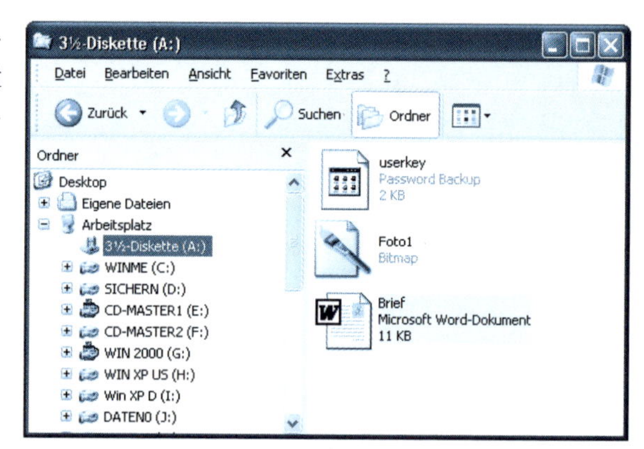

Durch Anklicken der betreffenden Ordner- und Laufwerkssymbole innerhalb der Explorer-Leiste lässt sich also der zugehörige Inhalt im rechten Teil des Fensters abrufen. Da die Ordnerliste immer sichtbar bleibt, können Sie sehr schnell zwischen den Ordnern und Laufwerken wechseln.

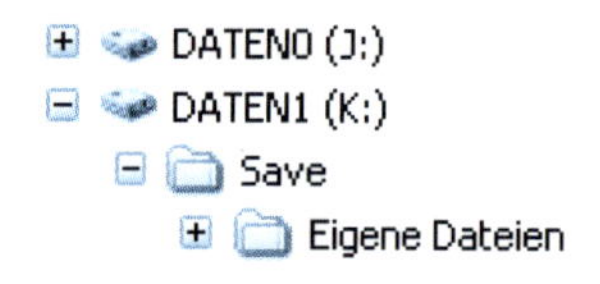

Vor einigen Symbolen ist ein Kästchen mit einem Pluszeichen zu sehen. Dies signalisiert, dass das Element Unterordner besitzt. Klicken Sie auf das Pluszeichen, expandiert Windows die Darstellung um die Unterordner.

Enthält das Kästchen ein Minuszeichen, wird der gesamte Zweig mit den Unterordnern angezeigt. Klicken Sie auf das Minuszeichen, blendet Windows die untergeordneten Elemente wieder aus.

Vielleicht üben Sie jetzt etwas mit der Ordnerliste und schauen sich einmal an, was bei Ihnen auf den verschiedenen Laufwerken und in den Ordnern gespeichert ist. Klicken Sie einfach in der Ordnerliste auf die betreffenden Symbole.

Hinweis

Bei einigen (System-) Ordnern (z.B. beim Windows-Laufwerk) wird Windows im rechten Teil des Fensters keine Dateien anzeigen. Stattdessen erhalten Sie den Hinweis, dass die Dateien ausgeblendet sind, um den Ordnerinhalt zu schützen. Dies hat gute Gründe, Windows möchte vermeiden, dass Sie durch Änderungen in diesen Ordnern die Systemstabilität gefährden.

Anpassung der Ordneranzeige

Sieht die Darstellung des Ordnerfensters auf Ihrem Rechner etwas anders aus? Fehlen die Symbolleiste oder Schaltflächen? Werden die Ordner- und Dateisymbole kleiner dargestellt? Dies ist alles kein Grund zur Sorge. Windows erlaubt viele Anpassungen, was auch für Ordnerfenster gilt. Nachfolgend möchte ich Ihnen zum Einstieg die wichtigsten Tricks zur Anpassung der Anzeige verraten. Dies ermöglicht Ihnen, die Anzeige nach eigenem Gusto zu gestalten.

Fehlt in Ihrem Fenster die Symbolleiste mit den Schaltflächen?

1 Öffnen Sie das Ordnerfenster *Eigene Dateien*, indem Sie im Startmenü auf das betreffende Symbol klicken.

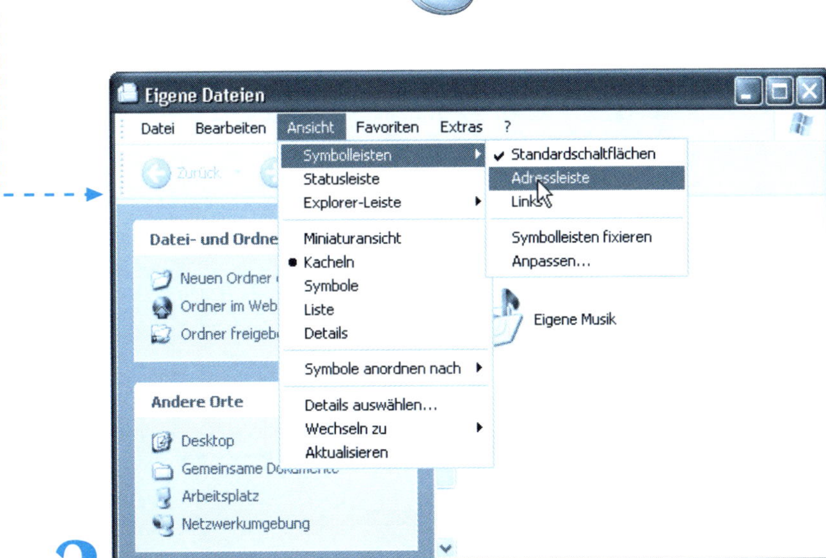

2 Klicken Sie in der Menüleiste auf *Ansicht* und dann auf den Befehl *Symbolleisten*.

- Klicken Sie im Untermenü des Befehls *Symbolleisten* den Eintrag *Standardschaltflächen* an. Ist der Befehl mit einem Häkchen markiert, wird die Leiste angezeigt. Ein zweiter Mausklick auf den Befehl *Standardschaltflächen* blendet dann die Symbolleiste wieder aus.
- Über den Befehl *Adressleiste* können Sie durch Anklicken wahlweise die Symbolleiste mit dem Feld *Adresse* im Fenster ein- oder auszublenden.
- Wählen Sie den Befehl *Statusleiste* im Menü *Ansicht* per Maus an, blendet Windows jeweils die Statusleiste des Fensters ein oder aus.

Sie erkennen im Menü an dem Häkchen vor dem Befehl, ob die zugehörige Leiste eingeblendet ist.

Standardmäßig werden die Symbole der Symbolleiste mit Texten versehen. Bei verkleinertem Ordnerfenster reicht dann ggf. der Platz der Symbolleiste nicht mehr, um alle Schaltflächen anzuzeigen. Windows zeigt dann am rechten Rand der Symbolleiste dieses Symbol.

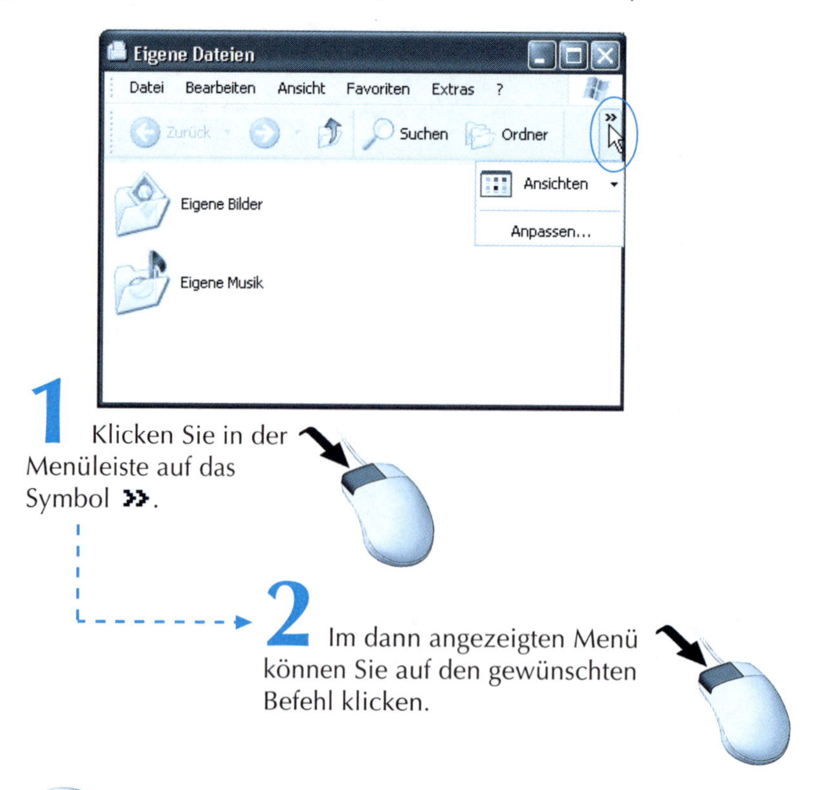

Hinweis

Wenn Sie sich bereits etwas mit Windows auskennen, können Sie den Text neben den Schaltflächen ausblenden. Oder Sie entfernen nie oder selten benutzte Schaltflächen aus der Symbolleiste. Wählen Sie im Menü Ansicht/Symbolleisten *den Befehl* Anpassen. *Windows öffnet das Dialogfeld* Symbolleiste anpassen.

Stellen Sie das Listenfeld Textoptionen *auf »Keine Symboltitel« (einfach auf den Pfeil* ˅ *rechts neben dem Listenfeld klicken und die Option wählen). Weiterhin lassen sich in den beiden Listen* Verfügbare Schaltflächen *und* Aktuelle Schaltflächen *jeweils Symbole per Mausklick markieren.*

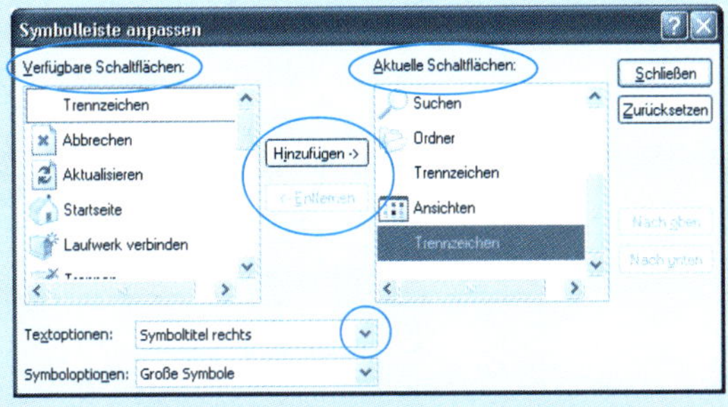

Windows übernimmt über die Schaltfläche Hinzufügen *das markierte Symbol als Schaltfläche in die rechte Liste* Aktuelle Schaltflächen *und zeigt diese anschließend in der Symbolleiste an. Die Schaltfläche* Entfernen *löscht dagegen die gewählte Schaltfläche aus der rechten Liste und somit auch aus der Symbolleiste. Die Symbolgröße wird über das Listenfeld* Symboloptionen *eingestellt. Schließen lässt sich das Dialogfeld über die gleichnamige Schaltfläche. Über die Schaltfläche der Direkthilfe in der rechten oberen Fensterecke können Sie Zusatzinformationen zum Dialogfeld abrufen (siehe Kapitel 1).*

Es gibt eine weitere Stelle, an der Sie die Anzeige im Ordnerfenster beeinflussen können. Standardmäßig zeigt Windows leider keine Dateinamenerweiterungen im Ordnerfenster an. Die Symbole für Dateien erlauben Ihnen zwar einen Rückschluss auf den Dateityp, aber die Dateinamenerweiterung erweist sich häufig als wesentlich hilfreicher. Schalten Sie diese Darstellung bei Bedarf doch einfach ein.

1 Wählen Sie im Menü *Extras* den Befehl *Ordneroptionen.*

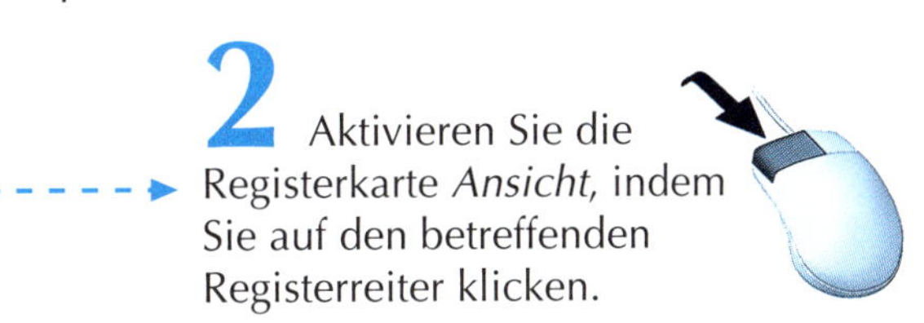

2 Aktivieren Sie die Registerkarte *Ansicht,* indem Sie auf den betreffenden Registerreiter klicken.

Auf der Registerkarte *Ansicht* finden Sie verschiedene **Kontrollkästchen** und **Optionsfelder**, mit denen Sie die Anzeige beeinflussen können.

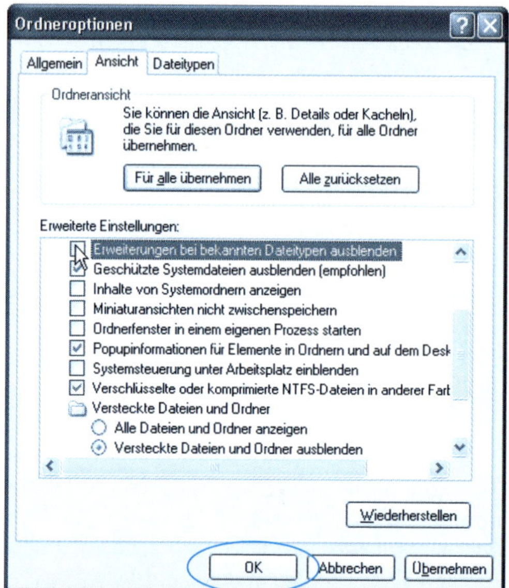

3 Wählen Sie die gewünschten Optionen und schließen Sie die Registerkarte über die *OK*-Schaltfläche.

Was ist das?

Optionsfelder *sind die kleinen Kreise innerhalb eines Dialogfelds. Durch Anklicken eines Optionsfelds können Sie eine Option auswählen. Das gewählte Optionsfeld wird durch einen schwarzen Punkt markiert. Im Gegensatz zu* ***Kontrollkästchen*** *lässt sich immer nur eine Option innerhalb einer Gruppe von Optionsfeldern wählen. Bei Kontrollkästchen zeigt ein Häkchen, ob die Option aktiviert ist.*

- Sie müssen sicherstellen, dass das Kontrollkästchen *Erweiterungen bei bekannten Dateitypen ausblenden* nicht markiert ist (notfalls per Maus anklicken), um die Dateinamenerweiterungen immer anzuzeigen.

- Markieren Sie (z.B. per Mausklick) im Zweig »Versteckte Dateien und Ordner« das Optionsfeld *Alle Dateien und Ordner anzeigen.* Dies stellt sicher, dass Windows im Ordnerfenster auch versteckte Dateien darstellt.

Hinweis

Details zu den einzelnen Optionen liefert Ihnen die Direkthilfe, die Sie über die in der linken oberen Ecke gezeigte Schaltfläche mit dem Fragezeichen abrufen können (siehe auch Kapitel 1).

Anpassen der Symbolgröße im Ordnerfenster

Früher oder später wird Ihnen auffallen, dass im Ordnerfenster *Arbeitsplatz, Eigene Dateien* und/oder in den Fenstern der zugehörigen Unterordner **unterschiedliche Symbolgrößen** benutzt werden. Einige Fenster verwenden große Symbole für Ordner und Dateien, in anderen Fenstern erscheinen vielleicht kleine Symbole. Manchmal ist dann noch eine Liste zu sehen, die neben dem Dateinamen die Dateigröße oder das Datum der Erstellung anzeigt. Sie können die Art der Darstellung sehr einfach über die Symbolleiste einstellen.

1 Vergrößern Sie das Ordnerfenster, bis alle Schaltflächen der Symbolleiste zu sehen sind.

2 Klicken Sie auf den Pfeil rechts neben der Schaltfläche *Ansichten.*

Windows öffnet ein Menü und zeigt durch einen kleinen Punkt, welcher Modus gerade aktiv ist. Hier ist der Menüeintrag *Kacheln* aktiv, Sie sehen also Ordner und Dateien als Kacheln.

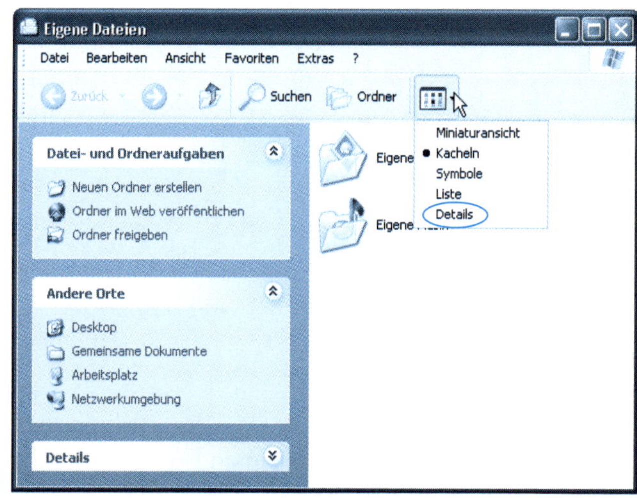

3 Klicken Sie im Menü auf den Menüeintrag *Details*.

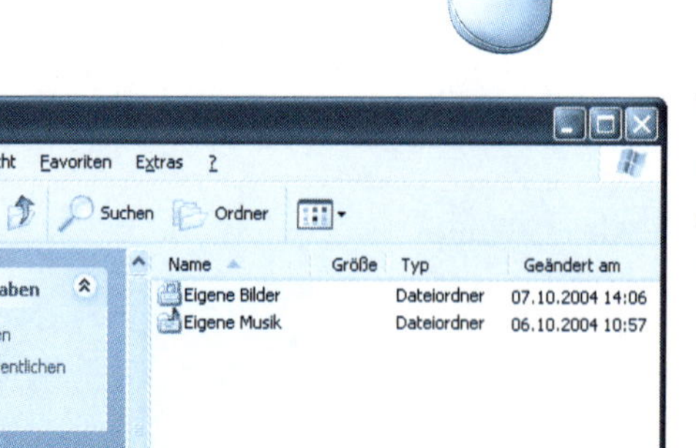

Windows benutzt nun eine Liste mit den Spalten *Name, Größe, Typ* etc.

4 Wiederholen Sie jetzt die obigen Schritte und wählen Sie abwechselnd die Einträge *Symbole, Liste* und *Miniaturansicht*.

> **Hinweis**
>
> *Die Anzeigemodi können Sie auch direkt über die betreffenden Befehle des Menüs* Ansicht *umstellen.*

Windows passt dann die Darstellung der Dateianzeige entsprechend an. Bei der Miniaturansicht zeigt das Ordnerfenster um jede Datei einen kleinen Rahmen. Je nach Dateityp wird im Rahmen ein Symbol oder eine Vorschau auf den Dateiinhalt angezeigt.

Ordneranzeige sortieren

Die Symbole für Dateien und Ordner werden in der Anzeige nach bestimmten Kriterien sortiert. Sie können diese Sortierkriterien über den Befehl *Symbole anordnen nach* im Menü *Ansicht* einstellen.

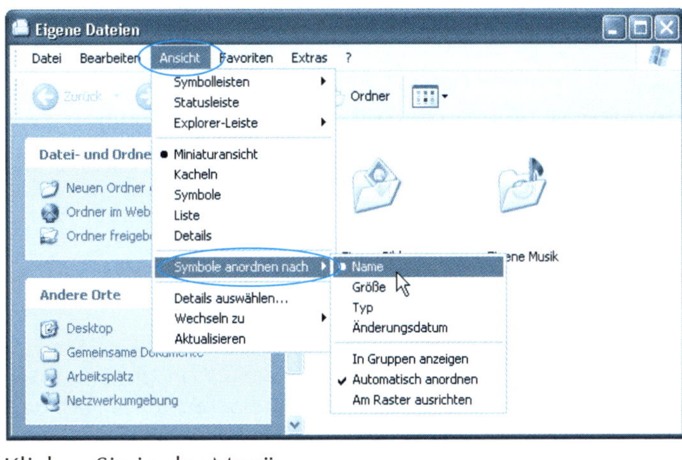

1 Klicken Sie in der Menüleiste auf *Ansicht* und dann auf *Symbole anordnen nach*.

2 Um die Anzeige nach Namen zu ordnen, klicken Sie auf den Befehl *Name*.

3 Klicken Sie im Menü *Ansicht* auf die Befehle *Symbole anordnen Nach/Typ*. Windows sortiert die Anzeige nach dem Dateityp (der durch die **Dateinamenerweiterung** bestimmt wird).

4 Klicken Sie im Menü *Ansicht* auf die Befehle *Symbole anordnen Nach/Größe*. Windows sortiert die Anzeige nach der Dateigröße.

5 Wählen Sie im Menü *Ansicht* die Befehle *Symbole anordnen Nach/Änderungsdatum*.

Windows sortiert beim zuletzt genannten Befehl die Anzeige nach dem Datum, an dem die Datei zuletzt geändert wurde. Über den Befehl *In Gruppen anzeigen* erreichen Sie, dass Windows die Liste nach den Anfangsbuchstaben der Ordner- und Dateinamen gruppiert. Haben Sie gleichzeitig als Sortieroption den Typ gewählt, fasst Windows im Ordnerfenster *Arbeitsplatz* z.B. die Festplatten und die Laufwerke mit Wechselmedien (Disketten, CDs) – wie in diesem Buch gezeigt – in getrennten Gruppen zusammen.

Hinweis

Selbst der Windows-Desktop ist letztendlich nichts anderes als ein Ordner. Klicken Sie mit der rechten Maustaste auf eine freie Stelle des Desktops, lässt sich im ***Kontextmenü*** *der Befehl* Symbole anordnen nach *und dann eine Option im Untermenü wählen. Mit dem Befehl* Automatisch anordnen *im Menü* Ansicht/Symbole anordnen nach *erreichen Sie, dass Windows die Symbole automatisch am Raster ausrichtet. Sie können dann zum Beispiel die Symbole auf dem Desktop nicht mehr an beliebige Positionen ziehen. Windows schiebt diese sofort an die alte Position zurück. Wählen Sie den Befehl* Am Raster ausrichten, *richtet Windows die Symbole im Ordnerfenster oder auf dem Desktop an einem »gedachten« Raster aus. Beide Befehle sind aber gesperrt, wenn das Ordnerfenster auf den Anzeigemodus »Details« gesetzt ist.*

Was ist das?

Klicken Sie mit der rechten Maustaste auf ein Objekt, öffnet Windows ein Menü, in dem die gerade (im Kontext) verfügbaren Befehle erscheinen. Man bezeichnet dieses Menü daher als ***Kontextmenü****.*

Ordner und Dateien handhaben

Auf den vorhergehenden Seiten haben Sie den Umgang mit dem Ordnerfenster gelernt und wissen auch, wie sich die Darstellung bei Bedarf anpassen lässt. Jetzt ist es an der Zeit, einige Grundlagen über den Umgang mit Dateien und Ordnern zu lernen. Sie erfahren beispielsweise, wie sich Ordner und Dateien kopieren, löschen oder umbenennen lassen.

Neue Ordner und Dateien anlegen

Um einen neuen Ordner auf einer Festplatte, auf einer Diskette, im Ordner *Eigene Dateien* oder in einem bestehenden Ordner anzulegen, gehen Sie in folgenden Schritten vor:

1 Öffnen Sie das Fenster mit dem Laufwerk oder dem Ordner (für dieses Beispiel können Sie den Befehl *Eigene Dateien* im Startmenü anwählen).

2 Klicken Sie mit der **rechten** Maustaste auf eine freie Stelle im Ordnerfenster.

> **Hinweis**
>
> *Oder Sie klicken den Befehl* Neuen Ordner erstellen *in der Aufgabenleiste an.*

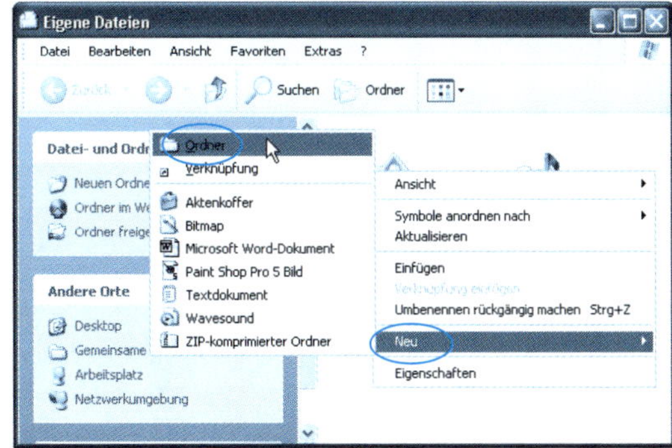

3 Zeigen Sie im **Kontextmenü** auf den Befehl *Neu* und klicken Sie dann auf *Ordner*.

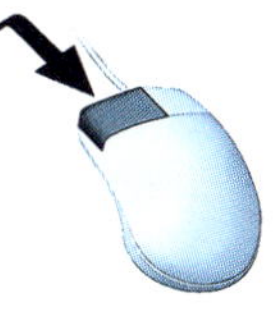

Windows legt einen neuen Ordner mit dem Namen *Neuer Ordner* im Fenster an. Der Name des neuen Ordners ist dabei farblich markiert, d.h. Sie können diesen Namen noch ändern.

4 Tippen Sie den neuen Namen für den Ordner per Tastatur ein.

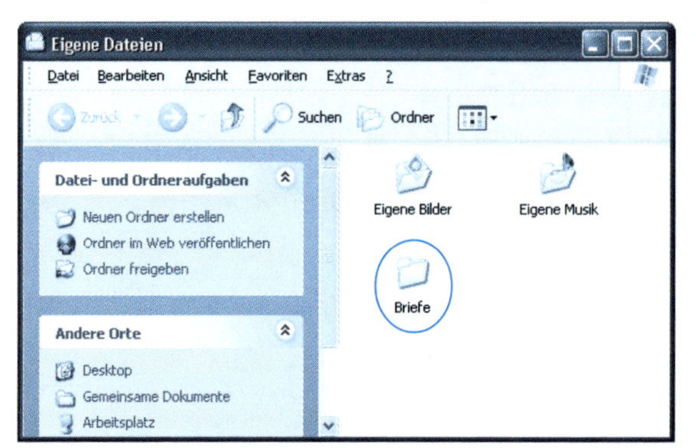

In nebenstehendem Fenster wurde als Name *Briefe* gewählt. Sie können aber jeden gültigen Ordnernamen verwenden.

5 Klicken Sie anschließend auf eine freie Stelle im Fenster.

Windows hebt die Markierung auf und weist dem neuen Ordner den eingetippten Namen zu.

Hinweis

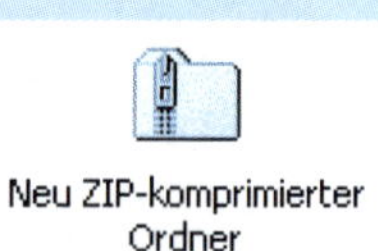

Und an dieser Stelle noch ein besonderer Tipp: Windows unterstützt auch so genannte »komprimierte Ordner«. Legen Sie in einem solchen Ordner Textdateien oder Bilder im BMP-Format ab, benötigen diese wesentlich weniger Speicherplatz auf dem Datenträger als bei der Verwendung normaler Ordner. Diese komprimierten Ordner lassen sich genauso handhaben wie normale Ordner. Lediglich beim Anlegen müssen Sie im Kontextmenü die Befehle Neu/ZIP-Komprimierter Ordner *wählen. Diese Ordner werden mit diesem Symbol dargestellt. Genaugenommen handelt es sich bei diesem Ordner eigentlich um eine Datei, die mit der Dateinamenerweiterung .zip versehen ist. Windows integriert diesen Dateityp aber so, dass Sie diesen wie Ordner behandeln können.*

Neue Dateien werden Sie in den meisten Fällen mit Textprogrammen, Zeichenprogrammen etc. erzeugen (siehe folgende Kapitel). Diese Programme sorgen automatisch dafür, dass die betreffenden Dateitypen für neue Dateien benutzt werden. Windows erlaubt Ihnen jedoch, leere Dateien bestimmter Dateitypen ohne Aufruf des Anwendungsprogramms anzulegen. Sie können dann zum Beispiel eine Vorlage für einen Brief oder eine leere Textdatei erzeugen. Hierzu gehen Sie genau wie oben beschrieben beim Anlegen eines Ordners vor, wählen aber im Kontextmenü den Befehl für den gewünschten Dateityp (z.B. *Bitmap, Textdokument, Microsoft Word Dokument* etc.) an. Windows legt eine neue Datei mit dem gewählten Typ an, und Sie müssen nur noch den gewünschten Dateinamen eintippen.

Achtung

Haben Sie die Anzeige der Dateinamenerweiterung eingeschaltet (Menü Extras/Ordneroptionen, *Registerkarte* Ansicht, *Kontrollkästchen* Erweiterungen bei bekannten Dateitypen ausblenden *nicht markiert)? Dann werden die Dateinamenerweiterungen (*.doc, .bmp, .txt *etc.) mit angezeigt. Beim Umbenennen einer Datei müssen Sie darauf achten, dass die vorher zugewiesene Dateinamenerweiterung erhalten bleibt. Andernfalls kann Windows den korrekten Dateityp nicht mehr erkennen und ruft ggf. ein falsches Programm zur Bearbeitung auf.*

Ordner und Dateien umbenennen

Haben Sie beim Anlegen einer neuen Datei oder eines Ordners unbeabsichtigt neben das Symbol geklickt? Dann verwendet Windows einen vorgegebenen Namen. Oder möchten Sie der Datei bzw. dem Ordner einen neuen Namen geben? Die Namen von Dateien oder Ordnern lassen sich nachträglich sehr einfach ändern:

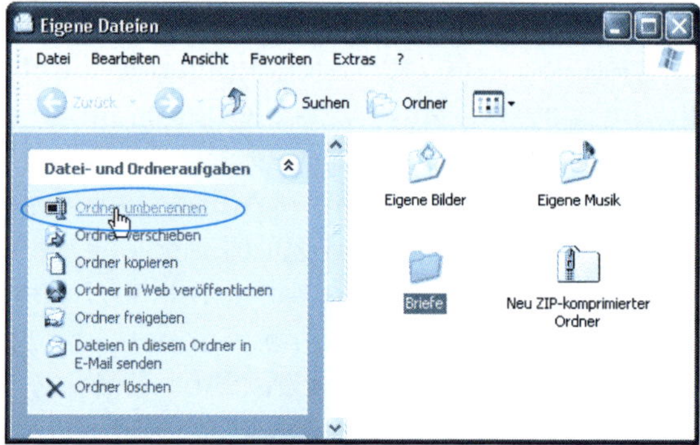

2 Wählen Sie in der Aufgabenleiste den Befehl *Ordner Umbenennen* bzw. *Datei umbenennen.*

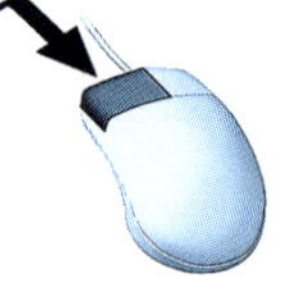

> **Hinweis**
>
> *Drücken Sie bei einer markieren Datei oder bei einem markierten Ordner die Funktionstaste* F2, *lässt sich der Name ebenfalls ändern. Der Befehl* Umbenennen *steht übrigens auch im Kontextmenü zur Verfügung (zum Öffnen des Menüs mit der rechten Maustaste auf das Symbol klicken).*

Windows markiert den Namen des Elements.

3 Klicken Sie bei Bedarf auf eine Textstelle im Namen.

Windows hebt dann die Markierung auf und zeigt einen senkrechten blinkenden Strich (die Einfügemarke).

4 Tippen Sie den neuen Namen ein.

Die eingetippten Buchstaben erscheinen an der Position der Einfügemarke. Der rechts von der Einfügemarke stehende Teil des alten Namens wird gleichzeitig nach rechts verschoben.

Hinweis

Der Befehl Umbenennen *markiert automatisch den kompletten Dateinamen. Markierte **Textstellen** werden beim Drücken der ersten Taste durch den Buchstaben ersetzt. Durch Anklicken einer Textstelle lässt sich die **Markierung** wie in Schritt 3 gezeigt **aufheben. Überflüssige Zeichen**, die rechts von der Einfügemarke stehen, können Sie mit der* [Entf]*-Taste löschen. Zeichen links vom Textcursor entfernen Sie mit der* [⇐]*-Taste. Weiterhin lassen sich die so genannten Cursortasten* [←] *und* [→] *benutzen, um die **Einfügemarke** im Text zu **verschieben**. **Markieren** lässt sich ein (Teil-) Text, indem Sie auf das erste Zeichen klicken und dann die Maus bei gedrückter linker Maustaste über den Text ziehen. Markierte Stellen werden mit einem farbigen Hintergrund hervorgehoben. Diese Tasten sollten Sie sich merken, da diese bei allen Texteingaben äußerst nützlich sind (wird in Kapitel 3 beim Schreiben von Briefen besonders deutlich).*

5 Klicken Sie mit der linken Maustaste auf eine freie Stelle des Desktops bzw. Ordnerfensters.

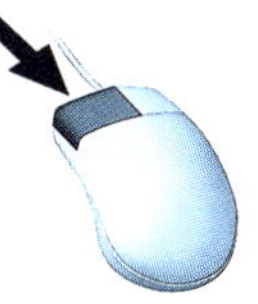

Windows ändert anschließend den Namen des Ordners (bzw. der Datei) und hebt die Markierung auf.

Ordner und Dateien kopieren bzw. verschieben

Dateien lassen sich zwischen Ordnern der Festplatte, zwischen Festplatte und Diskette oder auch zwischen zwei Festplatten kopieren und verschieben. Beim Kopieren liegen anschließend zwei Exemplare der Datei vor, beim Verschieben wird die Datei an die neue Position »verschoben«. Nehmen Sie zum Beispiel einen Brief, den Sie für eine spätere Verwendung aufheben möchten. Kopieren Sie die Datei mit dem Brief auf eine Diskette, und schließen Sie die Diskette weg. Möchten Sie einen Brieftext als Vorlage für ein neues Schreiben verwenden, ohne die Vorlage zu verändern? Eine Kopie der Datei mit dem Brieftext, die unter neuem Namen in einem Ordner abgelegt wird, löst das Problem.

An einem konkreten Beispiel lernen Sie, wie sich Dateien oder Ordner kopieren oder verschieben lassen. Zuerst sind einige Vorbereitungen zu treffen.

1 Eigene Dateien

Öffnen Sie das Ordnerfenster *Eigene Dateien* durch Anklicken des betreffenden Symbols im Startmenü.

2 Legen Sie im Ordnerfenster *Eigene Dateien* einen neuen Ordner *Briefe* an.

3 Legen Sie im Ordnerfenster *Eigene Dateien* einen weiteren Ordner *Texte* an.

4 Legen Sie im Ordnerfenster *Eigene Dateien* eine Datei vom Typ *Bitmap* mit dem Namen *Bild* an (mit rechter Maustaste klicken und im Kontextmenü die Befehlsfolge *Neu/Bitmap* wählen).

Das Anlegen von Ordnern und Dateien wurde auf den vorhergehenden Seiten gezeigt. Sobald alles vorbereitet ist, kann es losgehen. In der ersten Stufe soll der **Ordner** *Texte* in den Ordner *Briefe* **verschoben werden**.

1 Markieren Sie das Ordnersymbol *Texte* mit einem Mausklick.

2 Klicken Sie in der Aufgabenleiste auf den Befehl *Ordner verschieben.*

3 Wählen Sie im Dialogfeld *Elemente verschieben* den Zielordner.

Die Auswahl in der Ordnerhierarchie erfolgt ähnlich wie in der Explorer-Leiste des Ordnerfensters (siehe vorhergehende Lernschritte).

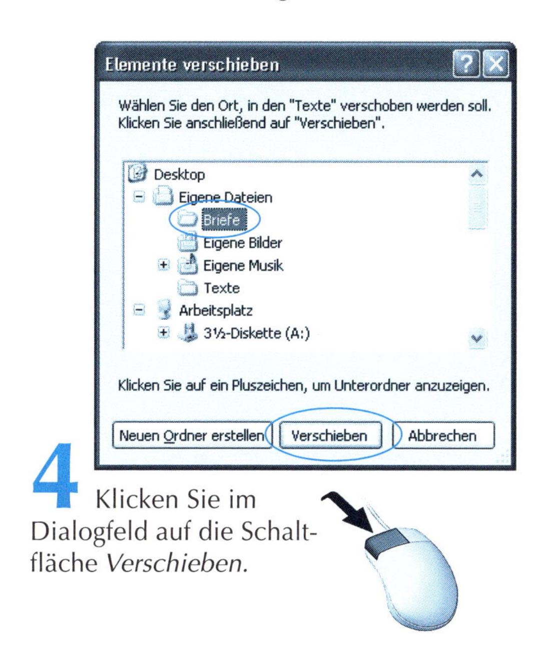

4 Klicken Sie im Dialogfeld auf die Schaltfläche *Verschieben.*

Jetzt verschiebt Windows den Ordner *Texte* in den Ordner *Briefe*. Beim Verschieben verschwindet das Ordnersymbol aus *Eigene Dateien* und wandert in den Unterordner *Briefe*. Sie können dies prüfen, indem Sie im Ordnerfenster *Eigene Dateien* auf das Symbol des Ordners *Briefe* doppelklicken.

Auf diese Weise können Sie einen beliebigen Ordner samt Inhalt von einem Ort zu einem anderen Ort verschieben. Die Kunst besteht lediglich darin, im Dialogfeld *Elemente verschieben* den richtigen Zielort auszuwählen. Aber dies ist mit ein wenig Übung auch kein Problem, da Windows alle erreichbaren Zielordner und Laufwerke in der Liste anzeigt.

Eine **Datei** lässt sich mit den gleichen Schritten **verschieben**. Sie müssen im Ordnerfenster lediglich das Symbol einer Datei statt eines Ordners markieren. Dann erscheint in der Aufgabenleiste der Befehl *Datei verschieben,* den Sie anklicken müssen.

In einem weiteren Durchgang soll jetzt noch die im Ordner *Eigene Dateien* enthaltene **Datei** *Bild.bmp* in den Unterordner *Briefe* **kopiert** werden.

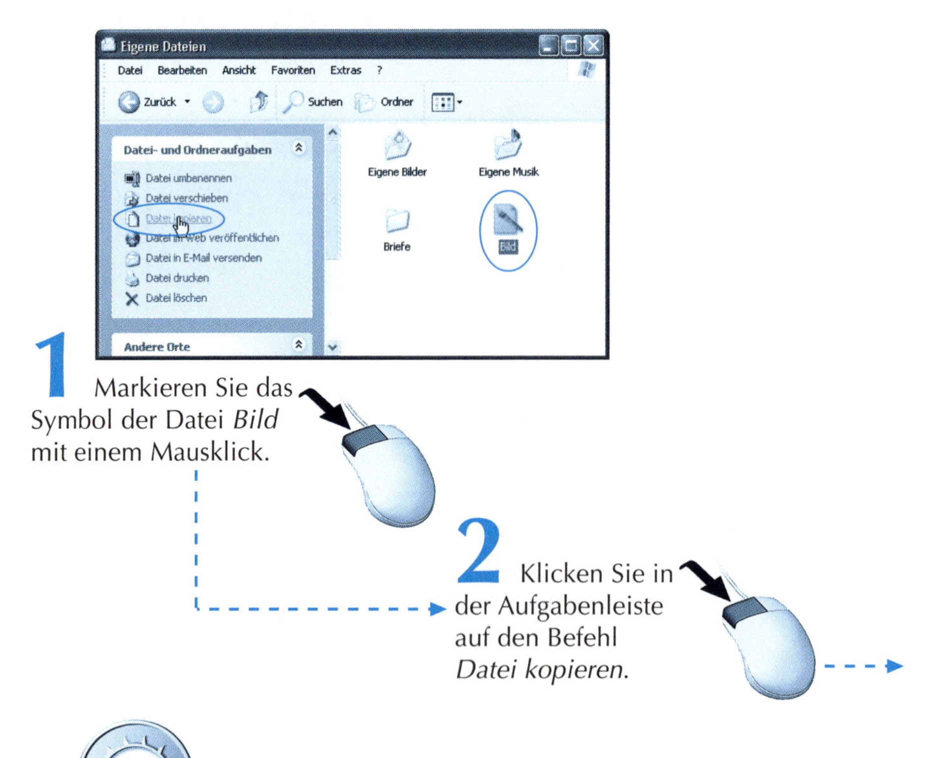

1 Markieren Sie das Symbol der Datei *Bild* mit einem Mausklick.

2 Klicken Sie in der Aufgabenleiste auf den Befehl *Datei kopieren.*

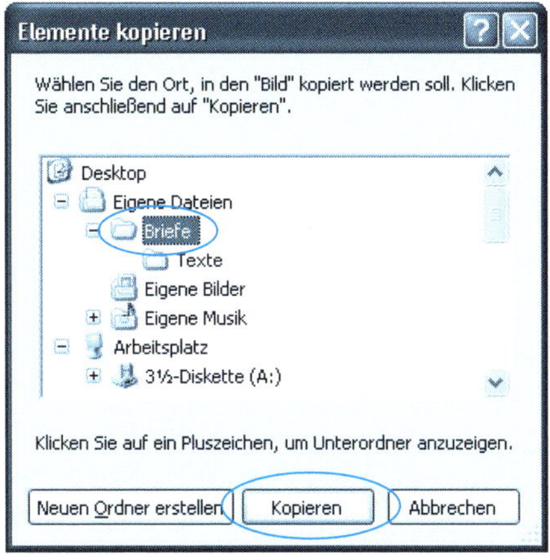

3 Wählen Sie im Dialogfeld *Elemente kopieren* den Zielordner *Briefe*.

Hier sehen Sie übrigens den oben verschobenen Unterordner *Texte* in der Ordnerhierarchie.

4 Klicken Sie im Dialogfeld auf die Schaltfläche *Kopieren*.

Jetzt kopiert Windows die Datei *Bild* in den Ordner *Briefe*. Die Originaldatei bleibt beim Kopieren im Ordner *Eigene Dateien* erhalten. Im Unterordner *Briefe* finden Sie anschließend ebenfalls eine Datei diesen Namens.

Zum Kopieren eines Ordners werden übrigens die gleichen Schritte getan. Sie markieren lediglich ein Ordnersymbol und wählen in der Aufgabenleiste den Befehl *Ordner kopieren*.

Bei sehr großen Dateien oder umfangreichen Ordnern wird während des Kopiervorgangs oder beim Verschieben zusätzlich der Fortschritt in einem kleinen Fenster angezeigt.

Wiederholen Sie die letzten Schritte und kopieren Sie nochmals die Datei *Bild* aus dem Ordner *Eigene Dateien* in den Unterordner *Briefe*.

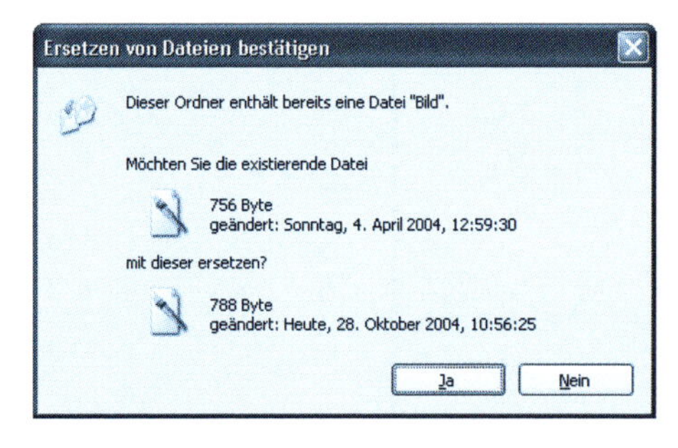

Windows stellt beim Kopieren fest, dass bereits eine Datei mit dem betreffenden Namen am Zielort vorhanden ist. Es wird dann das nebenstehende Dialogfeld angezeigt. Mit der Schaltfläche *Nein* brechen Sie den Kopiervorgang ab.

Wählen Sie die Schaltfläche *Ja*, überschreibt Windows die Kopie der Datei auf der Diskette.

Hinweis

Immer dann, wenn eine Datei oder ein Ordner im Ziel bereits unter dem betreffenden Namen existiert, gibt Windows beim Kopieren oder Verschieben eine Warnung aus. Sie können dann entscheiden, ob die Dateien bzw. Ordner trotzdem kopiert bzw. verschoben werden sollen oder nicht. Lediglich wenn Sie eine Datei oder einen Ordner mit den obigen Schritten im aktuellen Ordner kopieren, passt Windows den neuen Namen automatisch an, indem der Text »Kopie von« vor den Namen der Ursprungsdatei gesetzt wird.

Tipp: *Haben Sie eine Datei oder einen Ordner irrtümlich verschoben oder kopiert? Fast alle Dateioperationen lassen sich sofort nach der Ausführung rückgängig machen. Klicken Sie mit der rechten Maustaste eine freie Stelle im Ordnerfenster an und wählen Sie im Kontextmenü den Befehl* xxx rückgängig machen, *wobei* xxx *für den Befehl steht.*

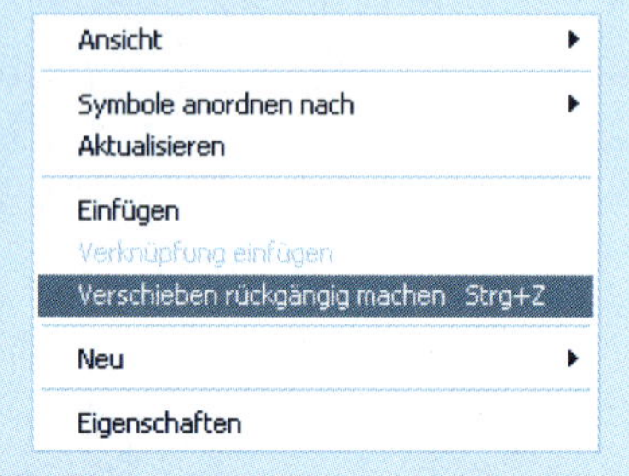

Oder drücken Sie die Tastenkombination Strg*+*Z*. Windows nimmt dann den zuletzt gegebenen Befehl zurück. Nach einem Kopiervorgang werden die Objekte im Zielordner gelöscht, beim Verschieben einfach zurückgeschoben.*

Eine Alternative zum Kopieren/Verschieben

Die auf den vorhergehenden Seiten beschriebenen Schritte zum Kopieren oder Verschieben von Ordnern oder Dateien sind intuitiv nachvollziehbar. Windows bietet aber weitere Möglichkeiten, diesen Vorgang durchzuführen. Über das Startmenü können Sie beispielsweise mehrere Ordnerfenster öffnen und diese nebeneinander anordnen. Dann lässt sich das Kopieren bzw. Verschieben durch Ziehen mit der Maus erreichen.

1 Öffnen Sie über das Startmenü den Ordner *Arbeitsplatz*. Wechseln Sie über die Aufgabenleiste zum Unterordner *Eigene Dateien*, dann zu *Briefe* und weiter zum Ordner *Texte*.

2 Öffnen Sie über das Startmenü ein zweites Ordnerfenster *Eigene Dateien*.

3 Positionieren Sie die beiden geöffneten Ordnerfenster nebeneinander.

4 Markieren Sie im Fenster des Quellordners die gewünschten Elemente (Dateien und/oder Ordner).

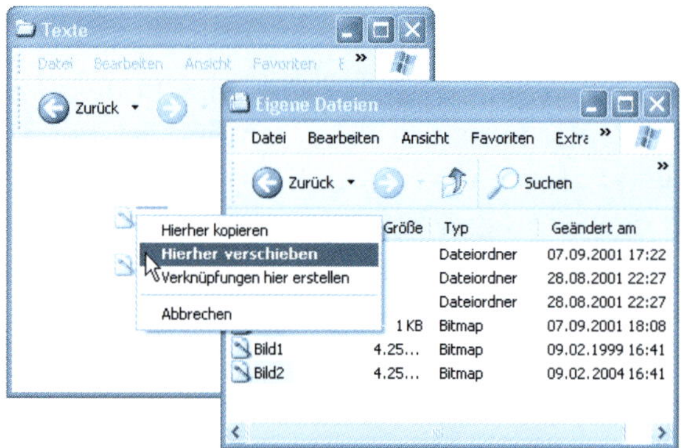

5 Zum Kopieren bzw. Verschieben halten Sie die rechte Maustaste gedrückt und ziehen die markierten Elemente in das Fenster mit dem Zielordner. Lassen Sie dann die Maustaste wieder los.

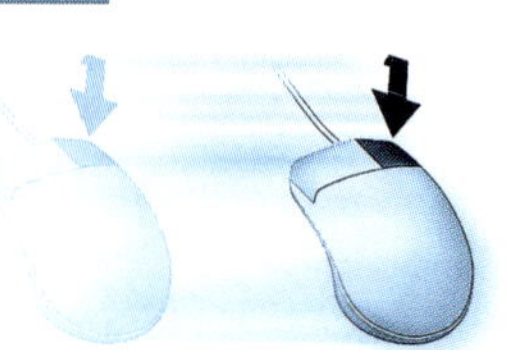

6 Im nun geöffneten Kontextmenü wählen Sie den Befehl *Hierher kopieren* bzw. *Hierher verschieben.*

Hinweis

In diesem Beispiel wurden die Ordnerfenster übrigens so weit verkleinert, dass Windows die Aufgabenleiste in der linken Spalte des Ordnerfensters ausblendet.

Jetzt kopiert oder verschiebt Windows die markierten Elemente vom Quellordner in den Zielordner.

Mehrere Dateien/Ordner gleichzeitig handhaben

Sie können mehrere Dateien oder Ordner gleichzeitig bearbeiten (d.h. kopieren, verschieben, löschen etc.). Hierzu müssen Sie diese Elemente nur markieren. Dies soll jetzt geübt werden.

1 Öffnen Sie die Ordnerfenster *Eigene Dateien* und erzeugen Sie einige zusätzliche leere Dateien (siehe vorhergehende Seiten).

2 Schalten Sie die Anzeige des Ordnerfensters in den Modus »Details« (siehe vorhergehende Seiten), da dies beim Markieren einige Vorteile bietet.

Jetzt benötigen Sie noch eine Methode, um mehrere Dateien (oder Ordner) zum Kopieren, Verschieben oder Löschen zu markieren:

1 Klicken Sie auf das erste zu bearbeitende Element (hier die Datei *Bild*).

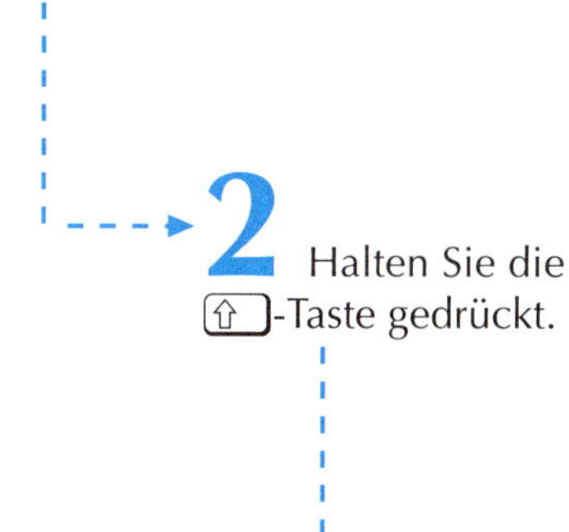

2 Halten Sie die ⇧-Taste gedrückt.

3 Klicken Sie auf das letzte zu bearbeitende Element (hier die Datei *Bild2*).

Windows markiert jetzt alle dazwischenliegenden Elemente. Sie sehen dies hier an der farbigen Hinterlegung der Dateinamen.

Möchten Sie mehrere Dateien markieren, die nicht nebeneinander liegen?

1 Halten Sie die [Strg]-Taste gedrückt.

2 Klicken Sie dann auf die zu markierenden Dateien.

Anschließend können Sie die weiter oben oder nachfolgend beschriebenen Schritte zum Kopieren, Verschieben oder Löschen der Elemente (Ordner, Dateien) ausführen.

> **Hinweis**
>
> *Zum* ***Kopieren ganzer Disketten*** *legen Sie den Datenträger in das Laufwerk ein, öffnen das Ordnerfenster* Arbeitsplatz, *klicken das Symbol des Diskettenlaufwerks mit der rechten Maustaste an und wählen im Kontextmenü den Befehl* Datenträger kopieren. *Windows öffnet ein Dialogfeld, in dem Sie durch die Schritte zum Kopieren (samt dem Wechsel des Datenträgers) geführt werden. Beim Kopieren wird die Zieldiskette komplett überschrieben, d.h. dort eventuell vorhandene Dateien gehen verloren. Das Kopieren funktioniert nur zwischen zwei gleichen Medien (d.h. das Kopieren einer 3,5-Zoll-Diskette mit 720 Kbyte Speicherkapazität auf eine 1,44-Mbyte-Diskette geht z.B. nicht). Kommt es beim Kopieren auf eine Diskette zu einer Fehlermeldung, kann ein Schreibschutz die Ursache sein. Sie müssen dann den Schreibschutz aufheben (siehe Lernschritt »Der Umgang mit Disketten« in diesem Kapitel). Meldet Windows eine beschädigte Diskette, sollten Sie die Kopieroperation über die Schaltfläche* Abbrechen *beenden. Versuchen Sie den Inhalt der Diskette in einen Ordner der Festplatte zu kopieren und kopieren Sie die Daten auf eine neue leere Diskette zurück.*

Dateien und Ordner löschen

Benötigen Sie einen Ordner oder eine Datei nicht mehr? Dann können Sie diese(n) auf einfache Weise löschen.

1 Öffnen Sie das Fenster des Ordners, welches die Datei oder den Ordner enthält.

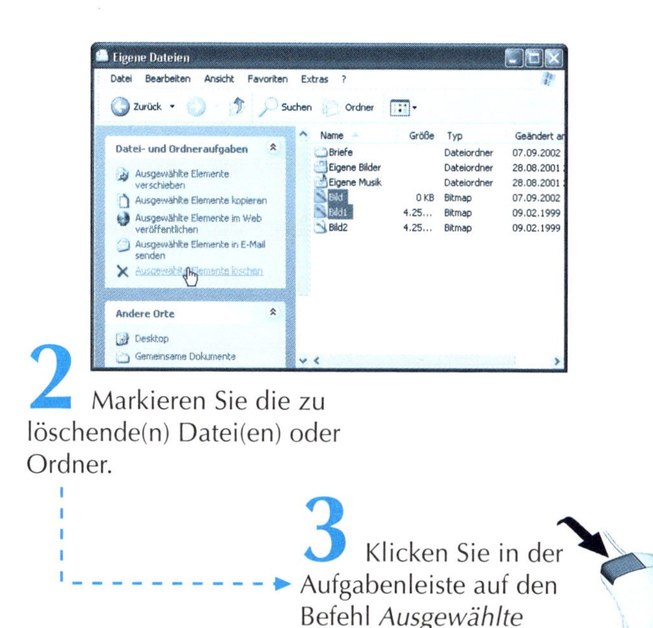

2 Markieren Sie die zu löschende(n) Datei(en) oder Ordner.

3 Klicken Sie in der Aufgabenleiste auf den Befehl *Ausgewählte Elemente löschen.*

Bei einem gewählten Element kann der Befehl auch *Ordner löschen* oder *Datei löschen* heißen. Windows lässt sich das Löschen in einem Dialogfeld sicherheitshalber bestätigen.

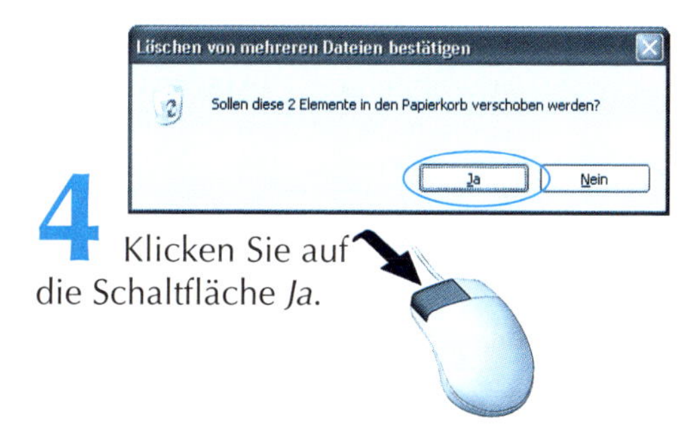

4 Klicken Sie auf die Schaltfläche *Ja.*

Windows verschiebt jetzt die markierte(n) Datei(en) bzw. den/die markierte(n) Ordner in den Papierkorb. Hierbei wird ggf. ein Dialogfeld mit einer Fortschrittsanzeige des Löschvorgangs angezeigt.

> **Hinweis**
>
> *Falls der Desktop zu sehen ist, können Sie Dateien und Ordner auch löschen, indem Sie diese aus dem Ordnerfenster zum Symbol des Papierkorbs ziehen. Dann werden die Objekte ohne weitere Nachfrage gelöscht. Möchten Sie eine Datei oder einen Ordner löschen, ohne diesen in den Papierkorb zu verschieben, drücken Sie einfach gleichzeitig die beiden Tasten* ⇧+Entf*. Das Dialogfeld zur Löschbestätigung schließen Sie über die* Ja*-Schaltfläche.*

Gelöschte Elemente zurückholen

Haben Sie irrtümlich eine Datei oder einen Ordner gelöscht, die/den Sie noch brauchen? Solange sich diese Datei bzw. die Dateien des Ordners noch im Papierkorb befinden, können Sie diese zurückholen. Zum Wiederherstellen einer gelöschten Datei oder eines Ordners gibt es zwei Möglichkeiten. Bemerken Sie bereits beim Löschen den Fehler, geht die »Wiederbelebung« ganz einfach.

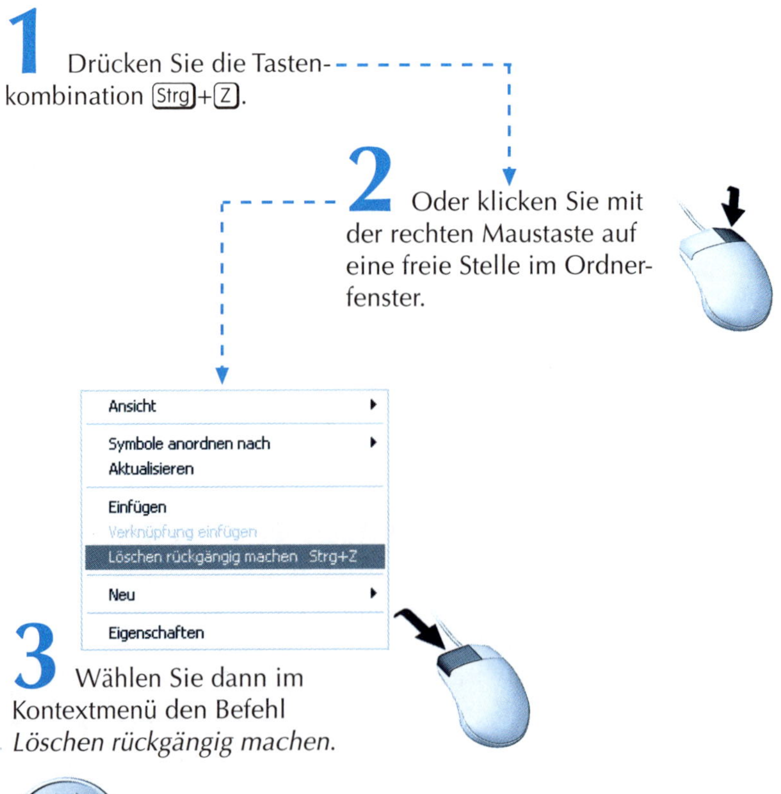

1 Drücken Sie die Tastenkombination Strg+Z.

2 Oder klicken Sie mit der rechten Maustaste auf eine freie Stelle im Ordnerfenster.

3 Wählen Sie dann im Kontextmenü den Befehl *Löschen rückgängig machen.*

In beiden Fällen holt Windows die zuletzt gelöschte(n) Datei(en) bzw. Ordner aus dem Papierkorb in das aktuelle Fenster zurück.

> **Hinweis**
>
> *Diese Methode funktioniert aber nur, wenn Sie sonst noch keine andere Aktion unter Windows durchgeführt haben. Der Eintrag* xxx rückgängig machen *bezieht sich immer auf den zuletzt ausgeführten Windows-Befehl im aktuellen Ordnerfenster. Weiterhin muss die Datei noch im Papierkorb vorhanden sein.*

Sofern Sie mehrere Schritte ausgeführt haben und erst später den Fehler bemerken, gibt es eine weitere Methode, um die gelöschten Dateien vielleicht doch noch zu »retten«.

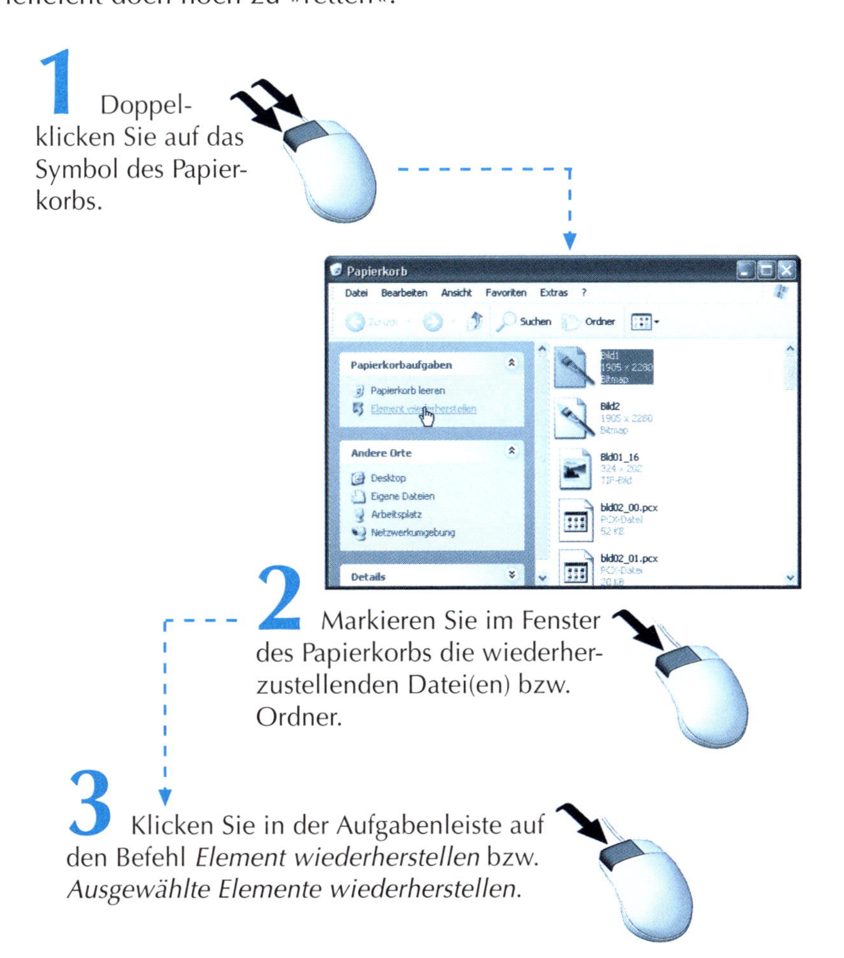

1 Doppelklicken Sie auf das Symbol des Papierkorbs.

2 Markieren Sie im Fenster des Papierkorbs die wiederherzustellenden Datei(en) bzw. Ordner.

3 Klicken Sie in der Aufgabenleiste auf den Befehl *Element wiederherstellen* bzw. *Ausgewählte Elemente wiederherstellen.*

Windows verschiebt anschließend die markierte(n) Elemente in den ursprünglichen Ordner zurück.

Den Papierkorb leeren

Beim Löschen einer Datei oder eines Ordners verschiebt Windows dieses »Element« lediglich in den Papierkorb. Dadurch ist die Datei oder der Ordner zwar aus dem aktuellen Fenster verschwunden. Der von den Dateien auf dem Laufwerk benötigte **Speicherplatz** bleibt aber weiterhin belegt. Windows prüft zwar gelegentlich, ob der Papierkorb »voll« ist und entfernt auf Nachfrage automatisch die ältesten als gelöscht eingetragenen Dateien. Sie können aber »nachhelfen« und den **Papierkorb** von Zeit zu Zeit selbst **leeren**.

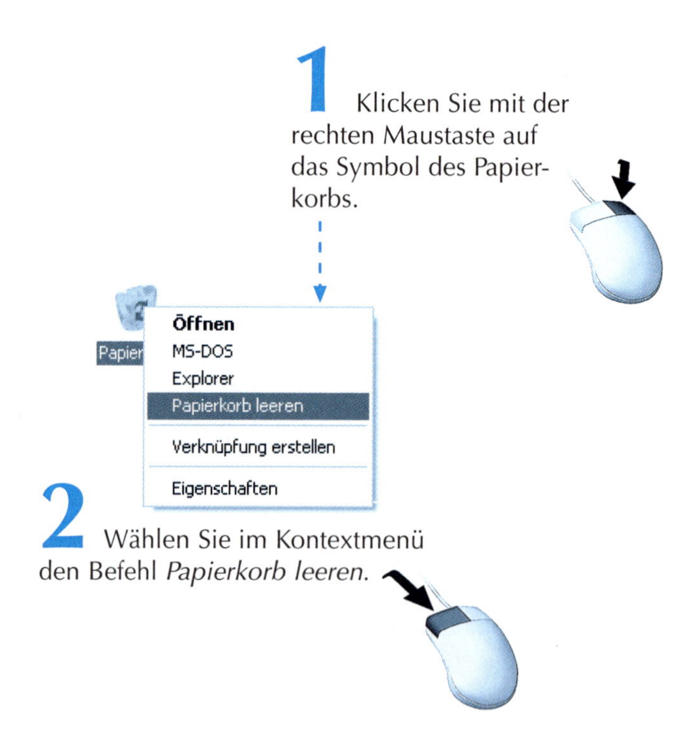

1 Klicken Sie mit der rechten Maustaste auf das Symbol des Papierkorbs.

2 Wählen Sie im Kontextmenü den Befehl *Papierkorb leeren*.

Windows fragt nach, ob Sie den Inhalt des Papierkorbs wirklich löschen wollen.

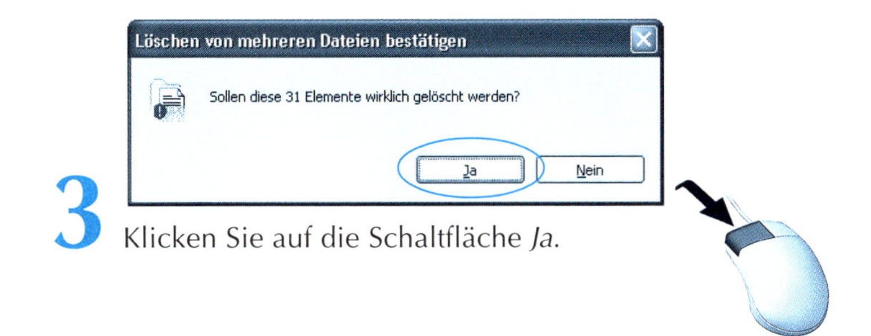

3 Klicken Sie auf die Schaltfläche *Ja*.

Die Elemente im Papierkorb werden gelöscht, der belegte Speicher wird auf dem Laufwerk freigegeben. Anschließend erscheint das Symbol eines leeren Papierkorbs.

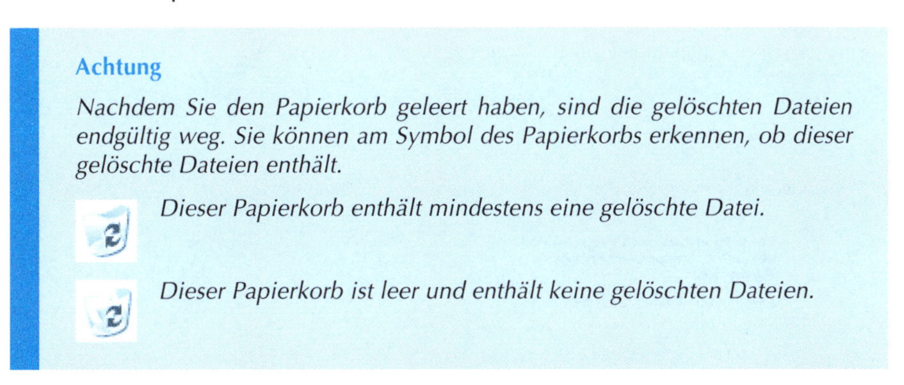

Achtung

Nachdem Sie den Papierkorb geleert haben, sind die gelöschten Dateien endgültig weg. Sie können am Symbol des Papierkorbs erkennen, ob dieser gelöschte Dateien enthält.

Dieser Papierkorb enthält mindestens eine gelöschte Datei.

Dieser Papierkorb ist leer und enthält keine gelöschten Dateien.

Suchen nach Dateien und Ordnern

Haben Sie vergessen, in welchem Ordner sich eine Datei oder ein Unterordner befindet? Windows unterstützt Sie bei der Suche nach einer Datei oder einem Ordner.

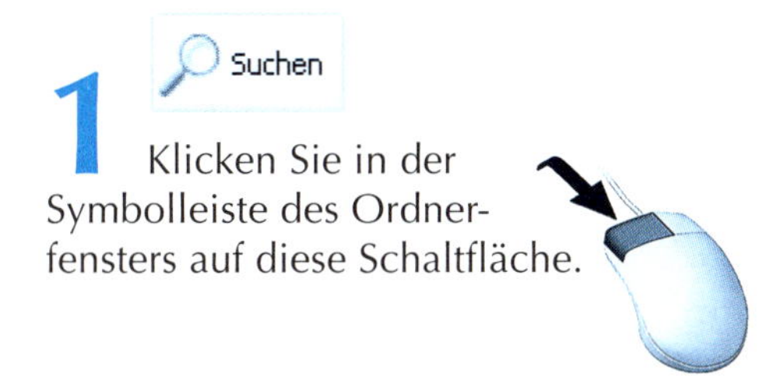

1 Klicken Sie in der Symbolleiste des Ordnerfensters auf diese Schaltfläche.

Windows blendet im linken Teil des Ordnerfensters ein **Suchformular** des Such-Assistenten ein.

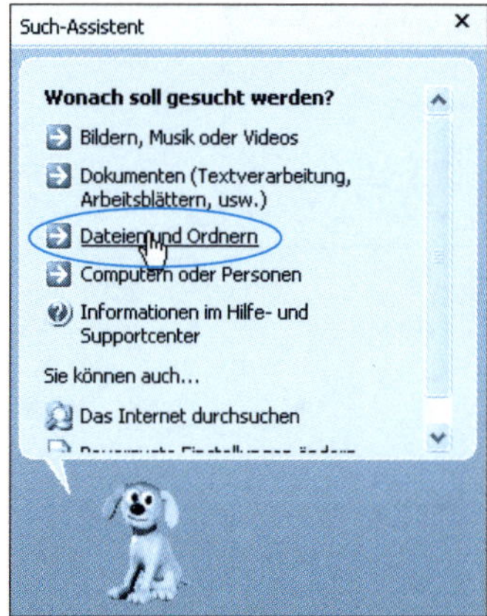

2 Klicken Sie in der Kategorie »Wonach soll gesucht werden?« auf den Befehl *Dateien und Ordnern.*

3 Tippen Sie im Textfeld *Gesamter oder Teil des Dateinamens* den gewünschten Suchbegriff (z.B. »Bild«) ein. Dies kann ein Dateiname oder einen Teil davon ein.

4 Wählen Sie ggf. im Listenfeld *Suchen in* das Laufwerk oder den Ordner aus, in dem gesucht werden soll.

5 Bei Textdateien können Sie auch einen Begriff, der in der Datei vorkommt, im Feld *Ein Wort oder ein Begriff innerhalb der Datei:* eintragen.

6 Klicken Sie auf die Schaltfläche *Suchen*.

Windows durchsucht den angegebenen Ordner bzw. die angegebenen Laufwerke und zeigt Ihnen im rechten Fenster die gefundenen Suchergebnisse an.

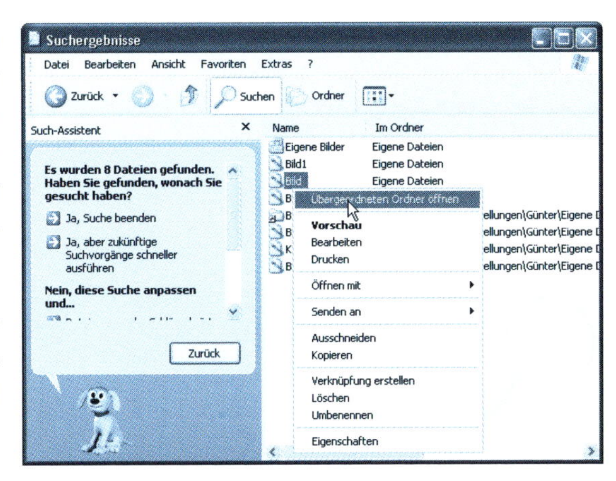

Eine Dokumentdatei können Sie durch einen Doppelklick auf das Symbol zum Bearbeiten öffnen. Möchten Sie den Ordner, in dem die Datei gespeichert ist, öffnen, klicken Sie mit der rechten Taste auf das Dateisymbol der Ergebnisliste und wählen im Kontextmenü den Befehl *Übergeordneter Ordner öffnen*. Die Schaltfläche *Zurück* des Formulars erlaubt Ihnen, zur jeweils vorhergehenden Formularseite zurückzugehen. Über Kategorien des Formulars wie »Weitere Optionen« können Sie zusätzliche Optionen wie das Durchsuchen von Unterordnern wählen. Markieren Sie z.B. das Kontrollkästchen *Unterordner durchsuchen*.

Hinweis

Die Suchfunktion lässt sich auch direkt über die Funktionstaste F3 *aufrufen, wenn der Desktop, ein Ordnerfenster oder das Fenster des Explorers geöffnet ist. Weiterhin steht im Startmenü der Befehl* Suchen *zur Verfügung. Neben der Suche nach Dateien und Ordnern ermöglicht die Funktion auch die Suche nach Rechnern oder Personennamen. Diese Funktionen stehen ebenfalls im Suchfenster zur Verfügung, werden hier aber nicht behandelt. Lesen Sie notfalls in der Windows-Hilfe nach, was es sonst noch zur Suchfunktion zu wissen gibt.*

Kleine Erfolgskontrolle

Zur Überprüfung Ihrer bisherigen Kenntnisse können Sie die folgenden Fragen bearbeiten (die Lösung finden Sie in Klammern).

- Wie lässt sich ein neuer Ordner anlegen?

  (Ordnerfenster öffnen und in der Aufgabenleiste den Befehl *Neuen Ordner erstellen* wählen.)

- Wie wird eine Datei oder ein Ordner kopiert?

  (Das Element markieren und in der Aufgabenleiste den Befehl *Datei kopieren* bzw. *Ordner kopieren* wählen, dann den Zielordner wählen.)

- Wie werden Dateinamen benannt?

  (Die Regeln für Dateinamen sind am Kapitelanfang aufgeführt.)

- Wie lässt sich ein Ordner umbenennen?

  (Ordner im Ordnerfenster markieren, in der Aufgabenleiste den Befehl *Ordner umbenennen* wählen und dann den neuen Namen eintippen.)

- Wie wird eine Datei gelöscht?

  (Die Datei zum Beispiel zum Papierkorb ziehen.)

Wenn es an einigen Stellen mit der Beantwortung der Fragen noch etwas hapert, ist dies nicht sonderlich tragisch. Lesen Sie einfach bei Bedarf in den entsprechenden Lernschritten nach, wie etwas funktioniert. Viele Abläufe sind in Windows ähnlich, d.h. Sie lernen vieles nebenbei, wenn Sie die nächsten Kapitel bearbeiten. Die folgenden Kapitel befassen sich mit speziellen Fragen zu einzelnen Programmen und Funktionen.

Kapitel 3

Schreiben unter Windows

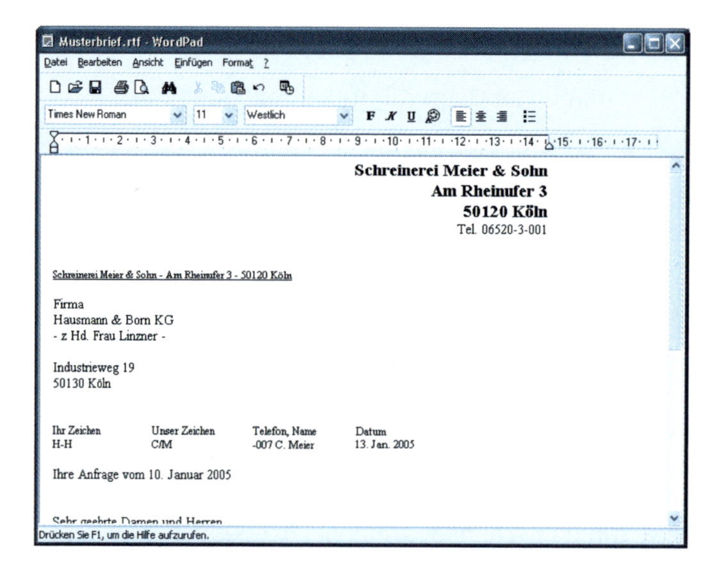

Mit entsprechenden Programmen können Sie Texte, Briefe, Einladungen, Rechnungen etc. erfassen, bearbeiten, drucken und zur späteren Verwendung in Dateien speichern. In diesem Kapitel lernen Sie, mit dem in Windows enthaltenen Programm WordPad Textdokumente zu erstellen. Diese Techniken können Sie gegebenenfalls direkt auf andere Textprogramme wie Microsoft Word anwenden.

Das können Sie schon:

Das lernen Sie neu:

Schriftstücke mit WordPad erstellen

Eine häufige Tätigkeit am Computer stellt wohl das Verfassen von Texten wie Briefe oder ähnliche Schriftstücke dar. Im Büro werden dabei spezielle Programme wie Microsoft Word benutzt. Falls Sie das Programm Word nicht haben, nutzen Sie doch das in Windows bereits enthaltene WordPad (dies ist quasi der »kleine Bruder«), um einfache Texte zu erfassen, zu drucken und zur späteren Verwendung in Dateien zu speichern. Das Programm ist aber mehr als ein »Schreibmaschinenersatz«! Verfassen Sie Briefe, Einladungen etc. mit WordPad, lassen sich die Schriftstücke ansprechender gestalten und mit einer persönlichen Note versehen. Wie einfach dies alles ist, zeigt Ihnen dieser Lernschritt. Also, auf geht's, starten Sie das betreffende Programm.

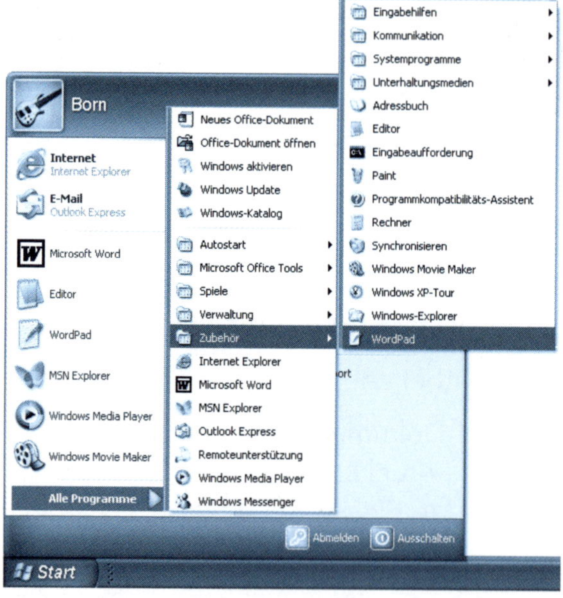

1 Klicken Sie hierzu im Startmenü auf *Alle Programme/Zubehör/WordPad.*

Windows startet das zugehörende Programm mit dem Namen *Wordpad.exe.*

Das WordPad-Fenster ist beim Aufruf noch leer und enthält die bereits von anderen Fenstern bekannten Elemente wie Titelleiste, Menüleiste, Symbolleiste und Statusleiste. Zusätzlich gibt es auch den Textbereich mit der Einfügemarke. Der Mauszeiger nimmt innerhalb des Textbereichs die Form des Textcursors an.

Hier ist das leere WordPad-Fenster zu sehen, welches eine Menüleiste, zwei Symbolleisten, eine Statusleiste und ein Lineal besitzt. Neu ist der weiße **Fensterinnenbereich**, der zur **Aufnahme des Texts** dient. Beim Aufruf zeigt das Programm ein »weißes Blatt« an, das noch keinen Text enthält.

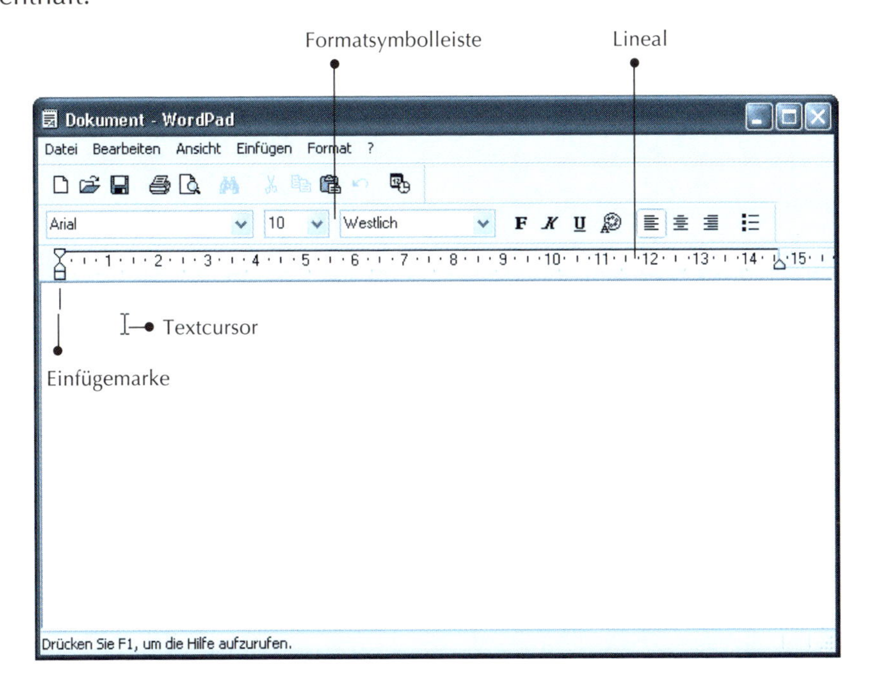

Über die **Menüleiste** können Sie die einzelnen Befehle zur Gestaltung des Dokuments abrufen. Die **Symbolleisten** enthalten in WordPad die Schaltflächen und Elemente, um den Text zu speichern, zu drucken und mit Auszeichnungen (d.h. Formatierungen) zu versehen. In der linken oberen Ecke des Fensters sehen Sie die **Einfügemarke**.

Was ist das?

*Die **Einfügemarke** wird als senkrechter, blinkender schwarzer Strich dargestellt. Diese Marke zeigt an, wo das nächste eingegebene Zeichen auf dem Bildschirm eingefügt wird. Einfügemarken werden in Windows überall verwendet, wo Texte einzugeben sind. Sie haben dies vielleicht in Kapitel 2 beim Umbenennen von Dateinamen kennen gelernt.*

*Zeigen Sie auf den Textbereich, erscheint anstelle des Mauszeigers der bereits erwähnte **Textcursor**. Dieser lässt sich genauso wie der Mauszeiger handhaben. Sie können mit dem Textcursor auf ein Wort zeigen, etwas markieren oder klicken.*

Hinweis

Besitzt WordPad bei Ihnen keine Symbolleisten oder fehlt vielleicht das Lineal? Im Menü Ansicht *finden Sie die Befehle, um diese Elemente ein- oder auszublenden. (Ähnliches haben Sie bereits in Kapitel 2 beim Ordnerfenster kennen gelernt. Sie sehen, in Windows ähnelt sich vieles.)*

Um ein neues Dokument zu erstellen, sind nur zwei Schritte erforderlich:

1 Klicken Sie auf diese Schaltfläche (oder wählen Sie den Befehl *Neu* im Menü *Datei*).

Hinweis

Bei Anwahl der Schaltfläche Neu *fragt WordPad nach, welcher Dokumenttyp gewünscht wird. Wählen Sie dann* RTF-Dokument *und schließen Sie das Dialogfeld über die* OK*-Schaltfläche.*

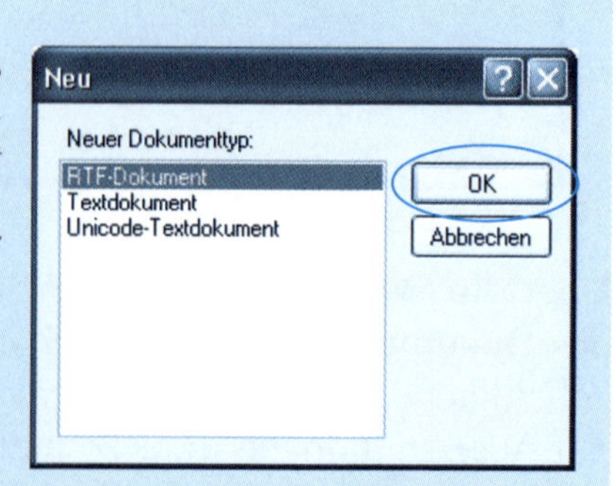

Diese Schritte sind natürlich nicht erforderlich, wenn Sie WordPad neu aufrufen, da dann ja bereits ein leeres »Blatt« (standardmäßig mit dem Dokumenttyp *RTF-Dokument*) für den Text vorliegt.

Nehmen wir an, Sie möchten einen einfachen Brief schreiben.

2 Geben Sie den gewünschten Text ein.

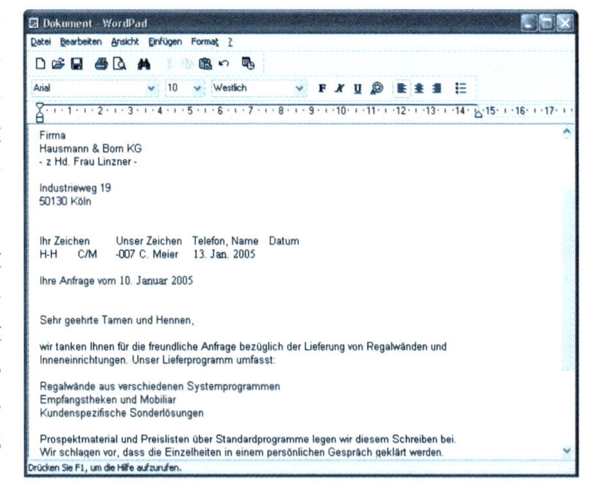

Das nebenstehende Fenster enthält einen Ausschnitt aus einem Beispielbrief, der hier mit einigen Fehlern eingetippt wurde.

Sie sollten jetzt vielleicht diesen Text ebenfalls eintippen. Sofern Sie sich mit der **Bedienung der Tastatur** noch nicht auskennen, hier ein paar Tipps zur Eingabe des Textes.

- Tippen Sie einfach die Zeichen, um die betreffenden Wörter zu schreiben. Der Zwischenraum zwischen den Wörtern wird durch die [ ]-Taste am unteren Rand der Tastatur eingefügt.
- Normalerweise erscheinen beim Drücken der Buchstabentasten kleine Buchstaben. Um einen **Großbuchstaben einzugeben**, halten Sie die [⇧]-Taste fest und drücken anschließend die Taste mit dem gewünschten Zeichen.
- Möchten Sie Sonderzeichen wie $, %, & über die oberste Tastenreihe eintippen, müssen Sie ebenfalls die [⇧]-Taste gedrückt halten.

- Drücken Sie die [⇩]-Taste, stellt sich die Tastatur auf Großschreibung um. Alle eingetippten Zeichen erscheinen als Großbuchstaben. Nur wenn Sie gleichzeitig die [⇧]-Taste drücken, erscheinen Kleinbuchstaben. Um den Modus aufzuheben, tippen Sie kurz die [⇧]-Taste an.

- Zahlen lassen sich auch über den rechten Ziffernblock der Tastatur eingeben. Dieser Ziffernblock besitzt aber eine Doppelfunktion, er lässt sich auch zur Cursorsteuerung im Textfenster verwenden. Die Umschaltung erfolgt durch einmaliges Drücken der [Num]-Taste. Leuchtet die Anzeige »Num« auf der Tastatur, lassen sich Ziffern eingeben.
- Wenn Sie eine Taste länger festhalten, schaltet der Computer in den Wiederholmodus. Dann wird das Zeichen automatisch bei der Eingabe wiederholt.

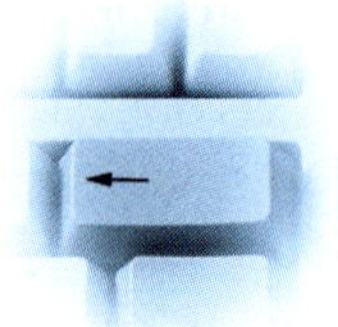

- Ein irrtümlich eingegebenes Zeichen lässt sich sofort durch Drücken der [⇦]-Taste löschen.
- Manche Tasten sind mit drei Symbolen versehen. Das erste Zeichen können Sie direkt durch Drücken der Taste abrufen. Das zweite Zeichen erreichen Sie, indem Sie die [⇧]-Taste beim Tippen gedrückt halten. Um auch an das dritte Zeichen zu gelangen, müssen Sie die Taste zusammen mit der [AltGr]-Taste drücken. Das Eurozeichen wird dann beispielsweise mit der Tastenkombination [AltGr]+[E] eingegeben.
- Gelangen Sie beim Schreiben eines Absatzes an den rechten Rand des Fensters, tippen Sie einfach weiter (dies ist z.B. bei den vier Zeilen des eigentlichen Brieftexts der Fall). WordPad »schreibt« den Text in der nächsten Zeile weiter. Keinesfalls dürfen Sie wie bei einer Schreibmaschine am Zeilenende die [↵]-Taste drücken, um eine neue Zeile einzuleiten. Dies führt bei der späteren Bearbeitung des Dokuments zu vielfältigen Problemen (z.B. wenn Sie die Länge der Textzeile über die Randsteller verändern).
- Ausnahme von obiger Regel: Um eine einzelne Zeile (z.B. in einer Liste oder in einer Adresse) an einer bestimmten Stelle zu beenden und zur nächsten Zeile weiterzuschalten, drücken Sie die [↵]-Taste. Dies wird bei obigem Brief beispielsweise im Anschreiben mit Absender und Empfänger genutzt. Das Gleiche gilt, falls Sie einen Absatz beenden und **zum nächsten Absatz weiterschalten** möchten. Die [↵]-Taste fügt einen so genannten **Absatzwechsel** im Text ein.

- Brauchen Sie etwas mehr **Abstand zwischen zwei Absätzen**, drücken Sie zweimal die [↵]-Taste.
- Möchten Sie Text spaltenweise anordnen oder den linken Textrand etwas nach rechts einrücken, könnten Sie Leerzeichen über die [ ]-Taste einfügen. Besser ist es aber die [⇆]-Taste für Einrückungen (man bezeichnet dieses Einrücken auch als **Einzug**) zu verwenden. Die Tab-Taste sorgt dafür, dass die Textanfänge der Zeilen genau untereinander zu stehen kommen. Dies wurde beispielsweise in obigem Brief in der Zeile »Ihre Nachricht ...« sowie in der Folgezeile genutzt.

Tipp

Haben Sie noch etwas Schwierigkeiten, die richtigen Tasten zu finden? Eine Übersicht über die Tastatur finden Sie im Anfang dieses Buches.

Vielleicht versuchen Sie einmal, den obigen Text oder irgend einen anderen Text probehalber einzutippen. Sie bekommen schnell ein Gefühl für die Texteingabe.

Hinweis

Wenn Sie einen neuen Text eintippen, erfolgt der automatische Zeilenumbruch meist am rechten Fensterrand und nicht am durch das Lineal festgelegten rechten Blattrand. Sie können dies aber leicht korrigieren, indem Sie im Menü Ansicht *den Befehl* Optionen *wählen.*

Im Dialogfeld Optionen *markieren Sie auf der Registerkarte* Rich Text *in der Gruppe* Zeilenumbruch *das Optionsfeld* Am Lineal umbrechen. *Schließen Sie das Dialogfeld über die* OK-*Schaltfläche.*

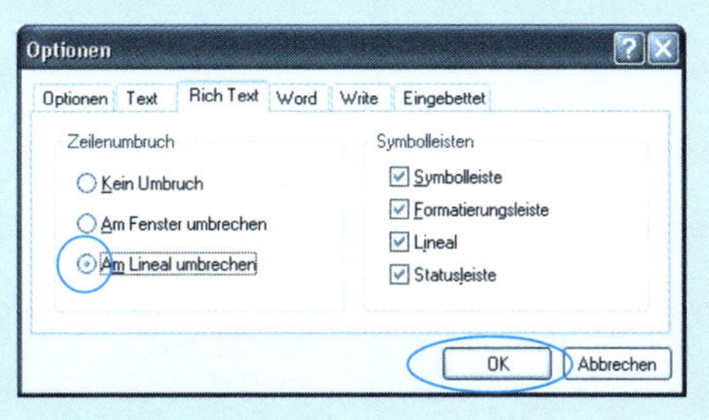

Falls dies nicht hilft, wiederholen Sie die letzten Schritte und stellen diese Option auch noch auf der Registerkarte Word *ein.*

WordPad unterstützt Texte, die von verschiedenen anderen Anwendungen (z.B. Windows Write, Microsoft Word 6.0 etc.) erzeugt wurden. Über die verschiedenen Registerkarten des Dialogfelds Optionen *können Sie WordPad im Hinblick auf diese Anwendungen anpassen. Details zu den Optionen des Dialogfelds liefert Ihnen die Schaltfläche* Direkthilfe *in der rechten oberen Ecke (siehe auch Kapitel 1).*

Texte bearbeiten

Bei der Eingabe von Texten geht es selten ohne Fehler ab. Schnell wird ein Wort vergessen, ein Buchstabe ist zuviel oder es sind Ergänzungen erforderlich. In obigem Beispiel wurden daher bewusst einige Schreibfehler eingebracht. Vermutlich stellen Sie beim späteren Lesen eigener Texte ebenfalls fest, dass diese zu korrigieren sind. Diese Korrekturen sind aber eine der Stärken von WordPad. Daher möchte ich kurz auf die betreffenden Techniken eingehen.

Text einfügen und überschreiben

Haben Sie noch das auf den vorhergehenden Seiten eingegebene Dokument? Sie können den Text zum Üben verwenden. Möchten Sie einen Buchstaben oder ein neues Wort an einer bestimmten Stelle im Text einfügen? In obigem Briefausschnitt fehlt noch die Absenderangabe.

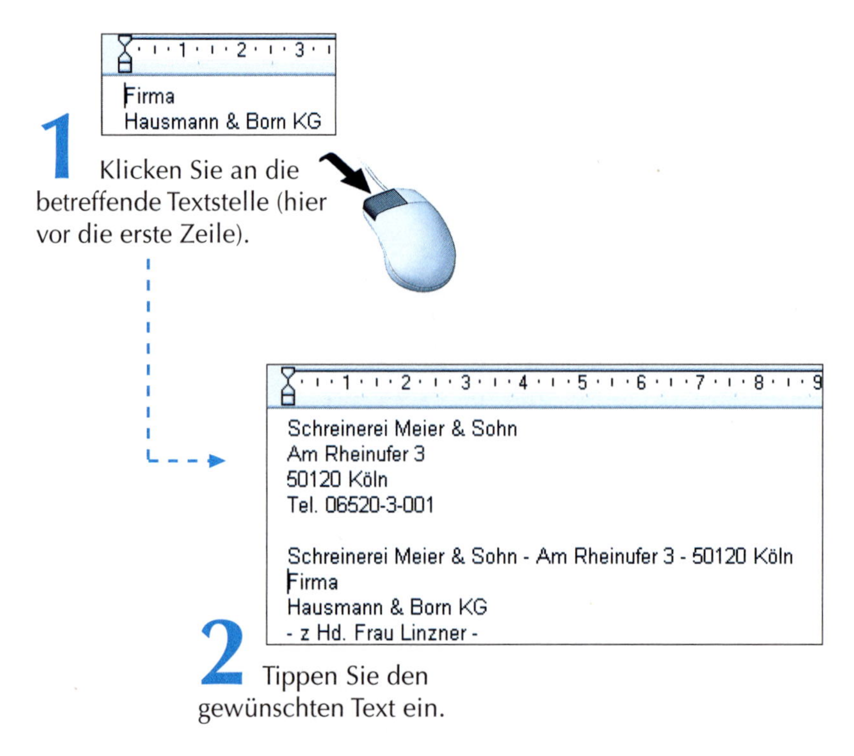

1 Klicken Sie an die betreffende Textstelle (hier vor die erste Zeile).

2 Tippen Sie den gewünschten Text ein.

Hier wurden gleich mehrere Zeilen mit dem Absender eingegeben.

Weiterhin finden Sie oberhalb des Empfängerfelds nochmals die Absenderadresse in einer Zeile vor (dies ist die später in einem Fensterkuvert sichtbare Absenderangabe). Um eine neue Zeile zu erzeugen, drücken Sie einfach die [↵]-Taste.

WordPad fügt die neu eingetippten Buchstaben an der Position der Textmarke im Dokument ein. Der rechts von der Textmarke stehende Text wird nach rechts verschoben.

Soll der rechts von der Textmarke stehende Text mit den neu eingetippten Buchstaben überschrieben werden? Dann drücken Sie vor dem Eingeben die Taste [Einfg] auf dem numerischen Ziffernblock. WordPad aktiviert den Modus »Überschreiben«. Anschließend tippen Sie den neuen Text ein.

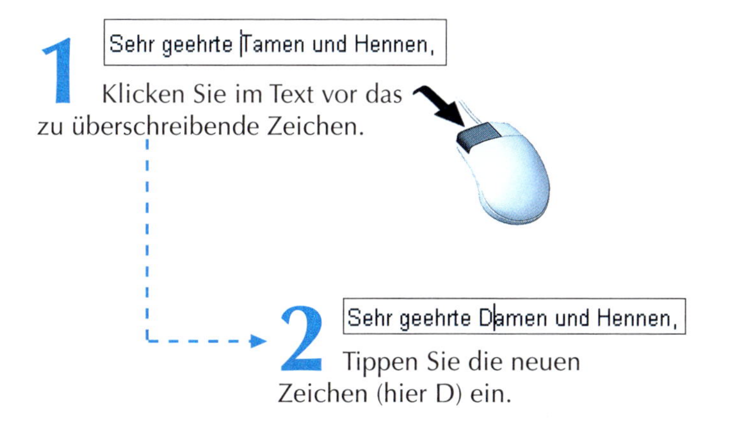

Klicken Sie im Text vor das zu überschreibende Zeichen.

Tippen Sie die neuen Zeichen (hier D) ein.

WordPad überschreibt den bereits vorhandenen Text mit den neu eingegebenen Zeichen. Ein zweites Drücken der Taste [Einfg] schaltet den Modus wieder auf »Einfügen« zurück.

Text löschen

In einem weiteren Schritt soll jetzt der Schreibfehler im Wort »Hennen« korrigiert werden. Dafür sind die beiden Buchstaben »nn« zu löschen. Wissen Sie noch, wie sich Buchstaben vor und hinter dem Textcursor löschen lassen?

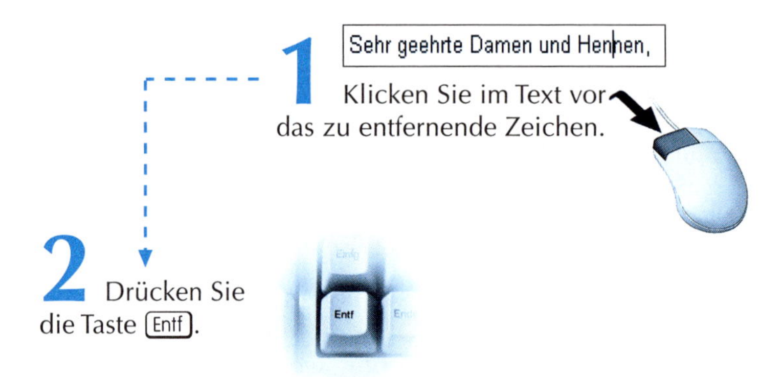

Sehr geehrte Damen und Henhen,

1 Klicken Sie im Text vor das zu entfernende Zeichen.

2 Drücken Sie die Taste [Entf].

Sehr geehrte Damen und Henen,

WordPad entfernt jetzt das rechts von der Einfügemarke stehende Zeichen.

3 Drücken Sie jetzt noch die [⇦]-Taste.

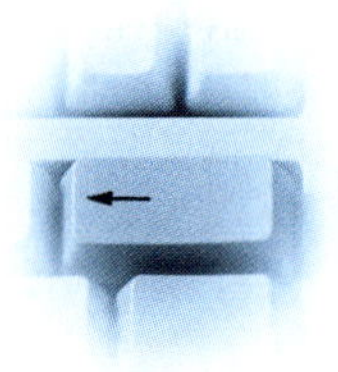

Sehr geehrte Damen und Heen,

WordPad löscht das links von der Einfügemarke stehende Zeichen.

4 Sehr geehrte Damen und Herren,

Geben Sie anschließend den neuen Text ein.

Auf diese Weise lassen sich Schreibfehler im Text sehr einfach korrigieren. Vielleicht passen Sie bei dieser Gelegenheit die noch im Textentwurf enthaltenen Fehler an. Mit der Taste [Entf] löschen Sie immer **Zeichen**, die rechts von der Einfügemarke stehen. Um ein Zeichen links von der Einfügemarke zu **entfernen**, drücken Sie die [⇦]-Taste.

Positionieren im Text

Die Einfügemarke können Sie an jeder Stelle im Text positionieren, indem Sie mit der Maus vor den jeweiligen Buchstaben klicken. Sie dürfen aber auch die so genannten **Cursortasten** sowie weitere Tasten benutzen, um die Einfügemarke im Text zu bewegen. Nachfolgend finden Sie eine Aufstellung der wichtigsten Tasten und Tastenkombinationen, um die Einfügemarke im Text zu bewegen.

Tasten	Bemerkung
↑	Verschiebt die Einfügemarke im Text eine Zeile nach oben.
↓	Verschiebt die Einfügemarke im Text eine Zeile nach unten.
←	Verschiebt die Einfügemarke im Text ein Zeichen nach links in Richtung Textanfang.
→	Verschiebt die Einfügemarke im Text ein Zeichen nach rechts in Richtung Textende.
Strg+←	Verschiebt die Einfügemarke im Text um ein Wort nach links.
Strg+→	Verschiebt die Einfügemarke im Text um ein Wort nach rechts.
Pos 1	Drücken Sie diese Taste, springt die Einfügemarke an den Zeilenanfang.
Ende	Mit dieser Taste verschieben Sie die Einfügemarke an das Zeilenende.

Markieren von Texten

Bei bestehenden Texten kommt es häufiger vor, dass ganze Sätze oder Textteile gelöscht werden müssen. Sie können hierzu die Einfügemarke an den Anfang des Textbereichs setzen und dann die Entf-Taste solange drücken, bis alle Zeichen gelöscht sind. Eleganter klappt das Löschen aber, wenn Sie den Text **markieren**.

> **Was ist das?**
>
> *Der Begriff **Markieren** kommt in Windows und in den zugehörigen Programmen häufiger vor. Sie können Dateien, Symbole, Ordner, Textbereiche oder Bildausschnitte mit der Maus markieren. Je nach Programm zeigt Windows den markierten Bereich mit einem farbigen Hintergrund oder durch eine gestrichelte Linie an.*

Das Markieren lässt sich mit dem farbigen Auszeichnen eines Texts auf einem Blatt Papier vergleichen. In WordPad benutzen Sie hierzu den Textcursor, den Sie über den zu markierenden Text ziehen. Nehmen wir an, Sie möchten im Beispielbrief die Anrede »Sehr geehrte Damen und Herren,« in »Sehr geehrte Frau Linzner,« ändern. Dann gehen Sie folgendermaßen vor:

1 Klicken Sie mit der Maus an den Anfang des zu markierenden Textbereichs.

2 Halten Sie die linke Maustaste gedrückt und ziehen Sie die Maus zum Ende des Markierungsbereichs.

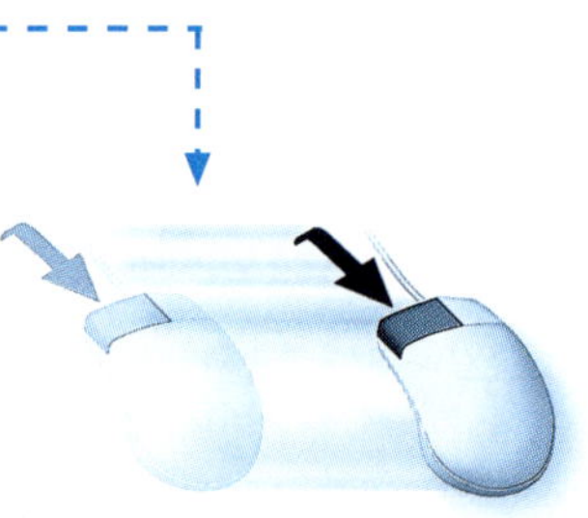

Sehr geehrte Damen und Herren,

Der markierte Textbereich wird farbig hervorgehoben.

3 Drücken Sie die Entf-Taste.

Sehr geehrte ,

WordPad löscht den gesamten markierten Textbereich.

Sehr geehrte Frau Linzner,

4 Tippen Sie anschließend den neuen Text ein.

Ein markierter Bereich wird übrigens beim Eintippen direkt (auch ohne Löschen) durch den neuen Text ersetzt. Aber dies kennen Sie ja bereits aus Kapitel 2 vom Umbenennen von Dateien und Ordnern. Vielleicht korrigieren Sie zur Übung die im obigen Briefentwurf eingebrachten Fehler.

Tipp

Haben Sie irrtümlich etwas gelöscht. Wenn Sie die Tastenkombination Strg+Z *drücken, oder auf die Schaltfläche* ↶ *klicken, wird die* ***letzte Änderung rückgängig*** *gemacht. Haben Sie einen Textbereich markiert, wirken alle Befehle auf den Inhalt der Markierung.*

Zum **Aufheben der Markierung** klicken Sie auf eine Stelle außerhalb des markierten Bereichs.

Tipp

Sie können Texte auch mit der Tastatur markieren. Verschieben Sie die Einfügemarke an den Anfang des zu markierenden Bereichs. Anschließend halten Sie die ⇧*-Taste gedrückt und verschieben die Einfügemarke mit den oben beschriebenen Tasten im Text. WordPad markiert die jeweiligen Zeichen.*

Und hier noch ein paar Tipps zum Markieren des Texts per Maus:

Doppelklicken Sie auf ein Wort, wird dieses markiert.
Ein Mausklick vor eine Zeile markiert die komplette Zeile.
Ein Dreifachklick auf ein Wort markiert den Absatz.
Drücken Sie die Tastenkombination Strg+A *wird das gesamte Dokument markiert.*

Texte ausschneiden, kopieren und verschieben

Abschließend stellt sich die Frage, wie sich größere Textbereiche in einem Dokument »verschieben« oder kopieren lassen. Dies ist vor allem bei der Übernahme bereits bestehender Texte äußerst hilfreich. Auch hierfür stellen Windows bzw. die betreffenden Programme entsprechende Funktionen bereit. Die nachfolgend beschriebenen Techniken lassen sich bei fast allen Windows-Anwendungen verwenden.

1 Markieren Sie den auszuschneidenden oder zu verschiebenden Text.

Hier wurde eine ganze Zeile markiert, die kopiert werden soll.

Regalwände aus verschiedenen Systemprogrammen
Empfangstheken und Mobiliar
Kundenspezifische Sonderlösungen

2 Wählen Sie den Befehl zum Ausschneiden oder Kopieren.

Diese Befehle lassen sich auf verschiedenen Wegen aufrufen:

Die nebenstehende Schaltfläche, der Befehl *Ausschneiden* im Menü *Bearbeiten* oder die Tastenkombination Strg+X schneiden den markierten Bereich aus. Der markierte Bereich verschwindet im Dokumentfenster.

Die nebenstehende Schaltfläche, der Befehl *Kopieren* im Menü *Bearbeiten* oder die Tastenkombination Strg+C kopieren den markierten Bereich aus dem Dokumentbereich.

In beiden Fällen wird der vorher markierte Bereich in die Windows-**Zwischenablage** übertragen.

Was ist das?

Windows besitzt einen bestimmten Speicherbereich, der als ***Zwischenablage*** *bezeichnet wird. Wählen Sie die Funktionen* Ausschneiden *oder* Kopieren *(z.B. im Menü* Bearbeiten*), fügt Windows den markierten Bereich (Text, Bildbereiche, Dateinamen etc.) in die Zwischenablage ein. Mit dem Befehl* Einfügen *im Menü* Bearbeiten *wird der Inhalt der Zwischenablage im aktuellen Fenster eingefügt. Der Inhalt der Zwischenablage geht verloren, wenn Sie den Rechner ausschalten. Beim Einfügen eines neuen markierten Bereichs, wird der alte Inhalt der Zwischenablage überschrieben.*

3 Klicken Sie in die Zeile vor »Kundenspezifische Lösungen«.

4 Klicken Sie auf diese Schaltfläche, oder wählen Sie im Menü *Bearbeiten* den Befehl *Einfügen*, oder drücken Sie die Tastenkombination Strg+V.

WordPad fügt jetzt den **Text** aus der **Zwischenablage** an der **Einfügemarke** im Dokument ein.

5 Drücken Sie noch die [↵]-Taste, um einen Absatzwechsel zwischen den Zeilen einzuleiten.

Das Ergebnis sollte dann wie hier gezeigt aussehen.

Regalwände aus verschiedenen Systemprogrammen
Empfangstheken und Mobiliar
Regalwände aus verschiedenen Systemprogrammen
Kundenspezifische Sonderlösungen

Sie haben mit diesen Schritten quasi den vorher markierten Text an die neue Position kopiert (oder verschoben, wenn der Befehl *Ausschneiden* gewählt wurde).

Hinweis

Sie können nicht nur einzelne Sätze, sondern ganze Abschnitte oder den ganzen Text markieren und in die Zwischenablage übernehmen. Anschließend lässt sich der Inhalt der Zwischenablage beliebig oft im Dokument einfügen.

*Der **Datenaustausch** über die **Zwischenablage** funktioniert auch **zwischen verschiedenen Fenstern**. Sie können zum Beispiel WordPad zweimal starten. Markieren Sie in einem Fenster den Text und übernehmen Sie diesen in die Zwischenablage. Dann wechseln Sie zum zweiten Fenster und fügen den Text aus der Zwischenablage wieder ein.*

An dieser Stelle soll es mit den ersten Übungen genügen. Sie können einen einfachen Text eingeben, Stellen markieren und auch korrigieren sowie mit der Zwischenablage arbeiten. Im nächsten Lernschritt speichern Sie den Text, laden diesen erneut und drucken das Ergebnis.

WordPad-Dokumente speichern, laden und drucken

Nachdem Sie den obigen Brieftext zur Übung bearbeitet haben, möchten Sie diesen vielleicht aufheben. In WordPad können Sie den Text in Dateien speichern. Wählen Sie im Menü *Datei* den Befehl *Speichern* oder drücken

Sie die Tastenkombination [Strg]+[S], wird das Dokument gespeichert. Da WordPad aber eine Symbolleiste besitzt, geht das Speichern noch einfacher:

Klicken Sie in der Symbolleiste auf die Schaltfläche *Speichern*.

Bei einem neuen Dokument erscheint des Dialogfeld *Speichern unter*. Dieses enthält die im Ordner enthaltenen Unterordner und Dateien. Über die Symbole in der linken Spalte lassen sich Speicherorte wie *Eigene Dateien* wählen.

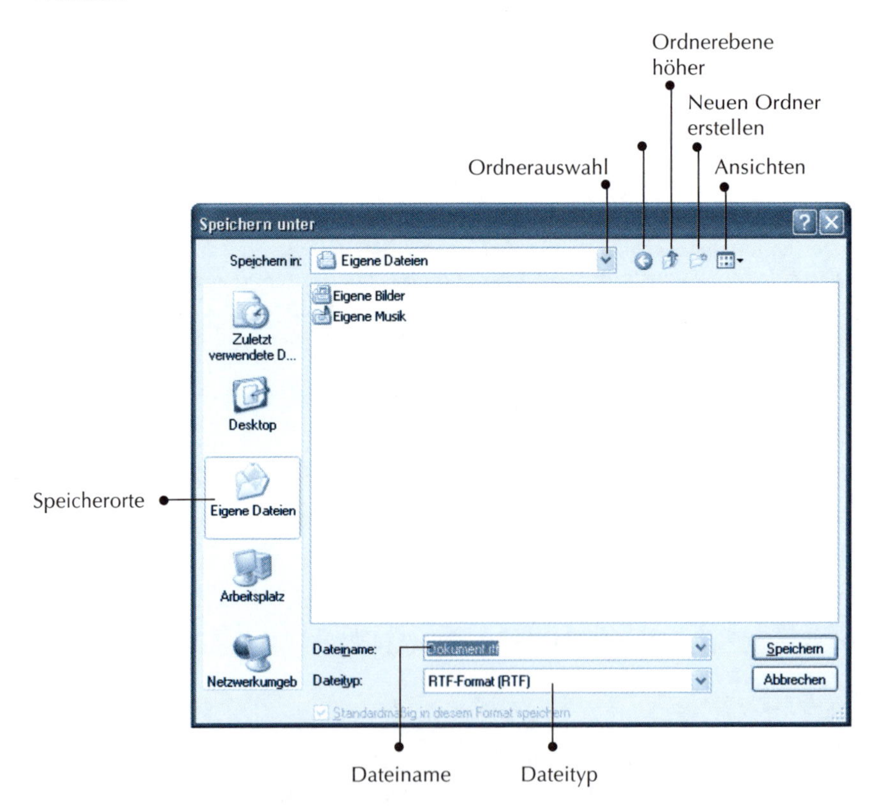

Ein Doppelklick auf ein Ordnersymbol öffnet dieses im Dialogfeld *Speichern unter.* Die Schaltflächen im Kopfbereich des Dialogfelds erlauben Ihnen einen neuen Unterordner anzulegen oder eine Ordnerebene höher zu gehen. Weiterhin lässt sich – wie bei Ordnerfenstern – die Symbolgröße über die Schaltfläche *Ansichten* wechseln.

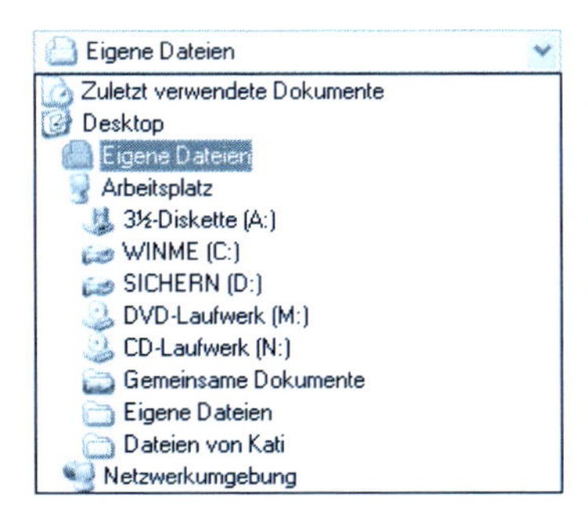

Über das **Listenfeld** *Speichern in* rufen Sie eine Laufwerks- und Ordnerliste ab, in der Sie ggf. das Laufwerk und den Ordner wählen, in dem die Datei zu speichern ist.

Das Listenfeld lässt sich durch einen Mausklick auf den Pfeil öffnen. Einen Ordner öffnen Sie durch einen Doppelklick auf das zugehörige Symbol.

Für unsere Zwecke soll das Dokument im Ordner *Eigene Dateien/Briefe* abgelegt werden. Falls dieser Unterordner noch nicht existiert, sind einige zusätzliche Schritte erforderlich.

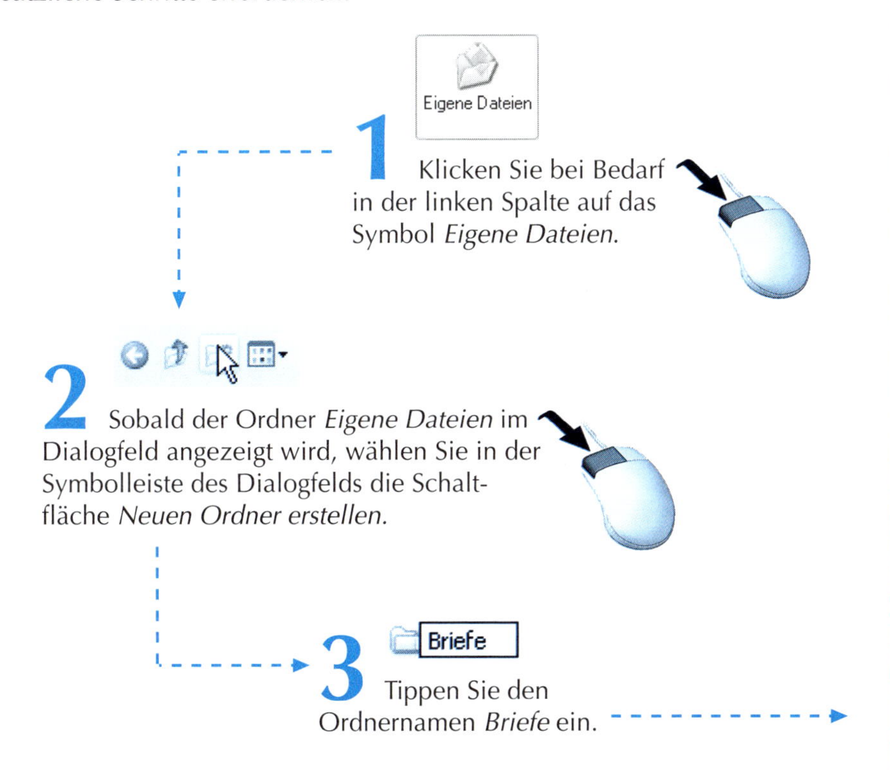

1 Klicken Sie bei Bedarf in der linken Spalte auf das Symbol *Eigene Dateien.*

2 Sobald der Ordner *Eigene Dateien* im Dialogfeld angezeigt wird, wählen Sie in der Symbolleiste des Dialogfelds die Schaltfläche *Neuen Ordner erstellen.*

3 Tippen Sie den Ordnernamen *Briefe* ein.

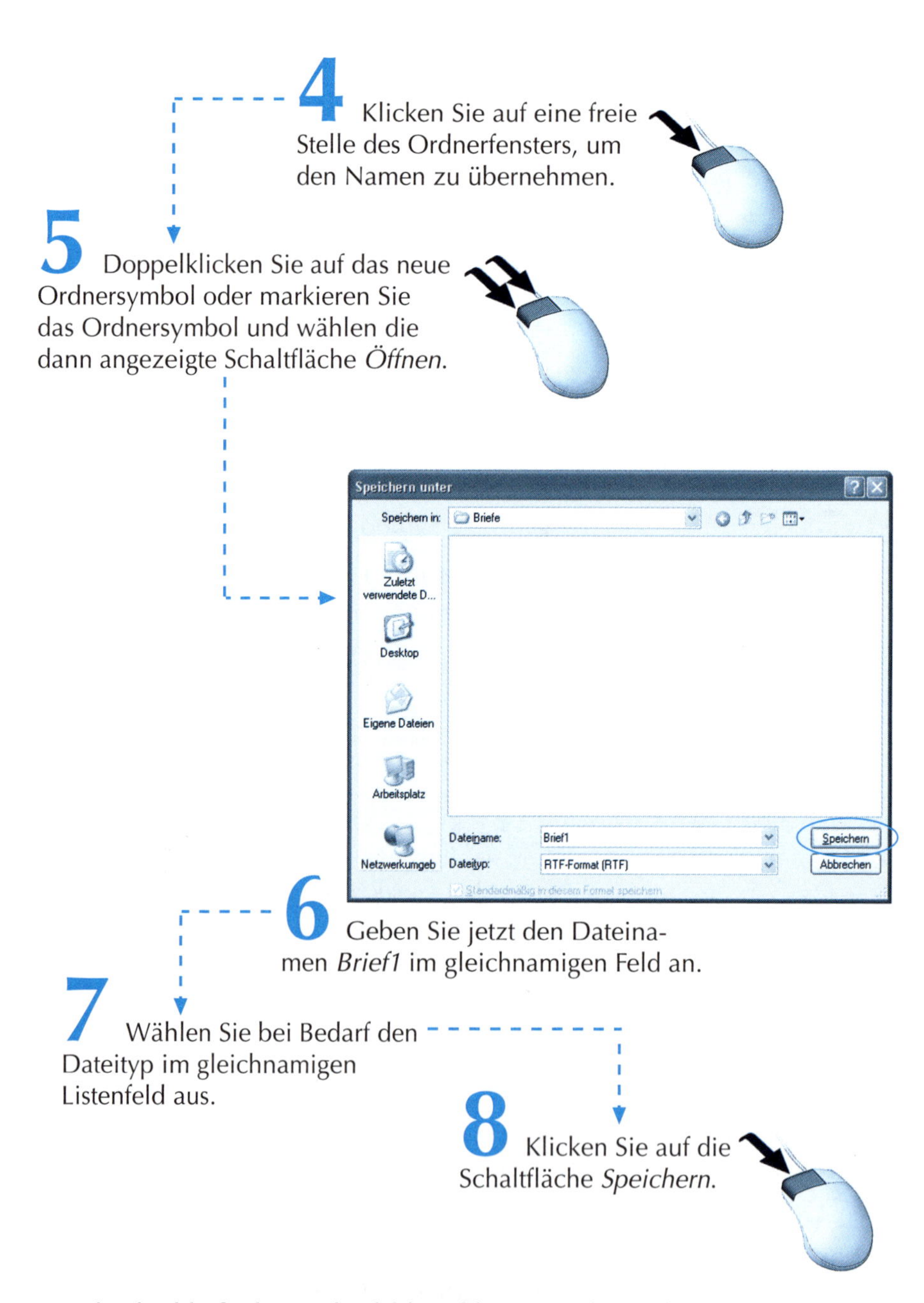

4 Klicken Sie auf eine freie Stelle des Ordnerfensters, um den Namen zu übernehmen.

5 Doppelklicken Sie auf das neue Ordnersymbol oder markieren Sie das Ordnersymbol und wählen die dann angezeigte Schaltfläche *Öffnen*.

6 Geben Sie jetzt den Dateinamen *Brief1* im gleichnamigen Feld an.

7 Wählen Sie bei Bedarf den Dateityp im gleichnamigen Listenfeld aus.

8 Klicken Sie auf die Schaltfläche *Speichern*.

WordPad schließt das Dialogfeld und legt jetzt das Dokument in einer Datei im gewünschten Ordner ab. Die Datei erhält den von Ihnen gewählten Namen und eine Dateinamenerweiterung.

Hinweis

Die Erweiterung wie .rtf brauchen Sie im Dateinamen nicht anzugeben, da WordPad diese automatisch in Abhängigkeit vom Dateityp ergänzt. Die Auswahl des Dateiformats erfolgt im Listenfeld Dateityp. *Falls die Anzeige der Dateinamenerweiterungen aktiviert ist, achten Sie aber darauf, dass die von WordPad vergebene Erweiterung beim Eintippen des neuen Dateinamens erhalten bleibt.*

Standardmäßig verwendet WordPad das RTF-Dateiformat (Dateinamenerweiterung .rtf*). Wählen Sie im Listenfeld* Dateityp *den Typ* Textdokument *(Dateinamenerweiterung* .txt*), speichert WordPad das Dokument als einfache Textdatei. Dann geht die Formatierung (siehe Folgeseiten) beim Speichern in eine* .txt-*Datei verloren.*

Tipp

In den Dialogfeldern Speichern unter *und* Öffnen *können Sie mit der rechten Maustaste ein Kontextmenü öffnen und Befehle zur Dateibearbeitung abrufen.*

Möchten Sie ein geändertes Dokument, dem bereits ein Dateiname zugewiesen wurde, speichern, reicht ein Mausklick auf die Schaltfläche *Speichern*. WordPad sichert dann die Änderungen ohne weitere Nachfragen in der zugehörigen Datei. Um ein Dokument unter neuem Namen zu speichern, wählen Sie im Menü *Datei* den Befehl *Speichern unter*. Dann erscheint das oben gezeigte Dialogfeld *Speichern unter* und Sie können einen neuen Dateinamen angeben.

Textdokumente lassen sich in WordPad **laden** und anschließend anzeigen, bearbeiten oder drucken.

Am einfachsten geht das Laden, wenn Sie das Symbol der Dokumentdatei im Ordnerfenster per Doppelklick anwählen. Dann öffnet Windows das Dokument im zugehörigen Programm. Ist lediglich WordPad auf dem Rechner installiert, erscheint das Dokument automatisch in WordPad. Oder Sie gehen in folgenden Schritten vor:

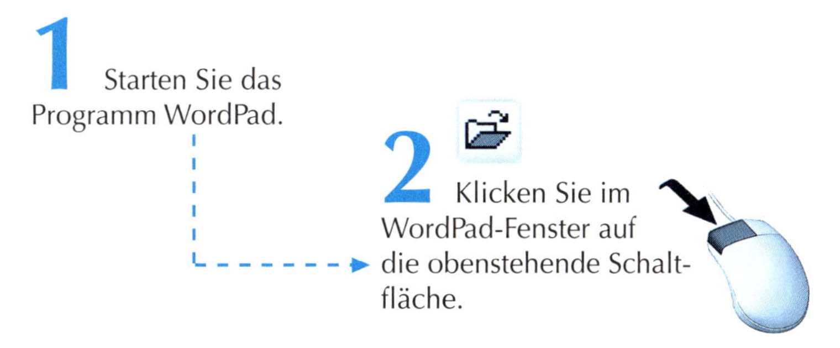

WordPad öffnet dieses Dialogfeld.

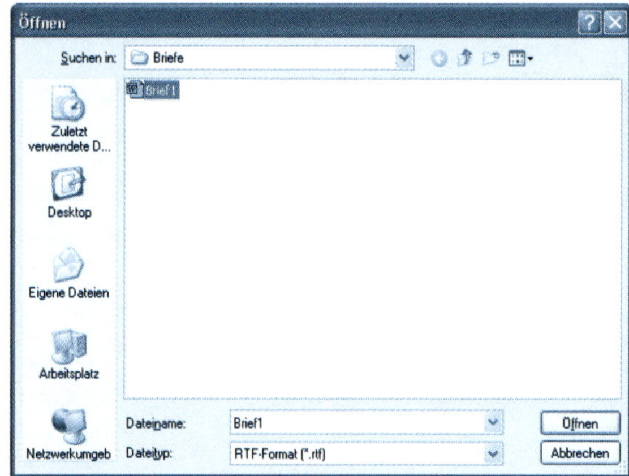

3 Öffnen Sie wie auf den vorherigen Seiten beim Speichern denjenigen Ordner, der die zu ladende Datei enthält.

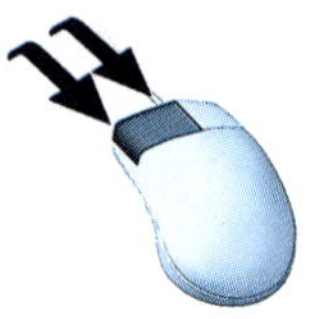

4 Klicken Sie auf die Datei, die Sie öffnen möchten.

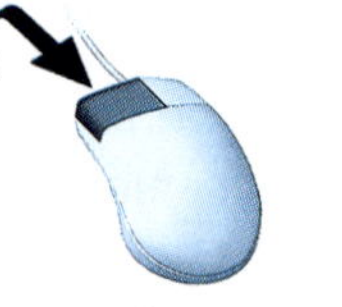

5 Klicken Sie auf die Schaltfläche *Öffnen*.

WordPad lädt anschließend die Datei und zeigt das Ergebnis im Dokumentfenster an.

> **Hinweis**
>
> *WordPad kann nicht nur Dateien mit der Erweiterung* .rtf *laden. Über das Listenfeld* Dateityp *lassen sich auch Dateien mit Erweiterungen wie* .txt *(Textdateien) oder* .doc *(Dateien aus Word für Windows) laden. Am günstigsten ist der Wert »Alle Dokumente(*.*)«, da dann alle Dateien des Ordners angezeigt werden. Sie können dann eine für WordPad geeignete Dokumentdatei (*.txt, .doc, .rtf, .wri*) wählen.*

Das **Drucken** eines **Dokuments** ist in WordPad sehr einfach.

Klicken Sie in der Symbolleiste auf die obenstehend gezeigte Schaltfläche.

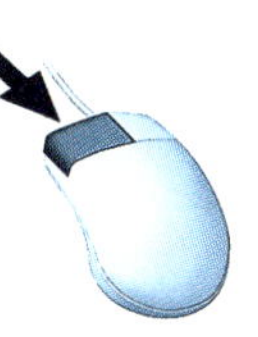

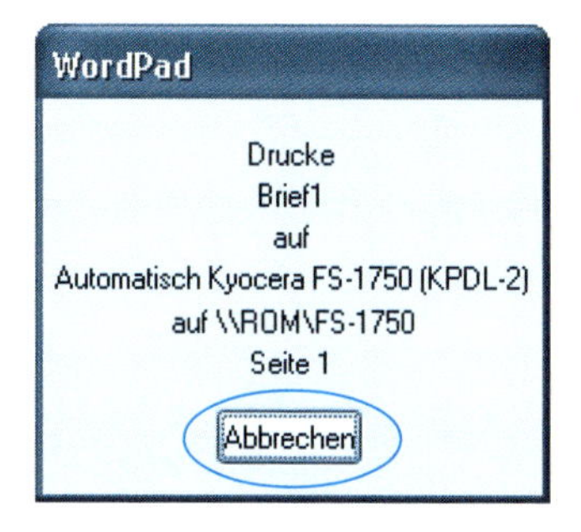

Während des Ausdrucks zeigt WordPad dieses Dialogfeld an.

Um den Ausdruck ggf. abzubrechen, wählen Sie die Schaltfläche *Abbrechen*.

Haben Sie ein mehrseitiges Dokument verfasst und möchten nur einige Seiten ausdrucken? Verwendet WordPad vielleicht den verkehrten Drucker oder versucht auf einem Faxgerät zu drucken?

1 Wählen Sie im Menü *Datei* den Befehl *Drucken* oder drücken Sie die Tastenkombination Strg+P.

WordPad öffnet das Dialogfeld *Drucken*. Im Feld *Drucker auswählen* können Sie ggf. den Drucker bei mehreren Geräten wählen (einfach das Druckersymbol anklicken).

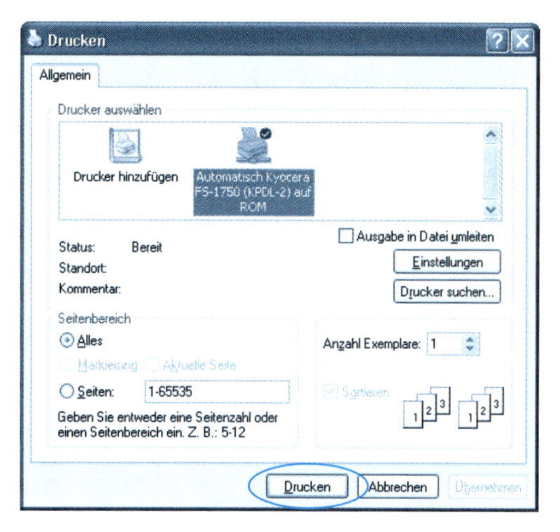

Möchten Sie nur einzelne Seiten eines Dokuments drucken?

2 Klicken Sie auf das Optionsfeld *Seiten* und geben Sie die zu druckenden Seitenzahlen in der Form »11-22« ein. In diesem Fall würden die Seiten 11 bis 22 gedruckt.

3 Um den Ausdruck zu starten, klicken Sie auf die *Drucken*-Schaltfläche.

Weiterhin können Sie über das Feld *Anzahl Exemplare* mehrere Kopien eines Ausdrucks anfertigen lassen.

> **Hinweis**
>
> *Über die Schaltfläche* Einstellungen *können Sie ein Dialogfeld zum Einstellen der Druckereigenschaften (z.B. Papierformat, Ausdruck im Hoch- oder Querformat etc.) öffnen. Weitere Informationen zu diesen Funktionen finden Sie in der WordPad-Hilfe sowie in der Direkthilfe des betreffenden Dialogfelds.*

Seitenvorschau und WordPad beenden

Möchten Sie lediglich sehen, wie das Dokument im Ausdruck aussieht, ohne es gleich zu drucken?

Dann reicht es aus, auf die Schaltfläche **Seitenansicht** zu klicken.

WordPad zeigt dann das Dokument in einem verkleinerten **Vorschaufenster** an. Über die Schaltfläche *Schließen* des Vorschaufensters schalten Sie zur normalen Darstellung zurück.

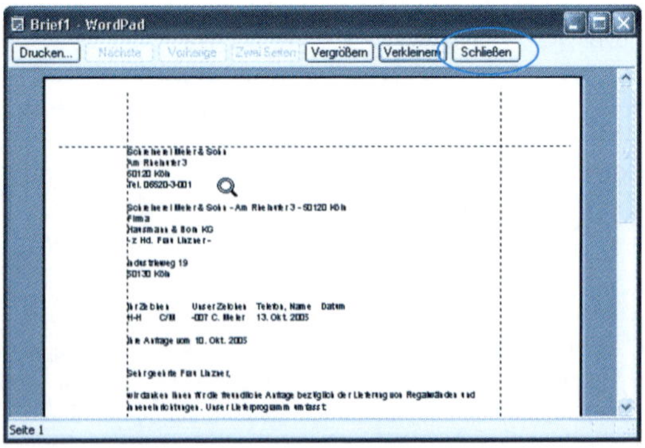

Um WordPad zu beenden, klicken Sie entweder auf die Schaltfläche *Schließen* in der rechten oberen Ecke des WordPad-Fensters. Oder Sie wählen den Befehl *Beenden* im Menü *Datei*.

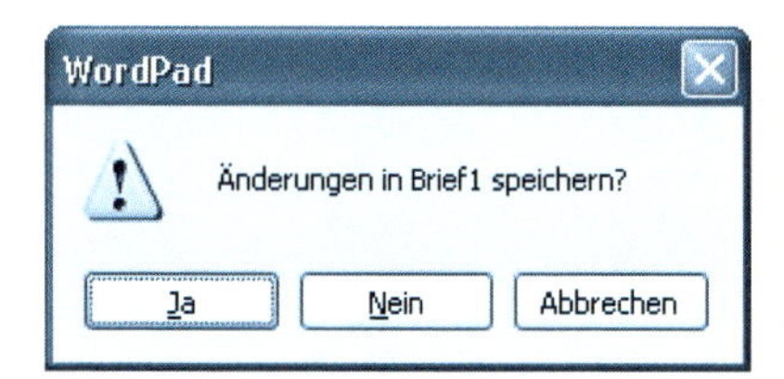

Enthält das Dokumentfenster noch ungespeicherte Änderungen, erscheint folgendes Dialogfeld. Über die *Ja*-Schaltfläche werden diese Änderungen gespeichert.

Mit der *Nein*-Schaltfläche wird WordPad beendet und die Änderungen werden verworfen. Möchten Sie dagegen mit WordPad weiterarbeiten, klicken Sie auf die Schaltfläche *Abbrechen*.

Ein Textdokument formatieren

Der in den vorherigen Lernschritten entworfene Brief besteht aus reinem Text. Vermutlich haben Sie bereits häufiger Schriftstücke wie Briefe oder Einladungen bekommen, die besonders ansprechend gestaltet waren. Bestimmte Textstellen waren fett gedruckt oder Überschriften standen in der Zeilenmitte. In WordPad können auch Sie Ihre Dokumente entsprechend **formatieren**.

> **Was ist das?**
>
> *Die Gestaltung eines Textdokuments mit verschiedenen Schrifteffekten wie Fett, Farbe, größere Buchstaben etc. bezeichnet man auch als* ***Formatieren****.*

Wie Sie WordPad nutzen, um einen formatierten Brief zu erstellen, der auch professionellen Ansprüchen genügt, lernen Sie auf den folgenden Seiten. Die Gestaltung des Briefes erfolgt in Anlehnung an DIN 5008 (Regeln für allgemeine Schreibweisen) und nach DIN 676 (Gestaltung/Abstände Geschäftsbrief).

Der nachfolgende Briefbogen wurde aus Platzgründen etwas in der Höhe gekürzt. Ein DIN A4 Blatt ist 21 cm breit und 29,7 cm hoch, wobei die ersten 4,5 cm im DIN-Brief zur freien Gestaltung des Briefkopfes reserviert sind. Die DIN legt den Rand für den Brief mit mindestens 2,14 cm links und 0,81 cm rechts fest. Als Schriftgrad ist ein Wert von mindestens 10 Punkt vorgegeben.

Harry Hirsch

Schälgasse 3
50130 Köln

Tel. 06520-3-0

Harry Hirsch, Schälgasse 3, 50130 Köln

Firma
Hausmann & Born KG
- z Hd. Frau Linzner -
Straße Nr.

50130 Köln

Ihre Zeichen, Ihre Nachricht vom	Unser Zeichen, unsere Nachricht vom	Telefon, Name	Datum
	H-H	-007 Hirsch	31. März 2003

Ihre Zahlung vom 15. März, Rechnung Nr. 47 11

Sehr geehrte Damen und Herren,

wir danken Ihnen für die Zahlung der offen stehenden Rechnung. Leider wurde von Ihnen ein Skontobetrag abgezogen, der gemäß unseren Zahlungs- und Lieferbedingungen nicht vereinbart ist. Wir bitten Sie den Differenzbetrag zu begleichen.

Hochachtungsvoll

Harry Hirsch

Anlage
Liefer- und Zahlungsbedingungen

Bankverbindung Konto-Nr. 47 11 03 BLZ 500 700 00 Commerzbank Köln

Das Anschriftenfeld mit der Empfängeradresse beginnt 5,08 cm vom oberen sowie 2,41 cm vom linken Rand und weist 9 Zeilen auf. Die erste Zeile enthält den Namen oder die Versandart (z.B. Einschreiben). Die letzte Zeile ist der (nicht hervorgehobenen) Ortsangabe vorbehalten. Weitere Bestandteile des Briefs sind Bezugs- und Betreffszeilen, die Anrede, die Grußformel, Unterschriftenfeld und die Anlagen. Diese Bestandteile (können im Privatbrief entfallen) werden durch eine vorgegebene Anzahl an Leerzeilen getrennt (im hier gezeigten Schema durch kleine Punkte markiert). Die Fußzeile am unteren Rand ist nach DIN frei gestaltbar.

Der bereits mit WordPad erstellte Brief soll jetzt entsprechend gestaltet werden. Dabei lernen Sie dann die Funktionen zum Formatieren des Dokuments kennen.

Starten Sie ggf. WordPad und laden Sie den bereits im vorherigen Lernschritt entworfenen Brief.

Im ersten Schritt gilt es, den Brieftext so zu formatieren, dass dieser gut aussieht und möglichst auch noch den DIN-Regeln entspricht.

Schreinerei Meier & Sohn
Am Rheinufer 3
50120 Köln
Tel. 06520-3-001

1 Markieren Sie die ersten vier Zeilen mit der Absenderangabe.

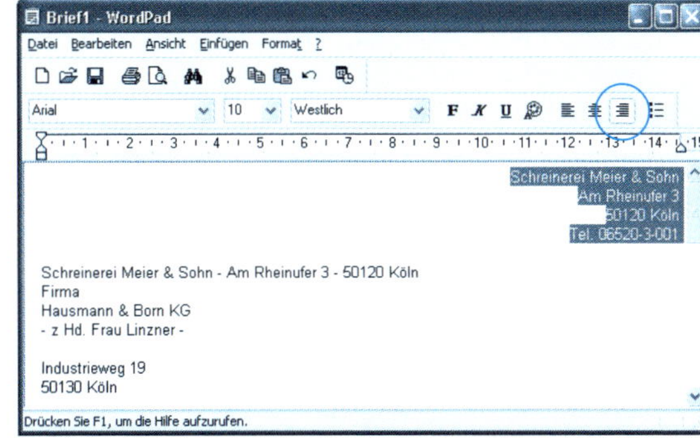

2 Klicken Sie in der Symbolleiste auf die Schaltfläche *Rechtsbündig*.

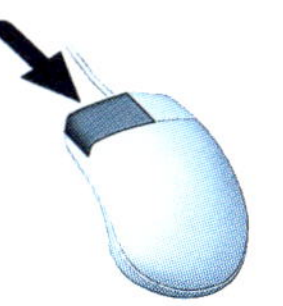

WordPad richtet den markierten Textbereich am rechten Seitenrand aus.

Mit den drei Schaltflächen *Linksbündig, Zentrieren* und *Rechtsbündig* können Sie den Text am linken (Seiten-) Rand, in der Zeilenmitte und am rechten Rand ausrichten.

 Die Schaltfläche *Linksbündig* richtet die Zeilen am linken Rand aus und bricht Text am rechten Rand automatisch in die Folgezeile um.

 Die Schaltfläche *Zentrieren* richtet Texte zentriert zwischen dem linken und rechten Rand aus (z.B. Überschriften).

 Über die Schaltfläche *Rechtsbündig* enden die Textzeilen am rechten Seitenrand, während der so genannte »Flatterrand« links auftritt.

Hinweis

Das Ausrichten bezieht sich auf den markierten Textbereich oder den aktuellen Absatz. Haben Sie bei der Eingabe eines Satzes am Zeilenende die ↵*-Taste gedrückt, legt WordPad jede Zeile als Absatz an. Dann wird das Ausrichten dieses Satzes recht aufwendig. Sie sehen, auch hier zahlt es sich aus, wenn Sie den Text bereits bei der Eingabe in Absätzen schreiben.*

Jetzt soll der Firmenkopf noch mit fetter Schrift und etwas größeren Buchstaben hervorgehoben werden.

1 Stellen Sie sicher, dass der Text der Zeilen noch markiert ist.

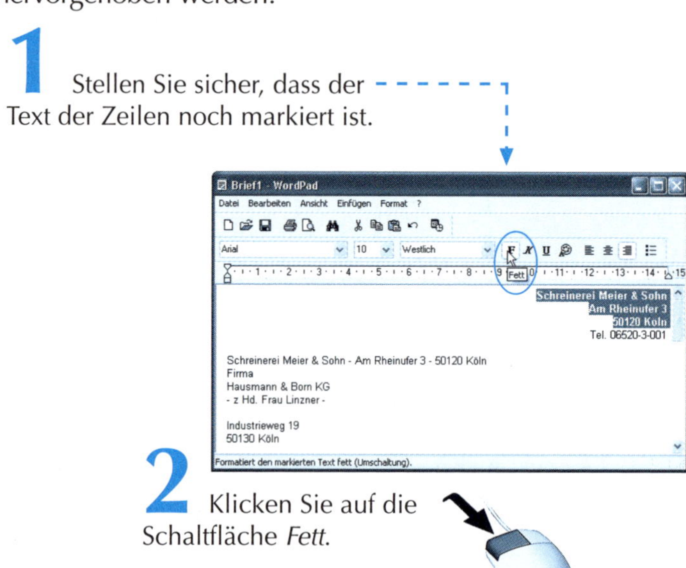

2 Klicken Sie auf die Schaltfläche *Fett*.

Jetzt wird der Text fett angezeigt.

3 Klicken Sie auf das Listenfeld *Schriftgrad*.

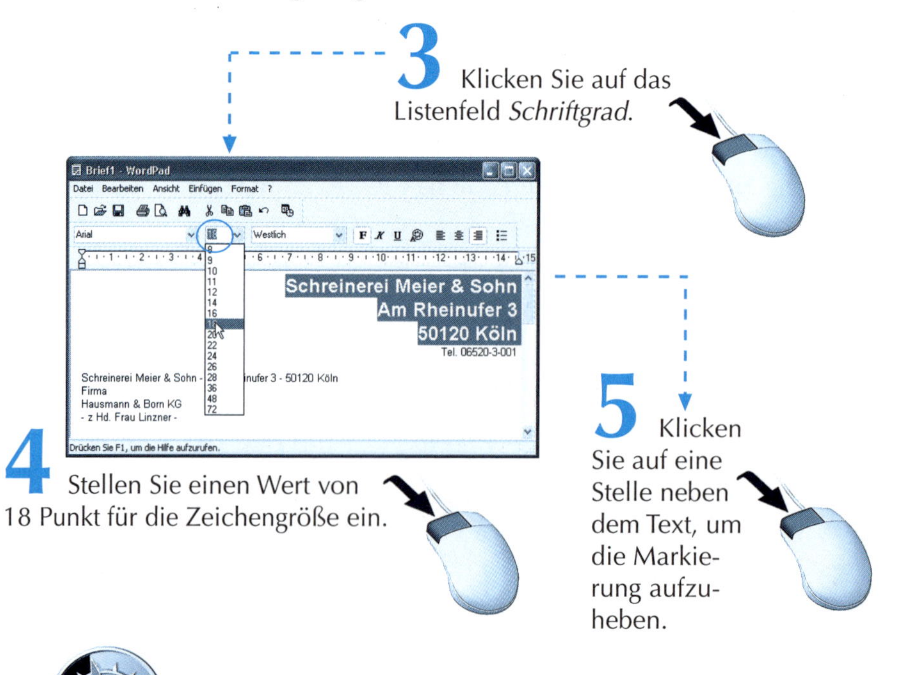

4 Stellen Sie einen Wert von 18 Punkt für die Zeichengröße ein.

5 Klicken Sie auf eine Stelle neben dem Text, um die Markierung aufzuheben.

Das Dokument sieht nun bereits etwas besser aus, der Firmenkopf erscheint jetzt in fetter Schrift und vergrößert in der rechten oberen Ecke des Briefkopfes.

Sie können Textstellen in WordPad fett, kursiv oder unterstrichen hervorheben. WordPad bietet Ihnen hierzu drei Schaltflächen:

F Diese Schaltfläche formatiert den markierten Text mit **fetten** Buchstaben.

K Klicken Sie auf diese Schaltfläche, erscheint der markierte Text mit schräg gestellten Buchstaben. Man bezeichnet dies auch als *kursiv* formatieren.

U Um einen markierten Text zu unterstreichen, klicken Sie auf diese Schaltfläche.

Was ist das?

Bei der Formatierung von Texten werden verschiedene Fachbegriffe benutzt. Die Größe der Zeichen nennt man nicht Zeichengröße oder Zeichenhöhe, der korrekte Fachausdruck lautet ***Schriftgrad****. Die Zahlen geben dabei den Schriftgrad in Punkt an, was in der Typografie einer bestimmten Maßeinheit ähnlich wie mm entspricht. Zur Darstellung von Texten werden so genannte Schriftarten benutzt.Es gibt verschiedene Schriftarten (Times Roman, Courier, Helvetica etc.), die für unterschiedliche Stile stehen. Sie kennen dies vermutlich: die Schrift einer Zeitung sieht sicherlich anders aus als das Werbeplakat Ihres Lebensmittelhändlers. Die Schriftarten lassen sich direkt über das Listenfeld in der* Format-*Symbolleiste wählen.*

Jetzt soll dem gesamten Text die Schriftart »Times New Roman« zugewiesen werden. Diese sieht etwas gefälliger als die standardmäßig benutzte »Arial«-Schriftart aus.

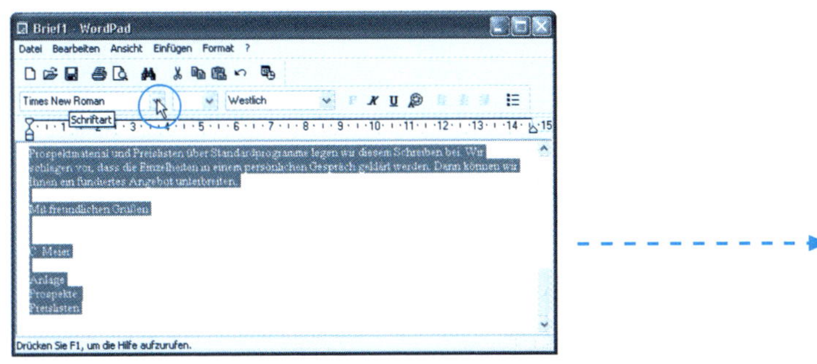

1 Markieren Sie den gesamten Dokumentbereich (z.B. über die Tastenkombination Strg+A).

2 Wählen Sie die gewünschte Schriftart im Listenfeld der *Format*-Symbolleiste (auf Pfeil neben dem Listenfeld klicken und dann in der Liste die Schriftart anklicken).

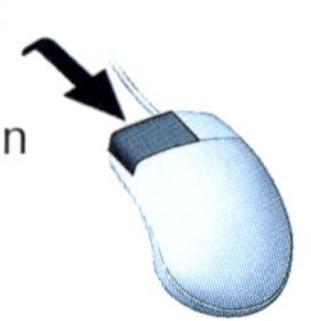

3 Klicken Sie auf eine Stelle im Dokument, um die Markierung aufzuheben.

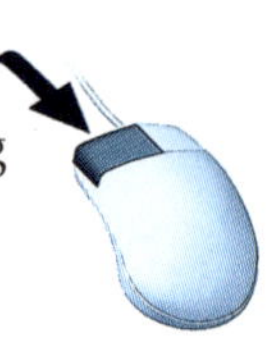

> **Hinweis**
>
> *WordPad unterstützt bei entsprechenden Voraussetzungen auch die Eingabe fremdsprachlicher Zeichen in Hebräisch, Arabisch, Koreanisch etc. Da hier deutschsprachige Texte eingegeben werden, belassen Sie den Zeichensatz, der zur Darstellung der Text verwendet wird, auf »Westlich«.*

Jetzt soll die Absenderangabe oberhalb des Adressfelds etwas verkleinert eingefügt und unterstrichen formatiert werden. Die betreffende Zeile muss dabei durch Einfügen von Leerzeilen so ausgerichtet werden, dass sie im Fenster eines Kuverts erscheint.

1 Fügen Sie (falls noch nicht geschehen) die Absenderangabe als Zeile im Dokument ein.

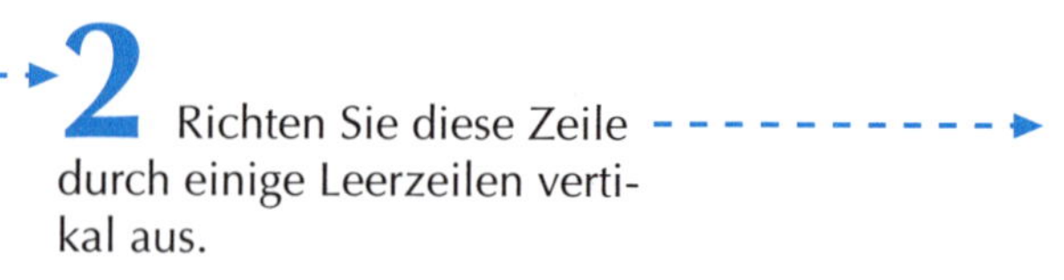

2 Richten Sie diese Zeile durch einige Leerzeilen vertikal aus.

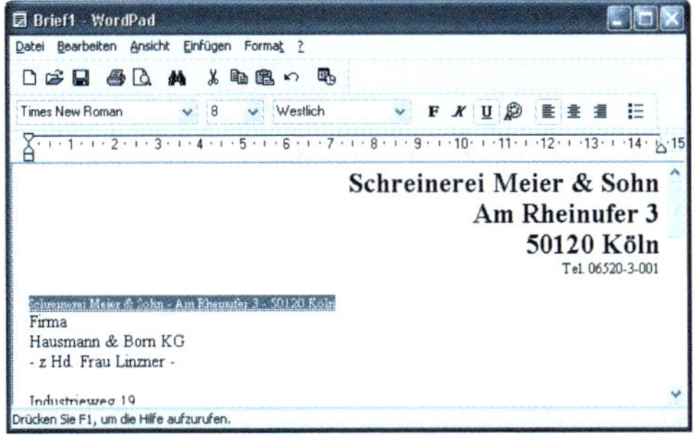

3 Markieren Sie die Absenderzeile.

4 Klicken Sie auf die Schaltfläche *Unterstreichen.*

5 Weisen Sie den Schriftgrad von 7 oder 8 Punkt zu.

> **Hinweis**
>
> *Einen Schriftgrad von 7 Punkt müssen Sie direkt als Wert im betreffenden Kombinationsfeld eintippen, da nur Schriftgrade bis 8 Punkt in der Liste angeboten werden.*

Die Empfängerangabe können Sie in der hier gezeigten Form belassen. Notfalls müssen Sie an dieser Stelle einen Probeausdruck anfertigen, um zu prüfen, ob die Angaben in das Fenster eines Kuverts passen. Bei Bedarf können Sie ja den restlichen Brieftext markieren und mit einem Schriftgrad von 11 Punkt versehen (damit der Text besser lesbar ist).

Arbeiten mit Tabulatoren

> **Hinweis**
>
> *Die DIN 5008 kennt eine Langform sowie die hier benutzte Kurzform für die Bezugszeile. Die Spalten besitzen folgende Abstände vom linken Seitenrand: 2,41; 7, 49; 12,57 und 17,65 cm.*

Jetzt gilt es, die Bezugszeichenzeile zu formatieren. In dieser Zeile werden Sachbearbeiterzeichen, Telefonnummern und das Datum eingetragen.

1 Markieren Sie die beiden Zeilen des Bezugsfelds.

2 Verkleinern Sie ggf. den Schriftgrad auf 9 Punkt.

Schwieriger wird das spaltenweise Ausrichten der beiden Zeilen. Haben Sie Probleme, die entsprechenden Einrückungen mit Leerzeichen vorzunehmen? Die Lösung dieses Problems ist recht einfach: Verwenden Sie beim Eingeben der beiden Zeilen die ↹-Taste, um die einzelnen Spalten zu trennen. Vermutlich wird es mit dem Eingeben der Tabulatorzeichen noch nicht reichen. Sie können aber die genauen Positionen für die Tabulator-Stopps festlegen.

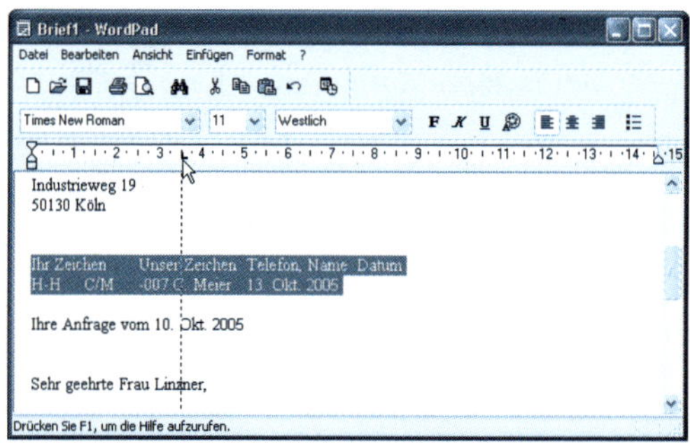

3 Klicken Sie im Lineal auf die Positionen, an denen ein **Tabulatorstopp** für die markierten Zeilen zu **setzen** ist.

WordPad markiert die Tabulatorposition mit einem kleinen Winkel. Gleichzeitig werden die Tabulatorzeichen im markierten Textbereich bis zu dieser Position eingerückt. Bei Bedarf können Sie die Marken für die Tabulator-Stopps der aktuellen Zeile oder des markierten Bereichs durch Ziehen per Maus verschieben:

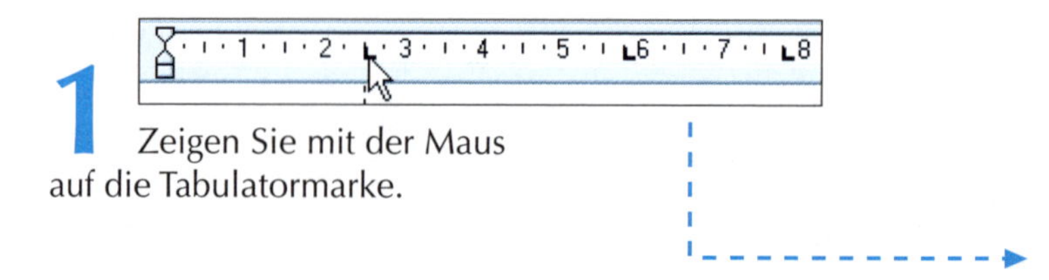

1 Zeigen Sie mit der Maus auf die Tabulatormarke.

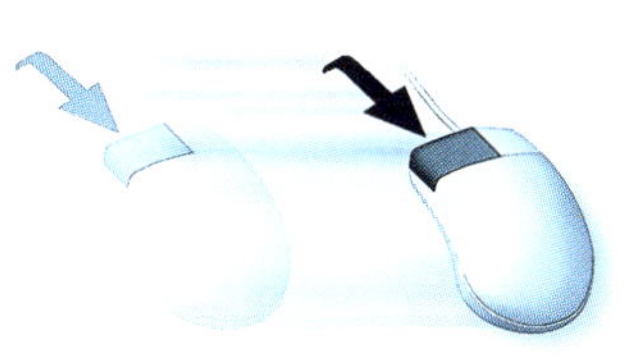

2 Verschieben Sie die Marke durch Ziehen mit der Maus nach links oder rechts.

Eine kleine gestrichelte Linie zeigt die Tabulatorposition im Text an.

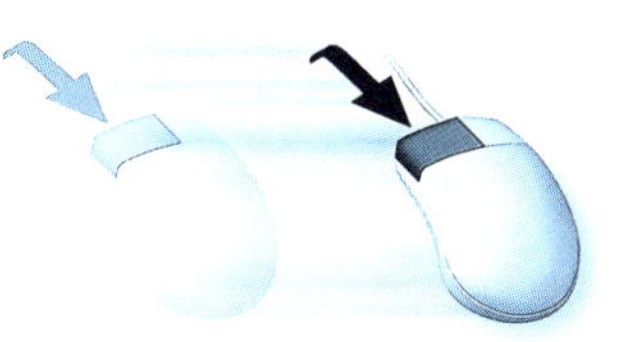

3 Zum Löschen einer Tabulatormarke ziehen Sie diese in den Textbereich und lassen anschließend die Maustaste los.

Hinweis

Tabulatoren eignen sich sehr gut zum Erstellen von Listen (z.B. bei Rechnungen). Die einzelnen Spalten lassen sich prima über die ⇥*-Taste ausrichten. Bei Listen wird übrigens jede Zeile am Zeilenende mit der* ↵*-Taste abgeschlossen. Nach dem Eingeben des Listentext können Sie diesen markieren und die Tabulatorpositionen bei Bedarf nachträglich anpassen.*

Eine weitere Option für die Gestaltung eines Schriftstücks bietet die Zeilenlänge für den Text. WordPad beginnt mit der Zeile am linken Rand und sorgt dafür, dass der Text am Zeilenende in der nächsten Zeile fortgesetzt wird. Aber woher weiß WordPad, wo der rechte und linke Rand für eine Zeile zu finden ist?

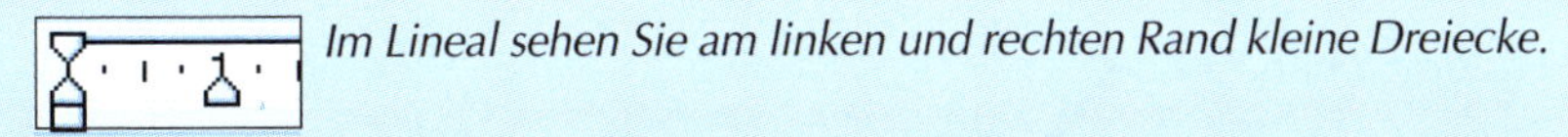

Im Lineal sehen Sie am linken und rechten Rand kleine Dreiecke.

Diese Dreiecke werden auch Randsteller genannt. Sie können mit dem linken unteren und dem rechten unteren Randsteller den Zeilenanfang und das Zeilenende für die aktuelle Zeile oder für einen markierten Bereich festlegen. Der Randsteller links oben legt bei Absätzen mit mehreren Zeilen den Anfang der ersten Zeile fest. Man sagt auch, dass dieser Randsteller den Erstzeileneinzug (d.h. den Einzug der ersten Zeile eines Absatzes) festlegt.

Automatische Datumseingabe

Haben Sie die Bezugszeile entsprechend den Anforderungen formatiert? Jetzt fehlt noch das Datum, welches Sie manuell in der Form »31. Oktober 2001« eintippen können. Sie können WordPad das aktuelle Datum auch automatisch einfügen lassen.

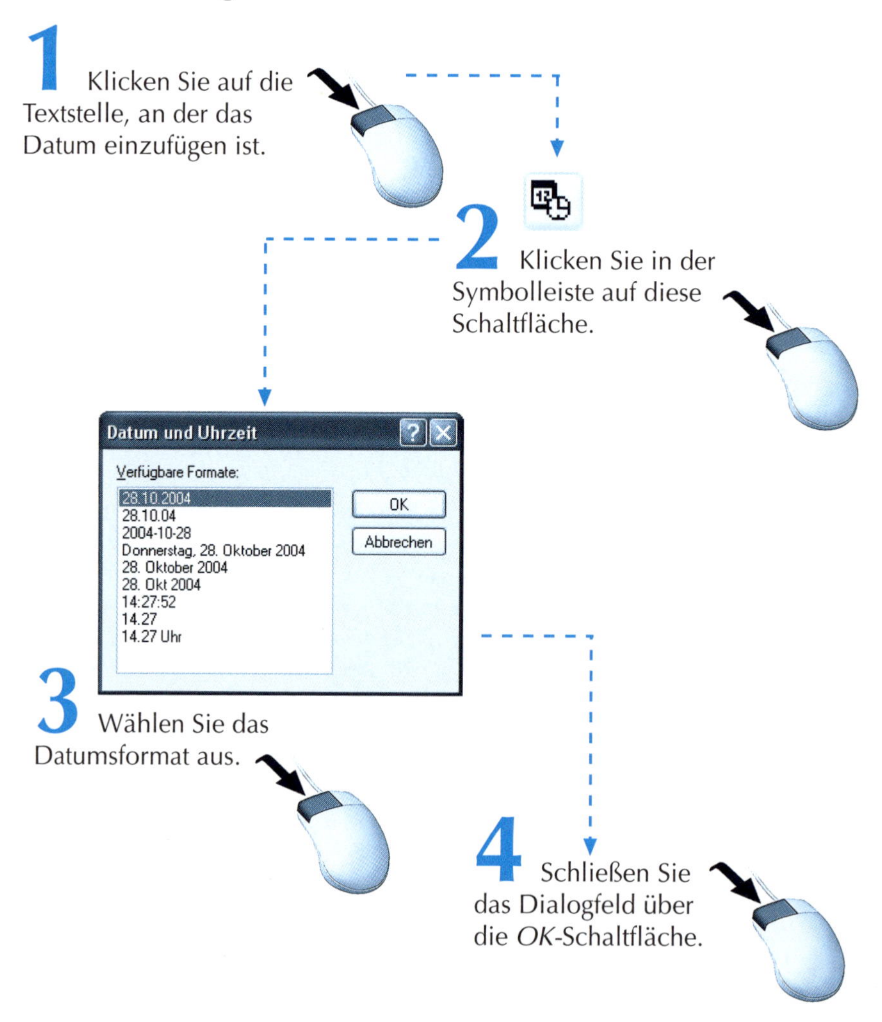

Auf diese Weise können Sie den Brief verfassen, formatieren und anschließend drucken bzw. in eine Datei zu späteren Verwendung speichern.

Aufzählungen erstellen

Abschließend möchte ich noch eine Funktion zur Formatierung Ihrer Texte vorstellen. Manchmal sollen Absätze mit einem vorangestellten **Schmuckpunkt** optisch hervorgehoben werden. Man bezeichnet solche hervorgehobenen Absätze auch als **Aufzählungen**. In WordPad lässt sich eine solche Aufzählung sehr elegant gestalten. Dies soll am Beispiel des auf den vorhergehenden Briefentwurfs demonstriert werden.

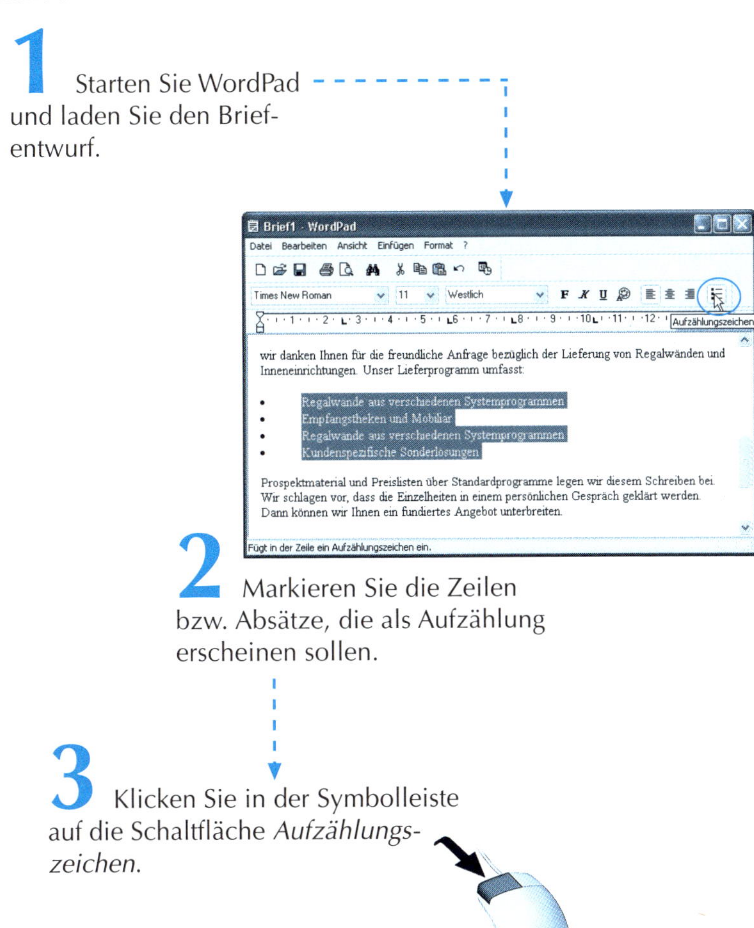

1 Starten Sie WordPad und laden Sie den Briefentwurf.

2 Markieren Sie die Zeilen bzw. Absätze, die als Aufzählung erscheinen sollen.

3 Klicken Sie in der Symbolleiste auf die Schaltfläche *Aufzählungszeichen.*

WordPad setzt nun vor die betreffenden ersten Zeilen der Absätze einen kleinen Punkt (auch **Schmuckpunkt**, **Aufzählungszeichen** oder **Bullet** genannt).

Besteht ein Absatz aus mehreren Zeilen, werden die Folgezeilen an den Anfang der ersten Zeile angepasst. Man sagt dazu auch, dass die **Folgezeilen** zur gleichen **Spalte** der ersten Zeile **eingezogen** werden.

Hinweis

Tipp: In obigem Beispiel bestehen die Absätze aus jeweils einer Zeile. Um die horizontalen Abstände zu vergrößern, müssen Sie jeweils Leerzeilen in der Aufzählung einfügen. Normalerweise verwenden Sie hierzu die [↵]-Taste. Dies führt aber dazu, dass auch die Leerzeilen mit Schmuckpunkten versehen werden. Um dies zu verhindern, drücken Sie am Zeilenende jeweils [⇧]+[↵]. Dies führt zu einem weichen Zeilenumbruch und nicht zu einem Absatzwechsel. Anschließend drücken Sie noch die [↵]-Taste, um den Absatzwechsel einzuleiten. Im Ergebnis besteht jetzt ein Absatz aus zwei Zeilen, wobei die zweite Zeile leer ist.

WordPad bietet weitere Funktionen, die an dieser Stelle nicht erwähnt werden. Informationen zu diesen Funktionen finden Sie in der WordPad-Hilfe sowie in der Direkthilfe der betreffenden Dialogfelder.

Hinweis

Das mit Windows XP ausgelieferte Programm WordPad ist in seinen Funktionen doch recht eingeschränkt. Daher empfiehlt es sich, ein Textbearbeitungsprogramm wie Microsoft Word oder den Writer aus OpenOffice.org bzw. StarOffice zum Schreiben zu verwenden. Ist kein solches Textverarbeitungsprogramm auf Ihrem Computer vorhanden? Im Handel gibt es die Microsoft Works Suite für um die 100 Euro, die neben einem Grafikbearbeitungsprogramm auch Microsoft Word enthält. Das Produkt StarOffice ist für ca. 80 Euro verfügbar und enthält das Textbearbeitungsprogramm Writer. Der Writer ist zudem Bestandteil des kostenlos erhältlichen OpenOffice.org (ist funktional zu StarOffice identisch, es fehlen aber einige Vorlagen und die Rechtschreibprüfung). Mit dem beim Arbeiten mit Wordpad erworbenen Wissen können Sie sofort mit Word oder dem Writer arbeiten.

Kleine Erfolgskontrolle

Nachdem Sie dieses Kapitel durchgearbeitet haben, verfügen Sie über die Kenntnisse zur Gestaltung von Textdokumenten. Vielleicht überprüfen Sie Ihr Wissen und die neu gewonnenen Fähigkeiten anhand der folgenden Übungen. Hinter jeder Übung wird in Klammern der Lernschritt angegeben, in dem die Antwort zu finden ist.

- Erstellen Sie einen Text mit WordPad und speichern Sie diesen in eine Datei auf einer Diskette.

  (Lesen Sie im Kapitel die Schritte zum Arbeiten mit WordPad und zum Speichern eines Dokuments. Als Ziel müssen Sie das Diskettenlaufwerk verwenden.)

- Erstellen Sie eine Einladung mit dem Programm WordPad.

  (Die Antworten finden Sie in diesem Kapitel im Lernschritt »Schriftstücke mit WordPad erstellen«.)

Im nächsten Kapitel lernen Sie, wie sich in Windows noch eleganter mit Dokumenten umgehen lässt.

Kapitel 4

Fotos und Bilder

Windows bietet Ihnen verschiedene Funktionen, mit denen Sie Fotos und Bilder anzeigen können. Zusätzlich unterstützt das Betriebssystem die Übernahme von Bildern von Scannern oder aus Digitalkameras. Schlussendlich ermöglicht das Programm Paint, Zeichnungen oder Bilder zu erstellen, zu bearbeiten, zu speichern und in Dokumenten zu verwenden. In diesem Kapitel lernen Sie diese Funktionen kennen.

Das können Sie schon:

Das lernen Sie neu:

Fotos und Bilder anzeigen

Bilder und Fotos lassen sich sehr gut auf dem Computer bearbeiten und in Dateien ablegen. Benötigen Sie eine Übersicht, was in einzelnen Bilddateien gespeichert ist? Oder möchten Sie auf dem Computer gespeicherte Fotos als Diashow ansehen? In Windows gibt es den Ordner *Eigene Bilder* im Ordner *Eigene Dateien,* der Sie mit solchen Funktionen unterstützt. Schauen wir uns einmal die Details an.

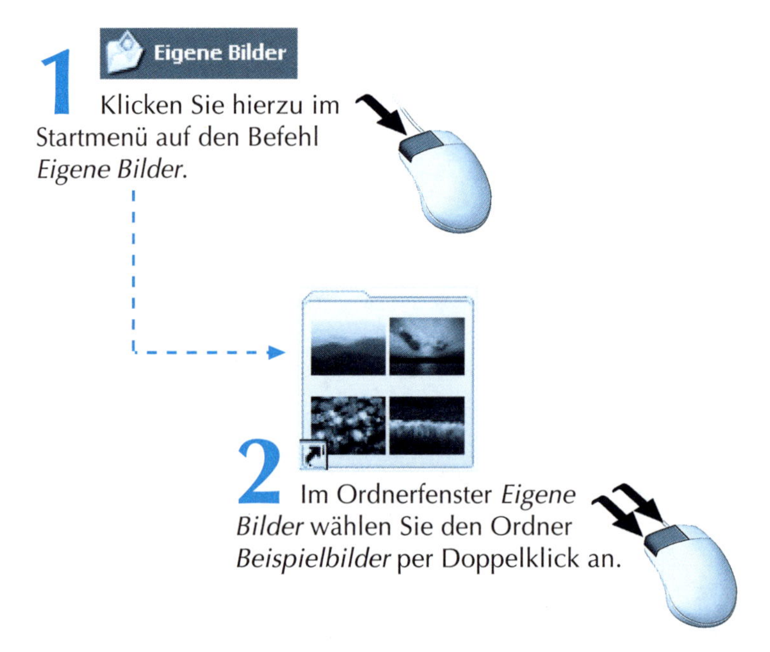

1 Klicken Sie hierzu im Startmenü auf den Befehl *Eigene Bilder.*

2 Im Ordnerfenster *Eigene Bilder* wählen Sie den Ordner *Beispielbilder* per Doppelklick an.

Windows öffnet den Ordner *Beispielbilder,* der automatisch in Windows XP eingerichtet wird und einige Fotos enthält. Dies erlaubt uns, die Funktionen des Ordners zu studieren.

Hinweis

Das Besondere beim Ordner Eigene Bilder *und dessen Unterordnern besteht darin, dass Windows mehrere Zusatzfunktionen zur Anzeige und Bearbeitung der Bilder bereitstellt. Sofern Sie also Bilder oder Fotos in diesen Ordner kopieren, lassen sich diese mit den Zusatzfunktionen anzeigen oder bearbeiten.*

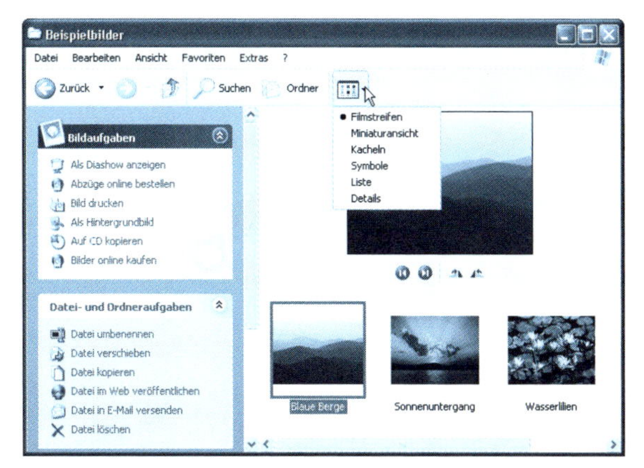

Wenn Sie über die Schaltfläche *Ansichten* den Anzeigemodus *Miniaturansicht* oder *Filmstreifen* wählen, erscheint für jede Datei eine verkleinerte Vorschau. Der Modus *Filmstreifen* zeigt zusätzlich das aktuell angewählte Bild im Kopf des Ordners.

Die Schaltflächen unterhalb des Bildes erlauben es, zwischen den Grafikdateien zu blättern oder Motive nach rechts/links drehen.

> **Hinweis**
>
> *Zeigen Sie per Maus auf die betreffenden Schaltflächen, blendet Windows eine Quickinfo mit Hinweisen zur Funktion ein.*

Die Aufgabenleiste eines Ordnerfensters enthält beim Ordner *Eigene Bilder* und dessen Unterordnern die Kategorie »Bildaufgaben«. In dieser Kategorie finden Sie eine Reihe zusätzliche Befehle zur Handhabung der Bilddateien.

Eine Diashow gefällig?

Verfügen Sie über Fotos und Bilder, die auf dem Computer in Bilddateien gespeichert sind? Dann ist es keine große Kunst, diese als Diashow auf dem Monitor abzurufen. Windows bietet bereits alle benötigten Funktionen.

1 Kopieren Sie die gewünschten Fotos oder Bilder in den Ordner *Eigene Bilder* oder in einen eigenen Unterordner.

2 Öffnen Sie den Ordner, der die Bilddateien enthält, in einem Ordnerfenster.

3 Markieren Sie die erste Bilddatei im Ordnerfenster (z.B. durch einen Mausklick).

Bildaufgaben

Als Diashow anzeigen

Abzüge online bestellen

Bild drucken

4 Klicken Sie in der Aufgabenleiste des Ordnerfensters auf den Befehl *Als Diashow anzeigen*.

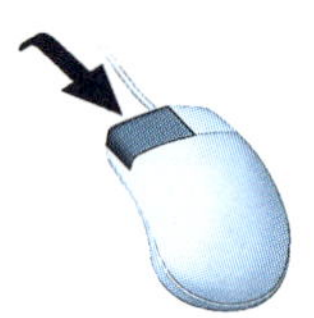

Windows startet anschließend eine Diashow, bei der das aktuell gewählte Bild in der Originalgröße auf dem Monitor erscheint. Nach einer kurzen Wartezeit wird automatisch das Motiv der nächsten im Ordner gespeicherten Grafikdatei angezeigt. Dieser Ablauf der Diashow geht automatisch solange weiter, bis Sie manuell eingreifen.

5 Zeigen Sie mit der Maus in die obere rechte Ecke, erscheint eine Symbolleiste mit mehreren Schaltflächen in der rechten oberen Bildecke.

Hinweis

Tipp: *Zeigen Sie per Maus auf die gewünschte Schaltfläche, erscheint eine Quickinfo mit einem Hinweis auf die zugehörige Funktion. Durch Drücken der Esc-Taste lässt sich die Diashow jederzeit beenden.*

Über die Schaltfläche der Symbolleiste können Sie die Diashow anhalten, weiterlaufen lassen, jeweils ein Bild vor- oder zurückgehen sowie die Show abbrechen.

6 Beenden Sie jetzt die Diashow, indem Sie zum Beispiel die Esc-Taste drücken.

7 Wählen Sie eine Grafikdatei im Ordnerfenster per Doppelklick an.

Windows ruft die Bild- und Faxanzeige auf, die das aktuelle Motiv direkt in einem Fenster anzeigt.

Über die Schaltflächen im Fußbereich der Bild- und Faxanzeige lassen sich verschiedene Funktionen abrufen. Sie können das Motiv beispielsweise vergrößern oder verkleinern, zwischen den Bildern blättern, ein Motiv drehen, speichern oder drucken. Auch der Aufruf der Diashow oder die Bearbeitung mit dem nachfolgend vorgestellten Programm Paint ist über die entsprechenden Schaltflächen möglich. Sobald Sie auf eine Schaltfläche zeigen, blendet Windows eine QuickInfo mit der

Funktionsbezeichnung ein. Die Windows Bild- und Faxanzeige lassen sich wie jedes Fenster über die Schaltfläche *Schließen* in der rechten oberen Fensterecke beenden.

Fotos drucken

Das Drucken eines Fotos von einer Digitalkamera oder eines Bildes ist in Windows mit wenigen Mausklicks erledigt.

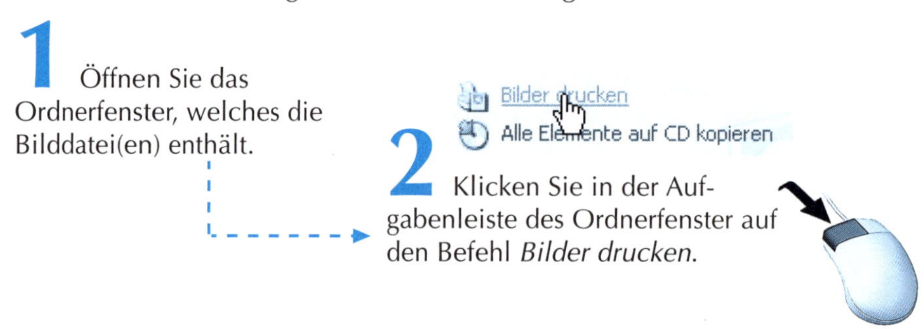

1 Öffnen Sie das Ordnerfenster, welches die Bilddatei(en) enthält.

2 Klicken Sie in der Aufgabenleiste des Ordnerfenster auf den Befehl *Bilder drucken*.

Windows startet jetzt einen Assistenten, der in verschiedenen Dialogfeldern die Druckeinstellungen abfragt.

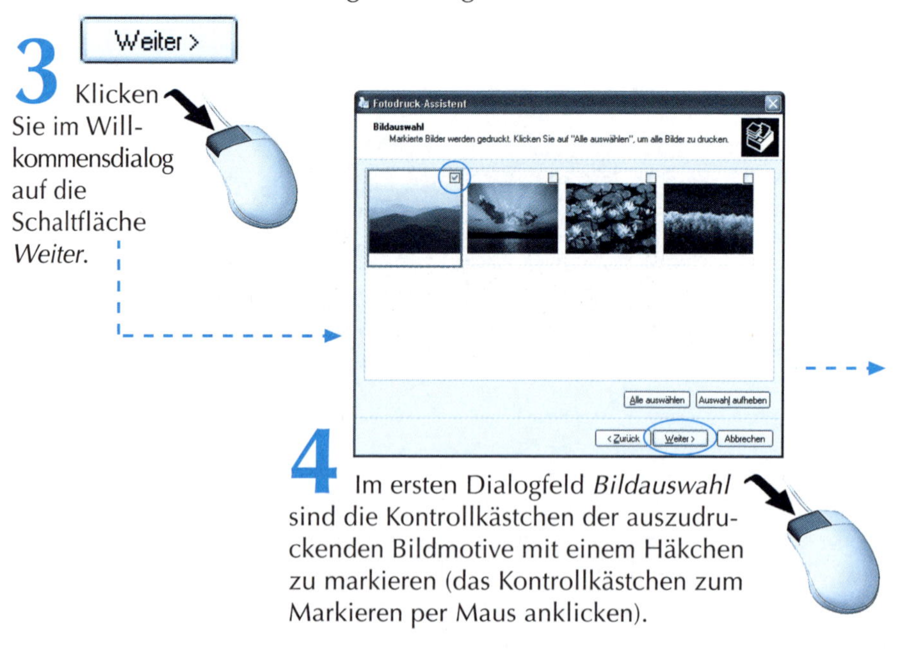

3 Klicken Sie im Willkommensdialog auf die Schaltfläche *Weiter*.

4 Im ersten Dialogfeld *Bildauswahl* sind die Kontrollkästchen der auszudruckenden Bildmotive mit einem Häkchen zu markieren (das Kontrollkästchen zum Markieren per Maus anklicken).

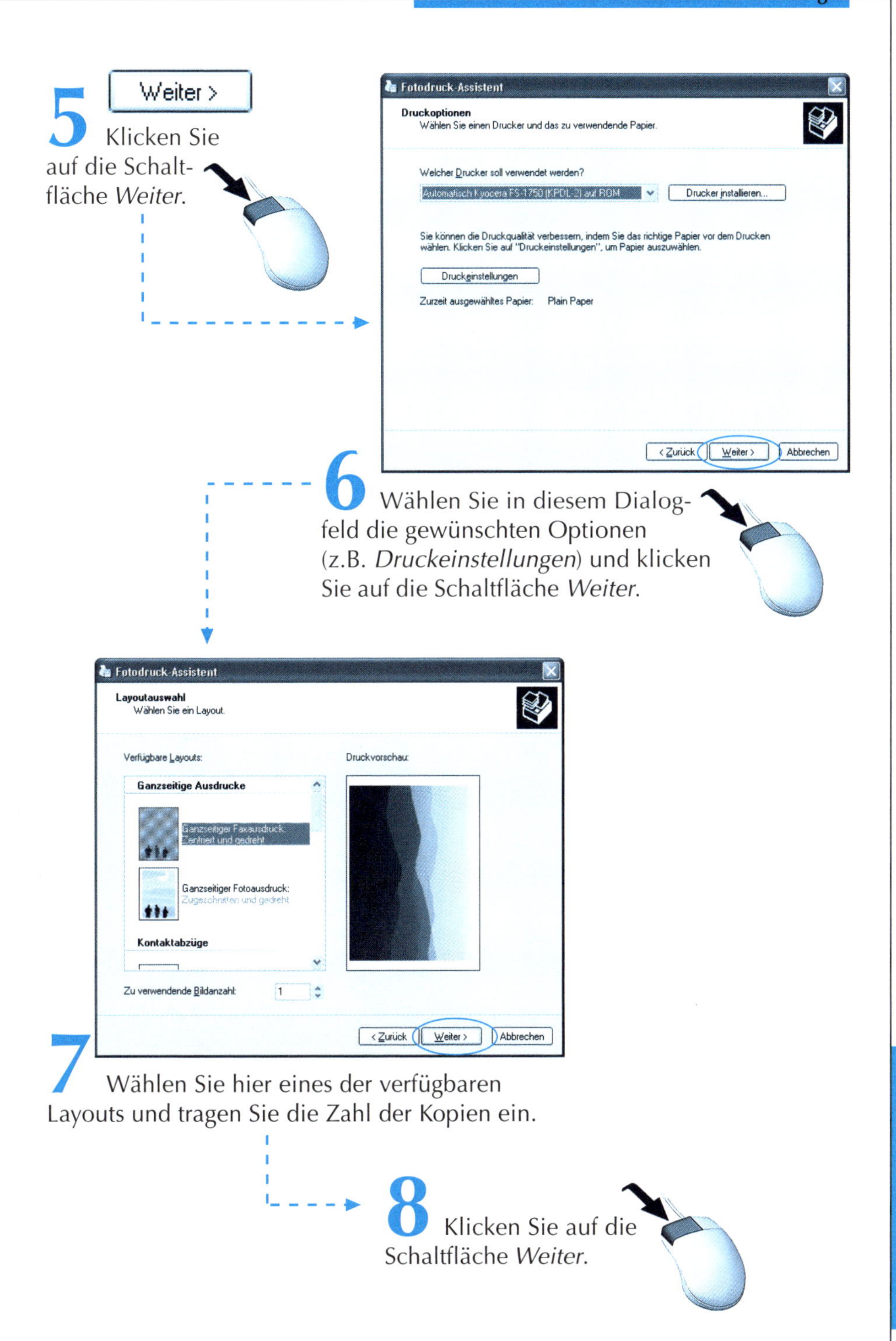

5 Klicken Sie auf die Schaltfläche *Weiter*.

6 Wählen Sie in diesem Dialogfeld die gewünschten Optionen (z.B. *Druckeinstellungen*) und klicken Sie auf die Schaltfläche *Weiter*.

7 Wählen Sie hier eines der verfügbaren Layouts und tragen Sie die Zahl der Kopien ein.

8 Klicken Sie auf die Schaltfläche *Weiter*.

Anschließend sollte das Foto oder Bild auf dem (eingeschalteten Drucker) ausgegeben werden.

9 Fertig stellen

Schließen den Assistenten über diese Schaltfläche.

Auf diese Weise ist es recht einfach, Fotos oder Bilder direkt aus Windows zu drucken. Die Schaltflächen *Weiter* und *Zurück* im Fenster des Assistenten erlauben Ihnen, zwischen den Dialogfeldern zu blättern. Mit der Schaltfläche *Abbrechen* lässt sich der Assistent jederzeit beenden.

Scanner und Digitalkamera nutzen

Besitzen Sie einen Scanner oder eine Digitalkamera, die von Windows unterstützt wird? Dann können Sie Bilder, Fotos und Zeichnungen ganz leicht in Windows übernehmen und in Dateien speichern.

Hinweis

Nachfolgend wird davon ausgegangen, dass die betreffenden Geräte von Windows erkannt und die Treiber zur Steuerung der Geräte installiert wurden. Einen Treiber für Scanner oder Digitalkamera installieren Sie im Ordner Scanner und Kameras. *Dieser Ordner lässt sich über das gleichnamige Symbol im Ordnerfenster der Systemsteuerung aufrufen. Die Systemsteuerung erreichen Sie über den Befehl* Systemsteuerung *des Startmenü. Lesen Sie notfalls in den Geräteunterlagen oder in weiterführenden Titeln nach, wie sich solche Geräte einrichten lassen.*

1 Schalten Sie das betreffende, an den Computer angeschlossene Gerät ein und öffnen Sie das Ordnerfenster *Arbeitsplatz*.

Im Ordnerfenster *Arbeitsplatz* erscheinen die Symbole der erkannten Geräte (hier eine Kamera und ein Scanner).

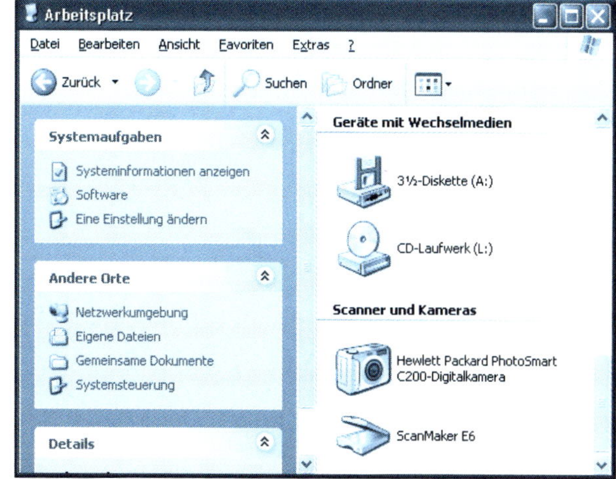

2 Wählen Sie im Ordnerfenster *Arbeitsplatz* das gewünschte Gerätesymbol per Doppelklick an.

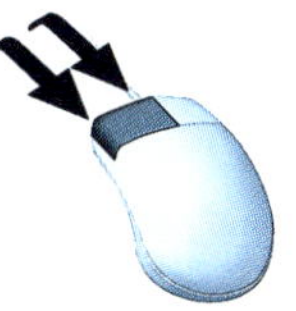

Windows startet dann einen Assistenten, der Sie durch die Schritte der Bildübernahme beim Gerät führt. Der Ablauf hängt vom gewählten Gerät ab. Bei einem Scanner werden die Scaneinstellungen und dann der Zielordner in Dialogfeldern abgefragt. Anschließend liest der Scanner die Vorlage ein und speichert diese in einer Bilddatei.

Bei einer Digitalkamera fragt der Assistent die Kamera nach Daten ab. Dies wird durch ein kurzzeitig erscheinendes Dialogfeld signalisiert. Sobald das Dialogfeld verschwindet, zeigt der Assistent die Seite zur Auswahl der zu kopierenden Fotos.

3 Markieren Sie die Kontrollkästchen (in der rechten oberen Ecke) der Fotos, die von der Kamera zum Computer übertragen werden sollen.

4 Klicken Sie auf die Schaltfläche *Weiter*.

5 Geben Sie im nächsten Dialogfeld einen Namen für die Bildergruppe (z.B. *Fotos*) ein. Wählen Sie im gleichen Dialogfeld das Verzeichnis, in dem die Bilder zu speichern sind und ggf. weitere Optionen.

6 Benutzen Sie die Schaltfläche *Weiter,* um zum nächsten Dialogschritt zu gelangen.

Hier sehen Sie die Dialoge des Assistenten beim Lesen von Bildern aus einer Digitalkamera.

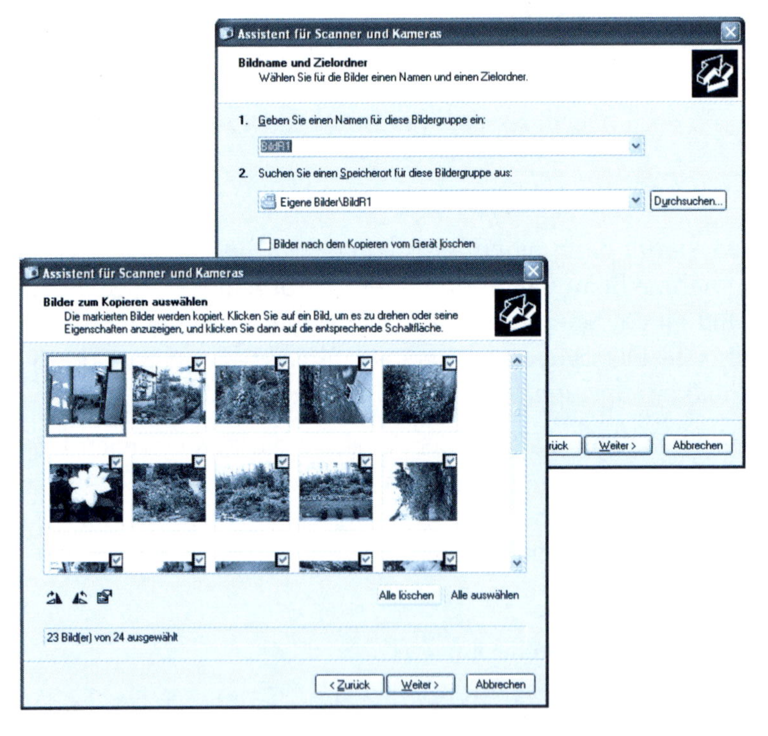

Sobald die Bilder von der Kamera zum Computer übertragen wurden, schließen Sie das Dialogfeld des Assistenten über die Schaltfläche *Fertig stellen.* Anschließend können Sie die Bilder wie oben gezeigt drucken, in der Bildvorschau anzeigen oder mit dem nachfolgend vorgestellten Programm Paint bearbeiten.

Tipp

Besitzen Sie einen CD-Brenner? Dann können Sie die Bilder des Ordners über den Befehl Alle Elemente auf CD kopieren *in der Aufgabenleiste für den Transfer zu einer CD vorsehen. Oder Sie öffnen über das Fenster* Arbeitsplatz *das Ordnerfenster des CD-Laufwerks. Dann lassen sich die Fotodateien per Maus aus dem Bildordner (z.B.* Eigene Bilder*) zum Ordnerfenster des CD-Brenners ziehen. Im Ordnerfenster des CD-Brenners finden Sie in der Aufgabenleiste Befehle, um die CD anschließend zu brennen. Der Befehl öffnet einen Assistenten, der Sie durch die Schritte zum Brennen der CD führt.*

Windows bietet in der Aufgabenleiste der Ordnerfenster weitere Funktionen zum Umgang mit Bildern. Die Vorstellung aller Funktionen führt über den Umfang dieses Buches hinaus. Lesen Sie hierzu in der Windows-Hilfe nach oder konsultieren Sie weiterführende Bücher.

Arbeiten mit Paint

Windows enthält das Programm *Paint*. Mit diesem Programm können Sie Bilder bearbeiten oder kleine Zeichnungen erstellen.

1 Paint

Starten lässt sich Paint im Startmenü über die Befehle *Alle Programme/Zubehör/Paint*.

Paint öffnet ein Fenster, welches eine Titelleiste und eine Menüleiste enthält. Diese beiden Elemente kennen Sie bereits aus anderen Fenstern.

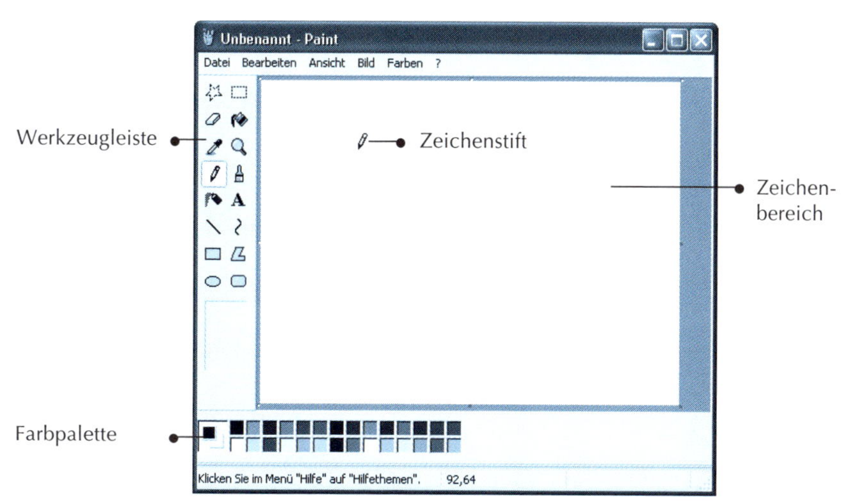

Neu ist der **Zeichenbereich**. Befindet sich der Mauszeiger in diesem Bereich, nimmt er die Form eines Stifts oder Pinsels an.

Am linken Fensterrand finden Sie eine **Werkzeugleiste** (auch Toolbox genannt) mit den Schaltflächen der Zeichenfunktionen. Am unteren Fensterrand befindet sich die **Farbpalette** zur Auswahl der Zeichenfarben.

Mit dem Stift und dem Pinsel lassen sich bei gedrückter Maustaste Striche (auch als **Freihandlinien** bezeichnet) in der gewählten Farbe ziehen. Beim Pinsel können Sie zusätzlich die Strichstärke wählen.

Linien zeichnen, Farben wählen

Um etwas zu zeichnen, führen Sie die folgenden Schritte aus:

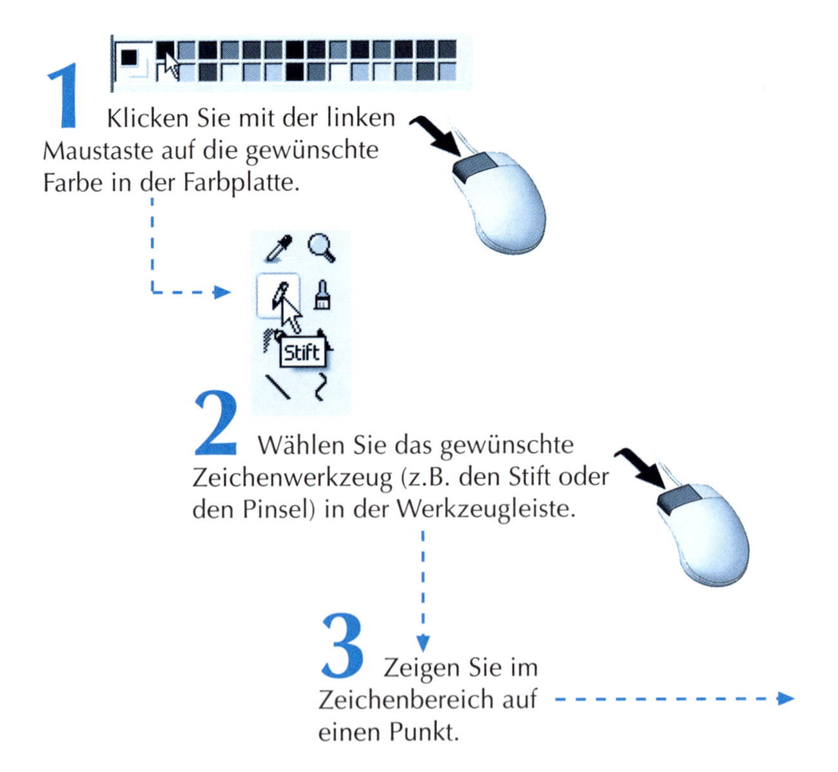

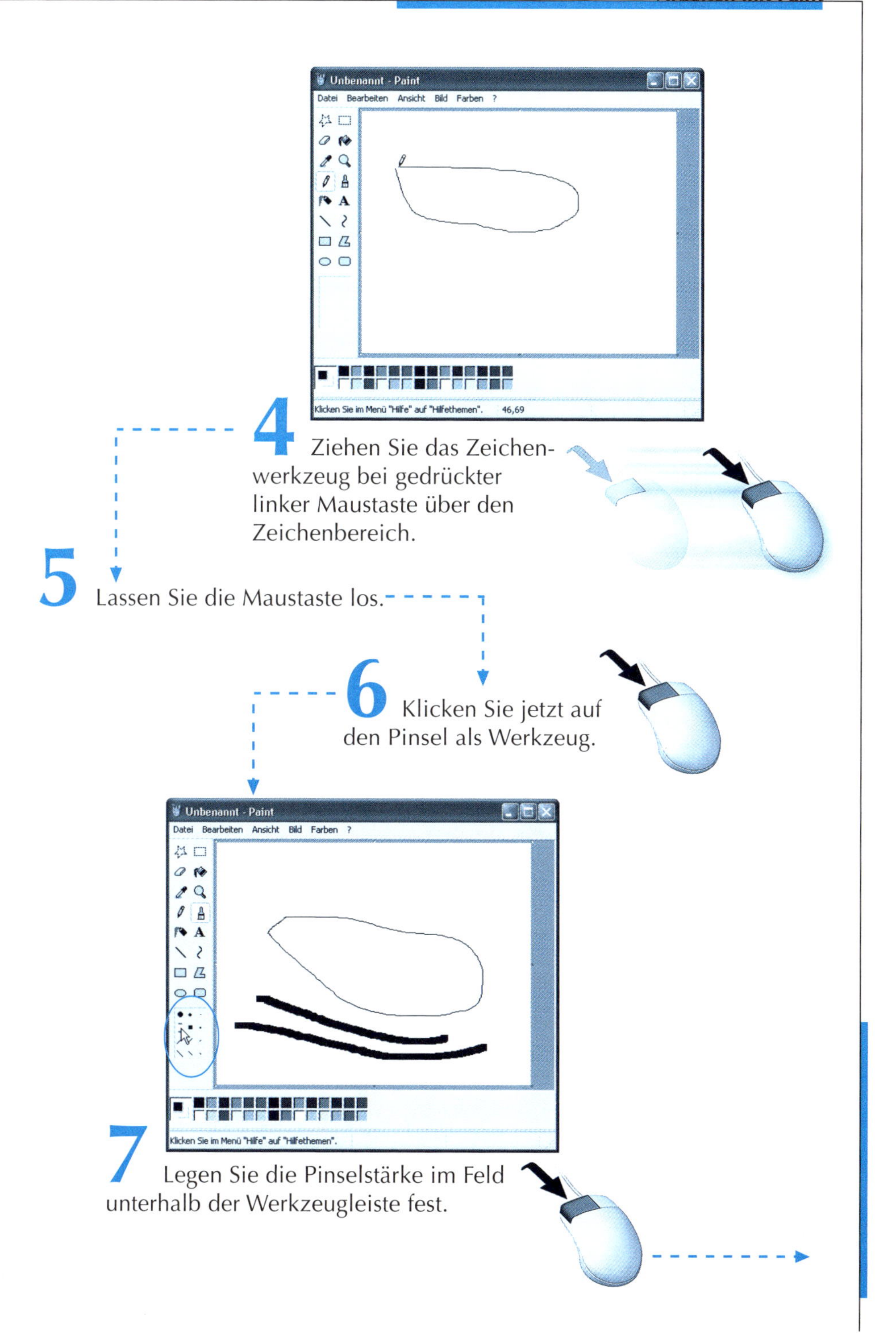

4 Ziehen Sie das Zeichenwerkzeug bei gedrückter linker Maustaste über den Zeichenbereich.

5 Lassen Sie die Maustaste los.

6 Klicken Sie jetzt auf den Pinsel als Werkzeug.

7 Legen Sie die Pinselstärke im Feld unterhalb der Werkzeugleiste fest.

8 Ziehen Sie den Pinsel bei gedrückter linker Maustaste über den Zeichenbereich.

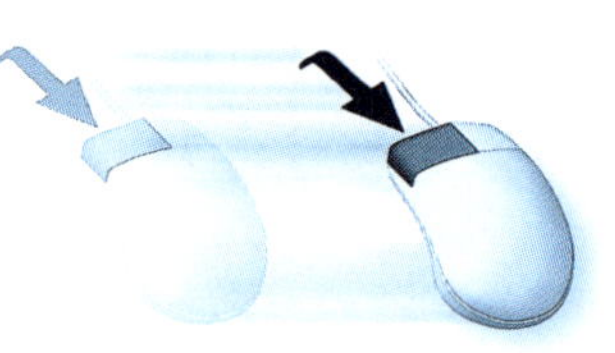

Abhängig vom gewählten Werkzeug wird jetzt eine Freihandlinie in der gewählten Farbe und Strichstärke im Zeichenbereich ausgegeben.

Hinweis

Das Feld zur ***Auswahl*** *der* ***Strichstärke*** *wird auch bei anderen Werkzeugen (Radiergummi, Spraydose etc.) angezeigt. Durch Anklicken einer Option lässt sich dann die »Dicke« des Werkzeugs ändern. Bei der Spraydose wird bei gedrückter linker Maustaste statt eines dicken Strichs ein Sprayeffekt in der gewählten Farbe erzeugt. Haben Sie den Radiergummi gewählt und ziehen Sie diesen bei gedrückter linker Maustaste über den Zeichenbereich, wird der betreffende Teil ausradiert.*

Ist Ihnen ein ***Fehler beim Zeichnen*** *unterlaufen? Drücken Sie die Tastenkombination* Strg+Z. *Der letzte* ***Befehl*** *zum Zeichnen wird* ***rückgängig*** *gemacht. Sie können mit dieser Tastenkombination z.B. den zuletzt gezeichneten Strich entfernen. In Paint lassen sich die drei zuletzt durchgeführten Befehle wieder zurücknehmen. Um die zuletzt durchgeführte Aktion zu wiederholen, wählen Sie dagegen den Befehl* Wiederholen *im Menü* Bearbeiten.

Linien und Figuren zeichnen

Das Zeichnen von Linien und Figuren funktioniert bei den meisten Werkzeugen auf ähnliche Weise.

1 Klicken Sie auf das gewünschte Werkzeug (hier das Rechteck).

2 Klicken Sie auf den Anfangspunkt des Rechtecks, der Linie oder der Figur.

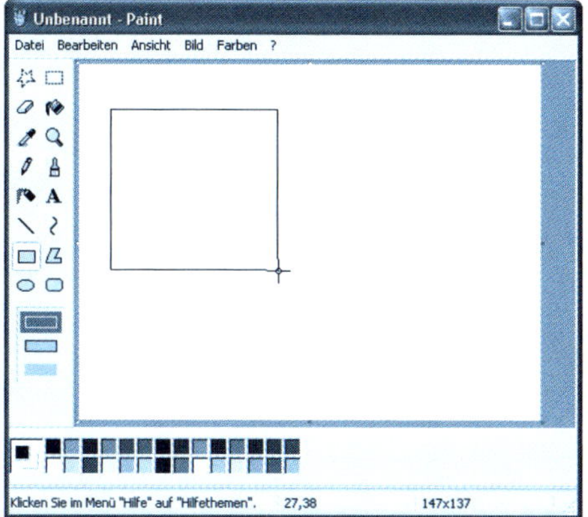

3 Ziehen Sie die Maus bei gedrückter linker Maustaste zum Endpunkt der Figur bzw. Linie.

Beim Ziehen zeigt Paint bereits die Umrisse der Linie oder der Figur. Sobald Sie die Maustaste loslassen, zeichnet Paint die Figur oder die Linie in der gewählten Größe.

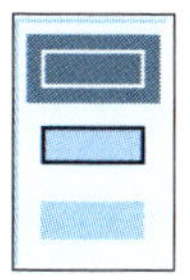

Bei Flächen (Rechteck, Kreis) können Sie übrigens über die nebenstehend gezeigten Symbole wählen, ob die Figur aus einer Linie bestehen, in der Hintergrundfarbe gefüllt und/oder mit einem Rand versehen werden soll.

Hinweis

Mit dem Werkzeug Vieleck *lassen sich kompliziertere Figuren durch Aneinanderfügen mehrerer Linien zeichnen. Klicken Sie einfach an den Anfangspunkt. Ziehen Sie die Maus zum nächsten Pubnkt und lassen die Maustaste los. Paint verbindet beide Punkte durch eine Linie. Klicken Sie per Maus auf weitere Punkte, verbindet Paint diese mit dem jeweils vorhergehenden Punkt durch eine Linie. Ein Doppelklick schließt das Vieleck durch eine Linie zwischen letztem Punkt und Ausgangspunkt.*

Figuren füllen

Haben Sie ein Vieleck, einen Kreis, ein Rechteck oder eine andere Fläche gezeichnet? Geschlossene **Figuren** (Flächen) lassen sich mit dem *Farbfüller* **füllen**.

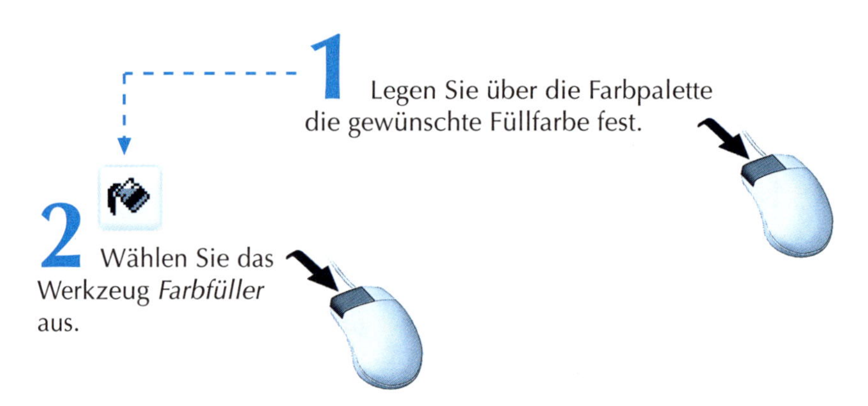

Paint zeigt bereits nach Auswahl des Werkzeugs einen Farbeimer als Mauszeiger. Sobald Sie eine **geschlossene Figur** anklicken, wird deren Inhalt mit Farbe gefüllt.

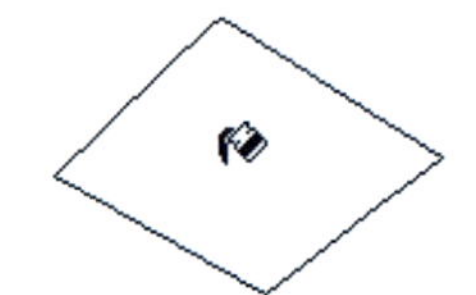

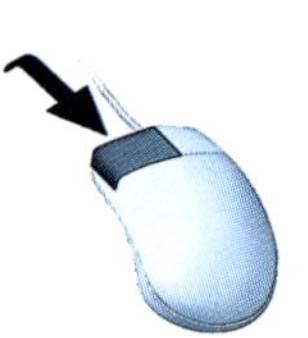

Paint wird diese mit der gewählten Farbe füllen. Achten Sie aber darauf, dass die Figur keine »Löcher« hat, da die Farbe sonst über die gesamte »Zeichnung« läuft. Ein solches Malheur lässt sich durch Drücken der Tastenkombination [Strg]+[Z] rückgängig machen.

Zeichnung beschriften

Häufig sollen Zeichnungen beschriftet werden. Mit dem Werkzeug *Text* ist dies kein Problem.

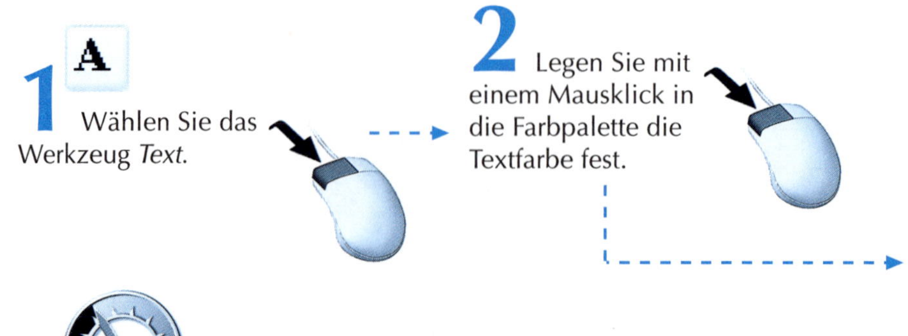

3 Zeigen Sie mit der Maus auf den Textanfang und ziehen Sie die Maus schräg nach unten. Paint zeigt ein blau gestricheltes Rechteck an.

4 Lassen Sie die Maustaste los und tippen Sie den gewünschten Text ein.

5 Klicken Sie auf eine Stelle neben dem Textkästchen.

Mit Schritt 5 fixieren Sie den Text an der aktuellen Position in der Zeichnung. Sie können den Text anschließend nicht mehr bearbeiten, da dieser jetzt quasi als »Bild« in der Zeichnung enthalten ist. Sie haben aber die Möglichkeit, den Text mit dem Werkzeug *Radiergummi* zu entfernen.

Hinweis

Während der Texteingabe erscheint die Symbolleiste Schriftarten. *Solange Sie den Text eingeben, lässt sich dieser über die Symbolleiste formatieren. In der Symbolleiste lassen sich die* Schriftart, *der* Schriftgrad *sowie die Formatierung für* Fett, Kursiv *und* Unterstrichen *wählen. Abweichend zu WordPad bezieht sich die Formatierung jedoch auf den gesamten Text, der gerade geschrieben wird. Das Gleiche gilt für einen Wechsel der Schriftfarbe über die Farbpalette.*

Im Auswahlfeld der Werkzeugpalette zeigt Paint übrigens noch zwei Symbole an, über die Sie die Transparenz des gezeichneten Elements (hier der Text) festlegen. Das untere Symbol bewirkt, dass der Hintergrund des aktuell gezeichneten Elements transparent bleibt.

Mit dem Werkzeug *Farbe auswählen* können Sie die Vorder- und Hintergrundfarbe direkt in der Zeichnung (anstelle der Farbpalette) bestimmen. Sie müssen lediglich den gewünschten Farbpunkt mit der linken (Vordergrundfarbe) oder rechten Maustaste (Hintergrundfarbe) anklicken.

Ist das Werkzeug *Lupe* gewählt, können Sie mit einem Klick der linken Maustaste den Bildausschnitt vergrößern, während ein Klick mit der rechten Maustaste die Vergrößerung wieder zurücknimmt.

Bildteile ausschneiden, kopieren und einfügen

Im Kapitel zu WordPad haben Sie die Funktionen zum Markieren, Ausschneiden, Kopieren und Einfügen kennen gelernt. Etwas Ähnliches steht Ihnen auch unter Paint zur Verfügung.

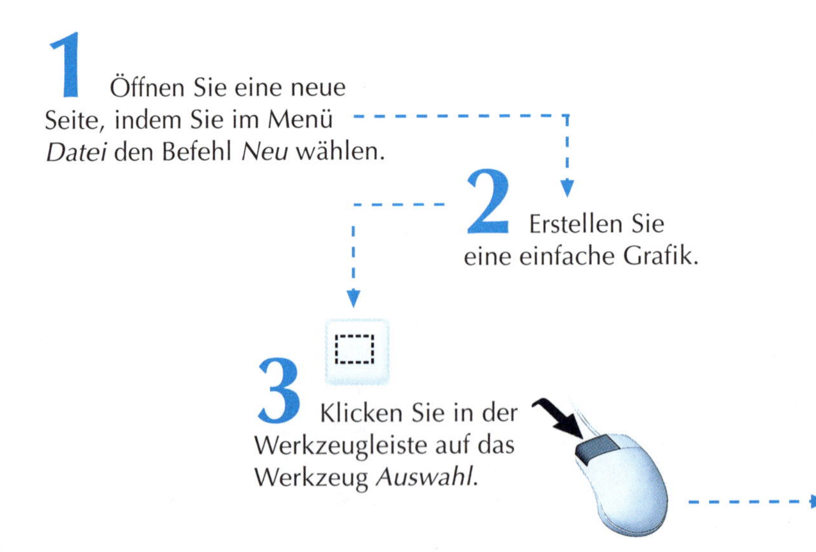

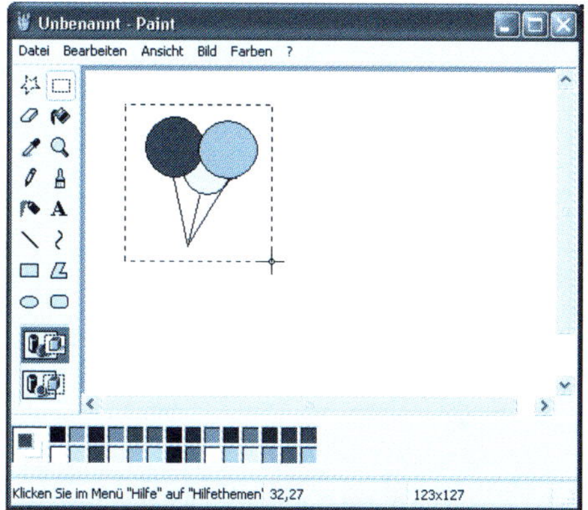

4 Zeigen Sie mit der Maus in die obere linke Ecke des auszuschneidenden Bereichs.

5 Halten Sie die linke Maustaste gedrückt und ziehen Sie die Maus in die diagonale Ecke des Bereichs.

Paint markiert den Bereich mit einem gestrichelten Rechteck. Sobald Sie die linke Maustaste loslassen, wird dieses Rechteck als Markierung fixiert. Jetzt können Sie den Bereich ausschneiden, kopieren und anschließend aus der Zwischenablage einfügen.

Die drei Funktion lassen sich über das Menü *Bearbeiten* oder über die folgenden Tastenkombinationen abrufen:

Strg+X — Schneidet den markierten Bereich aus und kopiert diesen in die Zwischenablage. Der markierte Bereich verschwindet und wird durch die Hintergrundfarbe ersetzt.

Strg+C — Kopiert den markierten Bereich in die Zwischenablage. Die Zeichnung wird dabei nicht verändert.

Strg+V — Der Inhalt der Zwischenablage wird in der linken oberen Ecke des Zeichenbereichs als Markierung eingefügt. Sie können diesen markierten Bereich per Maus an jede beliebige Stelle der Zeichnung ziehen.

Diese Tastenkombinationen haben Sie bereits kennen gelernt. Windows verwendet bei allen Programmen diese Tastenkombinationen, um markierte Bereiche auszuschneiden, zu kopieren und wieder einzufügen.

1 Drücken Sie jetzt die Tastenkombination Strg+C, um den markierten Bildbereich in die Zwischenablage zu kopieren.

2 Betätigen Sie anschließend die Tastenkombination Strg+V, um den Inhalt der Zwischenablage wieder in das Fenster einzufügen.

3 Zeigen Sie in der linken oberen Ecke auf den markierten Bereich mit dem eingefügten Bild.

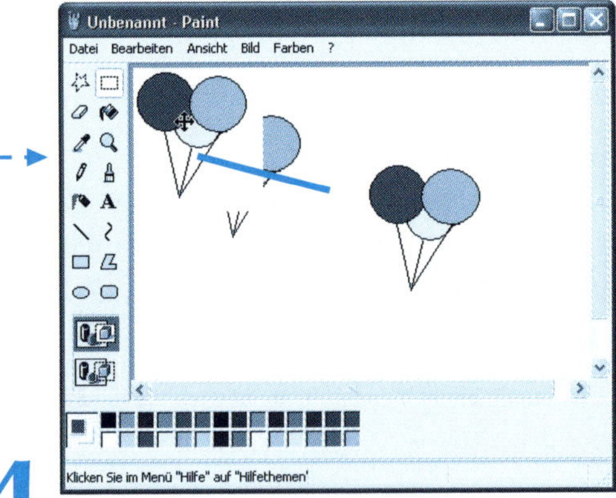

4 Ziehen Sie den markierten Teil bei gedrückter linker Maustaste an die gewünschte Stelle in der Zeichnung.

5 Klicken Sie auf einen Punkt außerhalb der Markierung.

Mit dem letzten Schritt heben Sie die Markierung wieder auf und das Teilbild wird in der Zeichnung eingefügt.

Hinweis

Sie haben es beim letzten Schritt vielleicht schon gemerkt: Um einen Teil einer Zeichnung zu verschieben, müssen Sie diesen lediglich markieren. Anschließend lässt sich der markierte Bereich per Maus in der Zeichnung verschieben.

Tipp: *Bilder lassen sich nicht nur in Paint wieder einfügen. Sie können ein Bild in Paint erstellen, dieses markieren und in die Zwischenablage kopieren. Anschließend wechseln Sie zum Beispiel zu WordPad und fügen das Bild mit* Strg+V *aus der Zwischenablage in den Text ein. Auf diese Weise können Sie Ihre Texte mit Grafiken anreichern.*

Speichern, laden und drucken in Paint

Mit den auf den vorhergehenden Seiten beschriebenen Funktionen lassen sich in Paint Zeichnungen, Einladungen oder Bilder bearbeiten. Weiterhin können Sie über den Befehl *Von Scanner oder Kamera* im Menü *Datei* ein Motiv von einem Scanner oder einer Digitalkamera einlesen (der Vorgang wird durch den bereits weiter oben beschriebenen Assistenten gesteuert). Sobald Sie ein Bild in Paint vorliegen haben, lässt sich das Ergebnis in einer Datei speichern.

1 Wählen Sie im Menü *Datei* den Befehl *Speichern*, oder drücken Sie die Tastenkombination Strg+S.

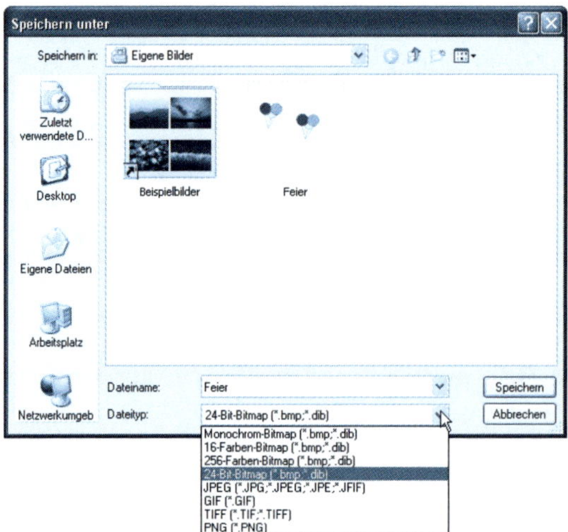

2 Legen Sie im Dialogfeld *Speichern unter* den Zielort (z.B. Ordner *Eigene Bilder*) fest, wo die Datei abgelegt werden soll.

Hinweis

Die Dateidialoge in Paint unterstützen dabei die neuen Windows-Funktionen. Die linke Spalte des Dialogfelds erlaubt die direkte Auswahl verschiedener Speicherorte (z.B. Eigene Dateien*). Dateien lassen sich über die Schaltfläche* Menü Ansicht *in verschiedenen Anzeigemodi darstellen (z.B. Miniaturansicht, siehe auch Kapitel 2 und 3).*

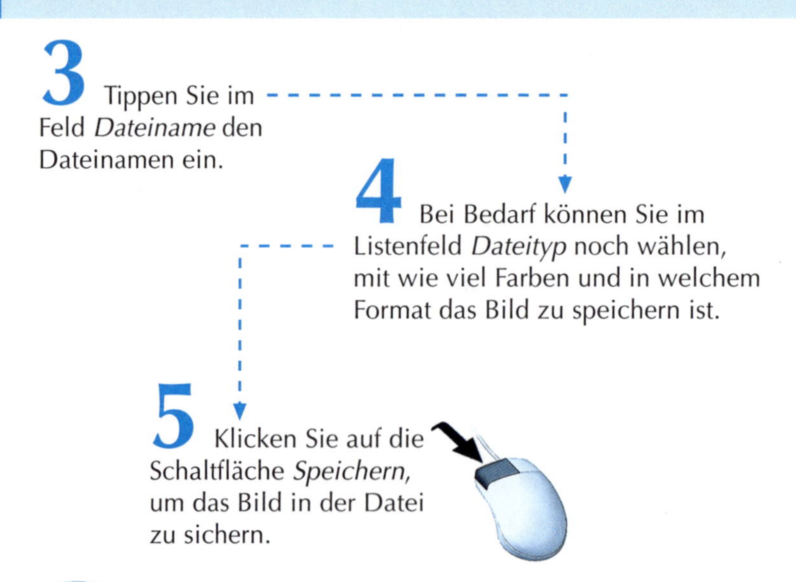

3 Tippen Sie im Feld *Dateiname* den Dateinamen ein.

4 Bei Bedarf können Sie im Listenfeld *Dateityp* noch wählen, mit wie viel Farben und in welchem Format das Bild zu speichern ist.

5 Klicken Sie auf die Schaltfläche *Speichern*, um das Bild in der Datei zu sichern.

Paint legt eine neue Datei an und speichert das Bild darin. Das Dialogfeld *Speichern unter* erscheint allerdings nur beim ersten Speichern eines neuen Bildes. Existiert die Datei bereits, sichert der Befehl *Speichern* in Paint die Änderungen ohne weitere Nachfrage. Um einen anderen Dateinamen anzugeben, müssen Sie den Befehl *Speichern unter* im Menü *Datei* wählen.

> **Hinweis**
>
> *Paint legt die Bilder in Dateien mit der Erweiterung* .bmp *ab. Diese Dateien können von vielen Programmen in Windows gelesen werden. Sie können dabei die Bilder Schwarzweiß (Monochrom), mit 16, 256 oder 16,8 Millionen Farben speichern. Die 16,8 Millionen Farben werden durch den Dateityp* 24-Bit-Bitmap *gespeichert. Je mehr Farben Sie beim Speichern wählen, umso größer wird die Datei. Weiterhin unterstützt Paint auch Grafikformate wie GIF, PNG, TIFF und JPEG.*

Ein Bild laden

Bilder, die den Dateityp *.bmp, .tiff, .gif, .jpeg* oder *.png* aufweisen, lassen sich in Paint **laden**. Es kann sich hierbei um selbst erstellte Bilder oder Zeichnungen oder um Fotos und Scans handeln. Weiterhin können Sie auch Bilder aus anderen Quellen in Paint laden und bearbeiten. Im Ordner *Beispieldateien* werden von Windows zum Beispiel einige *.jpeg*-Dateien hinterlegt.

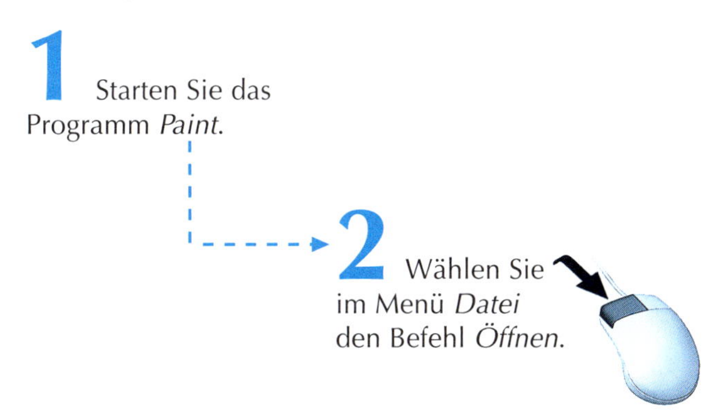

Alternativ können Sie auch die Tastenkombination Strg+O zum Aufruf des Befehls *Öffnen* verwenden.

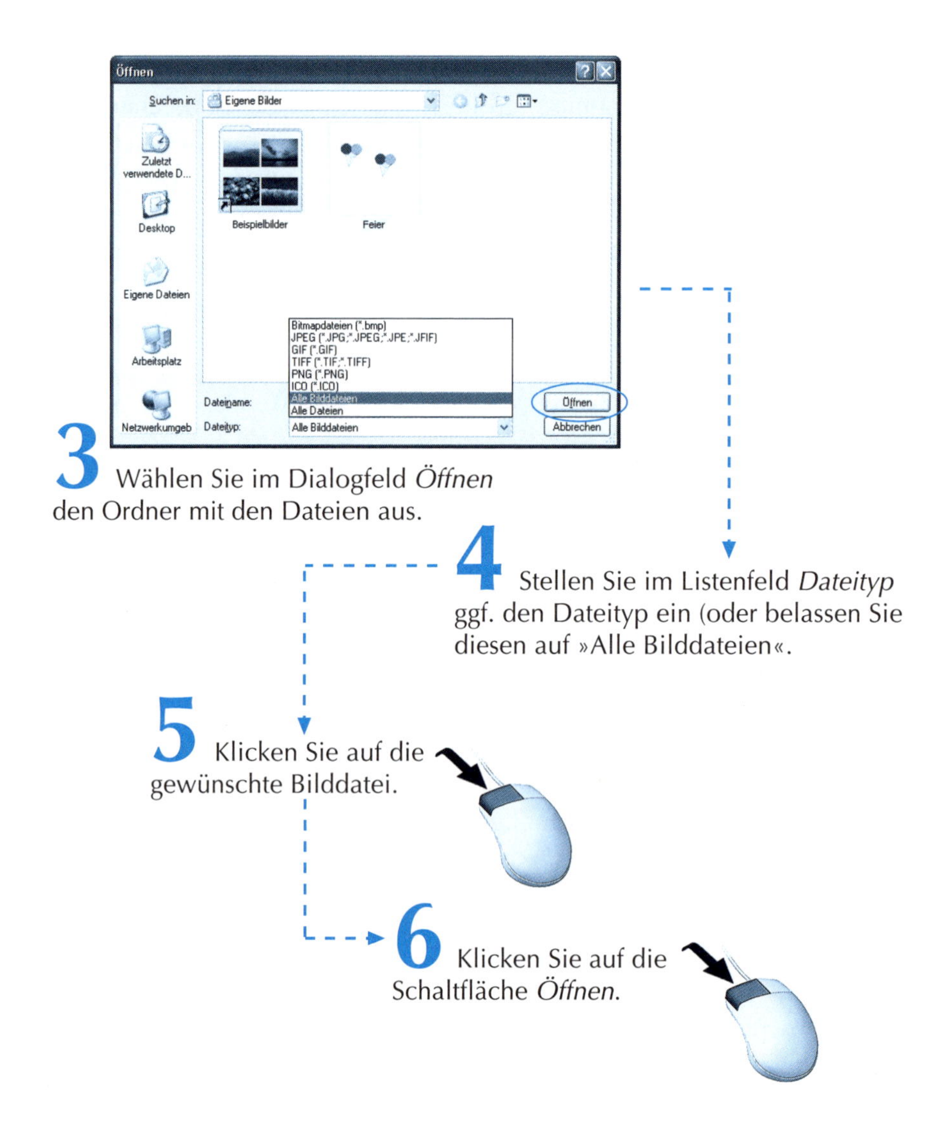

3 Wählen Sie im Dialogfeld *Öffnen* den Ordner mit den Dateien aus.

4 Stellen Sie im Listenfeld *Dateityp* ggf. den Dateityp ein (oder belassen Sie diesen auf »Alle Bilddateien«.

5 Klicken Sie auf die gewünschte Bilddatei.

6 Klicken Sie auf die Schaltfläche *Öffnen*.

Hinweis

Paint merkt sich, wie viele andere Windows-Programme, die Namen der vier zuletzt bearbeiteten Dateien. Sie finden die Namen dieser Dateien im Menü Datei.

Paint öffnet die gewählte Bilddatei und zeigt das Ergebnis in Paint. Sie können dieses Bild anschließend bearbeiten, speichern und/oder drucken.

Bilder drucken

Sie können Bilder in Paint laden und anschließend auf einem Drucker ausgeben. Abhängig vom benutzten Drucker setzt Windows die Farbbilder gegebenenfalls in eine Schwarzweißdarstellung um.

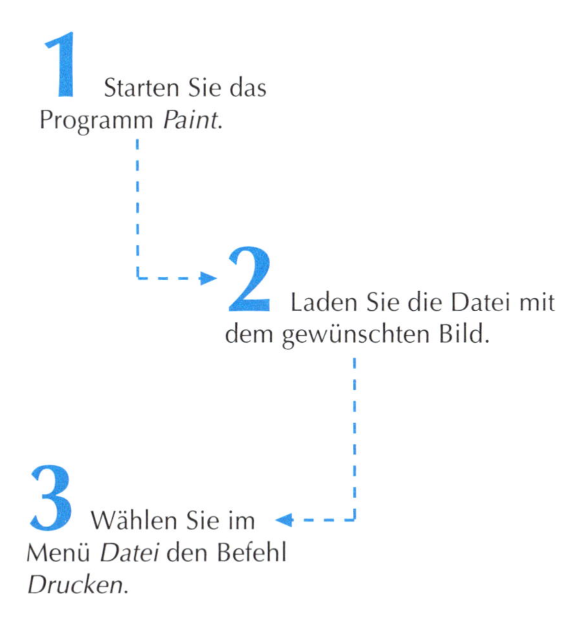

1 Starten Sie das Programm *Paint*.

2 Laden Sie die Datei mit dem gewünschten Bild.

3 Wählen Sie im Menü *Datei* den Befehl *Drucken*.

Alternativ können Sie auch direkt die Tastenkombination Strg+P drücken. Paint öffnet das Dialogfeld *Drucken* zur Auswahl der Druckoptionen (siehe im Kapitel 3 beim Drucken von WordPad-Dokumenten).

4 Klicken Sie auf die *Drucken*-Schaltfläche.

Jetzt beginnt Paint mit dem Ausdrucken des Bildes. Hierbei wird das komplette Bild ausgegeben, auch wenn das Bild vielleicht unvollständig im Fenster zu sehen ist.

Hinweis

Tipp: *Sind Ihnen im Menü* Datei *die beiden Befehle* Als Hintergrund (Fläche) *und* Als Hintergrund (zentriert) *aufgefallen? Windows kann auf dem Desktop Hintergrundbilder anzeigen (siehe Kapitel 11). Diese Hintergrundbilder dürfen als* .bmp*-Dateien gespeichert sein. Dies bedeutet aber auch, dass Sie solche Hintergrundbilder mit Paint laden, bearbeiten und/oder erstellen können. Haben Sie ein solches Bild geladen, können Sie einen der beiden Befehle wählen. Paint sorgt dann automatisch dafür, dass dieses Bild als Desktop-Hintergrund eingestellt wird.*

Paint besitzt eine Reihe weiterer Funktionen, die in diesem Buch nicht vorgestellt werden. Rufen Sie notfalls die Paint-Hilfe auf, um mehr über diese Funktionen zu erfahren.

Hinweis

Für Besitzer einer Digitalkamera ist es empfehlenswert, sich ein Lesegerät (Cardreader) für die verwendeten Speichermedien (CompactFlash, SmartMedia, MMC, xDCard etc.) zu beschaffen. Die von der Kamera gespeicherten Fotos sind in einem auf dem Speichermedium vorhandenen Unterordner DCIM *hinterlegt und lassen sich per Ordnerfenster ansehen und in den Ordner* Eigene Bilder *übernehmen. Zum Bearbeiten (drehen, beschneiden, Farbkorrektur etc.) dieser Digitalfotos können Sie auf das für Privatanwender kostenlose Programm XnView (*www.xnview.de*) zurückgreifen. Die Bilder lassen sich zudem mit dem kostenlosen Albumprogramm Picasa (*www.picasa.com*) verwalten und bearbeiten. Wie Sie diese Programme aus dem Internet herunterladen, wird in Kapitel 7 gezeigt. Die Microsoft Works Suite enthält mit Picture It! ebenfalls ein Programm zur Fotobearbeitung (siehe »Digitale Fotografie – leichter Einstieg für Senioren«).*

Kleine Erfolgskontrolle

Nachdem Sie dieses Kapitel durchgearbeitet haben, können Sie mit Fotos und Bilddateien umgehen und mit Paint arbeiten. Vielleicht überprüfen Sie Ihr Wissen und die neu gewonnenen Fähigkeiten anhand der folgenden Übungen. Die Lösungen finden Sie in Klammern .

- Wie lässt sich ein Bild drucken?

  (Markieren Sie die Bilddatei und wählen Sie in der Aufgabenleiste den Befehl *Bild drucken*.)

- Wie zeigen Sie Bilder als Diashow an?

  (Den Bildordner öffnen, ein Bild markieren und in der Aufgabenleiste den Befehl *Als Diashow anzeigen* wählen.)

- Laden Sie ein Bild in Paint.

  (Starten Sie Paint, wählen im Menü *Datei* den Befehl *Öffnen*, wählen die Bilddatei und klicken auf die Schaltfläche *Öffnen*.)

- Erstellen Sie eine Einladung mit einem Bild.

  (Schreiben Sie die Einladung in WordPad; siehe voriges Kapitel; erstellen Sie das Bild in Paint; markieren Sie das Bild und kopieren Sie dieses in die Zwischenablage; wechseln Sie zum WordPad-Fenster; klicken Sie im Text an die Stelle, an der das Bild einzufügen ist; fügen Sie den Inhalt der Zwischenablage im Textdokument ein – die einzelnen Schritte sind in den Kapiteln 3 und 4 besprochen.)

- Erstellen Sie ein eigenes Bild für den Desktop-Hintergrund.

  (Erstellen Sie das Bild; dann im Menü *Datei* den Befehl *Als Hintergrund (Zentriert)* aufrufen.)

Im nächsten Kapitel lernen Sie, wie sich unter Windows Musik-CDs und Videos abspielen lassen.

Kapitel 5

Musik und Videos

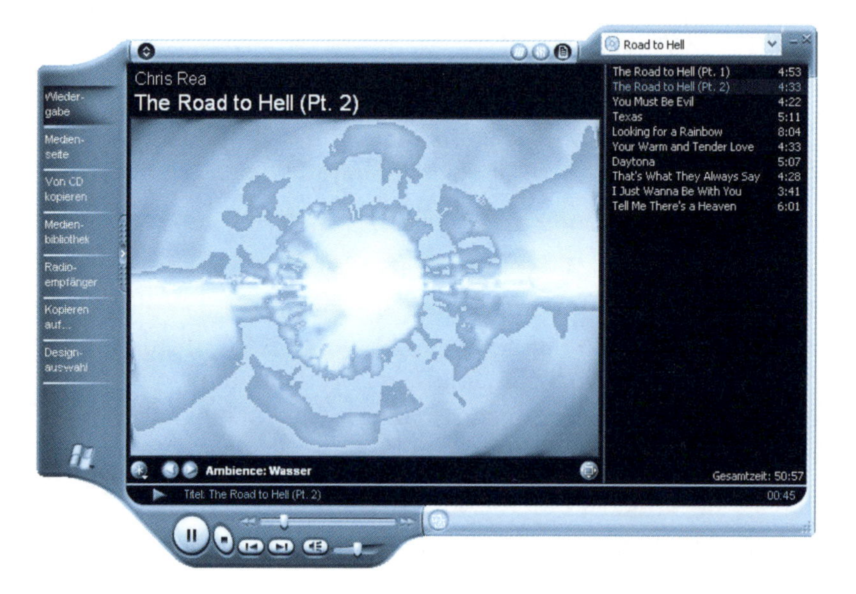

Sie können Windows nicht nur zum Arbeiten, sondern auch zur Unterhaltung oder zur Entspannung nutzen. Vielleicht möchten Sie beim Arbeiten am Computer Musik hören? Oder Sie haben einen Videofilm auf der Festplatte und möchten diesen abspielen. Mit dem Windows Media Player stehen Ihnen faszinierende Möglichkeiten zur Verfügung. Dieses Kapitel stellt Ihnen einige dieser Funktionen vor.

Das können Sie schon:

Das lernen Sie neu:

Windows als Musikbox

Ihr Computer besitzt vermutlich ein CD-ROM- oder DVD-Laufwerk. Mit einem solchen Laufwerk und Windows XP mutiert der Computer zur Musikbox. Sie brauchen Musik-CDs nicht mehr in den CD-Player der Stereoanlage einzulegen. Verwenden Sie doch einfach den Computer und dessen Geräte wie Soundkarte und CD-Laufwerk, um Musik-CDs über das Programm Windows Media Player anzuhören. Auch Musikdateien (z.B. MP3-Dateien), die Sie auf der Festplatte abgelegt haben, lassen sich mit dem Windows Media Player wiedergeben. Lassen Sie uns eine kurze Tour durch die Funktionen des Media Player starten.

Kurzübersicht zur Bedienung

Windows XP wird mit verschiedenen Versionen des Media Player ausgeliefert. Das Service Pack 2 kopiert die Version 9 auf den Rechner, die aber ab Oktober 2004 durch die nachfolgend beschriebene Version 10 aktualisiert wird.

Zum Aufrufen des Media Player genügt es, einen in einer MP3-, WAV-, MIDI- oder WMA-Datei gespeicherten Musiktitel einfach per Doppelklick im Ordnerfenster anzuwählen.

Alternativ können Sie eine Audio-CD in das betreffende Laufwerk einlegen. Nach dem Schließen des Laufwerks sollte der Media Player mit der Wiedergabe beginnen.

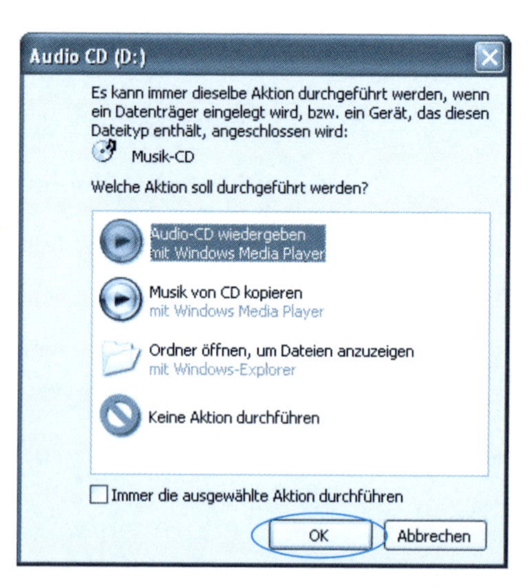

Erscheint das nebenstehende Dialogfeld, markieren Sie die Aktion *Audio-CD wiedergeben* und klicken dann auf die *OK*-Schaltfläche.

Weiterhin finden Sie den Befehl *Windows Media Player* im Startmenü unter *Alle Programme*. Über diesen Befehl können Sie das Programm

direkt starten, um gezielt Funktionen abzurufen. Der Media Player meldet sich in allen Fällen mit einem Fenster (dessen Darstellung allerdings veränderbar ist).

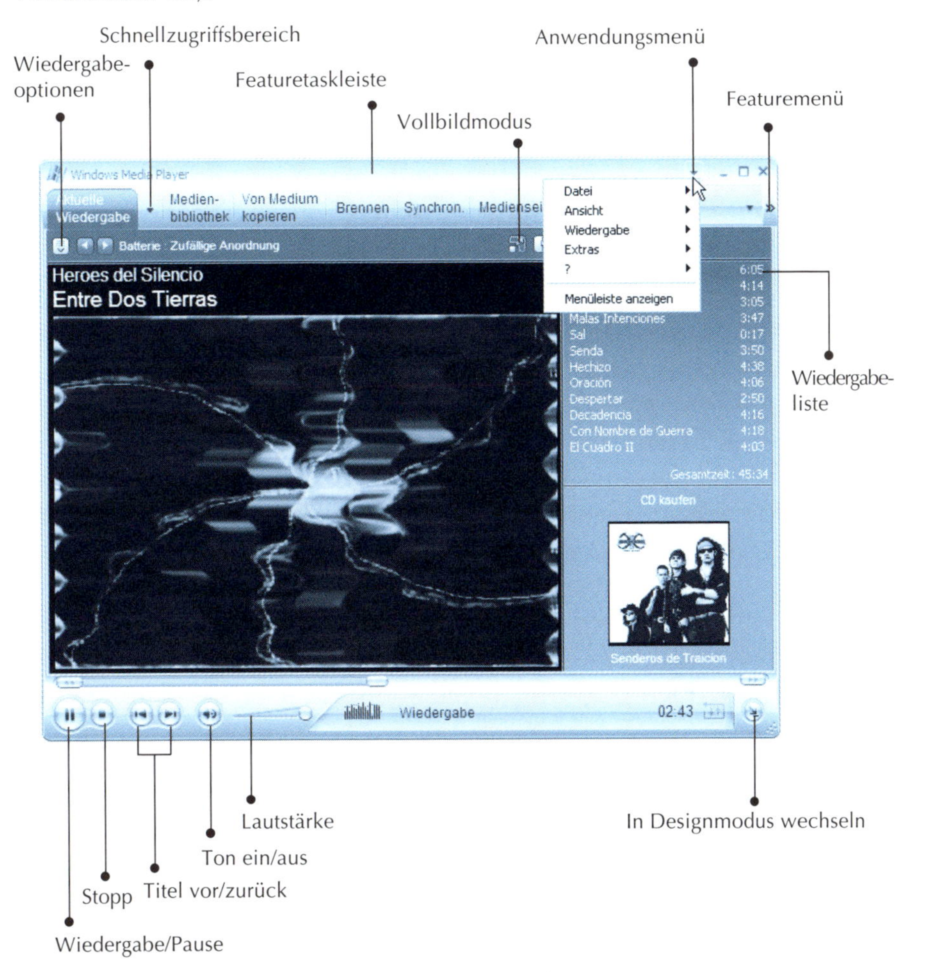

- Am oberen Rand des Fensters findet sich die so genannte Featuretaskleiste, über deren Schaltflächen Sie unterschiedliche Funktionen wie CD-Wiedergabe, die Medienbibliothek, die Medienseite etc. abrufen können. Die Schaltfläche *Aktuelle Wiedergabe* schaltet zur Seite des aktuell abgespielten Titels (Musik, Video) zurück.
- Am oberen Rand des Fensters finden sich weitere diverse Schaltflächen, über die sich Menüs zum Abrufen verschiedener Optionen öffnen lassen.

Schaltflächen zur Wiedergabesteuerung sind am unteren Rand des Fensters untergebracht.

- Über *Wiedergabe/Pause* lässt sich ein Multimediatitel abspielen bzw. anhalten. Mit *Stopp* wird die Wiedergabe beendet.
- Der Schieberegler ermöglicht Ihnen, die Lautstärke einzustellen; der stilisierte Lautsprecher schaltet den Ton ein oder aus.
- Die Schaltflächen der Wiedergabesteuerung (Zurück/Vorwärts) ermöglichen Ihnen, schrittweise zwischen den Musiktiteln vor- oder zurückzugehen.

Der Schieber der Suchleiste bewegt sich beim Abspielen der Medientitel nach rechts. Sie sehen also, welcher Teil des aktuellen Titels bereits abgespielt bzw. noch wiederzugeben ist. Durch Ziehen des Schiebers per Maus lässt sich eine bestimmte Stelle im aktuellen Titel suchen. Der mittlere Fensterbereich kann den Titel des abgespielten CD-Albums, die Wiedergabeliste mit den CD-Titeln sowie ein Visualisierungsmuster enthalten. Die Anzeige lässt sich über den Befehl *Visualisierungen* des Menüs der Schaltfläche *Wiedergabeoptionen* sowie über den Befehl *Optionen für die allgemeine Wiedergabe* des Menüs *Ansicht* beeinflussen (die Anzeigeelemente im Fenster werden durch Anwahl der Menübefehle ein- oder ausgeblendet). Die akustische Wiedergabe des Tons erfolgt über eine in den Rechner eingebaute Soundkarte, an der Lautsprecher angeschlossen sind. Alternativ können Sie einen Kopfhörer an der Audiobuchse des CD-Laufwerks anschließen.

Hinweis

Der Player zeigt standardmäßig keine Menüleiste an. Öffnen Sie über die Schaltfläche Anwendungsmenü *das Menü* Ansicht *und wählen Sie dann den Befehl* Menüleistenoptionen/Menüleiste anzeigen. *Dann wird die Menüleiste permanent im Fenster eingeblendet und Sie können diverse Befehle direkt abrufen. Über den Befehl* Designauswahl *des Menüs* Ansicht *können Sie beispielsweise die Designseite im Fenster abrufen. Dann lassen sich in der im Dokumentbereich des Fensters eingeblendeten Liste coole Designs für den Media Player auswählen. Sie können anschließend die Tasten* Strg+1 *und* Strg+2 *verwenden, um direkt zwischen dem Designmodus und dem Vollmodus zu wechseln. Sind Sie sich über die Funktion eines Bedienelements des Media Player mal nicht im Klaren, zeigen Sie einfach per Maus darauf. Der Media Player blendet dann eine QuickInfo mit einem Hinweis auf die betreffende Funktion ein.*

Die Titel einer Musik-CD wiedergeben

Zum Abspielen einer Musik-CD genügt es, diese in das CD-ROM-Laufwerk einzulegen. Der Windows Media Player wird automatisch gestartet und beginnt mit der Wiedergabe der Musiktitel. Über die Schaltflächen der Wiedergabesteuerung am unteren Fensterrand können Sie schrittweise durch die Musiktitel blättern, die Lautstärke verändern oder die Wiedergabe anhalten.

Sobald Sie in der Featuretaskleiste auf die Schaltfläche *Aktuelle Wiedergabe* klicken, werden im Fenster der Albumtitel, der aktuell gespielte Musiktitel sowie die Wiedergabeliste eingeblendet. Eine grün hervorgehobene Zeile symbolisiert den gerade gespielten Titel.

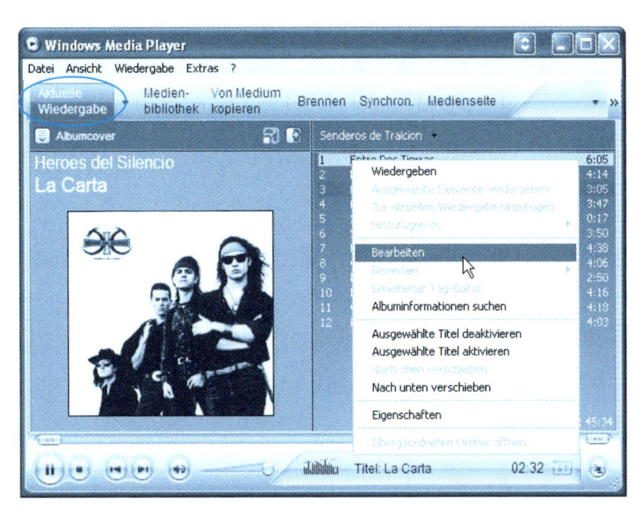

> **Hinweis**
>
> *Eine fehlende Wiedergabeliste können Sie über die Befehle des Untermenüs* Optionen für die aktuelle Wiedergabe *des Menüs* Ansicht *einblenden.*
>
> *Das Albumcover lässt sich über das Menü der Schaltfläche* Wiedergabeoptionen *ein-/ausblenden. Wählen Sie im Menü* Visualisierungen/Albumcover.
>
> 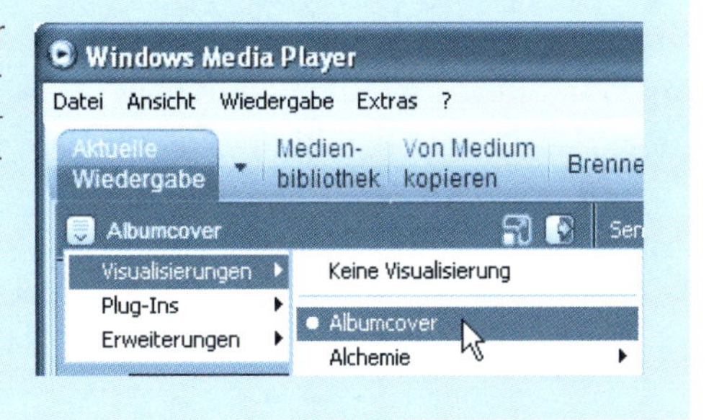
>

Ist die Wiedergabeliste sichtbar, können Sie einzelne Titel gezielt wiedergeben, von der Wiedergabe ausnehmen oder den Titeltext anpassen.

1 Zur Wiedergabe eines bestimmten Titels doppelklicken Sie auf dessen Eintrag.

Möchten Sie weitere Befehle abrufen? Sie können z.B. die Wiedergabe der Titel sperren oder die Liste der Musiktitel sortieren.

2 Klicken Sie mit der rechten Maustaste auf einen Titel und wählen Sie im Kontextmenü den gewünschten Befehl.

Der Kontextmenübefehl *Wiedergabe* spielt den gewählten Titel direkt an. Über den Befehl *Ausgewählte Titel deaktivieren* lässt sich der betreffende Titel von der Wiedergabe ausnehmen. Der Titel erscheint dann abgeblendet in der Liste. Über den Kontextmenübefehl *Ausgewählte Titel aktivieren* lässt sich diese Sperre aufheben.

Möchten Sie die Titel der Musik-CD in anderer Reihenfolge abspielen? Über die Befehle *Nach oben verschieben* bzw. *Nach unten verschieben* lässt sich die Liste der Musiktitel für die Wiedergabe neu sortieren.

Bei einer neu eingelegten Audio-CD werden weder Album- noch Musiktitel angezeigt. Sie müssen diese Daten aus dem Internet abrufen oder manuell nachtragen.

1 Klicken Sie mit der rechten Maustaste auf einen Titel und wählen Sie im Kontextmenü den Befehl *Bearbeiten*.

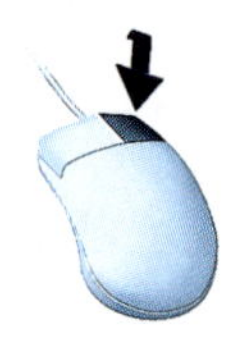

2 Geben Sie im Textfeld den gewünschten Titeltext ein und drücken Sie die [↵]-Taste.

Auf diese Weise können Sie schrittweise die Musiktitel von der Rückseite des CD-Covers ablesen und in die Wiedergabeliste übertragen.

Hinweis

Sofern Sie über eine Internetverbindung verfügen, lassen sich die Albuminformationen für viele CDs aus so genannten CD-Datenbanken komfortabel abrufen.

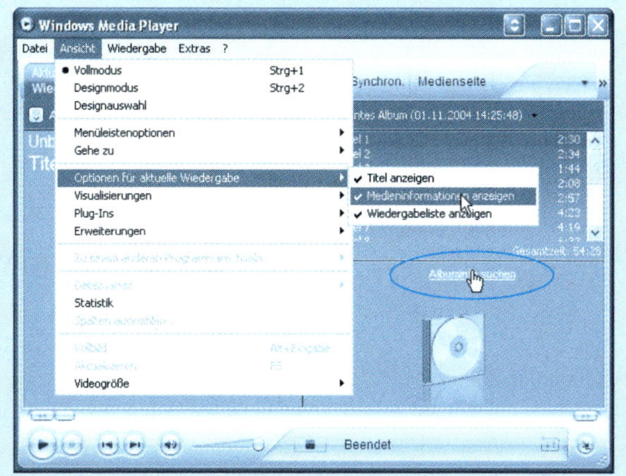

Legen Sie die CD ein und wählen Sie im Menü Ansicht/Optionen für die aktuelle Wiedergabe *den Befehl* Medieninformationen anzeigen. *Stellen Sie eine Internetverbindung her und klicken Sie im Programmfenster auf den Hyperlink* Albuminfo suchen. *Existiert eine Albumseite im Internet, zeigt der Player das Albumcover, den Albumtitel und die Musiktitel an. Über die am Seitenende angezeigte Schaltfläche* Bearbeiten *können Sie die Informationen anpassen.*

Sobald Sie die Schaltfläche Beenden *der Albumseite anklicken, werden die Informationen im Media Player lokal gespeichert und beim Abspielen des Albums (auch ohne Onlineverbindung) mit eingeblendet.*

Musik-CD auf die Festplatte kopieren

Der Windows Media Player kann den Inhalt von Musik-CDs auf die Festplatte kopieren. Dann lassen sich die Musikstücke direkt von der Festplatte abspielen (siehe folgende Seiten).

1 Legen Sie die Original-CD in das CD-Laufwerk ein und starten Sie bei Bedarf den Windows Media Player.

Der Player zeigt anschließend im Dokumentbereich die Wiedergabeliste der auf der CD enthaltenen Musiktitel.

2 Markieren Sie die Kontrollkästchen der zu kopierenden Titel (das Häkchen durch Anklicken setzen/löschen).

3 Wählen Sie die Schaltfläche *Von Medium kopieren* und klicken Sie anschließend auf die eingeblendete Schaltfläche *Musik kopieren*.

Der Media Player beginnt mit dem Kopieren der Musiktitel. In der Spalte *Kopierstatus* sehen Sie, welche Titel bereits kopiert wurden.

Während des Kopierens lässt sich keine Musik hören. Sie können das Kopieren aber jederzeit über die Schaltfläche *Kopieren beenden* abbrechen.

Hinweis

Der Media Player kopiert die Titel in den Ordner Eigene Musik, *wobei für jedes Album ein eigener Unterordner angelegt wird. Das zum Kopieren benutzte Format (*.mp3, .wma *etc.) lässt sich auf der Registerkarte* Musik kopieren *(Aufruf über den Befehl* Optionen *im Menü* Extras*) einstellen.*

Musiktitel auf CD brennen

Verfügt der Computer über einen CD- oder DVD-Brenner, lassen sich auf die Festplatte in Dateien gespeicherte Musikstücke auf eine Audio-CD brennen. Voraussetzung ist aber, dass Sie unter einem Benutzerkonto mit Administratorenrechten angemeldet sind (siehe auch Kapitel 11). Führen Sie folgende Schritte zum Erstellen der neuen Audio-CD aus:

1 Legen Sie einen leeren CD-Rohling in den CD-Brenner ein und starten Sie den Windows Media Player.

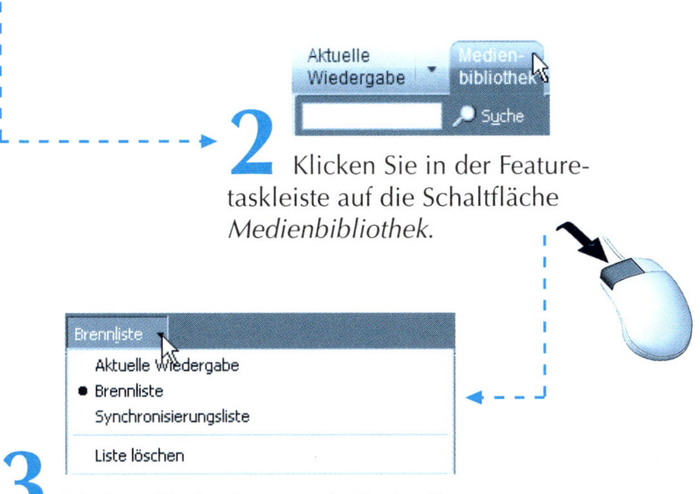

2 Klicken Sie in der Featuretaskleiste auf die Schaltfläche *Medienbibliothek*.

3 Klicken Sie in der unterhalb der Featuretaskleiste angezeigten Leiste auf die rechte Schaltfläche *Aktuelle Wiedergabe* und wählen Sie im Menü den Eintrag *Brennliste*.

Im Dokumentbereich wird rechts eine Spalte mit der leeren Brennliste eingeblendet. Sie müssen nun die gewünschten Titel zur Brennliste hinzufügen.

4 Wählen Sie in der linken Spalte eine der Wiedergabelisten (z.B. *Alle Musikdateien*), um deren Titel in der mittleren Spalte des Dokumentfensters einzublenden.

5 Ziehen Sie die auf CD zu brennenden Musiktitel bei gedrückter linker Maustaste aus der Wiedergabeliste zur Brennliste (rechte Spalte).

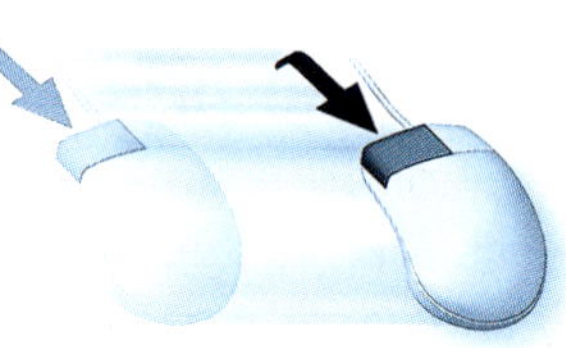

Sobald Sie die linke Maustaste loslassen, wird der Titel in der Brennliste eingefügt. Wiederholen Sie den Schritt für alle auf die neue CD aufzunehmenden Titel.

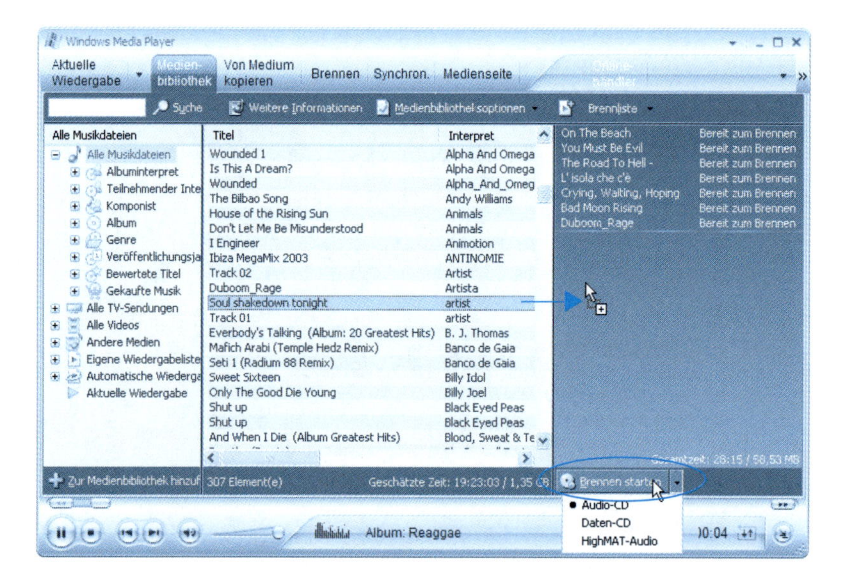

6 Klicken Sie auf die in der Spalte *Brennliste* eingeblendete Schaltfläche *Brennen starten*. Bei Bedarf können Sie auch das Menü der Schaltfläche öffnen und den Eintrag *Audio-CD* wählen.

Der Media Player beginnt mit dem Konvertieren der Musiktitel in das für die Audio-CD benötigte Dateiformat. Anschließend werden die konvertierten Musiktitel auf CD gebrannt. Das Programm informiert Sie über eine Fortschrittsanzeige in der Brennliste über den jeweiligen Status.

Sobald die CD gebrannt ist, können Sie diese dem Laufwerk entnehmen und beschriften.

> **Achtung**
>
> *Beim Umwandeln und Brennen von Musiktiteln auf CD sollten keine anderen Programme laufen. Andernfalls erhöht sich das Risiko, dass die CD unbrauchbar wird. Gemäß Urheberrecht dürfen Sie nur Kopien von Musiktiteln aus legalen Quellen und für private Zwecke anfertigen.*

Arbeiten mit Wiedergabelisten

Wiedergabelisten erlauben Ihnen beliebige Musiktitel (oder auch Videotitel) zur Wiedergabe zusammenzustellen. Führen Sie folgende Schritte zum Erstellen einer neuen Wiedergabeliste aus:

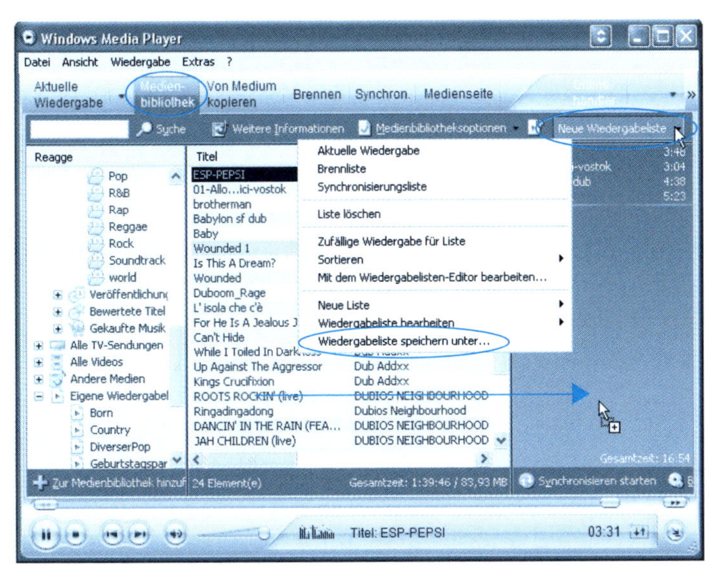

1 Wählen Sie in der Featuretaskleiste die Schaltfläche *Medienbibliothek*.

2 Klicken Sie dann im Listenbereich unterhalb der Featuretaskleiste auf die eingeblendete Schaltfläche *Aktuelle Wiedergabe* und wählen Sie im eingeblendeten Menü die Befehle *Neue Liste/Wiedergabeliste*.

3 Ziehen Sie Elemente aus dem Inhalts- oder Detailbereich der Medienbibliothek (linke und mittlere Spalte) in den Listenbereich (rechte Spalte), um sie der neuen Wiedergabeliste hinzuzufügen.

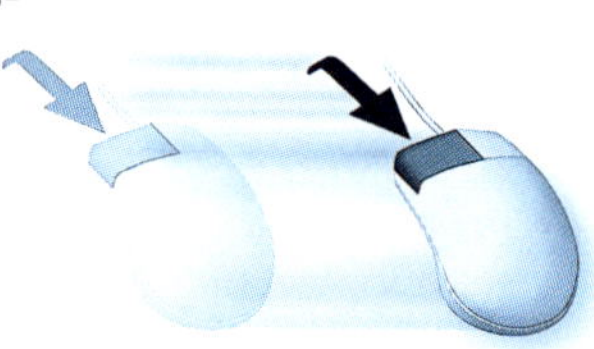

4 Klicken Sie im Listenbereich unterhalb der Featuretaskleiste auf die nun sichtbare Schaltfläche *Neue Wiedergabeliste* und wählen Sie dann im eingeblendeten Menü den Befehl *Wiedergabeliste speichern unter.*

5 Geben Sie im Dialogfeld *Speichern unter* einen Namen für die Wiedergabeliste in das Feld *Dateiname* ein.

Sobald Sie das Dialogfeld schließen, wird die neue Wiedergabeliste im Inhaltsbereich der Medienbibliothek unter dem angegebenen Dateinamen in der Kategorie *Eigene Wiedergabelisten* hinzugefügt. Um die Titel der Wiedergabeliste abzuspielen, reicht es, die Liste im Inhaltsbereich der Medienbibliothek per Maus anzuklicken und dann die Wiedergabe zu starten. Alternativ können Sie einen gewünschten Titel im Detailbereich per Doppelklick anwählen.

Videoanzeige im Media Player

Haben Sie Videodateien auf der lokalen Festplatte Ihres Rechners (oder auf CD bzw. DVD) gespeichert? Der Windows Media Player kann neben Musikdateien auch Videos wiedergeben.

> **Hinweis**
>
> *Standardmäßig kann der Media Player nur Dateien im .avi- und .wmv-Format sowie Videos auf VCDs wiedergeben. Video-DVDs lassen sich im Media Player nur dann darstellen, wenn ein entsprechender DVD-Decoder (MPEG-2-Codec) installiert ist. Dies ist z.B. der Fall, wenn das Programm PowerDVD unter Windows XP installiert wurde.*

- Zum Abspielen einer Videodatei wählen Sie diese per Doppelklick im Ordnerfenster an. Der Player startet und beginnt mit der Wiedergabe des Dateiinhalts.
- Alternativ können Sie den Media Player starten (z.B. im Startmenü über *Alle Programme*) und im Menü *Datei* den Eintrag *Öffnen* wählen. Anschließend lässt sich die wiederzugebende Videodatei im Dialogfeld *Öffnen* auswählen.
- Über den Befehl *URL öffnen* des Menüs *Datei* können Sie eine Webadresse angeben, von der ein Server eine Multimediadatei zum Download anbietet. Dies setzt aber eine Internetverbindung voraus.
- Um einen auf VCD oder DVD gespeicherten Film anzusehen, legen Sie den Datenträger in das Laufwerk ein. Falls der Media Player nicht automatisch startet, rufen Sie das Programm (z.B. über das Startmenü) auf. Danach wählen Sie im Menü *Wiedergabe* den Befehl *DVD, VCD oder CD-Audio* und klicken im Untermenü auf das gewünschte Laufwerk.

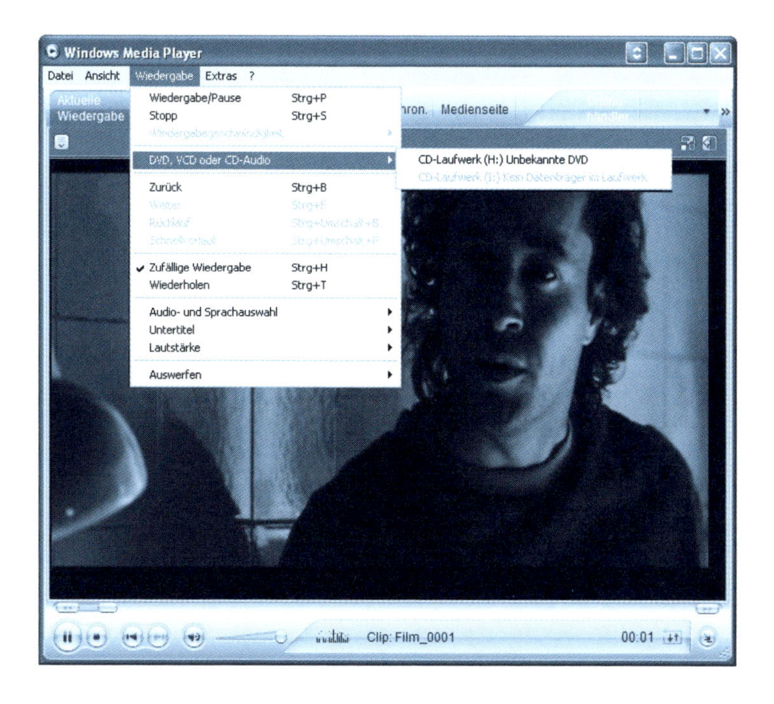

Der Media Player beginnt in allen Fällen mit der Wiedergabe der Videodatei im Fenster des Medienbereichs. Die Tonwiedergabe erfolgt per Soundkarte. Die Schaltflächen der Wiedergabesteuerung am unteren Fensterrand erlauben Ihnen den Film anzuhalten und erneut wiederzugeben. Klicken Sie mit der rechten Maustaste auf den Videoanzeigebereich oder öffnen Sie das Menü ANSICHT, lässt sich die Bildgröße über den Befehl *Videogröße* variieren. Eine Vollbilddarstellung erreichen Sie über den Befehl *Ansicht/Vollbild*. Diese Befehle lassen sich auch über das Kontextmenü abrufen.

Hinweis

In Windows XP werden einige Videodateien mit installiert. Führen Sie die obigen Schritte zum Erstellen der Medienbibliothek aus und schauen Sie sich einmal die Einträge der Kategorie »Video/Alle Clips« an. Falls Sie eigene Videos aufnehmen, können Sie diese mit dem (aus Platzgründen in diesem Buch nicht besprochenen) Programm Windows Movie Maker schneiden und im Ordner Eigene Videos *speichern (siehe auch »Easy Windows« des Verlags). Der Windows Media Player besitzt weitere Funktionen, die an dieser Stelle aber aus Platzmangel nicht behandelt werden können. Konsultieren Sie ggf. die Hilfe des Programms.*

Kleine Erfolgskontrolle

Nachdem Sie dieses Kapitel durchgearbeitet haben, sollten Sie Musik-CDs, Multimediadateien und Videos mit dem Windows Media Player ansehen bzw. wiedergeben können. Zur Überprüfung Ihres Wissen können Sie folgende Fragen beantworten.

- Wie lässt sich eine Audiodatei wiedergeben?

  (Klicken Sie im Menü *Datei* auf den Befehl *Öffnen* und wählen Sie im Dialogfeld *Öffnen* die Audiodatei. Alternativ können Sie eine Audiodatei per Doppelklick in einem Ordnerfenster aufrufen.)

- Wie zeigen Sie Videos an?

  (Den Ordner mit den Videos öffnen, und die Datei per Doppelklick anwählen. Oder den Videoclip in der Medienbibliothek anwählen.)

Im nächsten Kapitel lernen Sie einige der mit Windows mitgelieferten Spiele kennen.

Kapitel 6

Windows-Spiele

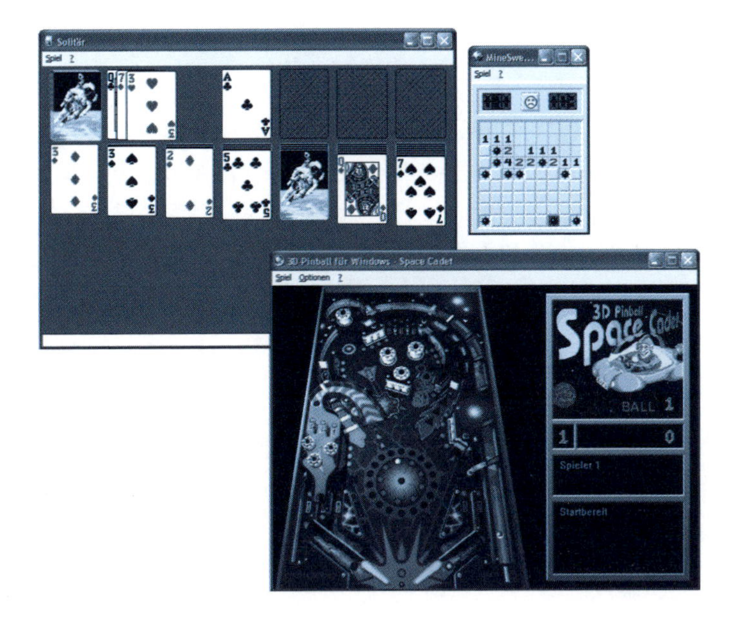

Nachdem Sie den Windows Media Player bereits zur Unterhaltung genutzt haben, sollten Sie sich vielleicht auch etwas entspannen. Windows enthält einige nette Spiele, mit denen sich die Zeit vertreiben lässt. Dieses Kapitel stellt einige dieser Spiele vor.

Das können Sie schon:

Das lernen Sie neu:

Spielen unter Windows

Windows wird mit einer Reihe von Spielen ausgeliefert, die Sie als optionale Windows-Komponenten auch nachträglich installieren können (siehe Kapitel 11). Sie finden die Programme im Startmenü im Zweig *Alle Programme/Spiele*. Bei den Spielen werden dabei zwei Kategorien unterschieden:

- Einige Spiele laufen lokal auf dem Rechner ab, d.h. Sie können diese Spiele direkt per Startmenü abrufen und nutzen.
- Das Spiel Hearts läuft im Netzwerk, d.h. Sie benötigen einen zweiten PC im Heimnetzwerk, auf dem ebenfalls Windows mit dem Spiel Hearts installiert ist. Dann können zwei Personen gegeneinander spielen.
- Die dritte Gruppe stellen die Internetspiele dar. Hier nimmt das Spiel (z.B. Internet-Dame) Verbindung mit dem Internet auf und stellt einen Kontakt zu einer Spieleseite her. Dann können Sie mit einem Spielpartner per Internet das Spiel nutzen.

Die Gruppe der Internetspiele setzt zuerst einmal einen Internetzugang voraus. Weiterhin müssen Sie einen entsprechenden Spielpartner im Internet finden. Aus diesem Grund werden nachfolgend nur einige lokal auf dem Rechner nutzbare Spiele vorgestellt.

Minesweeper, keep cool man!

Windows wird mit dem Programm *Minesweeper* ausgeliefert. Hierbei handelt es sich um ein Spiel, bei dem Sie in einem Minenfeld die sicheren Bereiche in möglichst kurzer Zeit herausfinden sollen.

Das Spielfeld ist in einzelne Kästchen unterteilt. Durch Anklicken der Kästchen lässt sich herausfinden, ob ein Feld minenfrei ist und ob sich Minen in der Nachbarschaft befinden.

Die **Zahl 1** in einem **Feld bedeutet**, dass sich eine **Mine auf** einem der **benachbarten Felder**

befindet. Die Zahl zwei weist auf die entsprechende Minenzahl auf den Nachbarfeldern hin.

Um Minesweeper zu spielen, gehen Sie folgendermaßen vor:

1 Klicken Sie im Startmenü auf *Alle Programme/Spiele* und dann auf den Eintrag *Minesweeper*.

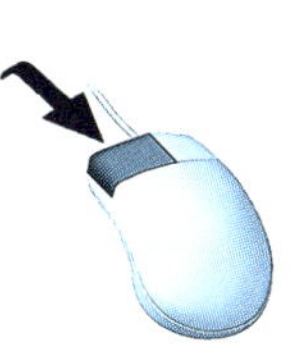

Windows startet das Spiel *Minesweeper*, welches sich mit einem Fenster meldet. Beginnen Sie jetzt mit dem »Minenräumen«.

2 Klicken Sie auf eines der Felder.

3 Klicken Sie auf weitere »freie« Felder.

Das betreffende **Feld wird** jeweils **aufgedeckt**. Ziel ist es, möglichst viele minenfreie Felder in kürzester Zeit aufzudecken.

Haben Sie ein Feld gewählt, welches eine Mine enthält, ist das Spiel leider verloren (so wie in nebenstehendem Bild). Hier sehen Sie auch recht gut, wie die Zahlen in den einzelnen Feldern die vorhandenen Minen angeben. Die Zeit seit Beginn der Räumung erscheint übrigens rechts oben in der Digitalanzeige.

Tipps

Glauben Sie, dass auf einem Feld eine Mine liegt? Dann können Sie mit der Maus auf ein Feld zeigen, welches vermutlich minenfrei ist. Halten Sie jetzt gleichzeitig die linke und rechte Maustaste gedrückt, deckt Minesweeper alle benachbarten Felder auf, die keine Minen enthalten. Beim Loslassen der Maustasten werden die Felder wieder verdeckt, und Sie können diese dann einzeln räumen.

Vermuten Sie auf einem Feld eine Mine, können Sie dieses mit der rechten Maustaste anklicken. Minesweeper markiert dieses Feld mit einem kleinen Fähnchen.

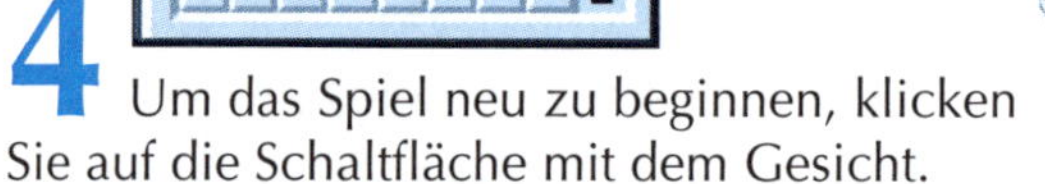

4 Um das Spiel neu zu beginnen, klicken Sie auf die Schaltfläche mit dem Gesicht.

Was ist das?

In der Computertechnik werden häufig so genannte ***Smileys*** *benutzt, um Emotionen auszudrücken (lächeln, traurig, böse etc.). Minesweeper zeigt in der Schaltfläche verschiedene »Luxusversionen« der Symbole zur Darstellung der Smileys. Bei elektronischen Nachrichten (E-Mails) werden gelegentlich Zeichen zur Darstellung der Smileys benutzt.*

Übrigens wird ein solches stilisiertes Gesicht häufig auch als **Smiley** bezeichnet.

Hinweis

Im Menü Spiel *finden Sie verschiedene Befehle, um ein neues Spiel zu beginnen oder um die Spielstärke einzustellen. Weitere Informationen erhalten Sie über die Hilfe des Spiels, die Sie über das Menü* ? *abrufen können.*

Entspannung mit Solitär

Solitär ist ein Kartenspiel, welches in Windows in Form eines Computerspiels nachgebildet wurde. Das Ziel von Solitär ist, aus den Karten im so genannten **Ausgangsstoß** vier **Zielstöße** zu legen, bei denen die Karten Ass bis König sortiert abgelegt sind.

1 Klicken Sie im Startmenü auf *Alle Programme/Spiele* und anschließend auf den Eintrag *Solitär*.

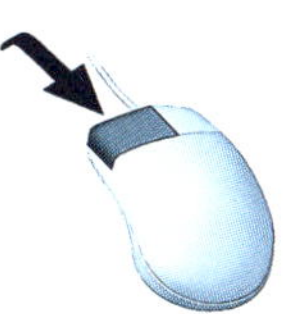

Beim ersten Aufruf werden die Karten automatisch aufgelegt.

2 Um ein neues Spiel zu beginnen, klicken Sie auf das Menü *Spiel* und dann auf den Befehl *Karten geben*.

Jetzt vergibt das Programm einen neuen Satz Karten vom Ausgangsstoß.

In der unteren Reihe sehen Sie sieben Stöße mit aufgedeckten Karten. Sie können aufgedeckte Karten per Maus auf einen passenden Stapel ziehen.

Der zugedeckte Kartenstapel mit den restlichen Karten befindet sich in der linken oberen Ecke.

3 Zum Abheben von Karten klicken Sie auf diesen Kartenstoß.

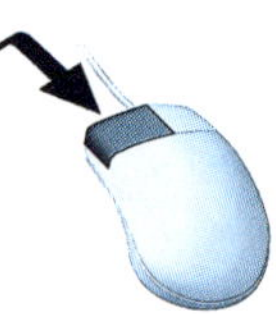

Das Programm deckt dann einige Karten auf und legt diese rechts neben dem Stoß ab.

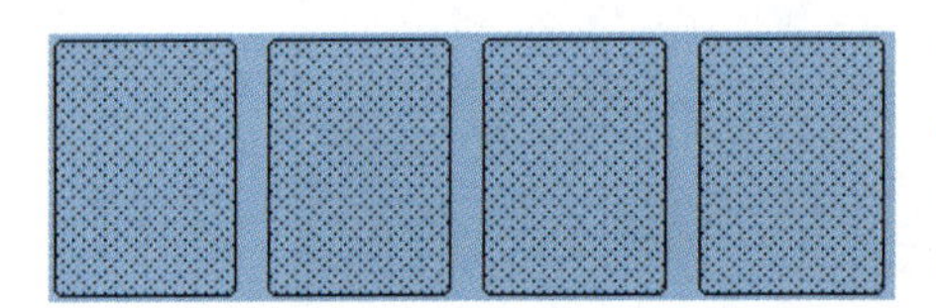

Weiterhin sind noch die Positionen der vier **Zielstöße** markiert, auf denen Sie die Karten in der entsprechenden Reihenfolge (beginnend mit den Assen) ablegen können.

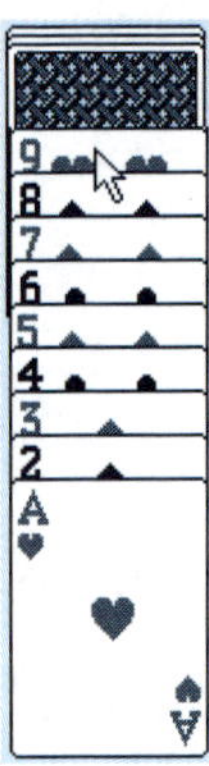

4 Aufgedeckte Karten können Sie von einem bestehenden Stoß abheben und per Maus zu einem jeweils passenden Stoß der unteren Reihe (als **Reihenstapel** bezeichnet) ziehen und dort anlegen.

5 Wird ein Ass oben auf dem Kartenstapel aufgedeckt, legen Sie dieses mit einem Doppelklick auf einen der vier Zielstöße ab.

6 Liegt oben auf einem Stapel eine abgedeckte Karte, decken Sie diese mit einem Doppelklick auf.

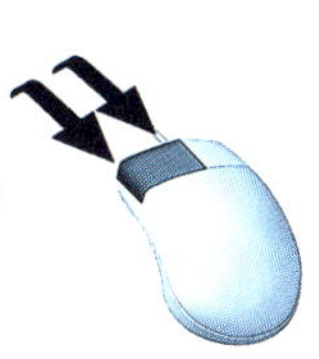

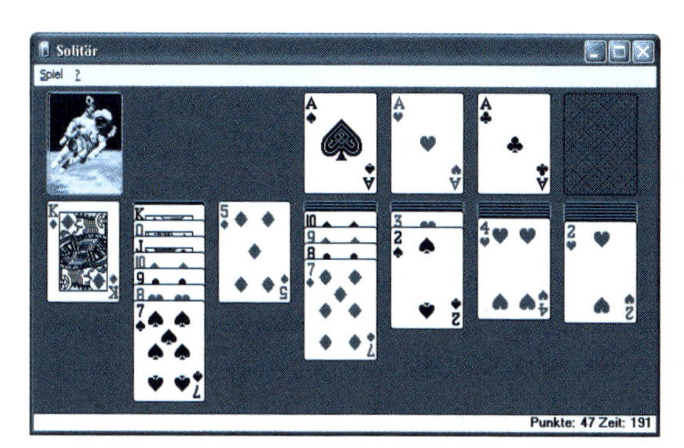

Auf diese Weise müssen Sie während des Spiels gültige Züge ausführen und die Karten sortiert auf den Stößen ablegen. Hierbei sind die Karten eines Stoßes abwechselnd Rot und Schwarz anzulegen.

Weiterhin muss noch die **Reihenfolge der Karten** (König, Dame, Bauer, Zehn, Neun, Acht, Sieben, Sechs, Fünf, Vier, Drei, Zwei, Ass) auf dem unteren **Reihenstapel** eingehalten werden. Dies bedeutet, auf eine Karte mit einer schwarzen Pik 5 kann nur eine rote Herz- oder Karo-Karte mit dem Wert 4 angelegt werden. Auf den vier **Zielstapeln** sind die Karten in aufsteigender Reihenfolge (z.B. Herz Ass, Herz 2, Herz 3 etc.) aufzuschichten. Nicht passende Spielzüge weist das Programm ab. Das Spiel ist beendet, wenn Sie entweder alle Karten in der richtigen Reihenfolge in Stößen angeordnet haben, oder wenn es keine gültigen Spielzüge mehr gibt.

Hinweis

Weitere Informationen zum Spielablauf finden Sie in der Programmhilfe, die Sie über das Menü ? aufrufen können. Über das Menü Spiel *stehen Ihnen verschiedene Befehle zum Kartengeben, Rückgängigmachen des letzten Spielzugs oder zum Einstellen der Optionen zur Verfügung.*

Tipp: *Der Befehl* Deckblatt *im Menü* Spiel *öffnet ein eigenes Fenster, in dem Sie das Motiv für das Deckblatt der Karten wählen können. Verwenden Sie einmal den »Roboter« als Deckblatt und schauen Sie, was dann passiert.*

Flippern mit Pinball

Pinball ist ein Spiel, welches Sie vielleicht von Flipper-Automaten her kennen. Mit einem Stößel wird ein Kugel in das Spielfeld geschossen. Über eine schiefe Ebene rollt die Kugel auf den Ausgang des Spielfelds zu. Prallt sie dabei an Elemente des Spielfelds (Poller oder Preller), stoßen diese die Kugel in andere Richtungen davon. Am Ausgang des Spielfelds befinden sich zwei bedienbare Hebel (Flipper), mit denen der Spieler die Kugel in das Spielfeld zurückschießen kann.

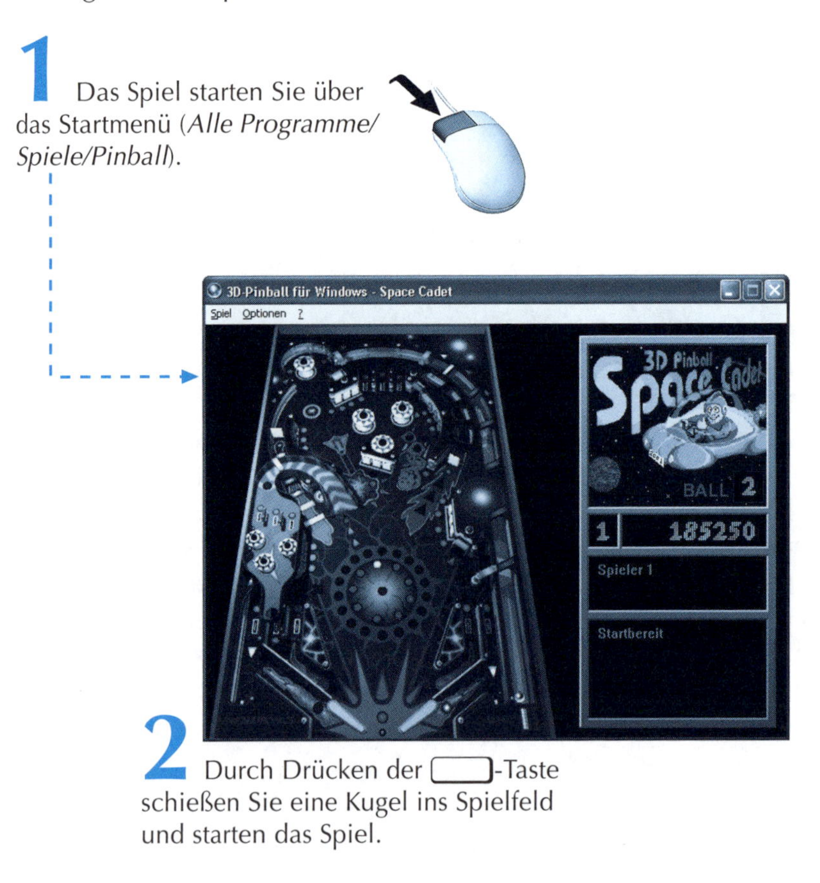

1 Das Spiel starten Sie über das Startmenü (*Alle Programme/Spiele/Pinball*).

2 Durch Drücken der [ ]-Taste schießen Sie eine Kugel ins Spielfeld und starten das Spiel.

Je länger die [ ]-Taste gedrückt wurde, umso fester wird die Kugel abgeschossen.

Anschließend müssen Sie über die Hebel am unteren Rand des Spielfelds verhindern, dass die Kugel den Ausgang erreicht. Mit den Tasten Y und M betätigen Sie die »Flipper«, um die Kugel ins Spielfeld zurückzuschießen. Mit den Tasten X und N heben Sie den Automaten an, was aber zum Abbruch des Spiels führen kann. Über die Programmhilfe erhalten Sie weitere Details. Sofern Lautsprecher und Soundkarte vorhanden sind, können Sie mit Pinball fast den Effekt einer richtigen Spielhalle ins Wohnzimmer zaubern.

Hinweis

Windows enthält weitere Kartenspiele wie Freecell oder Hearts sowie Internetspiele wie Dame. Aus Platzgründen muss auf ihre Vorstellung verzichtet werden. Details entnehmen Sie bitte der Programmhilfe. Weiterhin wurde in diesem Kapitel auf Kontrollaufgaben verzichtet – spielen Sie einfach eine Runde Solitär oder blättern Sie zum nächsten Kapitel weiter.

Kapitel 7

Surfen im Internet

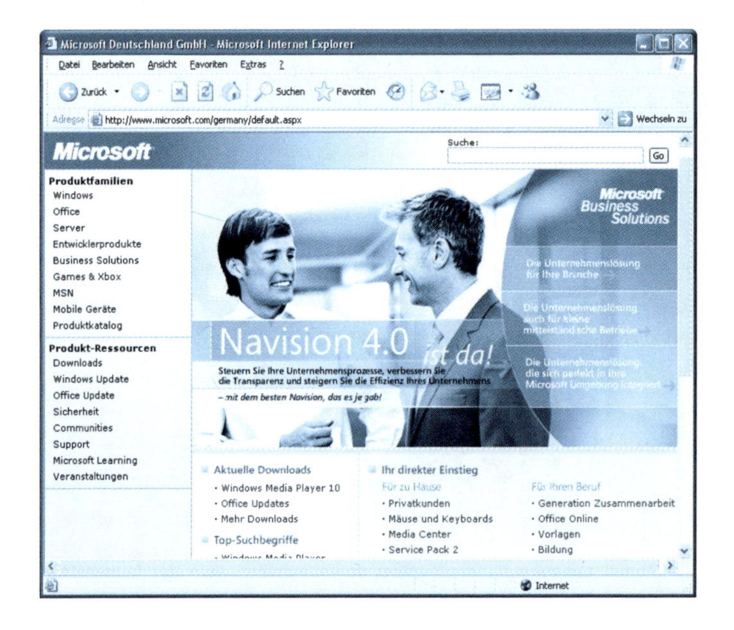

Surfen im Internet ist mit Windows XP absolut easy. Sie brauchen lediglich einen mit einem so genannten Modem oder einer ISDN-Karte ausgestatteten PC mit einem Telefonanschluss zu verbinden sowie ein Online-Konto einzurichten. Anschließend können Sie Webseiten mit dem in Windows enthaltenen Internet Explorer abrufen. Dieses Kapitel zeigt Ihnen, wie Sie im Web die ersten Schritte unternehmen.

Das können Sie schon:

Das lernen Sie neu:

Internet im Überblick

Das **Internet** ist in den letzten Jahren immer populärer geworden. Immer mehr Menschen gehen online und rufen Seiten im »World Wide Web» (auch kurz WWW genannt) ab. Diese Tätigkeit wird gelegentlich auch als »Surfen im Internet« bezeichnet. Das Internet ist dabei nichts anderes als ein weltweiter Zusammenschluss vieler tausend Rechner von Instituten, Behörden und Firmen über Telefonleitungen, Glasfaser und Satellit. Über diese Verbindungen lassen sich Daten austauschen und Dokumente von, oft auch als Webserver bezeichneten, Rechnern abrufen. Sobald Sie Zugang zu einem solchen Webserver haben, können Sie alle anderen Rechner im Internet (und damit auch die Teilnehmer dieser Rechner) erreichen.

> **Hinweis**
>
> *Das Internet bietet aber verschiedene Funktionen wie Abrufen von so genannten Webseiten, Austauschen von Nachrichten (E-Mail), Unterhaltung (Chat) oder den Austausch von Dateien. In diesem Kapitel lernen Sie das Abrufen von Webseiten aus dem WWW kennen.*

Den Internetzugang einrichten

Um ins Internet zu gelangen, brauchen Sie einen Online-Zugang. Dies setzt ein Modem oder eine ISDN-Karte voraus. Über diese Geräte kann Ihr Computer über den Telefonanschluss eine Verbindung mit einem Einwahlrechner des Internet herstellen.

Um im Web zu »surfen«, benötigen Sie auf jeden Fall einen **Internetzugang** – auch als **Internetkonto** bezeichnet. Solche Internetzugänge werden beispielsweise von Anbietern wie AOL oder T-Online und anderen so genannten **Providern** gegen Gebühr zur Verfügung gestellt. Je nach Anbieter müssen Sie eine monatliche Grundgebühr sowie eine zeitabhängige Verbindungsgebühr für den Zu-

> **Was ist das?**
>
> ***Modem** steht für Modulator/Demodulator, eine Technik, um Rechnerdaten per Telefonleitung zu übertragen. ISDN ist die Abkürzung für Integrated Services Digital Network, eine weitere Technik, um Sprache und Daten vom ISDN-Anschluss mittels Telefonleitungen zu übertragen. Für beide Übertragungstechniken gibt es Geräte oder Steckkarten, die den Computer mit der Telefondose verbindet.*

gang zahlen. Unbürokratischer sind die so genannten »Internet-by-Call«-Zugänge, bei denen die Abrechnung komfortabel per Telefonrechnung erfolgt (d.h. wenn Sie den Zugang nicht benutzen, fallen keine Gebühren an – und Sie können zwischen verschiedenen Anbietern wechseln). Welches dieser Angebote Sie wählen, bleibt Ihnen überlassen.

Hinweis

Ein Modem oder eine ISDN-Karte wird mit den entsprechenden Anschlusskabeln und Treiberdisketten etc. ausgeliefert. Wichtig ist lediglich, dass das Gerät Windows XP unterstützt. Schauen Sie in den Unterlagen des Herstellers nach, wie das Modem oder die ISDN-Karte anzuschließen ist, und was es bei der Treiberinstallation zu beachten gilt. Die Installation lässt sich ggf. auch manuell über die Systemsteuerung (Befehl Systemsteuerung *des Startmenüs) durchführen. Wählen Sie das Symbol* Telefon- und Modemoptionen *per Doppelklick an. Im gleichnamigen Eigenschaftenfenster wählen Sie auf der Registerkarte* Modems *die Schaltfläche* Hinzufügen. *Ein Assistent führt Sie dann durch die Schritte zur Installation des Modemtreibers. Ähnlich verfahren Sie bei Verwendung einer ISDN-Karte. Nachfolgend wird davon ausgegangen, dass das Modem (oder die ISDN-Karte) bereits funktionsfähig eingebaut ist.*

Vor der ersten Benutzung müssen Sie den Internetzugang einmalig einrichten. Besitzen Sie eine CD-ROM mit der Zugangssoftware des Anbieters, legen Sie diese in das Laufwerk ein. Startet das Installationsprogramm nicht automatisch wählen Sie die betreffende Datei (meist *Setup.exe*) in einem Ordnerfenster per Doppelklick. In der Regel werden Sie dann von einem Assistenten durch die Schritte zur Anmeldung geführt.

Verfügen Sie über keine CD mit Zugangssoftware, lässt sich zum »Schnuppern« auch eine »Internet-by-Call«-Verbindung manuell einrichten. Solche »Internet-by-Call«-Zugänge werden von vielen Firmen wie Mannesmann Arcor, Freenet etc. angeboten.

1 Öffnen Sie das Ordnerfenster der Systemsteuerung (z.B. über *Systemsteuerung* im Startmenü).

Netzwerkverbindun...

2 Doppelklicken Sie im Ordnerfenster der Systemsteuerung auf das Symbol *Netzwerkverbindungen*.

Windows öffnet anschließend das Ordnerfenster *Netzwerkverbindungen*.

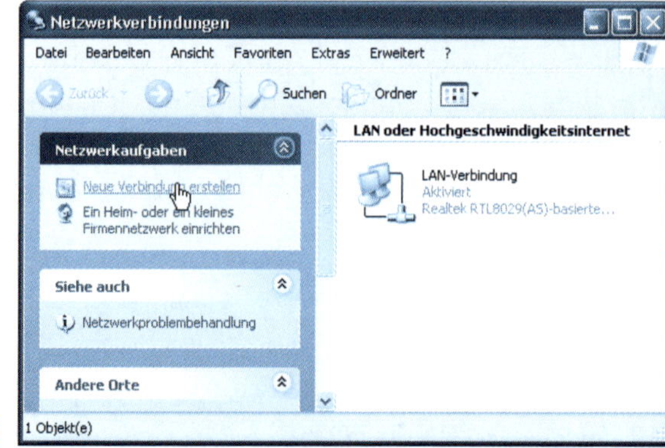

3 Wählen Sie in der Aufgabenleiste den Befehl *Neue Verbindung erstellen*.

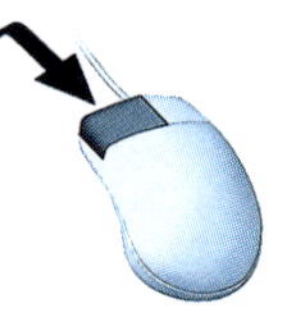

Windows startet einen Assistenten, der Sie durch die Schritte führt. Über die Schaltflächen *Weiter* und *Zurück* können Sie zwischen den einzelnen Dialogfeldern blättern und die Optionen zum Zugang wählen.

4 Klicken Sie im Willkommensdialog auf die Schaltfläche *Weiter*.

Die einzelnen Dialogfelder wurden hier, beginnend mit Schritt 2, als Sequenz (von oben links nach unten rechts) angeordnet.

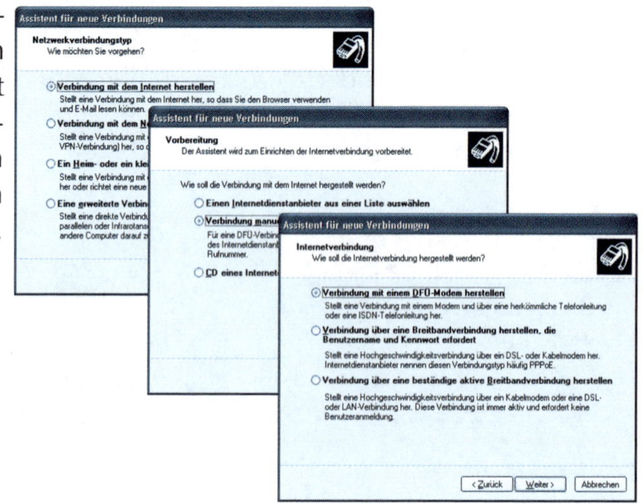

5 Markieren Sie im Dialogfeld *Netzwerkverbindungstyp* das Optionsfeld *Verbindung mit dem Internet herstellen* und bestätigen Sie die Schaltfläche *Weiter*.

6 Im Dialogfeld *Vorbereitung* markieren Sie das Optionsfeld *Verbindung manuell einrichten* und bestätigen dies mit der Schaltfläche *Weiter*.

7 Im Dialogfeld *Internetverbindung* markieren Sie das zutreffende Optionsfeld (meist *Verbindung mit einem DFÜ-Modem herstellen*) und bestätigen dies mit der Schaltfläche *Weiter*.

Hinweis

In der Regel ist nur ein Modem vorhanden, daher fragt der Assistent kein Gerät für die Verbindungsaufnahme ab. Bei ISDN-Karten kann aber ein Dialogfeld Gerät auswählen *erscheinen, in dem Sie den Geräteanschluss für den Internetzugang aus einer Liste wählen müssen. Achten Sie bei ISDN-Verbindungen darauf, dass nur ein Gerätekanal markiert ist, da andernfalls doppelte Gebühren beim Surfen anfallen.*

In den nächsten Schritten fragt der Assistent die Verbindungsdaten des Anbieters ab (siehe diese Dialogfolge von oben links nach unten rechts).

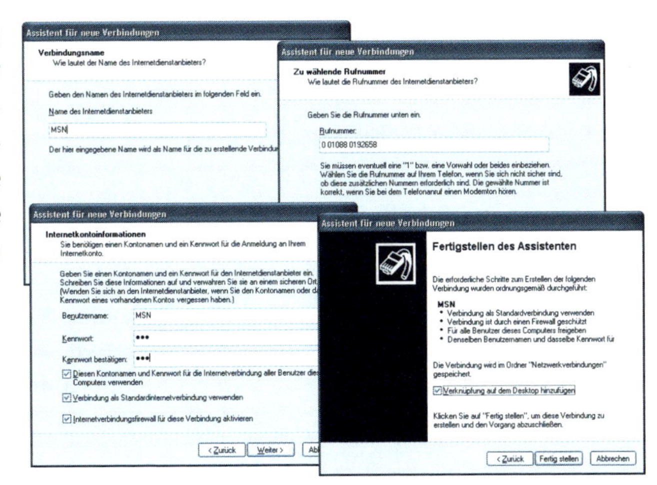

8 Tippen Sie im Dialogfeld *Verbindungsname* einen Text (z.B. »MSN«) ein und bestätigen Sie dies mit der Schaltfläche *Weiter*.

9 Tragen Sie im nächsten Dialogfeld die Telefonnummer des Internetzugangs ein. Bei Telefonanlagen ist, wie hier gezeigt, eine zusätzliche 0 oder 1 zur Amtholung voran zustellen.

10 Über die Schaltfläche *Weiter* geht es zum Dialogfeld *Internetkontoinformationen*, in dem Sie den Benutzernamen sowie das Kennwort eingeben. Belassen Sie die restlichen Optionen wie hier gezeigt und klicken Sie auf die Schaltfläche *Weiter*.

11 Im letzten Dialogschritt markieren Sie das Kontrollkästchen *Verknüpfung auf dem Desktop hinzufügen* und bestätigen dies über die Schaltfläche *Fertig stellen*.

Wenn alles geklappt hat, sehen Sie im Ordnerfenster *Netzwerkverbindungen* und auf dem Desktop das Verbindungssymbol.

Durch einen Doppelklick auf dieses Verbindungssymbol können Sie später eine Verbindung zum Internet aufbauen. Beim Einrichten öffnet der Assistent bereits automatisch den Einwahldialog.

Tipp

Ein auf dem Desktop fehlendes Verknüpfungssymbol lässt sich leicht einrichten: Ziehen Sie das Symbol bei gedrückter linker Maustaste aus dem Ordnerfenster Netzwerkverbindungen *zum Desktop. Beim Loslassen der Maustaste wird das Symbol auf dem Desktop eingerichtet.*

Die Zugangsdaten der Internet-by-Call-Anbieter finden Sie in diversen Computerzeitschriften. Allerdings verschwinden Anbieter häufiger vom Markt. Das Microsoft-Angebot MSN Easy Surfer (Telefonnummer 0192658, Benutzername MSN, Kennwort MSN) hat sich in der Vergangenheit als beständig und selten überlastet erwiesen. Sobald Sie mit dem funktionsfähigen Internetzugang die ersten Schritte unternommen haben, empfiehlt sich die Webseite www.web.de *zu besuchen und sich das Programm Smartsurfer von WEB.DE kostenlos herunterladen. Installieren Sie den Smartsurfer anschließend durch einen Doppelklick auf die heruntergeladene EXE-Datei. Anschließend verfügen Sie über einen Internet-Tarifmanager – aufrufbar über ein Desktop-Symbol –, der Ihnen vor jeder Einwahl die Selektion des gewünschten Anbieters erlaubt. Weiterhin aktualisiert der Smartsurfer die Tarifdaten der Anbieter bei jeder Sitzung und gibt Ihnen auch einen Überblick über die bereits im laufenden Monat angefallenen Kosten.*

Internetverbindung auf- und abbauen

Im nächsten Schritt können Sie die DFÜ-Verbindung aktivieren.

MSN

1 Doppelklicken Sie auf das neu eingerichtete Symbol der Verbindung.

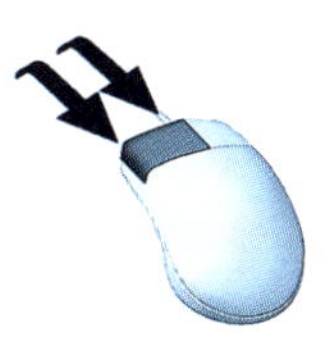

Windows öffnet das Dialogfeld *Verbindung mit "..." herstellen,* in dem Sie die erforderlichen Einwahldaten sehen. Bei Bedarf können Sie die Daten anpassen oder die Einstellungen über die Schaltfläche *Eigenschaften* permanent ändern.

Tipps

Klicken Sie beim ersten Aufruf im Dialogfeld Verbindung mit "..." herstellen *auf die Schaltfläche* Eigenschaften, *um die Verbindungsdaten zu kontrollieren. Das angezeigte Eigenschaftenfenster enthält einige Registerkarten mit den Verbindungseinstellungen. Auf der Registerkarte* Allgemein *sollte auf jeden Fall das Kontrollkästchen* Symbol bei Verbindung im Infobereich der Taskleiste anzeigen *mit einem Häkchen markiert sein. Die Option* Wählregeln verwenden *gibt die Schaltfläche* Wählregeln *frei. Über diese Schaltfläche können Sie die gleichnamige Registerkarte mit Zusatzoptionen abrufen. Über die Schaltfläche* Bearbeiten *dieser Registerkarte lassen sich die Einwahloptionen (z.B. Ton- oder Pulswahl, Ziffern zur Amtholung etc.) für den gewählten Standort anpassen. Auf der Registerkarte* Optionen *sollten Sie ggf. den Wert des Listenfelds* Leerlaufzeit, nach der aufgelegt wird *an Ihre Wünsche anpassen. Ein Wert von 5 Minuten stellt z.B. sicher, dass eine unbemerkt geöffnete oder vergessene Onlineverbindung nicht zu horrenden Kosten führt. Kommt bei einer Telefonanlage keine Verbindung zustande, wählen Sie in der Systemsteuerung das Symbol* Telefon- und Modemoptionen, *markieren auf der Registerkarte* Modems *das Gerät und klicken Sie auf die Schaltfläche* Eigenschaften. *Auf der Registerkarte* Modem *darf das Kontrollkästchen* Vor dem Wählen auf Freizeichen warten *nicht markiert sein. Treten unlösbare Probleme auf, bitten Sie einen Experten beim Einrichten der Internetverbindung zu helfen.*

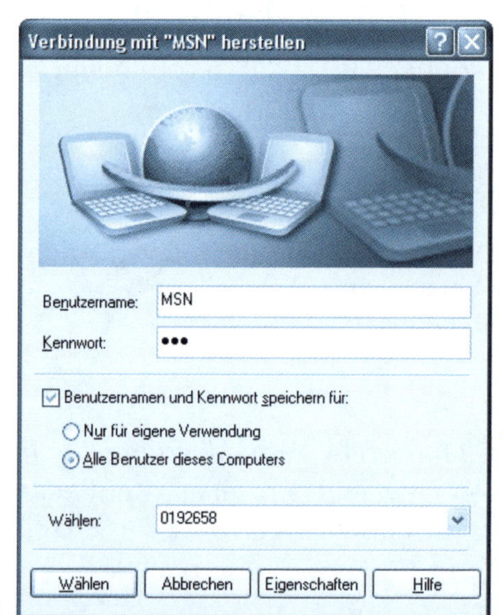

2 Tippen Sie bei Bedarf den Benutzernamen und das Kennwort in die Felder ein.

3 Markieren Sie ggf. das Kontrollkästchen *Benutzernamen und Kennwort speichern für* sowie das gewünschte Optionsfeld.

> **Tipp**
>
> *Möchten Sie nicht, dass andere das Kennwort ausspähen können, lassen Sie das Kontrollkästchen unmarkiert. Dann müssen Sie allerdings das Kennwort vor jeder Verbindungsaufnahme erneut eintippen.*

4 Klicken Sie auf die Schaltfläche *Wählen.*

Windows versucht jetzt eine Verbindung per Modem/ISDN-Karte mit dem Rechner unter der angegebenen Rufnummer aufzunehmen. Ein Dialogfeld informiert Sie über den Ablauf und den Status.

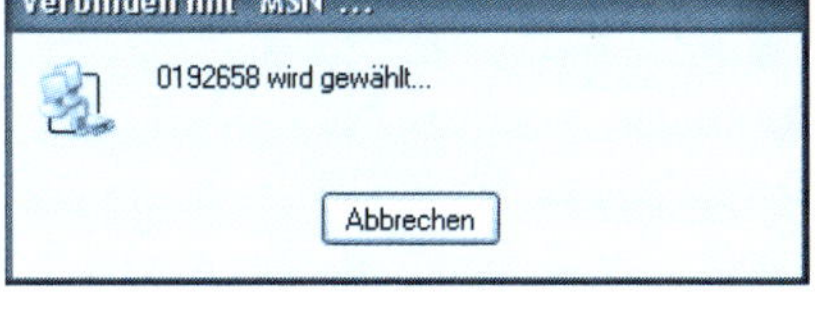

Geht alles glatt, wird die Verbindung mit dem Webserver der Gegenseite aufgebaut.

Dann verschwindet das Dialogfeld und im Infobereich der Taskleiste erscheint ein stilisiertes Rechnersymbol sowie eine QuickInfo.

> **Hinweis**
>
> *Zeigen Sie später auf das Symbol im Infobereich, zeigt Windows in einer QuickInfo die Zahl der gesendeten und empfangenen Zeichen an.*

Die QuickInfo zeigt den Verbindungsnamen sowie die Übertragungsrate an. Sie können diese QuickInfo durch Anklicken mit der Maus schließen.

Hat alles geklappt? Dann ist der Rechner online, d.h., Sie können im Internet surfen und auch elektronische Post austauschen. Denken Sie aber daran, solange Sie online sind, fallen Gebühren an. Sie sollten die Internetverbindung daher nach Gebrauch sofort beenden.

Hierzu gehen Sie folgendermaßen vor:

1 Wählen Sie im Infobereich der Taskleiste dieses Symbol oder auf dem Desktop das Verknüpfungssymbol der Verbindung an.

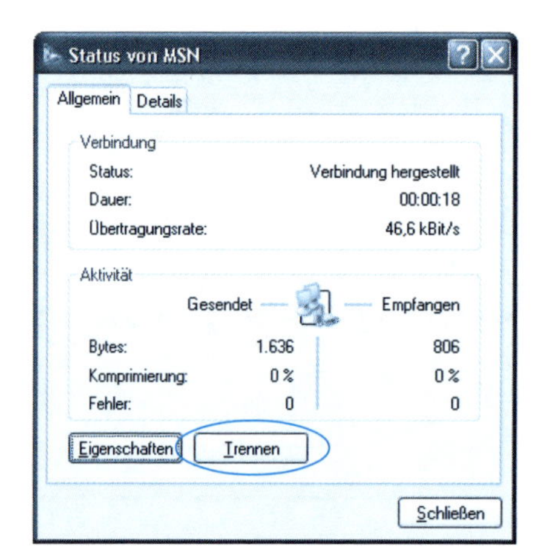

Windows öffnet die Statusanzeige der Verbindung. Auf der Registerkarte *Allgemein* sehen Sie die Verbindungsdaten sowie Informationen zur Aktivität.

2 Klicken Sie auf die Schaltfläche *Trennen*.

Sobald das Dialogfeld verschwindet, ist die Internetverbindung beendet.

Hinweis

Es sprengt den Umfang dieses Buches, auf alle Fragestellungen im Hinblick auf die Verbindungseinstellungen einzugehen. Mit der obigen Anleitung sollten Sie aber in den meisten Fällen einen Internetzugang einrichten können. Bitten Sie notfalls einen Experten um Hilfestellung beim Einrichten.

Surfen in Webseiten

Sobald die Internetverbindung steht, können Sie den Internet Explorer zum Abrufen der ersten Webseiten benutzen. Sofern sich HTML-Dokumentdateien (dies ist das Speicherformat für Webseiten) auf Ihrer Festplatte befinden, können Sie diese übrigens per Doppelklick anwählen und in dem auch als **Browser** bezeichneten Programm laden. Jetzt ist es an der Zeit, die erste Internetseite abzurufen.

Internet
Internet Explorer

1 Wählen Sie im Startmenü den Befehl *Internet Explorer*.

Das Programm öffnet das nebenstehende Fenster, in dem eine Startseite angezeigt wird. Wird die Internetseite nicht gefunden, erscheint die nebenstehende Fehlermeldung (hier war der Rechner offline).

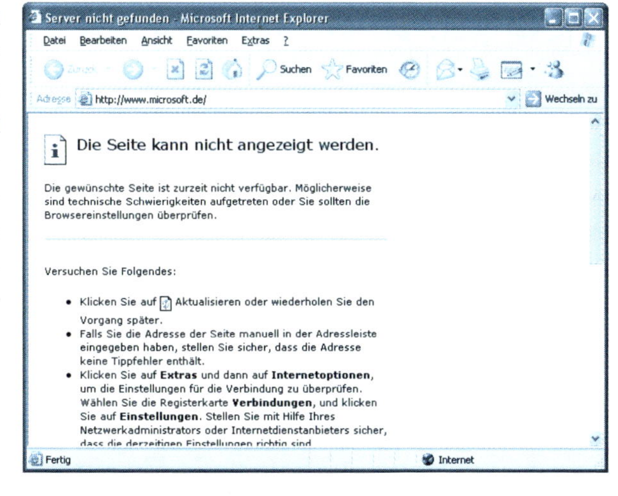

Hinweis

Der Internet Explorer ist ab Werk so eingestellt, dass er nach dem Starten sofort eine Verbindung mit dem Internet herstellen und eine Microsoft-Seite abrufen will. Weiter unten wird gezeigt, wie Sie eine leere oder eine andere Startseite einstellen können.

Nun müssen Sie dem **Browser mitteilen, wo** das gewünschte **Dokument zu finden ist**. Dies geschieht durch direktes Eintippen in die *Adresse*-Symbolleiste. Die Adressen werden meist in der folgenden Form angegeben:

www.xxx.com

> **Hinweis**
>
> *Manchmal taucht in diesem Zusammenhang auch der Begriff **URL** auf. Die ist aber nichts anderes als die englische Abkürzung »Uniform Resource Locator« und bezeichnet eine Adressangabe im Internet.*

Das Ganze wird als **Domainadresse** bezeichnet und gibt dem Kenner einige Hinweise. Mit *www* wird meist die Hauptseite eines Webangebots versehen. Die Zeichen *xxx* stehen hier für den Namen der Domain (z.B. Firmennamen wie *microsoft, mut* etc.). Die Endungen geben einen Hinweis auf das Land (*.de, .at, .ch* etc.) oder die Organisation (*.com, .org, .net* etc.). Der Browser ergänzt die Adresse anschließend noch um den Vorspann *http://*, d.h., Sie brauchen diese Kennung nicht anzugeben. An diese Adresse schließt sich gelegentlich noch eine Buchstabenfolge mit dem Pfad zu Unterordnern auf dem betreffenden Webserver an (z.B. *www.microsoft.com/ie*).

Einzige Schwierigkeit bei der ganzen Sache: Sie müssen die genaue Adresse kennen. Adressen von Webseiten erfahren Sie beispielsweise in Anzeigen von Firmen. Es gibt auch Zeitschriften und andere Quellen, die solche Adressen veröffentlichen. Die nachfolgende Tabelle enthält einige Webadressen (die sich aber mit der Zeit ändern können).

Webadresse	Bemerkung
www.yahoo.de	Startseite von Yahoo
www.web.de	Suchseite von Web DE
www.zdf.de	Seite des Zweiten Deutschen Fernsehens
www.ComputerBild.de	Seite der Zeitung ComputerBild
www.bild.de	Seite der Bild-Zeitung
www.spiegel.de	Seite des Magazins »Der Spiegel«
www.stern.de	Seite des Magazins »Stern«
www.focus.de	Seite des Magazins »Focus«

Auf der Webseite *www.borncity.de/Tricks/Internet.htm* finden Sie eine kommentierte Liste mit weiteren Webseiten. Kennen Sie die Adresse des Dokuments, geben Sie diese im Adressfeld des Browsers an. Anschließend wird das betreffende Dokument geladen, und Sie können ggf. über die bereits erwähnten Hyperlinks zu den Folgeseiten gelangen. In den nachfolgenden Schritten sollen einmal einige Seiten des Spiegel Online abgerufen werden. Diese Seiten zeichnen sich durch eine übersichtliche Struktur und hohen Informationsgehalt aus.

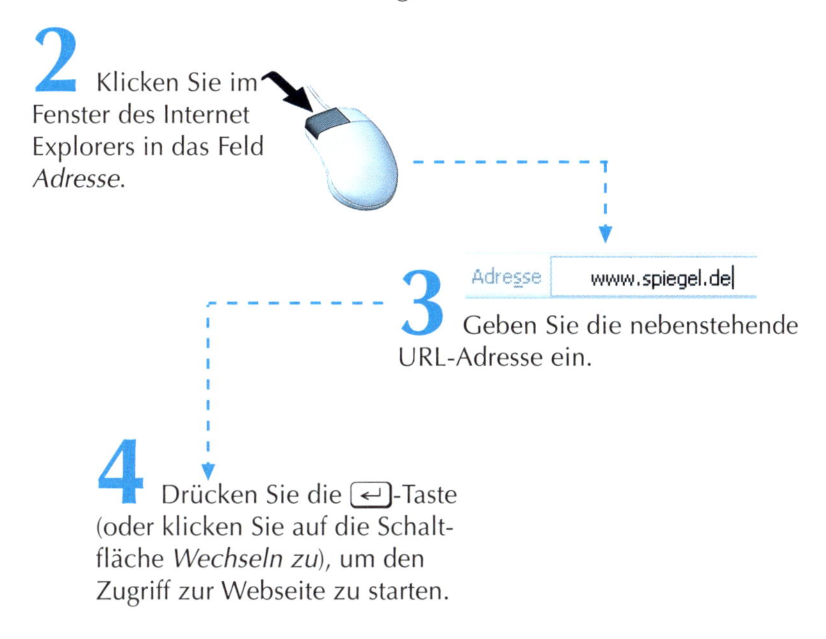

2 Klicken Sie im Fenster des Internet Explorers in das Feld *Adresse*.

3 Geben Sie die nebenstehende URL-Adresse ein.

4 Drücken Sie die [↵]-Taste (oder klicken Sie auf die Schaltfläche *Wechseln zu*), um den Zugriff zur Webseite zu starten.

Es kann jetzt einige Sekunden dauern, bis der Browser eine Verbindung zum Internet hergestellt und die betreffende Seite gefunden hat. Bedenken Sie immer, dass das Dokument eventuell vom anderen Ende der Welt geholt werden muss. Kommt keine Verbindung zustande, zeigt der Browser die eingangs bereits erwähnte Seite mit dem Text »Die Seite kann nicht angezeigt werden«. Ursache kann eine falsch eingetippte Adresse, ein ausgefallener Webserver, eine unterbrochene Onlineverbindung und vieles mehr sein.

In der Regel sollte es aber so sein, dass der Browser die Seite aus dem Internet abruft. Diese wird dann schrittweise im Browserfenster aufgebaut.

Hinweis

Und hier noch einige Tipps zur Eingabe der Webadressen: Hatten Sie die Adresse bereits einmal besucht? Der Browser merkt sich die Webadresse und blendet bereits nach der Eingabe der ersten Zeichen ähnlich lautende Webadressen in einem Listenfeld ein.

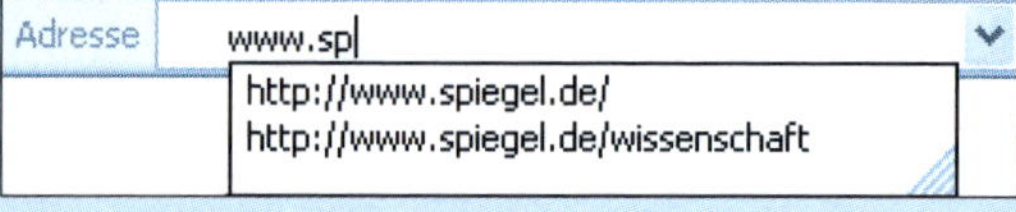

Klicken Sie auf den Pfeil rechts neben dem Adresse-Feld, blendet der Internet Explorer die gespeicherte Adressliste ebenfalls ein. Sie können dann eine dieser Adressen durch Anklicken übernehmen.

Dauert es Ihnen zu lange, bis die Verbindung zum Rechner mit der gewünschten Seite zustande kommt, können Sie die Anfrage des Browsers nach dem gewünschten Dokument über diese Schaltfläche der Symbolleiste abbrechen.

Wird eine Seite nicht komplett geladen, oder möchten Sie eine Anfrage nochmals wiederholen, wählen Sie die nebenstehende Schaltfläche in der Symbolleiste des Browsers zur Aktualisierung der Seite an.

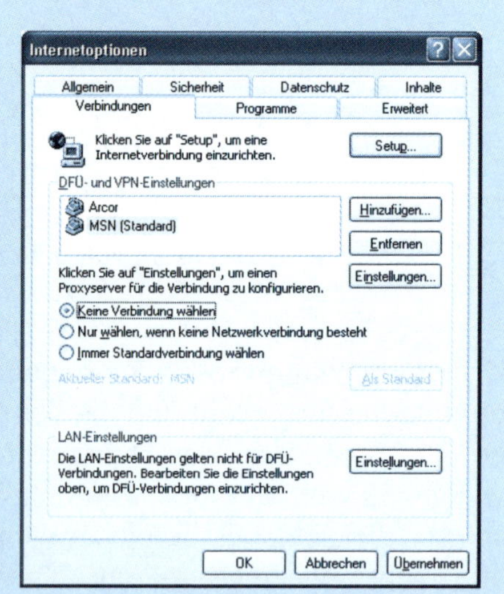

Falls Sie keine Verbindung zum Internet erhalten, wählen Sie im Menü Extras *den Befehl* Internetoptionen. *Kontrollieren Sie auf der Registerkarte* Verbindungen *die Einstellungen. Diese sollten in etwa den nebenstehend gezeigten Optionen entsprechen. Hier wurde die Option* Keine Verbindung wählen *gesetzt, um zu verhindern, dass sich der Internet Explorer unbemerkt ins Internet einwählt – ich stelle die Verbindung immer manuell her (siehe oben). Über die Schaltfläche* Setup *können Sie ggf. einen Assistenten starten, um die Internetverbindung erstmalig einzurichten. Bitten Sie notfalls einen Experten um Unterstützung beim Einrichten.*

Hier sehen Sie eine Seite des Spiegel Online mit aktuellen Meldungen.

Einige Stellen der Seite sind dabei als **Hyperlinks**, d.h. als Verweise zu anderen Dokumenten aufgebaut.

> **Hinweis**
>
> *Der Anbieter der Seiten kann eine Sammlung von Dokumenten über solche Hyperlinks für seine »Leser« zusammenfassen. Anhand dieser Hyperlinks können Sie zwischen den Seiten wechseln – dies wird auch als »Surfen« bezeichnet.*

Hyperlinks kennen Sie bereits aus der Windows-Hilfe. Zeigen Sie auf einen Hyperlink, nimmt der Mauszeiger die Form einer stilisierten Hand an, und in der Statusleiste des Browsers finden Sie die Adresse der Folgeseite angegeben. Der Wechsel des Mauszeigers beim Zeigen auf Seitenelemente signalisiert, dass es sich um **Hyperlinks** handelt. Hyperlinks können entweder als Grafik, als unterstrichener Text oder als normaler Text in einem Dokument realisiert sein. Klicken Sie einen Hyperlink an, gelangen Sie zur Folgeseite.

Beim Angebot des Spiegel-Online findet sich eine komplette Rubrik mit Hyperlinks in der linken Spalte. Über diese Hyperlinks lassen sich Themen geordnet nach Kategorien wie Politik, Wirtschaft, Sport etc. abrufen.

1 Klicken Sie auf einen Hyperlink (hier z.B. Wissenschaft).

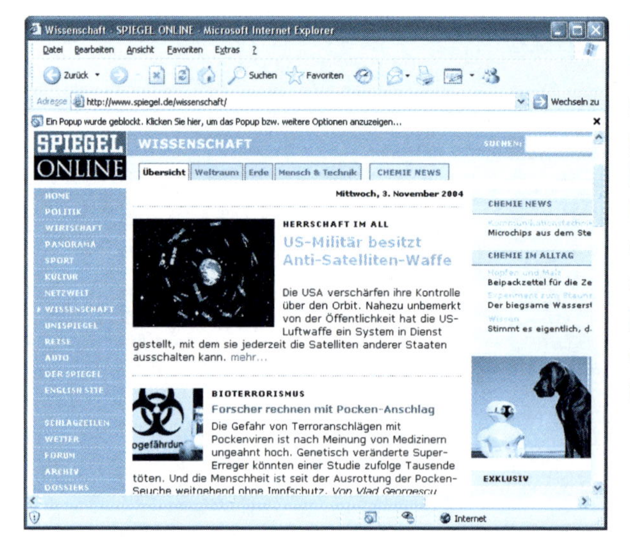

Da es sich um einen Hyperlink handelt, erscheint die zugehörige Folgeseite. Hier sehen Sie eine solche Folgeseite mit einem der verfügbaren Titel und ggf. weiteren Hyperlinks, die zu anderen Dokumenten führen.

2 Klicken Sie erneut auf einen Hyperlink, um zur Folgeseite zu gelangen.

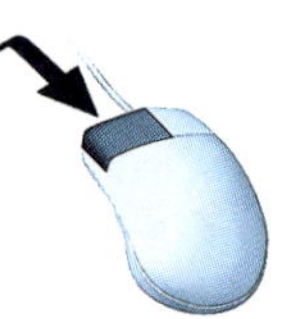

Auf diese Weise können Sie zwischen den Webseiten wechseln und Dokumente abrufen. Abhängig von der Dokumentgröße und Anzahl der im Dokument enthaltenen Grafiken kann dies durchaus längere Zeit dauern.

Haben Sie die obigen Schritte durchgeführt? Vermutlich haben Sie keinen Unterschied zum Arbeiten mit der Windows-Hilfe oder anderen Windows-Funktionen festgestellt. Das Surfen in Webseiten ist genauso einfach wie der Umgang mit Ordnerfenstern.

Blättern zwischen den Seiten

Es gibt aber noch Fragen, auf die Sie früher oder später stoßen werden. Nehmen wir an, Sie möchten wieder zur **vorher besuchten Seite** zurückkehren. Müssen Sie jetzt die ursprüngliche Webadresse dieser Seiten im Feld *Adresse* erneut eintippen? Nein, denn der Browser zeichnet die Adressen der von Ihnen besuchten Webseiten automatisch auf.

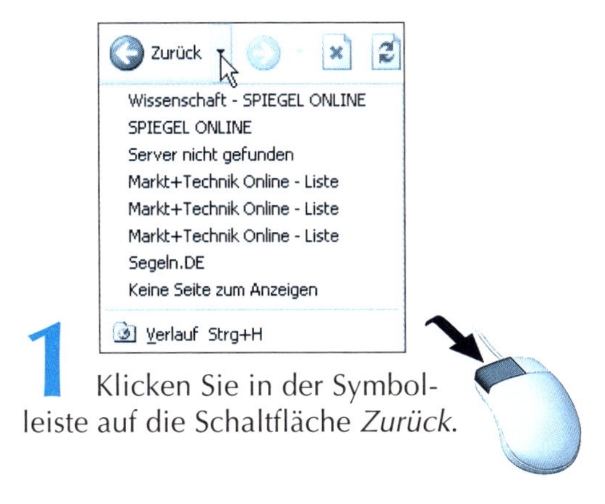

1 Klicken Sie in der Symbolleiste auf die Schaltfläche *Zurück*.

Der Browser zeigt jetzt die vorher »besuchte« Webseite erneut an. Durch erneutes Anklicken der Schaltfläche können Sie ggf. noch eine Seite zurückblättern. Dies kann bei mehreren besuchten Seiten recht umständlich sein. Schneller geht es, wenn Sie auf den Pfeil neben der Schaltfläche klicken und dann im eingeblendeten Menü direkt einen Befehl mit dem Seitentitel wählen. Der Internet Explorer ruft die zugehörige Seite auf. Möchten Sie nach dem Zurückblättern nochmals eine Seite vorwärts blättern?

2 Klicken Sie auf die Schaltfläche *Vorwärts*.

Dann sehen Sie wieder die betreffende Seite, die bereits vorher angewählt war. Über den Pfeil rechts neben der Schaltfläche lässt sich ebenfalls ein Menü mit den Seitentiteln abrufen.

> **Hinweis**
>
> *Die beiden Schaltflächen* Vorwärts *und* Zurück *sollten Sie bereits von Ordnerfenstern her kennen. Beim Zeigen auf die Schaltfläche wird ein Hinweis auf das Verweisziel als QuickInfo eingeblendet. Sie können entweder seitenweise blättern oder ein Dokument über das Menü der jeweiligen Schaltflächen anwählen. Die beiden Schaltflächen funktionieren nur, wenn Sie bereits mehr als eine Seite in der aktuellen Sitzung besucht haben. Beim nächsten Start sind die Schaltflächen gesperrt.*

Sie sehen, das »Surfen« in »Webseiten« ist eigentlich ein Kinderspiel. Das Schwierigste an der ganzen Sache ist, die richtige Adresse für die Startseite zu kennen. Solche Webadressen finden sich aber mittlerweile in vielen Zeitschriften, und Sie können gezielt nach bestimmten Themen suchen lassen (dazu später mehr).

Achtung

Wenn Sie nicht mehr im Internet »surfen« möchten, sollten Sie die Verbindung zu Ihrem Verbindungsrechner trennen (siehe vorhergehende Seiten). Andernfalls werden weiter ***Gebühren*** *für den Online-Zugriff berechnet.*

Webseiten merken

Gibt es vielleicht eine Webseite, die Sie häufiger besuchen oder die Ihnen besonders gut gefällt? Dann ist es recht umständlich, jedes Mal die zugehörige Adresse einzutippen, und Merken ist auch recht aufwändig. Der Microsoft Internet Explorer besitzt die Funktion »Favoriten«, mit der Sie sich die Adressen interessanter Webseiten »merken« und später bei Bedarf abrufen können. So nehmen Sie eine Webseite in die Favoritenliste auf:

1 Rufen Sie die gewünschte Webseite im Internet Explorer auf.

2 Wählen Sie im Menü *Favoriten* des Internet Explorer den Befehl *Zu Favoriten hinzufügen.*

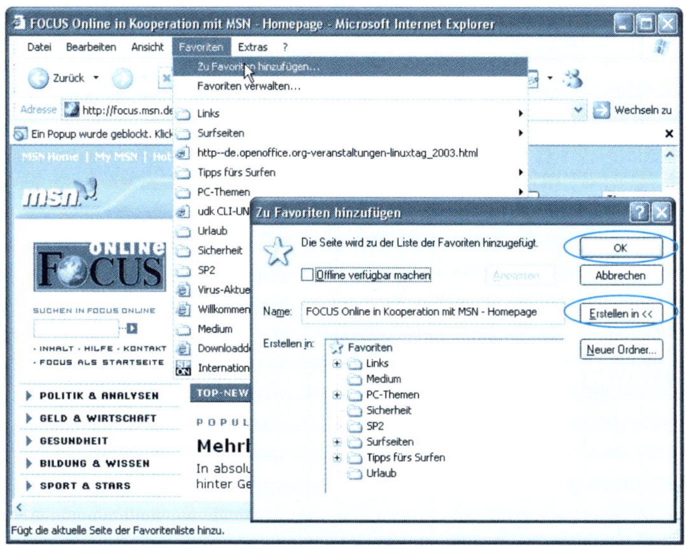

3 Expandieren Sie das Dialogfeld *Zu Favoriten hinzufügen* ggf. über die Schaltfläche *Erstellen in*, wählen Sie einen der Ordner in der Liste *Erstellen in*, passen Sie ggf. den Text im Feld *Name* an und schließen Sie das Dialogfeld über die *OK*-Schaltfläche.

> **Hinweis**
>
> *In der Symbolleiste des Internet Explorer finden Sie die Schaltfläche* Favoriten, *bei deren Anwahl die Favoritenliste in der linken Spalte des Browsers eingeblendet wird. Danach können Sie einen Favoriteneintrag anklicken und damit die Webseite abrufen.*

Der Internet Explorer fügt dann die Adresse der Webseite in der Favoritenliste ein. Favoriteneinträge können Sie direkt im Menü *Favoriten* wählen und die zugehörige Webseite damit abrufen.

Besuchte Seiten offline lesen

Haben Sie vergessen, die entsprechenden Favoriten anzulegen? Möchten Sie vielleicht eine gerade besuchte Seite später in Ruhe lesen? Auch hier hilft Ihnen der Internet Explorer in der Regel weiter. Sie können Seiten auch **offline**, d.h. ohne aktive Internetverbindung und laufende Gebühren, lesen. Der Browser merkt sich den Inhalt der von Ihnen besuchten Seiten in einem internen Zwischenspeicher (auch als Cache bezeichnet). Dieser Zwischenspeicher bleibt für einige Tage erhalten.

1 Klicken Sie in der Symbolleiste des Internet Browsers auf die Schaltfläche *Verlauf*.

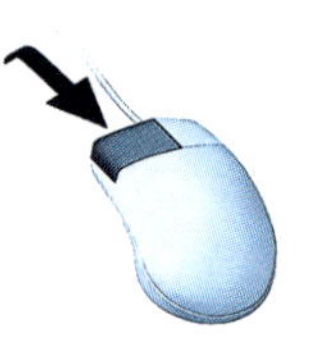

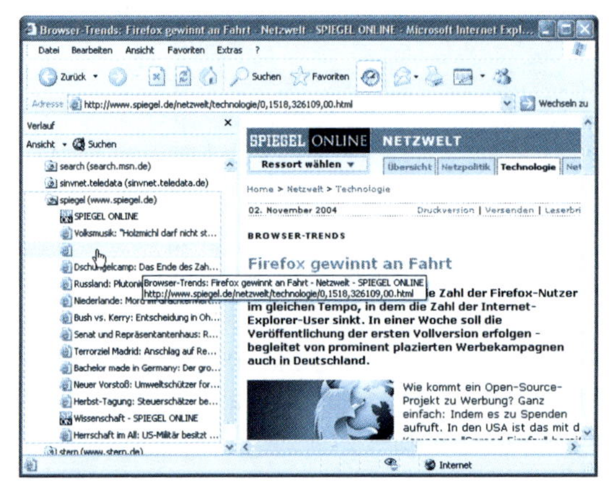

Der Internet Explorer zeigt in der Explorer-Leiste die Namen der besuchten Webseiten, geordnet nach Tagen und Wochen.

2 Klicken Sie auf einen Wochentag, um die Einträge anzuzeigen.

3 Klicken Sie auf einen der Einträge.

Der Internet Explorer lädt jetzt die Seite aus dem internen Speicher. Sie können anschließend die Seite in Ruhe lesen.

Hinweis

Falls die Anzeige nicht klappen will, wählen Sie im Menü Datei *versuchsweise den Befehl* Offlinebetrieb. *In diesem Modus erscheint das Symbol in der Statusleiste, und der Browser holt alle Inhalte aus dem internen Zwischenspeicher. Sind nicht mehr alle Informationen des Dokuments im Zwischenspeicher vorhanden, müssen Sie den Befehl* Offlinebetrieb *erneut anwählen und online gehen, um die zugehörige Seite anzuzeigen.*

Webseiten speichern und drucken

Möchten Sie gezielt den Text einer Seite speichern, um diese später erneut anzusehen? Dies lässt sich im Microsoft Internet Explorer mit wenigen Schritten durchführen:

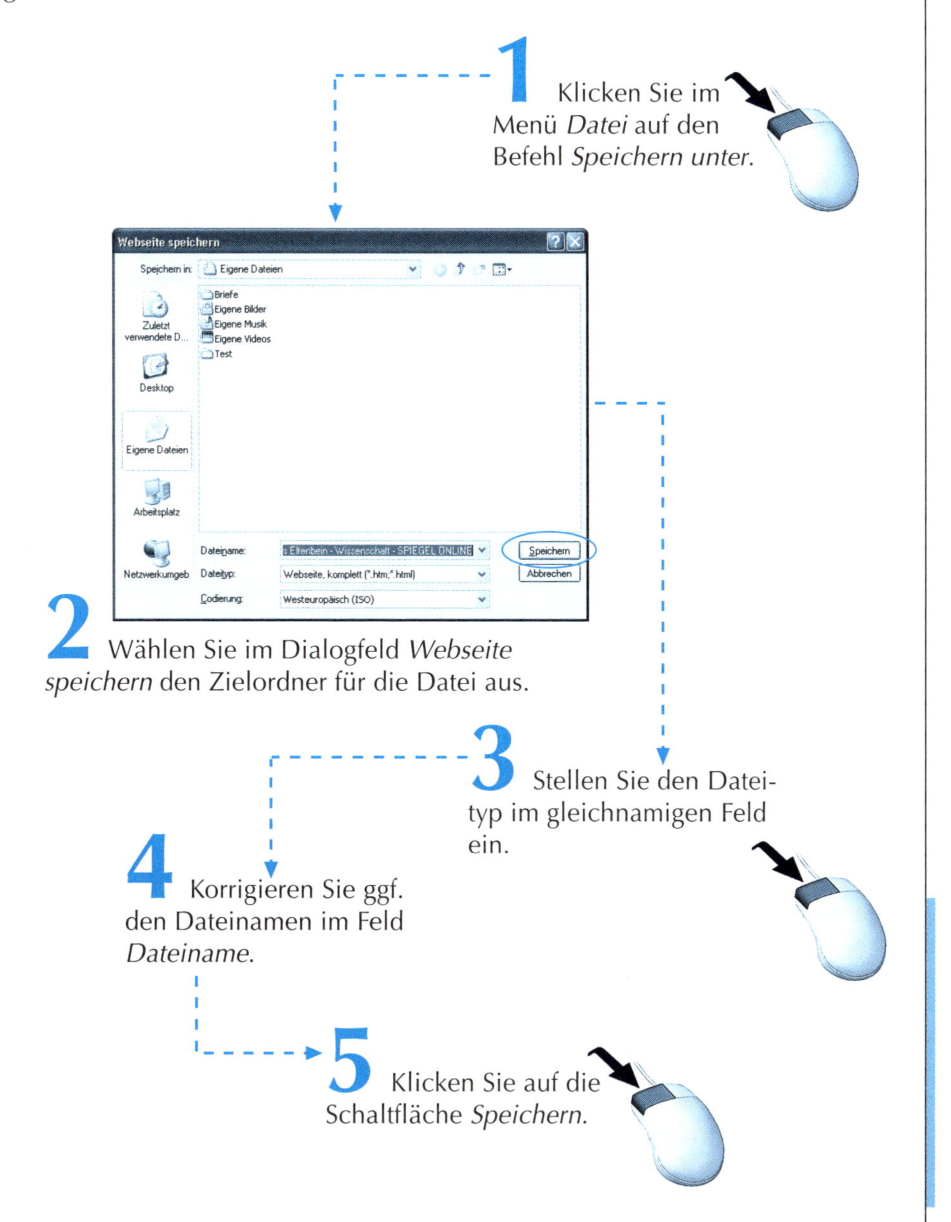

1 Klicken Sie im Menü *Datei* auf den Befehl *Speichern unter*.

2 Wählen Sie im Dialogfeld *Webseite speichern* den Zielordner für die Datei aus.

3 Stellen Sie den Dateityp im gleichnamigen Feld ein.

4 Korrigieren Sie ggf. den Dateinamen im Feld *Dateiname*.

5 Klicken Sie auf die Schaltfläche *Speichern*.

> **Tipp**
>
> *Um alles möglichst kompakt zu speichern, sollten Sie als Dateityp »Webarchiv« wählen. Dann werden alle Texte und Bilder in einer .mht-Datei hinterlegt. Dies erleichtert den Überblick über gespeicherte Seiten.*

Der Text der Seite wird vom Internet Explorer als Datei mit dem vorgegebenen Namen gespeichert. Je nach ausgewähltem Dateityp legt das Programm dann eine Archivdatei oder Einzeldateien mit Erweiterungen wie *.htm* oder *.html* an. Der Internet Explorer sichert dabei zusätzlich auch die Grafikdateien der Webseite in eigenen Unterordnern.

Möchten Sie vielleicht nur einzelne Bilder einer Webseite speichern? Auch wenn diese Bilder dem Copyright unterliegen, gibt es Fälle, wo es Sinn macht, diese aufzubewahren. Zum Speichern eines Bildes sind folgende Schritte erforderlich:

1 Klicken Sie mit der rechten Maustaste auf das Bild.

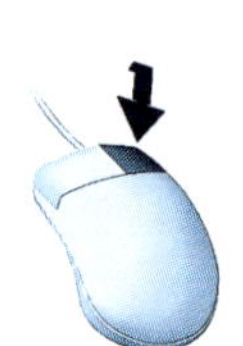

Link öffnen
Link in neuem Fenster öffnen
Ziel speichern unter...
Ziel drucken
Bild anzeigen
Bild speichern unter...
Bild senden...
Bild drucken...
Zu eigenen Bildern wechseln
Als Hintergrund
Als Desktopelement einrichten...

2 Wählen Sie im Kontextmenü den Befehl *Bild speichern unter* und geben Sie im Dialogfeld *Bild speichern* den Namen und den Ordner für das Bild an.

Solche Bilder lassen sich im Ordner *Eigene Bilder* ablegen und mit den in Kapitel 4 beschriebenen Programmen anzeigen und bearbeiten. **Gespeicherte Webseiten** lassen sich auch wieder **laden**. Auch das funktioniert problemlos, Sie müssen nur die gesicherte HTML-Dokumentdatei (Dateinamenerweiterung *.htm*, *.html*) per Doppelklick aufrufen. Solche HTML-Dokumente finden Sie übrigens immer häufiger auf CD-ROMs

oder auf Programmdisketten. Eine Webarchivdatei (*.mht*) lässt sich auf die gleiche Weise laden.

Hinweis

Beim Zeigen auf ein Bild blendet der Internet Explorer häufig eine kleine Symbolleiste mit Schaltflächen zum Speichern, Drucken oder Versenden ein. Ich selbst verwende aber lieber das Kontextmenü, da dieses im Gegensatz zur Symbolleiste immer abrufbar ist.

Seiten ausdrucken

Auch das **Ausdrucken** geladener **HTML-Dokumente** geht recht einfach.

1 Um eine Seite im Internet Explorer zu drucken, klicken Sie auf die Schaltfläche *Drucken*.

Der Internet Explorer druckt den Inhalt der Seite sofort aus.

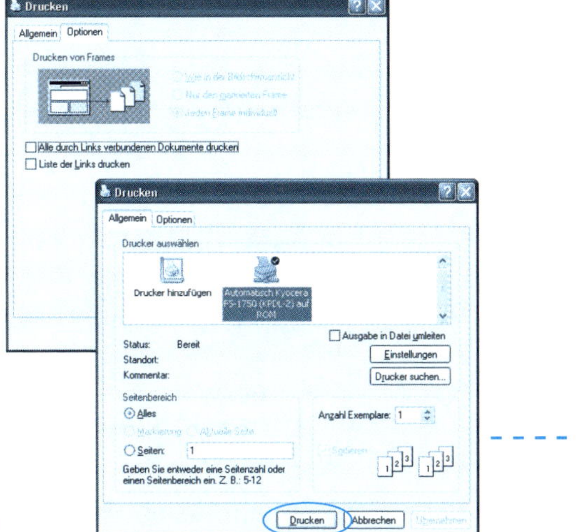

2 Benötigen Sie mehr Kontrolle über den Ausdruck, wählen Sie im Menü *Datei* den Befehl *Drucken*, oder drücken Sie die Tastenkombination Strg+P.

3 Legen Sie im Dialogfeld *Drucken* die gewünschten Optionen fest.

4 Klicken Sie auf die Schaltfläche *Drucken.*

Der Browser druckt jetzt den Inhalt der aktuell angezeigten Dokumentseite(n) samt Grafiken aus. Dieser Ausdruck umfasst auch die nicht sichtbaren Dokumentteile, falls das Anzeigefenster kleiner als das Dokument ist.

Hinweis

Manche Webseiten sind in mehrere Teile, auch als ***Frames*** *bezeichnet, unterteilt. Dann werden die Optionsfelder der Gruppe* Drucken von Frames *auf der Registerkarte* Optionen *freigegeben, und Sie können festlegen, wie die Inhalte der Frames auszugeben sind.*

Markieren Sie das Kontrollkästchen Liste der Links drucken *auf der Registerkarte* Optionen, *dann druckt der Browser am Ende der Dokumentseite eine Liste mit den Adressen aller im Dokument enthaltenen Hyperlinks.*

Startseite und andere Optionen einstellen

Beim Starten des Internet Explorers (siehe oben) lädt dieser automatisch eine eigene Startseite (oft auch als **Homepage** bezeichnet). Meist wird die Startseite von Microsoft (oder eines anderen Anbieters) als Homepage eingetragen.

Sie erreichen diese Startseite ebenfalls, sobald Sie in der Symbolleiste auf diese Schaltfläche klicken.

Dies gibt Ihnen die Möglichkeit, eine regelmäßig besuchte Seite zu definieren. Haben Sie sich beim »Surfen« im Webdschungel verirrt, kommen Sie mit der obigen Schaltfläche in bekannte Gefilde zurück. Allerdings müssen Sie dem Internet Explorer die betreffende Startseite vorgeben. Bei

der Installation wird die Adresse einer Microsoft-Webseite vorgegeben. Zum Ändern der Startadresse (und zum Anpassen weiterer Optionen) gehen Sie in folgenden Schritten vor:

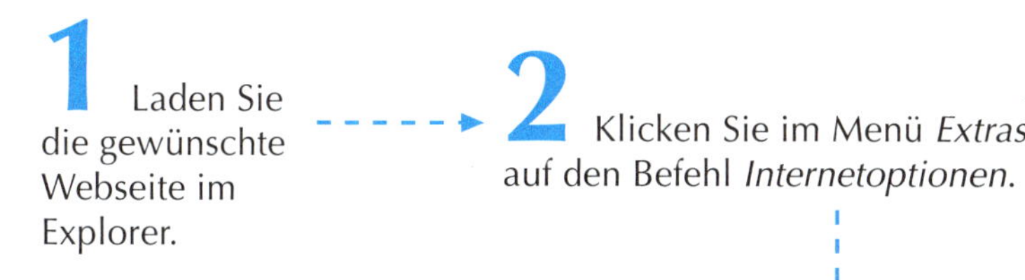

1 Laden Sie die gewünschte Webseite im Explorer.

2 Klicken Sie im Menü *Extras* auf den Befehl *Internetoptionen*.

Der Explorer zeigt jetzt das Eigenschaftenfenster *Internetoptionen* an.

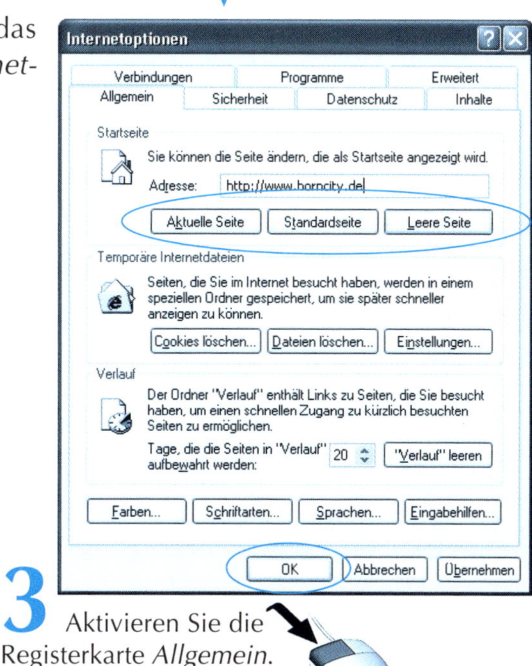

3 Aktivieren Sie die Registerkarte *Allgemein*.

4 Wählen Sie eine der Schaltfläche in der Gruppe *Startseite*.

5 Schließen Sie das Fenster über die *OK*-Schaltfläche.

Mit der Schaltfläche *Leere Seite* wird eine Leerseite *about:blank* als Startseite eingestellt – dies verhindert die Fehleranzeige beim Aufruf des Browsers, falls keine Internetverbindung besteht. Mit *Aktuelle Seite* machen Sie das aktuell geladene Webdokument zur Startseite (die URL dieser Seite steht im Feld *Adresse*). Wählen Sie die Schaltfläche *Standardseite*, wird die Adresse der Microsoft-Homepage vorgegeben. Weiterhin können Sie natürlich auch selbst eine URL im Feld *Adresse* eintippen.

In der Gruppe *Verlauf* legen Sie fest, wie viele Tage der Internet Explorer die Seiten im Ordner *Verlauf* zwischenspeichert. Weiterhin können Sie den Inhalt dieses Ordners über die Schaltfläche *Ordner „Verlauf" leeren* löschen. Die berüchtigten Cookies – kleine Dateien, die Webseiten beim Surfen auf der Festplatte hinterlegen – löschen Sie über die Schaltfläche *Cookies löschen*. Mit diesen beiden Schaltflächen tilgen Sie also Ihre »Surfspuren« auf dem Rechner.

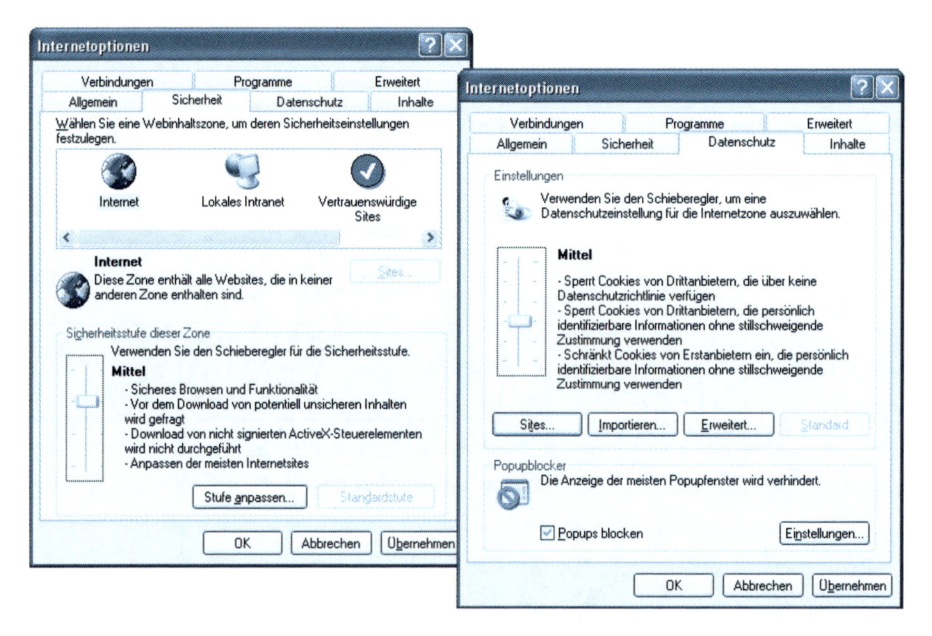

Auf der Registerkarte *Sicherheit* finden Sie die Symbole für die Webinhaltszonen »Internet«, »Lokales Intranet«, »Vertrauenswürdige Sites« und »Eingeschränkte Sites«. Klicken Sie eines der Symbole an, können Sie über den Schieberegler der Gruppe *Sicherheitsstufe dieser Zone* die Browsereinstellungen anpassen. Höhere Sicherheitsstufen verbessern die Sicherheit, schränken aber die Funktionalität des Browsers ein. Die

Zone »Internet« sollte auf die Sicherheitsstufe »Mittel« oder »Hoch« gesetzt werden. Für die Zone »Eingeschränkte Sites« ist immer die Stufe »Hoch« zu wählen. Nur die (z.B. für Internetbanking genutzte) Zone »Vertrauenswürdige Sites« erhält eine niedrigere Sicherheitsstufe. Bei Anwahl der Zonen »Vertrauenswürdige Sites« und »Eingeschränkte Sites« lässt sich die Schaltfläche *Sites* auf der Registerkarte wählen. Dann können Sie in einem Dialogfeld die Webadressen der vertrauenswürdigen bzw. eingeschränkten Sites eintragen.

Auf der Registerkarte *Datenschutz* können Sie die Cookiebehandlung über einen Schieberegler anpassen.

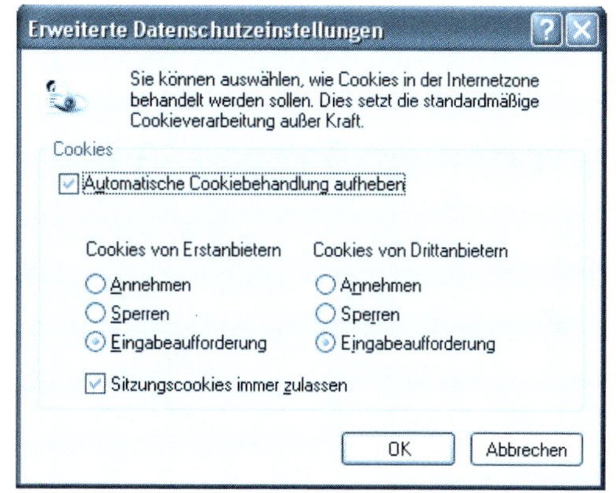

Öffnen Sie über die Schaltfläche *Erweitert* das nebenstehende Dialogfeld, markieren Sie das Kontrollkästchen *Automatische Cookiebehandlung aufheben* und dann die Optionsfelder *Eingabeaufforderung* und schließen Sie das Dialogfeld über *OK*.

Versucht ein Webserver danach, Cookies auf dem Rechner abzulegen, öffnet sich ein Dialogfeld, in dem Sie die Cookieablage akzeptieren oder ablehnen können.

Ist das Windows XP Service Pack 2 installiert, enthält die Registerkarte *Datenschutz* zudem die Gruppe *Popupblocker*. Ist das Kontrollkästchen *Popups blocken* markiert, unterdrückt der Browser unerwünschte Werbefenster (Popups) beim Besuch von Webseiten. Im Browser wird dann eine entsprechende Meldung in der Informationsleiste eingeblendet.

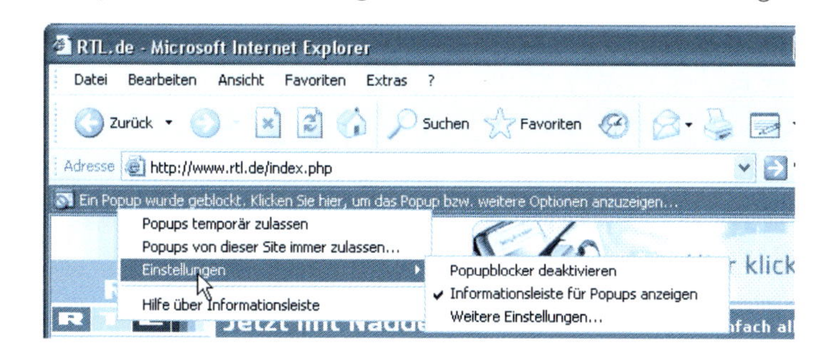

Klicken Sie auf diese Informationsleiste, öffnet sich ein Menü mit Befehlen, um die Werbefenster temporär oder permanent (für die jeweilige Webseite) zuzulassen. Über die Schaltfläche *Einstellungen* der Registerkarte *Datenschutz* lässt sich die Liste der zugelassenen Websites mit Popup-Fenstern (z.B. für Internetbanking) ansehen und bearbeiten.

Hinweis

Das Eigenschaftenfenster Internetoptionen *besitzt weitere Registerkarten, über die sich individuelle Einstellungen vorgeben lassen. Verwenden Sie die Direkthilfe oder die Programmhilfe des Internet Explorer, um Details zu den jeweiligen Funktionen abzurufen.*

Suchen im World Wide Web

Das Problem beim Zugriff auf die einzelnen Webseiten besteht darin, dass Sie deren Adressen kennen müssen. Bei den vielen Millionen Dokumenten im World Wide Web ist dies aber (zumindest ein mengenmäßiges) Problem. Glücklicherweise gibt es so genannte **Suchmaschinen**, über die Sie nach bestimmten Dokumentinhalten suchen können.

Was ist das?

Bei den ***Suchmaschinen*** *handelt es sich um Rechner, die Webseiten nach HTML-Dokumenten durchsuchen und bestimmte Stichwörter speichern. Bei einer Abfrage werden dann alle Dokumente zusammengestellt, die die von Ihnen vorgegebenen Suchbegriffe als Stichwörter enthalten. Einige dieser Seiten werden auch als* ***Portale*** *bezeichnet, da sie über eine Art Katalog Zugang zu verschiedenen Themen bieten. Adressen von Suchmaschinen sind zum Beispiel* www.web.de, www.yahoo.de, ww.google.de *oder* www.lycos.de.

Sie können die URL-Adresse einer solchen Suchmaschine direkt in der *Adresse*-Symbolleiste eintragen. Falls Sie sich diese URLs nicht merken können oder diese vergessen haben, unterstützt Sie der Microsoft Internet Explorer bei der Suche mittels einer vordefinierten Suchseite.

Suchen

1 Klicken Sie in der Symbolleiste des Explorers auf die Schaltfläche *Suchen*.

Der Internet Explorer stellt eine Verbindung zum Internet her und zeigt das Formular der MSN-Suchseite in der linken Spalte des Fensters an.

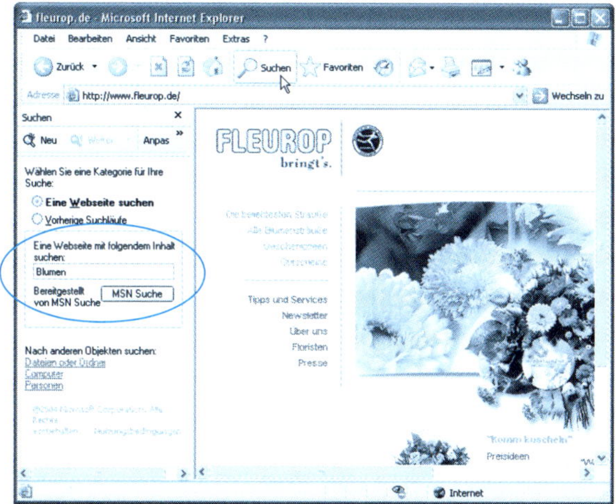

2 Tippen Sie den Suchbegriff im Eingabefeld ein und klicken Sie auf die Schaltfläche *MSN-Suche*.

Die Suchmaschine zeigt die gefundenen Dokumente im linken Fensterteil in Kurzform samt Hyperlinks an.

3 Klicken Sie auf einen der Hyperlinks, um das zugehörige Dokument im rechten Fensterteil anzuzeigen.

> **Hinweis**
>
> *Über Suchmaschinen können Sie sehr komfortabel nach Stichwörtern im Internet recherchieren. Wie diese Stichwörter eingegeben werden, hängt von der jeweiligen Suchmaschine ab. Manche Suchmaschinen erwarten bei mehreren Stichwörtern ein Pluszeichen zwischen den Begriffen. Bei anderen Maschinen müssen die Suchbegriffe in Anführungszeichen gesetzt werden.*

Download von Dateien

Manchmal werden auf einer Webseite Dateien zum Herunterladen – auch als Download bezeichnet – angeboten. Sie können dann diese Dateien aus dem Internet laden und auf Ihrem Rechner speichern.

1 Klicken Sie auf den Hyperlink, der die Datei zum Download anbietet.

> **Achtung**
>
> *Beim Download sollten Sie niemals die Schaltfläche Öffnen wählen, da Sie dann Viren alle Möglichkeiten zur Verbreitung und Schädigung Ihres Systems eröffnen.*

Wie der Hyperlink aussieht, hängt vom Autor der Webseite ab. Es kann eine Textstelle, eine Schaltfläche oder auch eine anklickbare Grafik als Hyperlink zum Download fungieren. Der Internet Explorer öffnet ein Dialogfeld *Dateidownload.*

Hier sehen Sie die Version, die bei installiertem Windows XP Service Pack 2 eingeblendet wird.

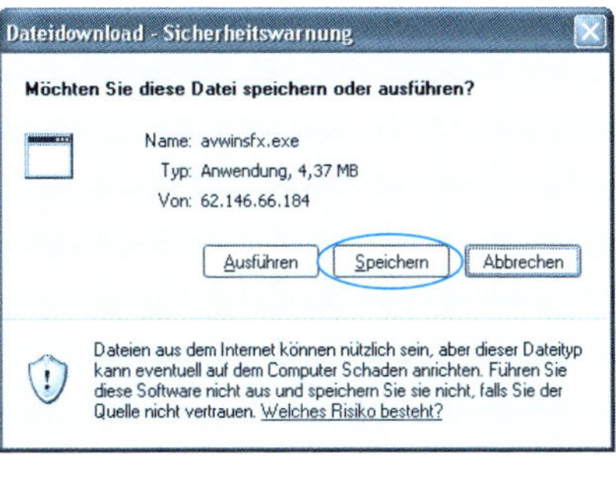

2 Klicken Sie auf die Schaltfläche *Speichern*.

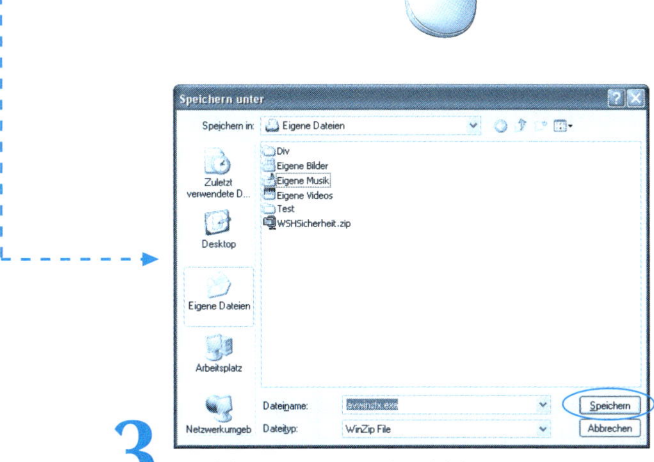

3 Wählen Sie im Dialogfeld *Speichern unter* den Zielordner und korrigieren Sie ggf. den Dateinamen.

4 Klicken Sie auf die *Speichern*-Schaltfläche.

Der Internet Explorer beginnt jetzt mit dem Herunterladen der betreffenden Datei. Dies kann – je nach Dateigröße und Übertragungsgeschwindigkeit – längere Zeit dauern.

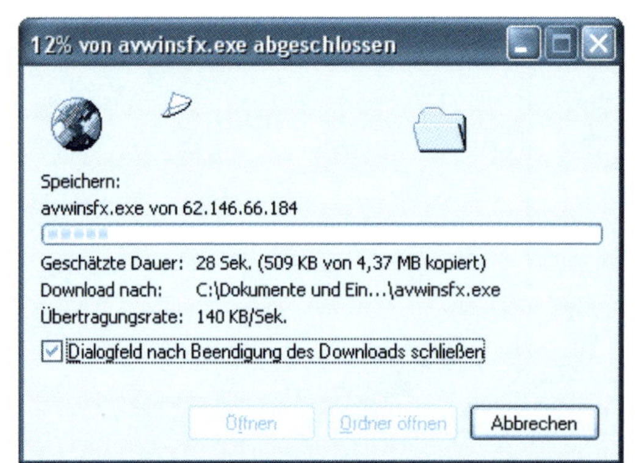

Während des Ladens werden Sie in einem Statusfenster über den Fortgang informiert. Markieren Sie ggf. das Kontrollkästchen *Dialogfeld nach Beendigung des Downloads schließen.*

Sie können während dieser Zeit aber durchaus weitere Webseiten abrufen oder etwas anderes tun. Sobald der Download beendet ist (Sie erkennen dies u.U. daran, dass das Dialogfeld zum Download geschlossen wird), sollten Sie die heruntergeladene Datei von einem Virenprüfprogramm testen. Ist die Datei nicht infiziert, können Sie sie anschließend öffnen.

Hinweis

Für den täglichen Einsatz kommen Sie mit den oben vorgestellten Funktionen aus. Der Internet Explorer bietet weitere Funktionen, die aus Platzgründen in diesem Buch nicht angesprochen werden können. Auch die Funktionen des Programms Windows Messenger müssen ausgespart bleiben. Konsultieren Sie gegebenenfalls die Programmhilfe oder weiterführende Bücher zum Thema Windows XP.

Kleine Erfolgskontrolle

Nachdem Sie dieses Kapitel durchgearbeitet haben, kennen Sie die wichtigsten Grundlagen des Internet. Vielleicht überprüfen Sie Ihr Wissen und die neu gewonnenen Fähigkeiten anhand der folgenden Übungen. Hinter jeder Übung wird in Klammern die Antwort angegeben.

- Was versteht man unter einem Hyperlink?

  (Eine Textstelle, die auf ein Folgedokument verweist. Ein Mausklick auf den Hyperlink ruft dieses Dokument auf.)

- Laden Sie eine Webseite im Internet Explorer.

  (Internet Explorer starten und die URL-Adresse der Seite im Feld *Adresse* eintippen. Ggf. die Verbindung zum Internet herstellen lassen.)

- Wie lässt sich vorherige Seite im Internet Explorer abrufen?

  (Verwenden Sie die Schaltfläche *Zurück*.)

- Wie laden Sie eine Datei aus dem Internet?

  (Webseite öffnen und den Hyperlink zum Download der Datei anklicken. Dann die Schaltfläche *Speichern* anklicken und den Speicherort vorgeben. Auf *Speichern* klicken.)

- Wie drucken Sie eine Webseite mit Frames?

  (Seite abrufen, die Tasten Strg+P drücken und auf der Registerkarte *Optionen* das Optionsfeld *Wie in der Bildschirmansicht* wählen. Dann auf *Drucken* klicken.)

Im nächsten Kapitel lernen Sie elektronische Nachrichten (E-Mails) zu bearbeiten.

Kapitel 8

So funktioniert E-Mail

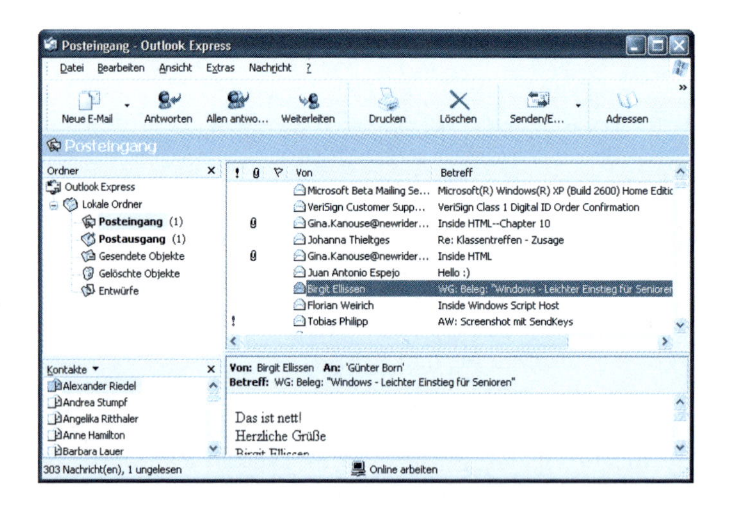

Der Austausch von elektronischer Post gehört heute für viele Windows-Anwender zur täglichen Arbeit. Microsoft Outlook Express ist das Programm, welches Ihnen unter Windows die entsprechenden Funktionen bietet. Verwenden Sie Outlook Express als Postzentrale für elektronische Nachrichten sowie das Adressbuch zur Pflege Ihrer Kontakte. Das vorlegende Kapitel zeigt, wie Sie elektronische Nachrichten bearbeiten und Ihre Kontakte mit dem Programm pflegen.

Das können Sie schon:

Das lernen Sie neu:

Outlook Express-Schnellstart

Bei der Installation von Windows wird standardmäßig das Programm Outlook Express im Startmenü eingerichtet.

Zum Starten wählen Sie den Eintrag *Outlook Express* im Startmenü.

Outlook Express öffnet das Anwendungsfenster. Der Aufbau dieses Fensters ist (über das Menü *Ansicht/Layout*) konfigurierbar. Nachfolgend finden Sie eine Übersicht über die wichtigsten Elemente des Outlook Express-Fensters, wie sie sich beim Aufruf darstellen.

Ordnerleiste Mails und News

Kontakte im Adressbuch

Outlook Dokumentbereich und Startseite mit Funktionen

- Das Programm besitzt im Anwendungsfenster die von anderen Windows-Anwendungen bekannten Symbol- und Menüleisten.
- Im Dokumentbereich (rechts unten) wird beim Aufruf die Startseite als HTML-Dokument angezeigt. Über die Hyperlinks können Sie die betreffenden Funktionen (z.B. E-Mail lesen) abrufen.
- In der linken Spalte blendet Outlook Express die Ordnerleiste für den Posteingang und optional die Newsgroup-Konten ein. Im Zweig *Lokale Ordner* finden Sie die Ordner *Posteingang, Postausgang, Gesendete Objekte, Gelöschte Objekte* sowie *Entwürfe,* in denen Outlook Express die Nachrichten und Entwürfe hinterlegt.

Unterhalb der Ordnerliste zeigt Outlook Express ggf. noch die Liste der definierten Kontakte (mit Adressen) an. Die Statusleiste zeigt Ihnen allgemeine Informationen zum angewählten Ordner etc.

Hinweis

Beachten Sie aber, dass sich das Aussehen des Outlook Express-Fensters über den Befehl Layout *im Menü* Ansicht *anpassen lässt. Auf der Registerkarte* Layout *finden Sie Kontrollkästchen, über die sich Leisten und Fensterelemente ein- oder ausblenden lassen. Nachfolgend wird die Standarddarstellung von Outlook Express benutzt.*

Ein E-Mail-Konto einrichten

Zum Austausch von E-Mails benötigen Sie ein so genanntes E-Mail-Konto mit einer E-Mail-Adresse. Die E-Mail-Adresse erlaubt anderen Internet-Nutzern, Nachrichten an Sie zu adressieren, und Ihre ausgehenden Nachrichten tragen die E-Mail-Adresse als Absenderkennung. Das bei einem Provider (auf einem so genannten E-Mail-Server) geführte E-Mail-Konto bietet neben Ihrer weltweit eindeutigen E-Mail-Adresse noch die Funktionen eines Posteingangs- und Postausgangsfachs. Sobald Post aus dem Internet für Sie eintrifft, wird diese in das Postausgangsfach des Servers einsortiert. Von Ihnen erstellte Post geht in den Postausgang des E-Mail-Servers und wird von dort automatisch im Internet dem Empfänger zugestellt.

Hinweis

Verwenden Sie Internet-by-Call, fehlt Ihnen ein E-Mail-Konto. Provider wie Web.de (www.web.de), GMX (www.gmx.de) etc. bieten aber kostenlose E-Mail-Konten an. Sie müssen sich lediglich auf der betreffenden Webseite des Providers anmelden. Meist können Sie das Konto in einem Formular auf der Webseite beantragen und erhalten gleichzeitig die E-Mail-Adresse samt Kennwort und Zugangsdaten. Wichtig ist bei der Anmeldung, dass der Provider ein E-Mail-Konto bereitstellt, welche die beiden Übertragungsstandards POP3 (zum Lesen) und SMTP (zum Versenden) unterstützt.

Um an die Postfächer auf dem E-Mail-Server heranzukommen, benötigen Sie einen so genannten Mail-Client wie Outlook Express. Dieses Programm kann während einer Onlinesitzung auf die Postfächer zugreifen, den Posteingang leeren und neue E-Mails im Postausgang abgeben. Für diesen Zweck muss Outlook Express aber entsprechend konfiguriert werden. Beim ersten Aufruf von Outlook Express meldet sich daher ein Assistent, der die relevanten Daten abfragt. Wurde der Assistent abgebrochen, lassen sich die Daten des E-Mail-Kontos auch nachträglich eintragen. Nachfolgend werden die Schritte zum Einrichten eines bestehenden E-Mail-Kontos bei Web.de in Outlook Express skizziert.

1 Wählen Sie in Outlook Express den Befehl *Extras/Konten*.

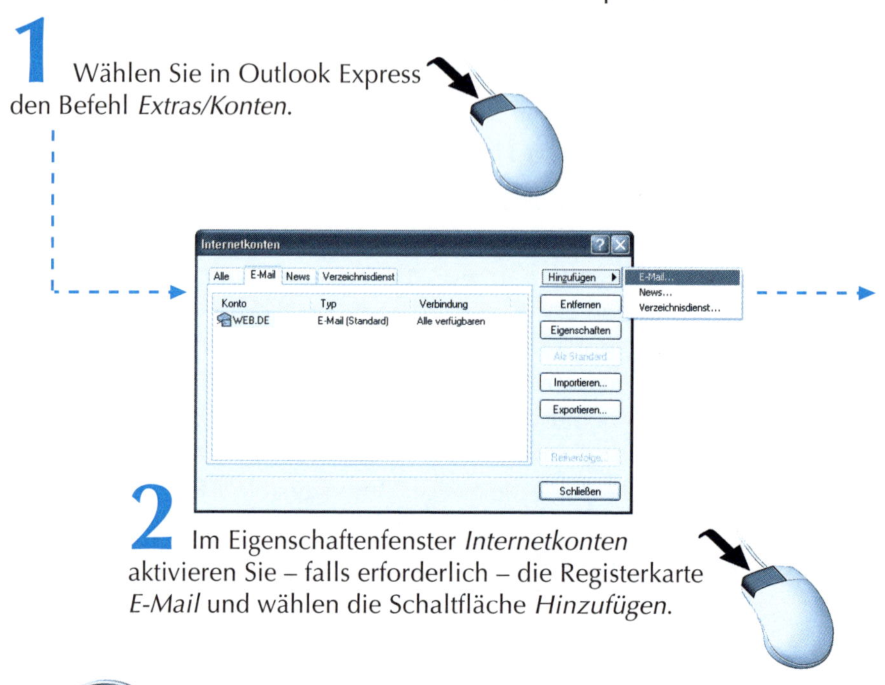

2 Im Eigenschaftenfenster *Internetkonten* aktivieren Sie – falls erforderlich – die Registerkarte *E-Mail* und wählen die Schaltfläche *Hinzufügen*.

3 Klicken Sie im dann angezeigten Menü auf *E-Mail*.

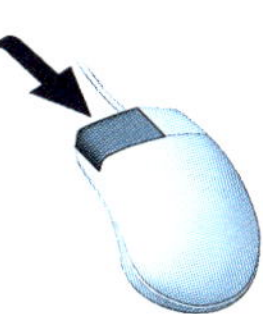

Ein Assistent fragt dann die Kenndaten des Kontos in verschiedenen Dialogfeldern ab. Diese Dialoge wurden hier in einer Montage zusammengeführt.

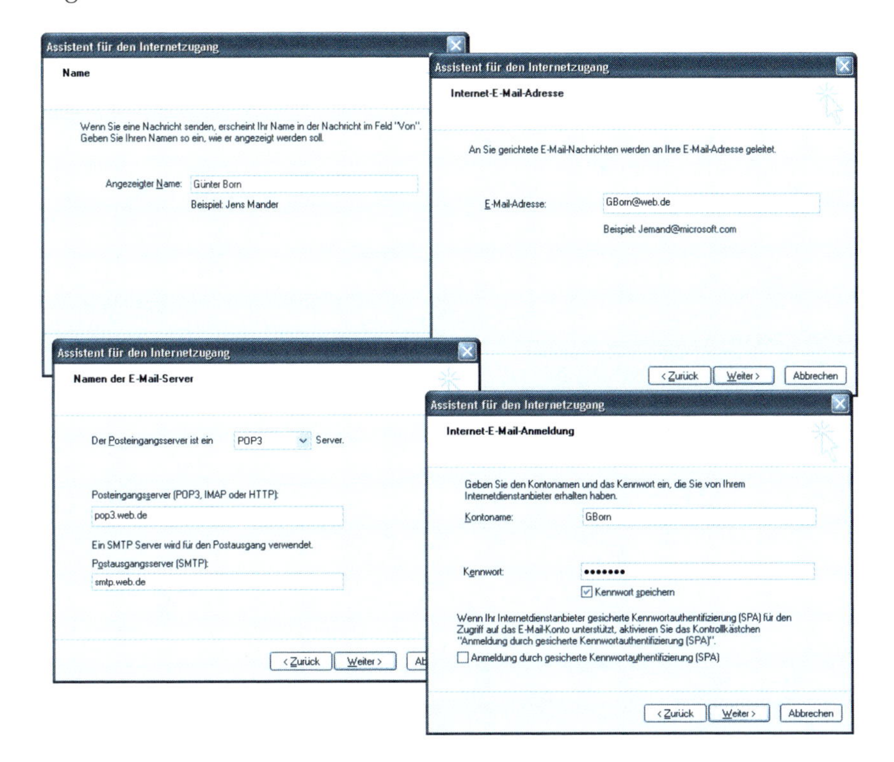

4 Tippen Sie im ersten Dialogschritt des Assistenten Ihren Namen ein und klicken Sie auf die Schaltfläche *Weiter*.

Dieser Name wird als Absender Ihren ausgehenden Mails im Klartext angehängt.

5 Tippen Sie die E-Mail-Adresse, die Sie bei Ihrem Provider erhalten haben, im nächsten Feld ein und klicken Sie auf die Schaltfläche *Weiter*.

Jetzt gilt es, Outlook Express die Adressen des Webserver zum Zustellen der Post mitzuteilen. Dabei wird zwischen dem POP3-Posteingangs- und dem SMTP-Postausgangsserver unterschieden. Das Beispiel zeigt diese Daten für den Anbieter Web.de.

6 Tippen Sie in den Feldern die Adressen des POP3-Posteingangsservers sowie des SMTP-Postausgangsservers ein und klicken Sie auf die Schaltfläche *Weiter*.

Hinweis

Löschen Sie ggf. zur Sicherheit die Markierung des Kontrollkästchens Kennwort speichern. *Dann fragt Outlook Express das Kennwort bei jedem Zugriff auf den E-Mail-Server ab.*

7 Geben Sie im nächsten Dialogschritt den Kontonamen sowie das Kennwort für das E-Mail-Konto ein.

8 Klicken Sie auf die Schaltfläche *Weiter* und schließen Sie den Assistenten im letzten Dialogschritt über die Schaltfläche *Fertig stellen* ab.

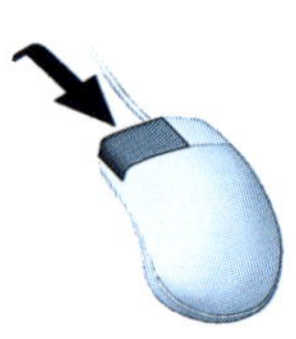

Outlook Express schließt den Assistenten und blendet das neue Konto auf der Registerkarte *E-Mail* ein. Auf diese Weise können Sie durchaus mehrere E-Mail-Konten definieren, die durch Outlook Express verwaltet werden. Sobald die obigen Schritte erfolgreich ausgeführt und die Verbindungseinstellungen für den Internetzugang konfiguriert wurden (siehe Kapitel 7), können Sie Nachrichten empfangen und versenden (siehe folgende Seiten).

> **Hinweis**
>
> *Das Schwierigste an der ganzen Sache ist es, die Kenndaten des Kontos vom Provider zu erfahren. Bei den meisten Providern werden Ihnen die Daten bei der Anmeldung des E-Mail-Kontos mitgeteilt oder sie finden sich auf der Homepage des Anbieters. Die Schaltfläche* Eigenschaften *der Registerkarte* E-Mail *erlaubt Ihnen, die Einstellungen eines eingerichteten und markierten Kontos nachträglich anzusehen und anzupassen. Bitten Sie bei unlösbaren Problemen ggf. einen Experten, Ihnen beim **Einrichten** des Internetzugangs sowie **der E-Mail-Konten** behilflich zu sein. Eine ausführlichere Behandlung sprengt leider den Rahmen dieses Buches.*

Einstellungen für Outlook Express

Im privaten Umfeld wird in der Regel eine Wählverbindung zum Internetzugriff benutzt. Outlook Express ist aber werksseitig so eingestellt, dass das Programm E-Mails bei jedem Start und zyklisch abholen möchte. Neu erstellte E-Mails werden sofort verschickt. Als Folge wird das Programm häufig Verbindung zum Internet aufnehmen wollen. Um dies zu verhindern, sollten Sie die Einstellungen etwas anpassen.

1 Wählen Sie im Menü *Extras* den Befehl *Optionen.*

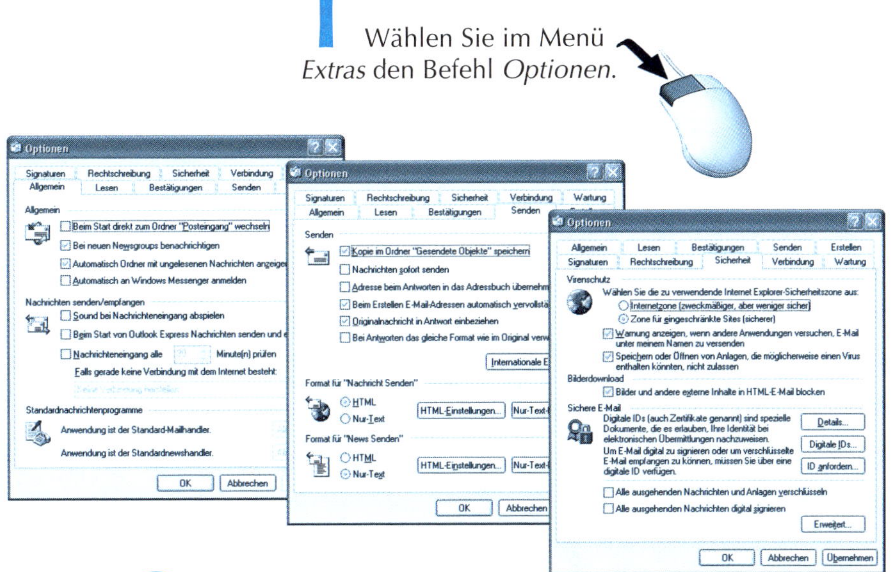

2 Setzen Sie auf den Registerkarten *Allgemein, Sicherheit* und *Senden* die hier gezeigten Optionen.

3 Schließen Sie die Registerkarten über die *OK*-Schaltfläche.

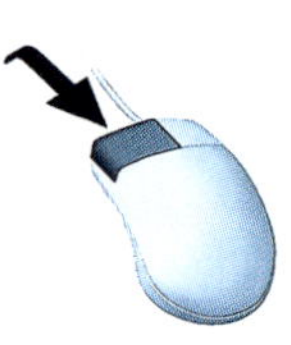

Auf der Registerkarte *Senden* sollte das Kontrollkästchen *Sofort senden* nicht markiert sein – dann sammelt Outlook Express alle neu erstellten Nachrichten im lokalen Postausgang. Auf der Registerkarte *Allgemein* ist die Markierung der Kontrollkästchen *Beim Start von Outlook Express Nachrichten senden und empfangen* sowie *Nachrichteneingang alle xxx Minute(n) prüfen* zu löschen. Diese Optionen verhindern, dass Outlook Express selbsttätig eine Verbindung zum Internet herstellt und Mails verschickt bzw. abholt.

Nachrichten senden/empfangen

Haben Sie einige Mails geschrieben und im lokalen Posteingang zum Versenden gesammelt? Möchten Sie nachsehen, ob neue Post für Sie eingetroffen ist? Mit den auf den vorhergehenden Seiten gezeigten Einstellungen kann Outlook Express auf Anforderung des Benutzers elektronische Post mit Ihrem E-Mail-Konto austauschen. Dabei werden auf einen Schlag alle eingetroffenen Nachrichten abgeholt sowie die im Postausgang gesammelten E-Mails verschickt. Dies ist vergleichbar mit einem Gang zu einem Postschließfach, bei dem die Post abgeholt wird, und gleichzeitig die zu verschickenden Briefe in den Briefkasten der Postfiliale eingeworfen werden. Zum Austausch der Post, gehen Sie folgendermaßen vor:

1 Stellen Sie eine Verbindung zum Internet her (siehe Kapitel 7) und rufen Sie Outlook Express auf.

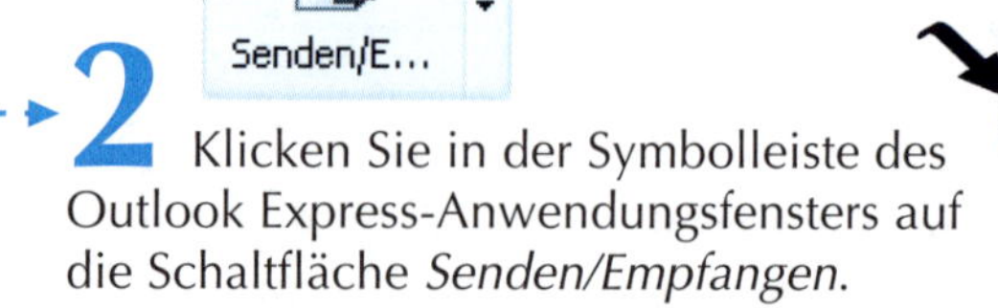

2 Klicken Sie in der Symbolleiste des Outlook Express-Anwendungsfensters auf die Schaltfläche *Senden/Empfangen*.

Hinweis

Wenn Sie auf den Pfeil neben der Schaltfläche klicken, zeigt Outlook Express ein Menü, in dem Sie auch gezielt Befehle zum Versenden oder zum Empfangen von Nachrichten (auch einzelner Konten) wählen können. Der Mehrkontenbetrieb wird hier aber nicht behandelt.

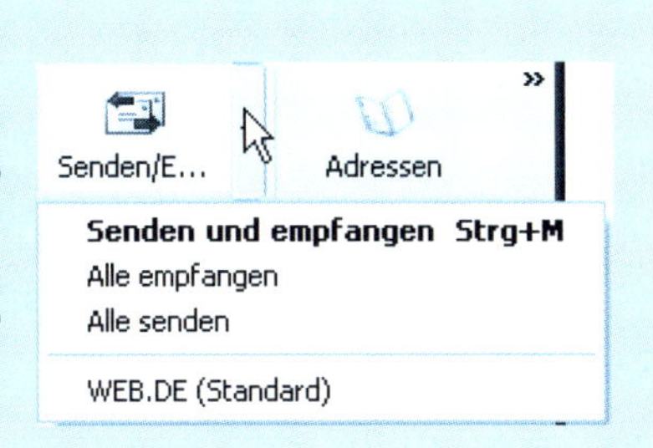

Outlook Express öffnet ein Dialogfeld, in dem Sie über die ablaufenden Schritte informiert werden.

Der untere Teil des Dialogfelds mit den Registerkarten *Aufgaben* und *Fehler* lässt sich über die Schaltfläche *Details* einblenden.

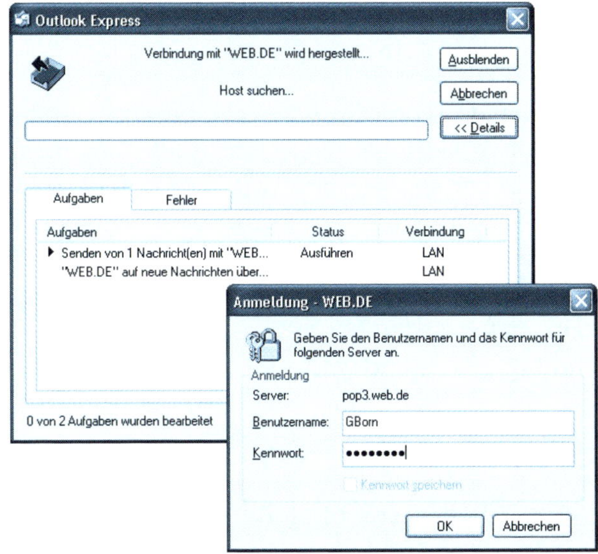

3 Erscheint das Dialogfeld *Anmeldung*, geben Sie den Benutzernamen und das Kennwort ein und klicken auf *OK*.

Outlook Express reicht die von Ihnen verfassten Nachrichten an den SMTP-Postausgang des E-Mail-Servers Ihres Internetanbieters weiter und holt eingetroffene Nachrichten aus Ihrem Internet-Postfach ab. Dies wird bei eingeblendeter Registerkarte *Aufgaben* angezeigt.

Hinweis

Der genaue Ablauf hängt von den Outlook Express-Einstellungen sowie vom benutzten Internet-/Intranet-Zugang ab. Über die Schaltfläche Abbrechen *lässt sich der Posttransfer unterbrechen.*

Der Status wird auf der Registerkarte Aufgaben *angezeigt, die Registerkarte* Fehler *liefert dann die Details.*

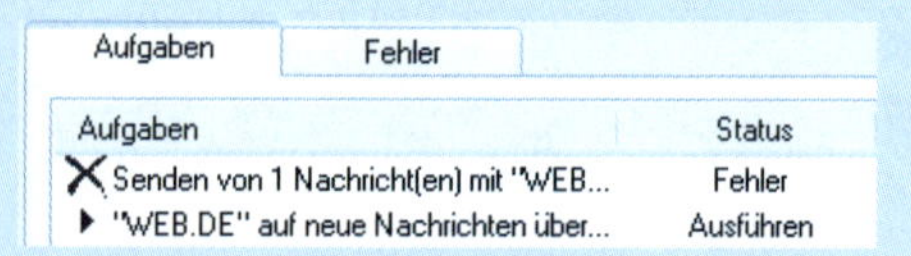

Hier ist der typische Web.de-Fehler zu sehen – bei der ersten Kontaktaufnahme lässt sich die Post nicht versenden, da die Autorisierung durch das Lesen des Posteingangs noch fehlt. Eine erneute Anwahl der Schaltfläche Senden/Empfangen *löst dieses Problem. Bei anderen Fehlern sollten Sie die Einstellungen des E-Mail-Kontos auf der Registerkarte* E-Mails *überprüfen (siehe oben).*

4 Nach dem Postaustausch können Sie die Internetverbindung wieder trennen.

Das manuelle Trennen wurde in Kapitel 7 beschrieben. Sie können in Outlook Express aber das Kontrollkästchen *Nach dem Senden bzw. Empfangen auflegen* auf der Registerkarte *Verbindung* markieren, um eine automatische Trennung einzuleiten. Persönlich lasse ich das Kontrollkästchen unmarkiert, da ich dann die Kontrolle über den Vorgang habe. Bei Sende- und Empfangsfehlern lässt sich der Versuch wiederholen – außerdem kann ich bei Bedarf noch etwas im Web surfen. Danach trenne ich die Verbindung gezielt und verlasse mich nicht auf die »Technik«.

Nachrichten bearbeiten

Bereits bei der Installation von Outlook Express wird automatisch eine Nachricht von Microsoft im Posteingang abgelegt. Sobald Sie Post verfassen, wird diese im Postausgangsordner gesammelt. Beim Postaustausch mit dem E-Mail-Server Ihres Providers dürfte neue Post im Posteingangsordner eintreffen. Es ist daher an der Zeit, die Funktionen zum Bearbeiten der Nachrichten (neue E-Mails verfassen, eingetroffene Post lesen etc.) kennen zu lernen.

Die Verwaltung der Post erfolgt in Outlook Express über Ordner, die in der linken Spalte des Fensters in der Ordnerliste eingeblendet werden.

Sie finden einen Postausgang, einen Posteingang, einen Ordner für Entwürfe, einen Ordner, in dem die Kopien gesendeter Mails gesammelt werden und einen Papierkorb mit gelöschten Objekten.

> **Tipp**
>
> *Die im Namen des Symbols in Klammern aufgeführte Zahl gibt Ihnen die im Posteingang enthaltenen ungelesenen Nachrichten bzw. die im Postausgang unverschickten Mails an.*

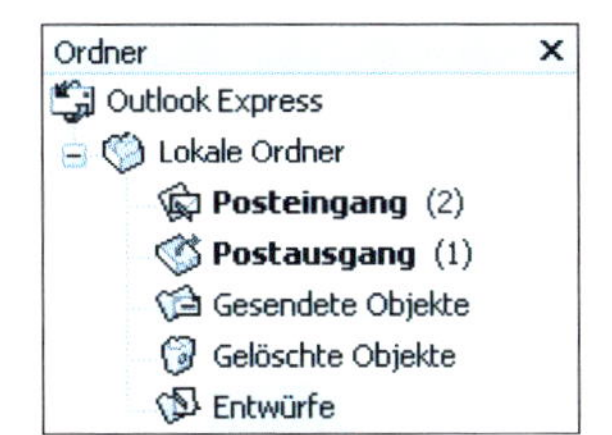

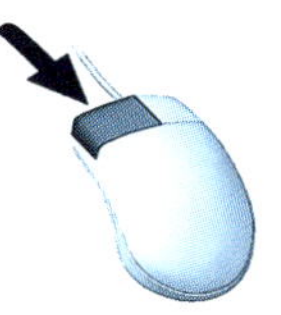

Klicken Sie auf das Symbol des Ordners *Posteingang*.

Outlook Express zeigt im Ordnerfenster *Posteingang* alle im lokalen Postfach eingegangenen Nachrichten in der Nachrichtenleiste an (auf die gleiche Weise können Sie den Inhalt der anderen Ordner wählen).

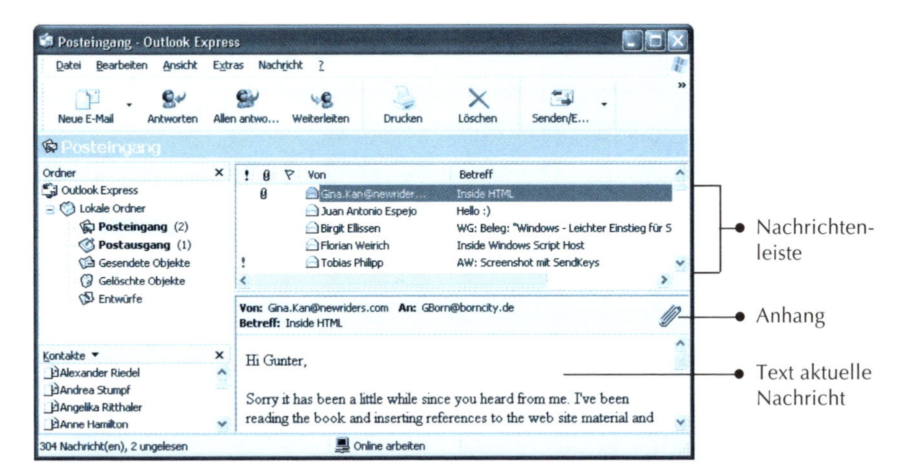

Empfangene Nachrichten lesen

Haben Sie Post vom Server abgeholt und dann den Ordner *Posteingang* per Maus angewählt? Sie sehen die Nachrichten in der Nachrichtenleiste. Für jede im Posteingang befindliche Nachricht ist eine Zeile reserviert, in der der Status der Nachricht, der Absender, der Betreff und das Empfangsdatum aufgeführt sind.

1 Klicken Sie jetzt auf eine dieser Zeilen mit den eingegangenen Nachrichten.

Outlook zeigt den Inhalt der aktuell markierten Nachricht in einem eigenen Nachrichtenfenster (unterhalb der Nachrichtenleiste).

2 Doppelklicken Sie in der Nachrichtenleiste auf die Nachricht.

Outlook Express öffnet jetzt ein eigenes Fenster zum Bearbeiten der Nachricht. Der Kopfbereich enthält die Angaben über den Absender, den Betreff etc. Eine an die Nachricht angehängte Datei wird in der Zeile *Einfügen* aufgeführt.

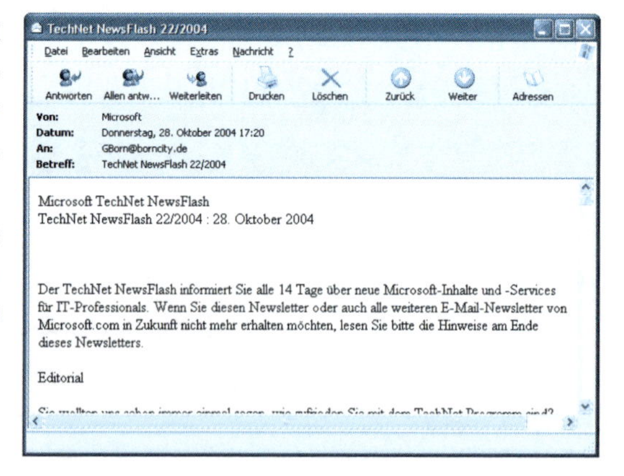

Über die Schaltfläche *Schließen* in der rechten oberen Ecke des Fensters können Sie das Nachrichtenfenster schließen.

Symbole der Nachrichtenleiste

Die Nachrichtenleiste des Posteingangs enthält neben der Absenderangabe und dem Betreff weitere hilfreiche Informationen.

Am Zeilenanfang der Nachrichtenleiste finden Sie drei Spalten mit Symbolen.

- Die erste Spalte mit dem stilisierten Ausrufezeichen ! zeigt die Priorität der Nachricht an. Der Absender kann beim Erstellen mit Outlook eine normale, erhöhte oder niedrige Priorität vergeben. Meist bleibt diese Spalte aber leer, da die Nachrichten mit normaler Priorität versehen sind.
- Die zweite Spalte zeigt am Symbol einer stilisierten Briefklammer, ob ein Anhang zur Nachricht existiert. Jede Nachricht kann Dateien als Anhang enthalten.
- In der dritten Spalte signalisiert eine stilisierte Fahne , dass die betreffende Nachricht zu verfolgen ist (z.B. weil noch Klärungen erforderlich sind).
- In der vierten Spalte *Von* signalisiert ein geschlossener oder ein geöffneter Briefumschlag, ob die Nachricht ungelesen oder gelesen ist.

In diesen Spalten können Sie auf einen Blick den Status der Nachricht erkennen.

Tipps

Eine detaillierte Auflistung aller Symbole samt den zugehörigen Beschreibungen finden Sie in der Outlook Express-Hilfe unter dem Stichpunkt »Symbole in der Nachrichtenliste«.

Sobald Sie eine Nachricht in der Nachrichtenleiste des Posteingangs anklicken, wird deren Symbol in der Statusspalte auf gelesen umgesetzt (d.h. das Symbol ändert sich). Haben Sie eine Nachricht irrtümlich angeklickt, Ihnen fehlt aber die Zeit zum Lesen? Klicken Sie die Zeile mit der Nachricht in der Nachrichtenleiste mit der rechten Maustaste an und wählen Sie im Kontextmenü den Befehl Als ungelesen markieren. *Der Status wird wieder zurückgesetzt. Möchten Sie eine Nachricht bis zur endgültigen Erledigung verfolgen? Klicken Sie in der Zeile der Nachricht auf die dritte Spalte. Die Nachricht wird anschließend in der Nachrichtenleiste mit dem Symbol versehen. Ein zweiter Mausklick auf das »Fähnchen« löscht dieses wieder.*

Eine Anlage zur Nachricht auspacken

Einer Nachricht lassen sich eine oder mehrere Dateien als Anlage anheften. Nachrichten mit Anlage werden im Nachrichtenfenster bzw. in der Nachrichtenleiste mit einer stilisierten Büroklammer markiert. Möchten Sie diese Anlage auspacken und als Datei speichern?

1 Öffnen Sie die Nachricht durch einen Doppelklick auf den zugehörigen Eintrag in der Nachrichtenliste.

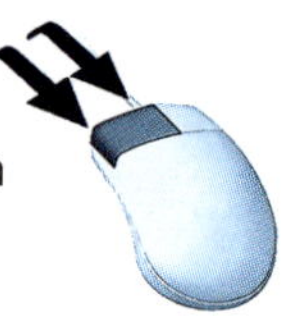

Outlook Express zeigt den Anhang im Feld *Einfügen* des Nachrichtenfensters. Sie erkennen dabei den Dateityp am dargestellten Symbol des Anhangs.

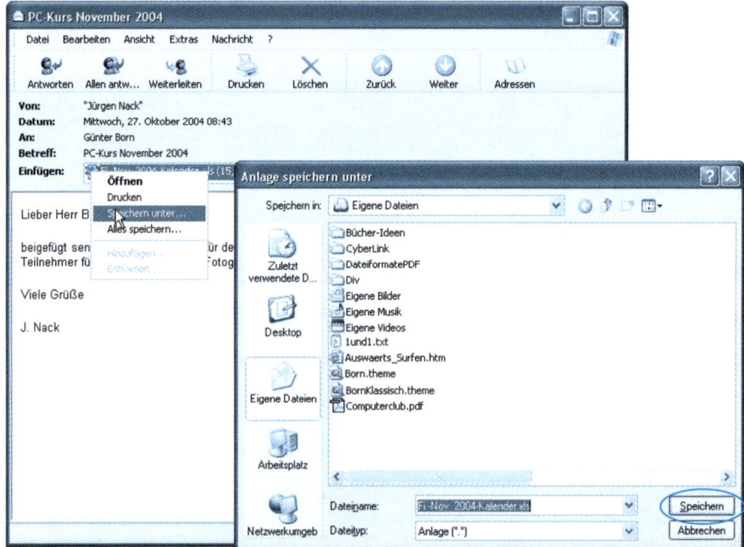

2 Klicken Sie den im Nachrichtenfenster angezeigten Anhang mit der rechten Maustaste an und wählen Sie den Befehl *Speichern unter* im Kontextmenü.

3 Wählen Sie im Dialogfeld *Anlage speichern unter* den Zielordner und klicken Sie dann auf die Schaltfläche *Speichern*.

Das Dialogfeld wird geschlossen und die Anlage im betreffenden Ordner hinterlegt.

Hinweis

Bei einer in der Vorschau angezeigten Nachricht werden Anlagen mit dem Symbol einer Büroklammer in der rechten oberen Ecke des Fensters signalisiert. Sie können dieses Symbol anklicken und dann im Menü den Befehl Anlagen speichern *zum Öffnen des Speichern-Dialogs wählen. Beachten Sie, dass Anlagen in E-Mails Viren, Dialer oder andere Schädlinge enthalten können. Öffnen Sie daher Anlagen niemals direkt per Doppelklick. Unterziehen Sie die Anlage nach dem Speichern einer Virenprüfung. Outlook Express blockiert bei installiertem Windows XP Service Pack 2 automatisch Anlagen (z.B. Programmdateien), die Viren enthalten können.*

Dann erscheint eine entsprechende Meldung in der Informationsleiste des Nachrichtenfensters.

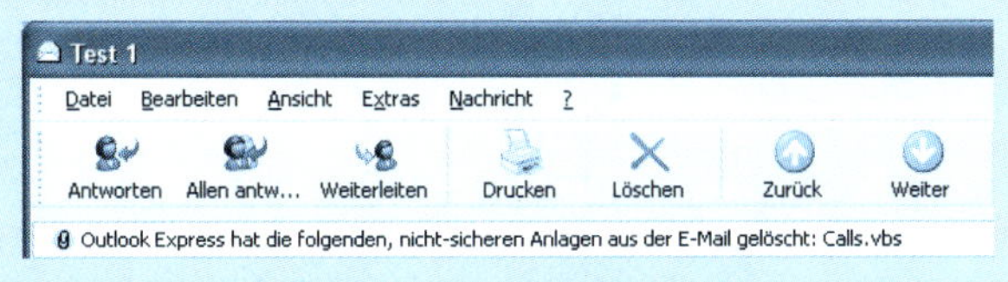

Zum Speichern einer solchen Anlage müssen Sie im Outlook Express-Fenster den Befehl Optionen *im Menü* Extras *wählen. Anschließend löschen Sie auf der Registerkarte* Sicherheit *die Markierung des Kontrollkästchens* Speichern oder Öffnen von Anlagen, die möglicherweise einen Virus enthalten können, nicht zulassen.

Eine Nachricht beantworten oder weiterleiten

Haben Sie eine Nachricht empfangen, die Sie an Dritte weiterreichen möchten? Soll die Nachricht beantwortet werden? Dies ist mit Outlook Express kein Problem.

1 Öffnen Sie die Nachricht durch einen Doppelklick auf den betreffenden Eintrag der Nachrichtenleiste.

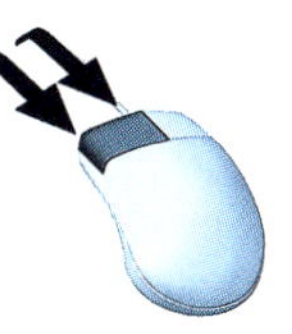

2 Wählen Sie in der Symbolleiste des Nachrichtenfensters eine der drei Schaltflächen *Antworten*, *Allen Antworten* oder *Weiterleiten*.

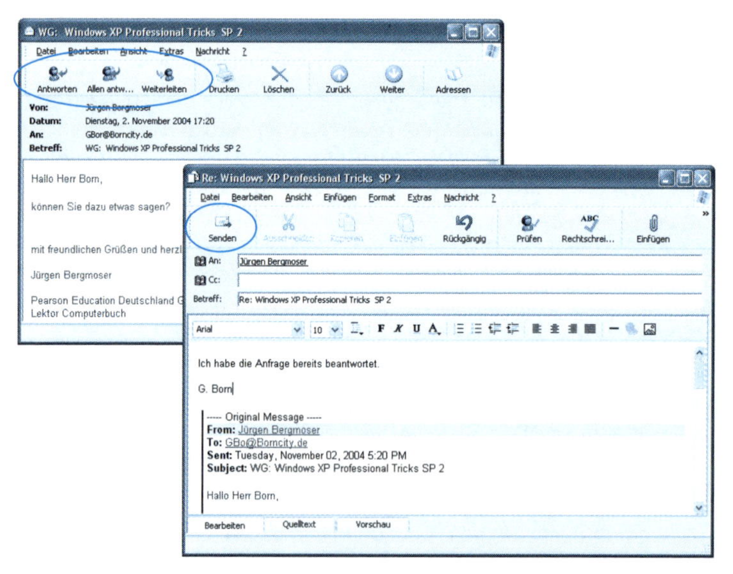

Outlook Express öffnet ein neues Fenster (hier im Vordergrund sichtbar), in dem der Text der ursprünglichen Nachricht bereits wiedergegeben wird.

3 Fügen Sie jetzt den Antworttext zur Nachricht hinzu. Falls Sie die Schaltfläche *Weiterleiten* benutzt haben, ist zudem die Empfängeradresse im Feld *An* hinzuzufügen.

4 Klicken Sie in der Symbolleiste auf die Schaltfläche *Senden*.

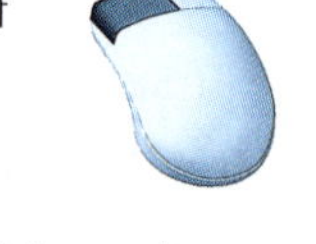

Outlook Express schließt das Fenster mit der Nachricht und legt diese im Postausgang ab.

Hinweis

Die Schaltfläche Antworten *des Nachrichtenfensters erlaubt Ihnen, dem Absender einer Nachricht direkt zu antworten. Dessen E-Mail-Adresse wird automatisch im Fenster der Antwort im Feld* An *eingetragen. Eine elektronische Nachricht kann an mehrere Empfänger verschickt werden (siehe folgende Seiten). Erhalten Sie eine solche Nachricht, können Sie ggf. allen auf dem Verteiler stehenden Empfängern über die Schaltfläche* Allen antworten *eine Antwort zukommen lassen. Die Felder* An *bzw.* Cc *enthalten dann die E-Mail-Adressen aller Empfänger, die eine Kopie der Antwort bekommen. Die Schaltfläche* Weiterleiten *erlaubt Ihnen dagegen, die empfangene Nachricht komplett an einen weiteren Empfänger zu schicken. Sie müssen dann dessen E-Mail-Adresse im Feld* An *des Nachrichtenfensters eintragen.*

Techniken zur Handhabung von Nachrichten

Eingegangene Nachrichten werden in der Nachrichtenliste aufgeführt. Vermutlich möchten Sie nicht mehr benötigte Nachrichten löschen, vielleicht deren Inhalte ausdrucken oder wichtige Nachrichten in getrennten Ordnern ablegen. Nachfolgend möchte ich Ihnen kurz einige Techniken zur Handhabung dieser Nachrichten zeigen.

1 Doppelklicken Sie in der Nachrichtenleiste auf die Nachricht.

Outlook öffnet das Fenster zur Anzeige der Nachricht. Neben den auf den vorherigen Seiten vorgestellten Schaltflächen zur Beantwortung der E-Mail enthält die Symbolleiste weitere nützliche Schaltflächen.

2 Zum Drucken einer Nachricht klicken Sie auf diese Schaltfläche.

Möchten Sie beim Ausdrucken besondere Optionen nutzen, wählen Sie im Menü *Datei* den Befehl *Drucken*. Outlook Express öffnet das Dialogfeld *Drucken* mit den verfügbaren Optionen. Dieses Dialogfeld kennen Sie bereits aus früheren Kapiteln.

1 Zum Ablegen der Nachricht in einem Ordner wählen Sie den Befehl *In Ordner verschieben* oder *In Ordner kopieren* (im Outlook Express-Fenster im Menüs *Bearbeiten* bzw. im Nachrichtenfenster im Menü *Datei* oder im Kontextmenü der Nachricht).

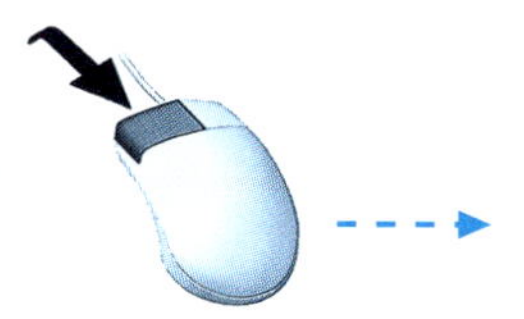

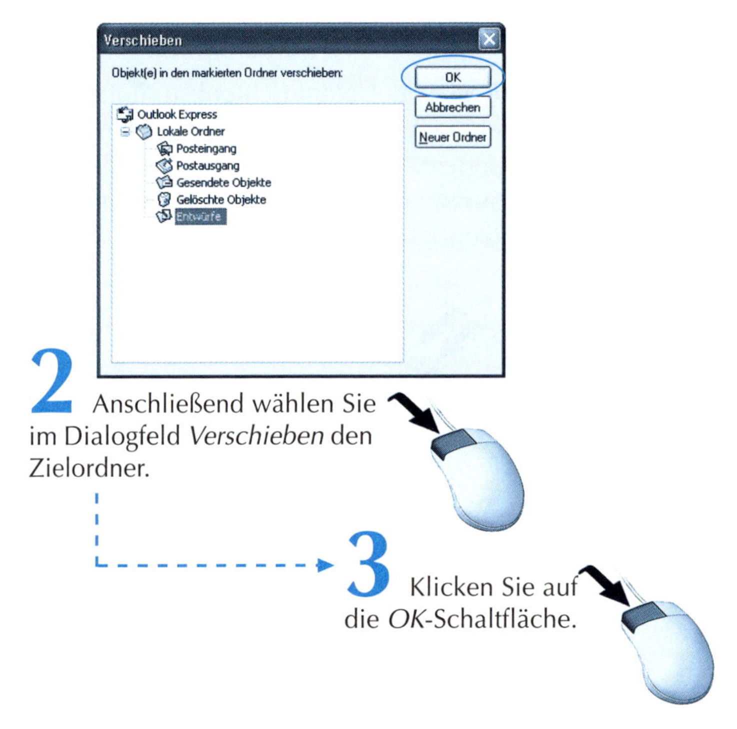

2 Anschließend wählen Sie im Dialogfeld *Verschieben* den Zielordner.

3 Klicken Sie auf die *OK*-Schaltfläche.

Über die Schaltfläche *Neuer Ordner* können Sie Ihre eigenen Ordner in Outlook anlegen.

Das Programm verschiebt/kopiert anschließend die Nachricht in den gewählten Ordner.

In Outlook werden die Daten (E-Mails, Kontakte etc.) als Objekte bezeichnet. Das Löschen von Objekten läuft bei allen Funktionen gleich ab.

Sobald Sie das Symbol eines Objekts im Outlook Express-Fenster anklicken, lässt sich dieses über die Schaltfläche *Löschen* in den Ordner *Gelöschte Objekte* verschieben.

Klicken Sie später auf das Symbol *Gelöschte Objekte*, zeigt Outlook Express den Inhalt des Ordners. Sie können dann ein irrtümlich gelöschtes Objekt per Maus aus diesem Ordner zum ursprünglichen Ordner zurückschieben. Dies bedeutet andererseits auch, dass Sie den Ordner *Gelöschte Objekte* zyklisch leeren müssen, um freien Speicherplatz auf dem Datenträger zu schaffen.

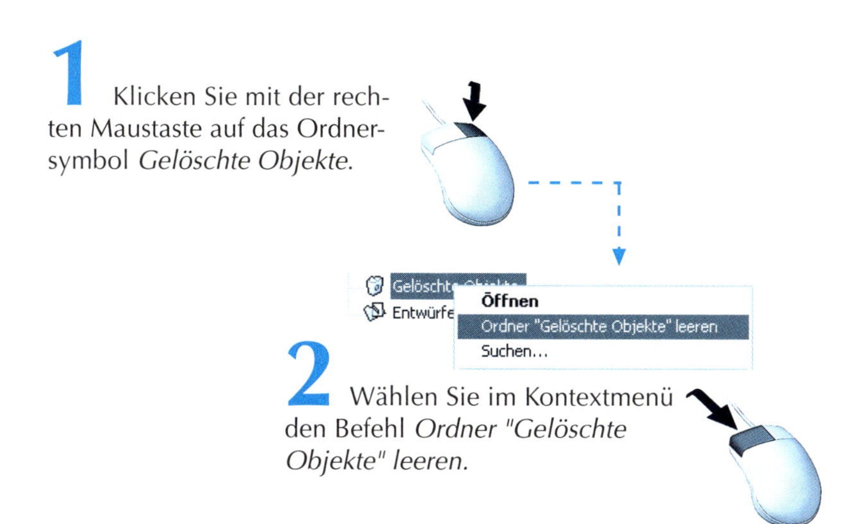

1 Klicken Sie mit der rechten Maustaste auf das Ordnersymbol *Gelöschte Objekte*.

2 Wählen Sie im Kontextmenü den Befehl *Ordner "Gelöschte Objekte" leeren.*

Jetzt wird der betreffende Ordner geleert, die Nachrichten werden von der Festplatte permanent entfernt.

Eine Nachricht verfassen

Möchten Sie eine neue Nachricht verfassen? Dies ist in Outlook Express mit wenigen Schritten erledigt.

1 Klicken Sie im Outlook Express-Fenster auf die Schaltfläche *Neue E-Mail*.

Hinweis

Alternativ können Sie über den Pfeil neben der Schaltfläche ein Menü öffnen, um ein Briefpapier für den Hintergrund der neuen Nachricht zu wählen. Beachten Sie aber, dass dieses Briefpapier die Nachricht unnötig vergrößert und nicht bei jedem Empfänger erwünscht ist.

Outlook Express öffnet das leere Fenster zum Erstellen der Nachricht. In diesem Fenster müssen Sie jetzt die Empfängeradresse(n) sowie den Betreff eingeben und den Nachrichtentext verfassen.

Tipp

Sind mehrere E-Mail-Konten definiert, können Sie über die dann eingeblendete Zeile Von *Ihre E-Mail-Adresse und damit das zum Versenden benutzte E-Mail-Konto wählen.*

2 Klicken Sie auf das Feld *An*, und tragen Sie in diesem Feld die Empfängeradresse ein.

Es muss sich dabei um eine gültige E-Mail-Adresse handeln, andernfalls bekommen Sie die Nachricht beim Versenden als unzustellbar zurück. Bei Bedarf können Sie mehrere Adressen, getrennt durch Semikola, in der Zeile *An* eintragen, um die Nachricht an mehrere Empfänger zu verteilen.

Ist Ihnen die manuelle Eingabe der E-Mail-Adressen zu aufwendig? Auf den folgenden Seiten zeige ich Ihnen, wie Sie das Adressbuch nutzen. Häufig sind die Empfänger im Adressbuch mit ihrer E-Mail-Adresse eingetragen. Dann lässt sich die E-Mail-Adresse sehr einfach in das Feld *An* übernehmen.

1 Klicken Sie auf die Schaltfläche des Feldes *An*.

Outlook Express öffnet das Dialogfeld *Empfänger auswählen* des Adressbuchs mit Einträgen der Kontaktliste.

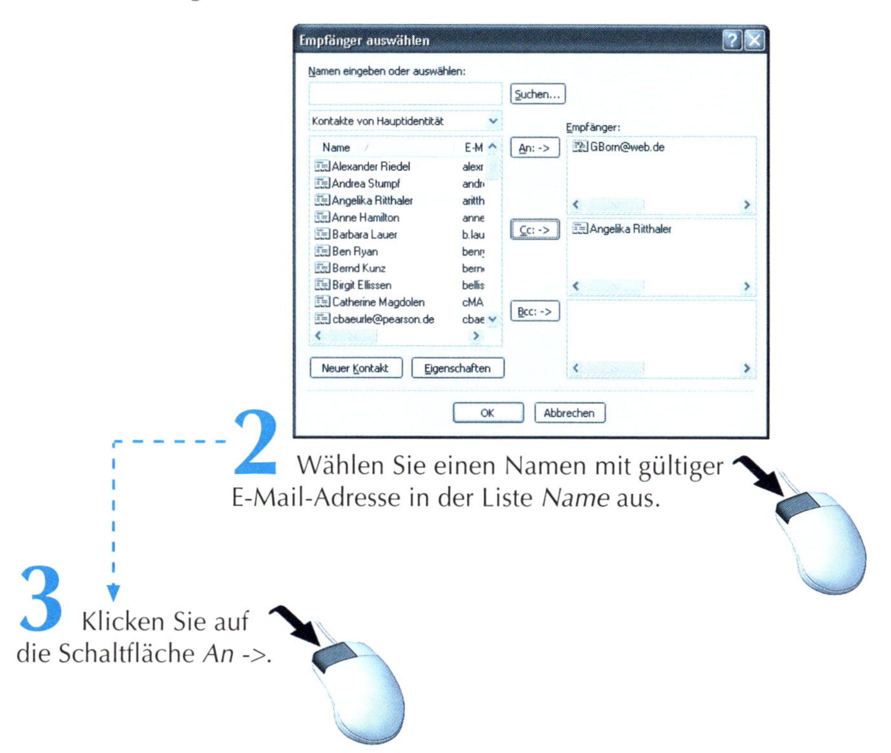

2 Wählen Sie einen Namen mit gültiger E-Mail-Adresse in der Liste *Name* aus.

3 Klicken Sie auf die Schaltfläche *An ->*.

Die ausgewählte Adresse wird in die Liste *Empfänger* übernommen. Sie können die obigen Schritte durchaus mehrfach ausführen und mehrere Empfänger eintragen. Sobald Sie das Dialogfeld über die *OK*-Schaltfläche schließen, übernimmt Outlook Express die Adressangaben im Nachrichtenfenster.

Hinweis

Fragen Sie sich, was die Felder Cc *und* Bcc *im Dialogfeld* Empfänger auswählen *eigentlich bedeuten. Das Feld* Cc *steht für »Carbon Copy« und lässt sich zum Versenden eines »Durchschlags« der E-Mail nutzen. Tragen Sie in diesem Feld einen weiteren Empfänger (oder mehrere) für die Kopie ein, erhält dieser eine Kopie. Möchten Sie verhindern, dass die Empfänger die Namen der anderen Empfänger sehen? Dann verwenden Sie das Feld* Bcc *(steht für Blind Carbon Copy). Outlook Express verschickt die Nachricht so, dass der Empfänger lediglich die Absenderadresse in der Nachricht vorfindet.*

Tipp

Sofern Sie kein Briefpapier benötigen und die E-Mail lediglich an einen Empfänger versenden möchten, geht es auch einfacher. Doppelklicken Sie im Outlook Express-Fenster einfach auf einen im linken unteren Fenster eingeblendeten Kontakt. Das Programm öffnet das Fenster der neuen Nachricht, überträgt aber gleichzeitig die E-Mail-Adresse des Kontakts in das Feld An.

Haben Sie die Empfängeradresse(n) eingetragen?

1 Klicken Sie im Dialogfeld der neuen Nachricht auf das Feld *Betreff*, und geben Sie dort einen kurzen Bezug zur Nachricht ein.

2 Klicken Sie in den unteren Textbereich und tippen Sie den Text der Nachricht ein.

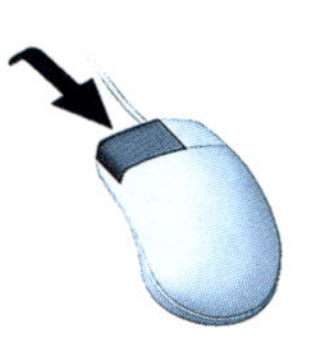

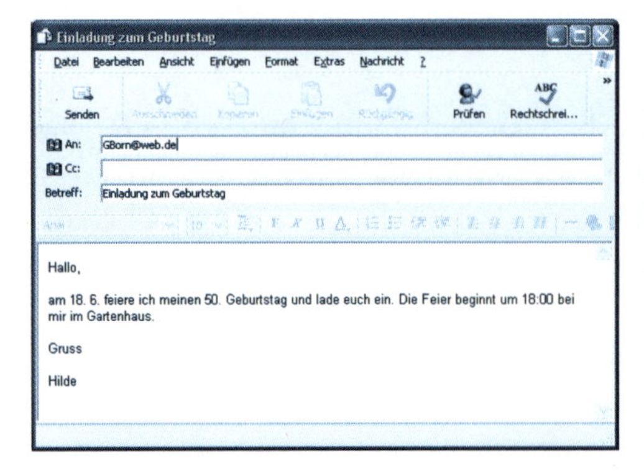

Das Ergebnis könnte dann wie nebenstehend gezeigt aussehen. Hier wurden die Felder **An** und **Betreff** benutzt. Der Textbereich enthält eine einfache Nachricht.

> **Hinweis**
>
> *Bei der E-Mail-Kommunikation haben sich bestimmte Regeln (als Netikette bezeichnet) herausgebildet, die Sie beachten sollten.*
>
> *Zweck der E-Mail ist die schnelle Information zu einem Sachverhalt. E-Mails sollten deshalb kurz gefasst werden (der Empfänger mit vielen Nachrichten pro Tag dankt es Ihnen). Mit aus der englischen Sprache abgeleiteten Abkürzungen wie BTW (by the way), FYI (for your information), CU (see you) etc. spart der Absender Tipparbeit. Bei Zeichen der Art :-) handelt sich um stilisierte »Gesichter«, die um 90 Grad nach links gekippt sind. Mit diesen* ***Smileys*** *lassen sich Emotionen innerhalb der Nachricht ausdrücken (eine E-Mail ist selten so förmlich gehalten wie ein geschriebener Brief). Smileys erlauben Ihnen, dem Empfänger einen Hinweis zu geben, wie der Text gemeint war. Hier eine Kostprobe solcher Smileys:*
>
> | | | | |
> |---|---|---|---|
> | *:-)* | *Freude/Humor* | *:-(* | *traurig* |
> | *;-)* | *Augenzwinkern* | *:-o* | *Überraschung/Schock* |
>
> *Achten Sie beim Schreiben darauf, dass Wörter oder Textstellen nicht durchgehend mit Großbuchstaben versehen sind. Dies gilt allgemein als Ausdruck für schreien; der Empfänger könnte dies also übel nehmen. Das Zeichen <g> (grin) steht für ein Grinsen.*

Die obige Nachricht besteht aus einfachem Text ohne weitere Formatierung. Da sich E-Mail immer mehr zum bevorzugten Kommunikationsmedium entwickelt, bietet Outlook Express Ihnen neben Hintergrundmotiven auch die Option zur Formatierung der Nachricht.

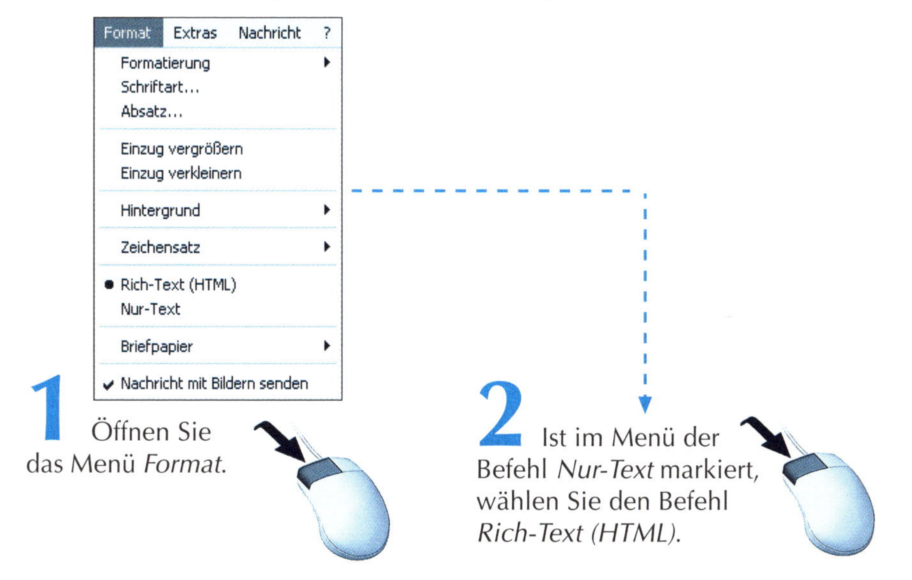

1 Öffnen Sie das Menü *Format*.

2 Ist im Menü der Befehl *Nur-Text* markiert, wählen Sie den Befehl *Rich-Text (HTML)*.

Sobald der Befehl *Rich-Text (HTML)* mit einem Punkt markiert ist, gibt Outlook Express die Format-Funktionen frei (erkennbar an der *Format*-Symbolleiste oberhalb des Texts). Die E-Mail ist dann im Stil einer Webseite darstellbar.

Sie können anschließend Textstellen markieren und über die Schaltflächen der *Format*-Symbolleiste formatieren. Die betreffenden Techniken haben Sie bereits bei WordPad kennen gelernt. Über die Befehle im Menü *Format* lassen sich auch der Hintergrund der Nachricht oder der Zeichensatz einstellen.

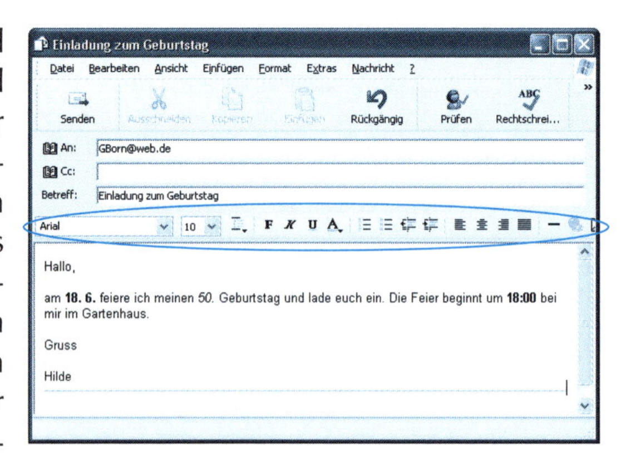

Hinweis

Die Priorität der Nachricht stellen Sie über die Befehle des Menüs Nachricht/ Priorität festlegen *ein. Eine hochgestufte oder heruntergesetzte Priorität wird dem Empfänger in der Nachrichtenliste als Symbol angezeigt (siehe vorhergehende Seiten). Mit dem Befehl* Lesebestätigung anfordern *im Menü* Extras *können Sie vom Empfänger eine Lesebestätigung anfordern. Allerdings sollten Sie mit beiden Funktionen vorsichtig umgehen, da erhöhte Dringlichkeit und Lesebestätigung in vielen Fällen etwas »nötigend« wirken.*

Anlagen versenden

Möchten Sie eine oder mehrere Dateien an die Nachricht anhängen und versenden? Haben Sie Fotos etc., die Sie an Freunde verteilen möchten?

Einfügen

1 Klicken Sie in der Symbolleiste des Nachrichtenfensters auf die Schaltfläche *Einfügen*.

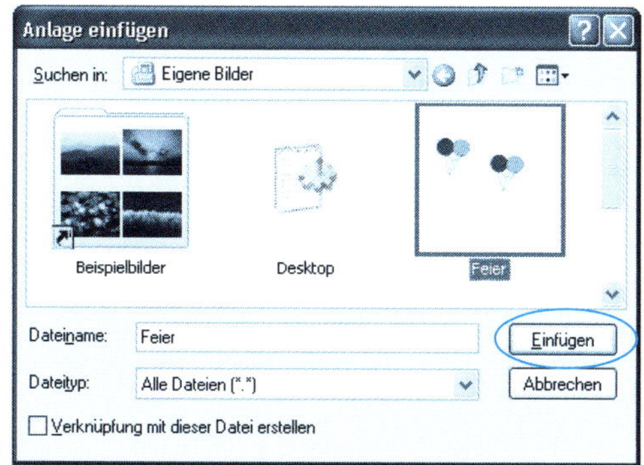

2 Wählen Sie im Dialogfeld *Anlage einfügen* die gewünschte(n) Datei(en) aus.

Mehrere Dateien markieren Sie, indem Sie diese bei gedrückter [Strg]-Taste anklicken.

3 Klicken Sie auf die Schaltfläche *Einfügen*.

Das Fenster mit der Nachricht sieht anschließend so aus. In der Zeile *Einfügen* sehen Sie die angehängte(n) Datei(en).

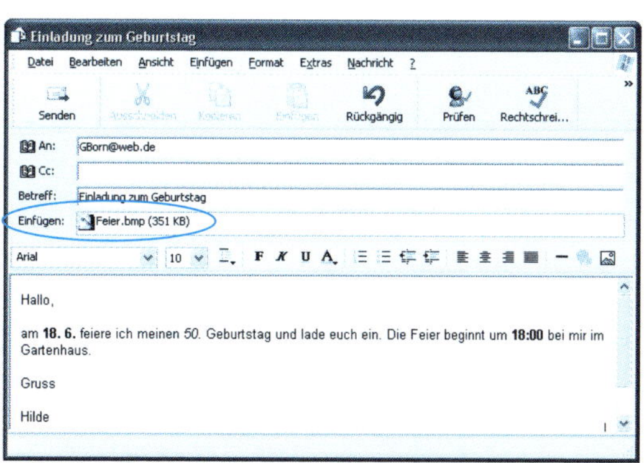

4 Ist die Nachricht fertig, klicken Sie in der Symbolleiste auf die Schaltfläche *Senden*.

Die Nachricht wird jetzt (je nach Einstellung) entweder direkt verschickt oder im Postausgang zwischengespeichert. Im Postausgang gesammelte Nachrichten lassen sich später an den Knotenrechner des Internet übertragen (siehe vorherige Seiten).

Tipps

Alternativ können Sie eine als Anlage zu versendende Datei auch direkt aus einem geöffneten Ordnerfenster per Maus zum Dokumentbereich des Nachrichtenfensters ziehen. Sobald Sie die Maustaste loslassen, wird der Dateiname als Anhang eingetragen.

Nicht jeder Empfänger ist, insbesondere bei stundenlangem Download, über angehängte Videos oder Bilder begeistert. Packen Sie die zu versendenden Dateien ggf. in einen komprimierten Ordner (siehe Kapitel 2) und verschicken Sie diesen. Der Empfänger kann dann die eintreffende ZIP-Datei mit ZIP-Programmen wie Winzip oder über die Funktion »Komprimierter Ordner« entpacken. Dies spart bei Textdateien und BMP-Dateien Übertragungszeit. Außerdem schützt es den Empfänger: Doppelklickt dieser auf einen solchen Anhang, wird keine Dokumentdatei sondern lediglich das ZIP-Archiv geöffnet. Er kann dann den Inhalt des Archivs als Dateien speichern und die Dokumente vor dem Öffnen mit einem Virenschutzprogramm untersuchen.

Postausgang ansehen

Möchten Sie den Inhalt des Ordners *Postausgang* ansehen?

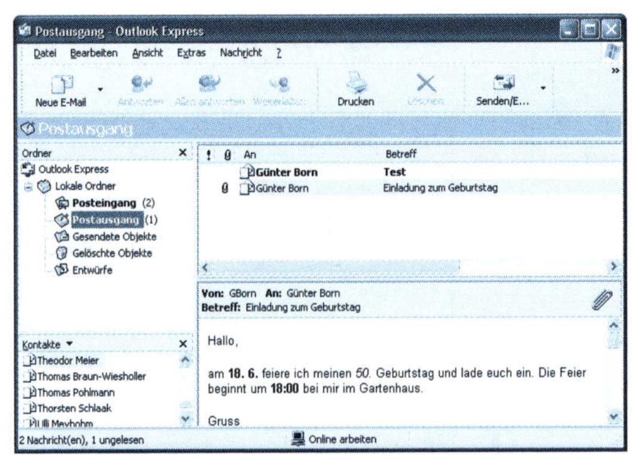

Klicken Sie im Ordnerfenster oder in der Outlook-Leiste auf das Symbol *Postausgang*.

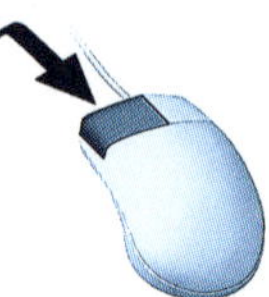

Outlook zeigt jetzt die Nachrichtenliste der versandfertigen E-Mails. Durch einen Doppelklick auf einen Eintrag in der Leiste lässt sich die Nachricht erneut im Fenster zum Bearbeiten laden.

Hinweis

Es führt an dieser Stelle zu weit, auf alle E-Mail-Funktionen in Outlook Express einzugehen. Outlook Express unterstützt beispielsweise auch den Nachrichtenaustausch mit Nachrichtengruppen (als Newsgroups bezeichnet). Es handelt sich dabei um einen Internetdienst, der Diskussionsforen zu bestimmten Themen für interessierte Personen bereitstellt. Die Teilnahme an Newsgroups funktioniert fast wie bei der E-Mail-Bearbeitung. Sie müssen allerdings ein News-Konto einrichten (funktioniert ähnlich wie beim E-Mail-Konto) und die Nachrichtengruppen abonnieren. Der frei zugängliche Microsoft Newsserver news.microsoft.com *bietet z.B. Themen rund um Produkte dieses Herstellers. Aus diesen und aus Platzgründen bleibt die betreffende Outlook Express-Funktion in diesem Buch ausgespart. Schlagen Sie notfalls in der Programmhilfe nach.*

Adressen verwalten

Outlook Express besitzt eine eigene Funktion zur **Verwaltung von Adressen** – manchmal auch **als Kontakte bezeichnet**. Sie können nicht nur einfache Adressen mit Anschrift und Telefonnummer hinterlegen. Die Funktion verwaltet zusätzlich die **E-Mail-Adressen** der eingetragenen Personen und erlaubt auch sonst vielfältige Informationen zu sammeln.

Adressen nachschlagen

Benötigen Sie schnell die Adresse eines Geschäftspartners? Möchten Sie eine Telefonnummer nachschlagen. Dies geht alles, falls die betreffenden Personen im Adressbuch eingetragen sind.

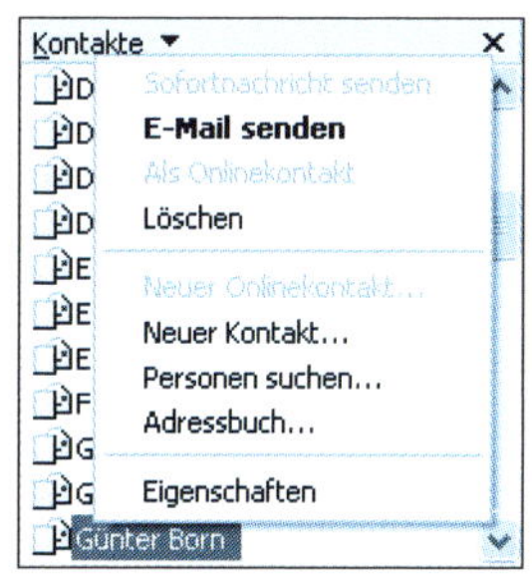

1 Klicken Sie im Outlook Express-Fenster mit der rechten Maustaste auf einen Eintrag der Liste *Kontakte* und wählen Sie im Kontextmenü den Befehl *Eigenschaften*.

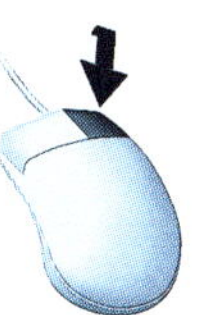

Dann werden die Registerkarten mit den Informationen zum betreffenden Kontakt direkt angezeigt. Über die restlichen Befehle des Kontextmenüs können Sie die Einträge der Liste löschen, einen neuen Kontakt anlegen oder nach Personen suchen lassen. Alternativ können Sie gleich im Fenster des Adressbuchs die Kontaktpflege vornehmen:

Adressen

1 Klicken Sie im Outlook Express-Fenster auf das Symbol *Adressen* (oder wählen Sie im Kontextmenü der Kontaktliste den Befehl *Adressbuch*, siehe oben).

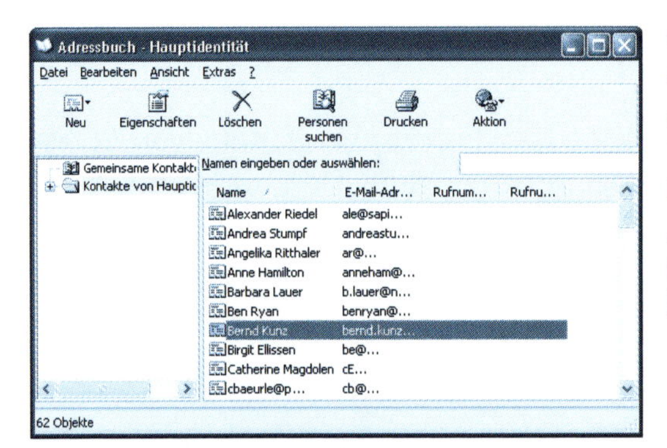

Outlook Express öffnet jetzt ein Fenster mit den bereits eingetragenen Adressen. Tippen Sie einen Namen im Feld *Namen eingeben oder auswählen* ein, wird automatisch der Eintrag im Adressbuch markiert.

Hinweis

Das Adressbuch erlaubt Ihnen, die Kontakte in Ordnern zu gruppieren (Befehl Datei/Neuer Ordner*). Außerdem können Sie* ***Kontakte nach Identitäten verwalten****, d.h. mehrere Personen können gemeinsam ein Adressbuch nutzen. Gibt eine Person Ihren Namen und ein Kennwort ein, werden die Adressdaten der zugehörigen Identität angezeigt. Verwalten und Abrufen können Sie die Identitäten über die betreffenden Befehle des Menüs* Datei *im Outlook Express-Fenster. Der Umgang mit Identitäten bleibt in diesem Buch jedoch ausgespart.*

2 Wählen Sie ggf. in der linken Spalte einen Ordner, um die Kontaktliste einzublenden.

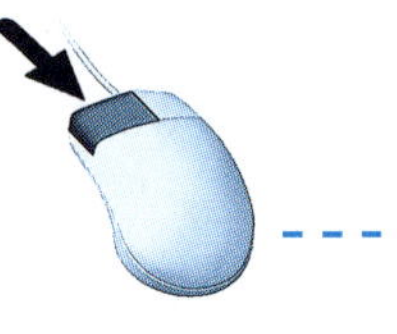

3 Doppelklicken Sie auf einen dieser Einträge, öffnet das Adressbuch ein Dialogfeld mit mehreren Registerkarten.

Auf diesen Registerkarten finden Sie dann die Daten zur betreffenden Adresse. Die Registerkarte *Zusammenfassung* liefert die wichtigsten Angaben im Überblick.

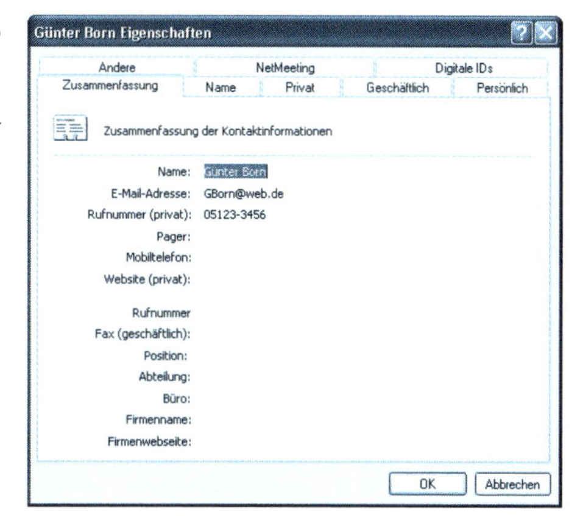

Tipp

Bei Bedarf können Sie die Details durch Anklicken der betreffenden Registerkarte anzeigen. Auf diesen Registerkarten lassen sich die Angaben dann auch ergänzen.

Auf der Registerkarte *Name* finden Sie den Namen sowie die E-Mail-Adresse. Die Registerkarten *Privat* und *Geschäftlich* erlauben Ihnen, die Adressen der betreffenden Person einzutragen. Geburtstage oder andere persönliche Informationen lassen sich auf der Registerkarte *Persönlich* hinterlegen.

Einen Kontakt anlegen

Möchten Sie einen neuen Kontakt (d.h. einen neuen Eintrag im Adressbuch) anlegen, muss das Adressbuch geöffnet sein.

1 Sind Gruppen oder Ordner zur Strukturierung der Kontakte eingerichtet, wählen Sie im Fenster des Adressbuches in der linken Spalte das Symbol, in dessen Kategorie der Kontakt einzutragen ist.

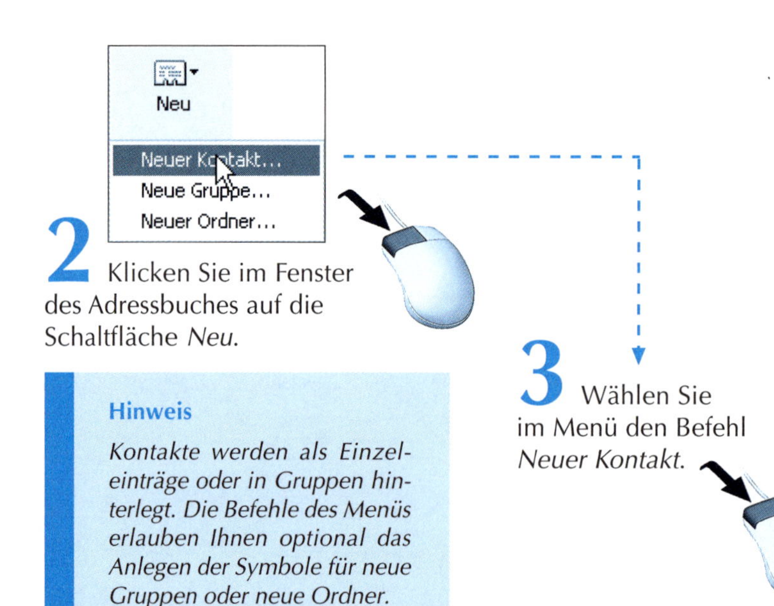

2 Klicken Sie im Fenster des Adressbuches auf die Schaltfläche *Neu*.

> **Hinweis**
>
> *Kontakte werden als Einzeleinträge oder in Gruppen hinterlegt. Die Befehle des Menüs erlauben Ihnen optional das Anlegen der Symbole für neue Gruppen oder neue Ordner.*

3 Wählen Sie im Menü den Befehl *Neuer Kontakt*.

Outlook Express öffnet das Dialogfeld mit den Registerkarten zum Definieren des neuen Kontakts. Ergänzen Sie die Felder mit den verfügbaren Daten. Sind für einen Wert mehrere Angaben zulässig (z.B. E-Mail-Adresse), nehmen Sie die Einträge über die Schaltfläche *Hinzufügen* in die Liste auf.

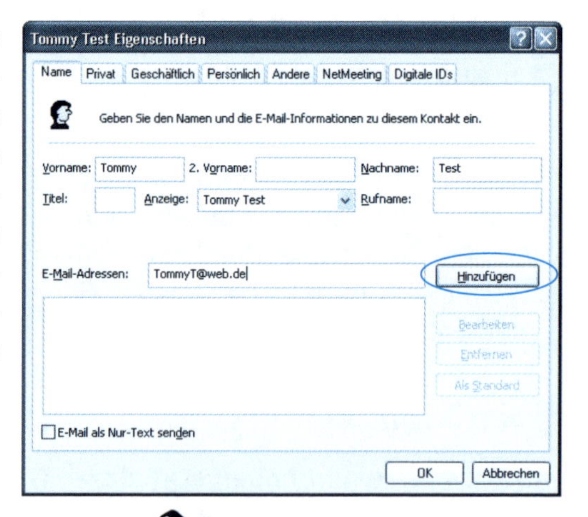

4 Zum Speichern des Kontakts klicken Sie auf die *OK*-Schaltfläche.

An dieser Stelle möchte ich die Einführung in Outlook Express beenden. Viele Funktionen mussten ausgespart bleiben – Sie sollten aber die im Alltag benötigten Funktionen kennen. Für weitergehende Informationen sei auf die Programmhilfe oder weiterführende Literatur verwiesen.

Kleine Erfolgskontrolle

Zur Überprüfung Ihres Wissens sollten Sie die folgenden Aufgaben lösen. Die Antworten finden Sie (in Klammern angegeben).

- Erstellen Sie eine E-Mail.

  (Auf die Schaltfläche *Neue E-Mail* klicken, die Empfängeradresse hinzufügen und den Text verfassen.)

- Löschen Sie eine E-Mail.

  (E-Mail in der Nachrichtenliste markieren und dann die Schaltfläche *Löschen* anklicken.)

- Kontrollieren Sie die eingegangene E-Mail.

  (Klicken Sie im Fenster *Ordner* auf das Symbol *Posteingang*. Zum Lesen der Nachricht doppelklicken Sie auf den betreffenden Eintrag in der Nachrichtenliste.)

- Erstellen Sie einen Kontakt.

  (Öffnen Sie das Adressbuch. Klicken Sie auf die Schaltfläche *Neu* und im Menü auf den Befehl *Neuer Kontakt* (siehe vorhergehende Seiten.)

Kapitel 9

Arbeiten im Heimnetzwerk

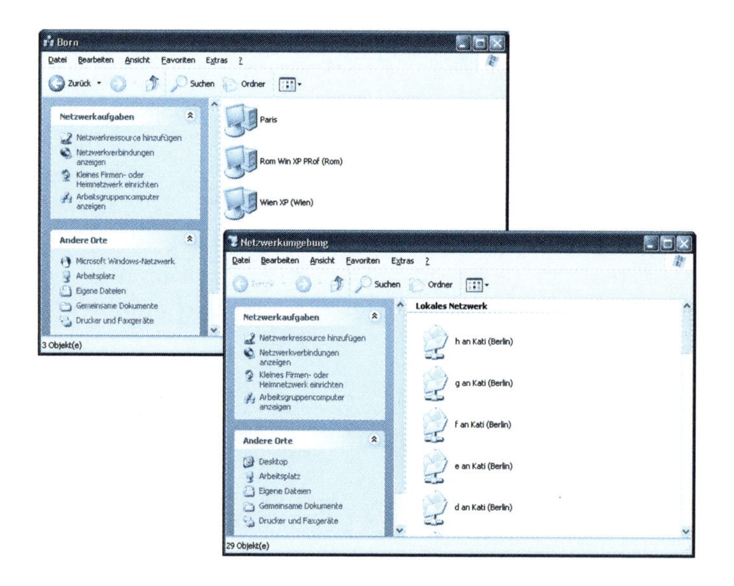

Im heimischen Bereich lassen sich zwei oder mehr Rechner zu einem Netzwerk verbinden, um Drucker oder Laufwerke gemeinsam zu benutzen. In diesem Kapitel lernen Sie die Funktionen eines Heimnetzwerks kennen. Sie können auf Laufwerke oder Ordner anderer Computer im Netzwerk zugreifen und eigene Laufwerke, Drucker und Ordner für andere Netzwerkteilnehmer zur gemeinsamen Nutzung freigeben.

Das können Sie schon:

Das lernen Sie neu:

Netzwerke, eine Einführung

Bei einem Netzwerk lassen sich Dateien zwischen Rechnern austauschen und Geräte wie Drucker, DVD-Laufwerke oder Festplatten gemeinsam nutzen.

> **Was ist das?**
>
> ***Ressource*** *ist in diesem Zusammenhang ein Sammelbegriff für Geräte (Drucker, Diskettenlaufwerke) oder Einheiten (z.B. Ordner), die auf einem Rechner vorhanden sind.*

Die Computer sind mit so genannten Netzwerkkarten ausgerüstet und durch Netzwerkkabel oder Funk untereinander verbunden. Geräte wie Drucker, Festplatten etc. der einzelnen PCs können vom jeweiligen Benutzer anderen Netzteilnehmern als **Ressourcen** zur Verfügung gestellt werden.

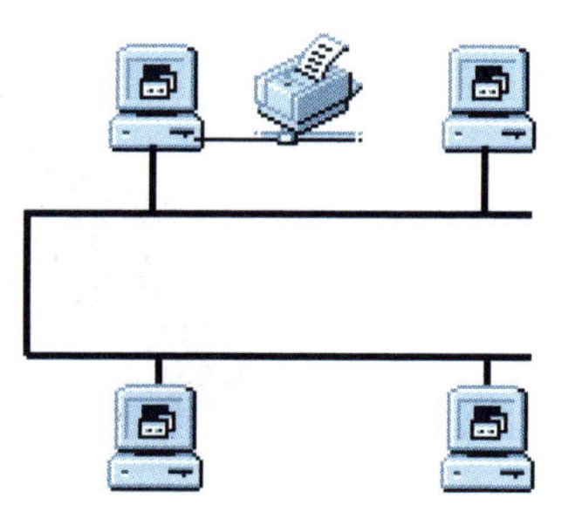

Ein Anwender kann dann beispielsweise auf Dateien, die auf anderen Netzwerkrechnern gespeichert sind, zugreifen. Oder es wird ein Drucker im Netzwerk gemeinsam benutzt. Besitzt nur ein Rechner ein DVD-Laufwerk, geben Sie dieses zur Nutzung durch Dritte im Netzwerk frei. Die hierzu benötigten Funktionen sind in Windows XP bereits enthalten.

Das Netzwerk einrichten

Um zwei oder mehr Rechner zu einem (Heim-)Netzwerk zu verbinden, müssen diese miteinander verbunden werden. Hierzu benötigt jeder Rechner einen Netzwerkanschluss (ggf. über Netzwerkkarten nachrüstbar). Zudem sind die Rechner über spezielle Netzwerkkabel (CAT 5-Kabel) miteinander zu verbinden. Bei zwei Rechnern reicht dafür ein spezielles Crossover-Netzwerkkabel. Mehrere Rechner werden dagegen über ein als Hub, Switch oder Router ausgeführtes Gerät durch CAT 5-Kabel vernetzt. Weiter entfernt stehende Rechner lassen sich durch Einbau von WLAN-Karten über einen WLAN-Router zu einem Funknetzwerk verbinden. Im Fachhandel (z.B. Elektronikmärkte oder im Internet unter *www.pearl.de*, *www.conrad.de*) werden entsprechende Geräte, Kabel und Zusatzkomponenten angeboten.

Ab Windows 98 ist bereits die benötigte Netzwerksoftware im Betriebssystem vorhanden. Bei Funknetzwerken müssen Sie ggf. anhand der Herstellerunterlagen klären, ob die Windows XP-Netzwerksoftware oder herstellerspezifische Treibersoftware zu verwenden ist.

Hinweis

Sie installieren die Netzwerkkarten sowie die Netzwerkverkabelung nach den Vorgaben des Herstellers der Komponenten. Wichtig ist, dass die Karten von Windows XP unterstützt werden – nur dann wird die Netzwerksoftware beim nächsten Systemstart automatisch eingebunden. Einige Tipps zur Inbetriebnahme finden Sie auch in der Windows-Hilfe. Falls das Netzwerk bereits von einem Dritten funktionsfähig eingerichtet wurde, können Sie den folgenden Abschnitt übergehen.

Sobald die Verkabelung, die Netzwerkkarten sowie die Netzwerksoftware funktionsfähig ist, müssen Sie die einzelnen Rechner noch für das **Netzwerk konfigurieren**. Dies bedeutet: Jeder **Rechner** muss **mit** einem eindeutigen **Namen versehen** sein (sonst lässt sich der Rechner ja im Netzwerk nicht identifizieren). Weiterhin sind die **Rechner** einer als **Arbeitsgruppe** bezeichneten organisatorischen Einheit **zuzuordnen**.

Die Konfigurierung der Rechner eines Heimnetzwerks erfolgt in Windows XP mit einem Assistenten.

1 Öffnen Sie das Ordnerfenster der Systemsteuerung (z.B. über den betreffenden Befehl im Startmenü).

Netzwerkverbindun...

2 Doppelklicken Sie auf das Symbol *Netzwerkverbindungen*.

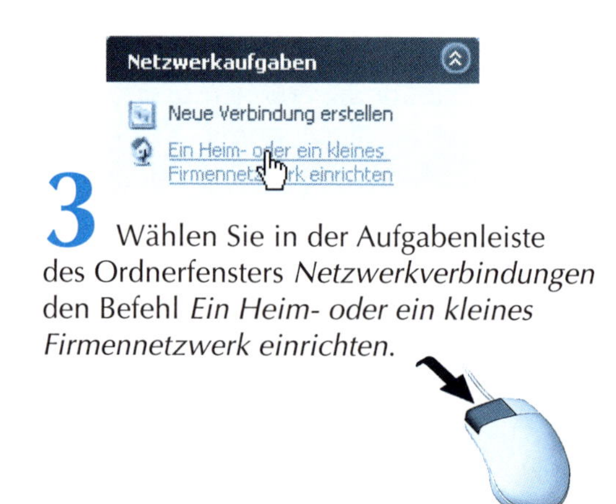

3 Wählen Sie in der Aufgabenleiste des Ordnerfensters *Netzwerkverbindungen* den Befehl *Ein Heim- oder ein kleines Firmennetzwerk einrichten.*

Ein Assistent führt Sie anschließend durch die einzelnen Schritte und fragt in Dialogfeldern die notwendigen Werte ab. Über die Schaltflächen *Weiter* und *Zurück* des Dialogfeldes können Sie zwischen den Dialogseiten blättern.

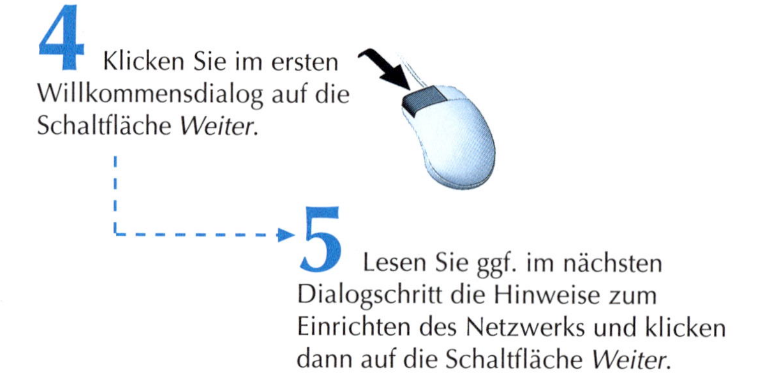

4 Klicken Sie im ersten Willkommensdialog auf die Schaltfläche *Weiter.*

5 Lesen Sie ggf. im nächsten Dialogschritt die Hinweise zum Einrichten des Netzwerks und klicken dann auf die Schaltfläche *Weiter.*

In den folgenden Dialogen geht es um die Internetverbindungsfreigabe sowie um die Konfiguration des Heimnetzwerk. Die relevanten Dialogfelder wurden hier zu einer Abbildung zusammengefasst.

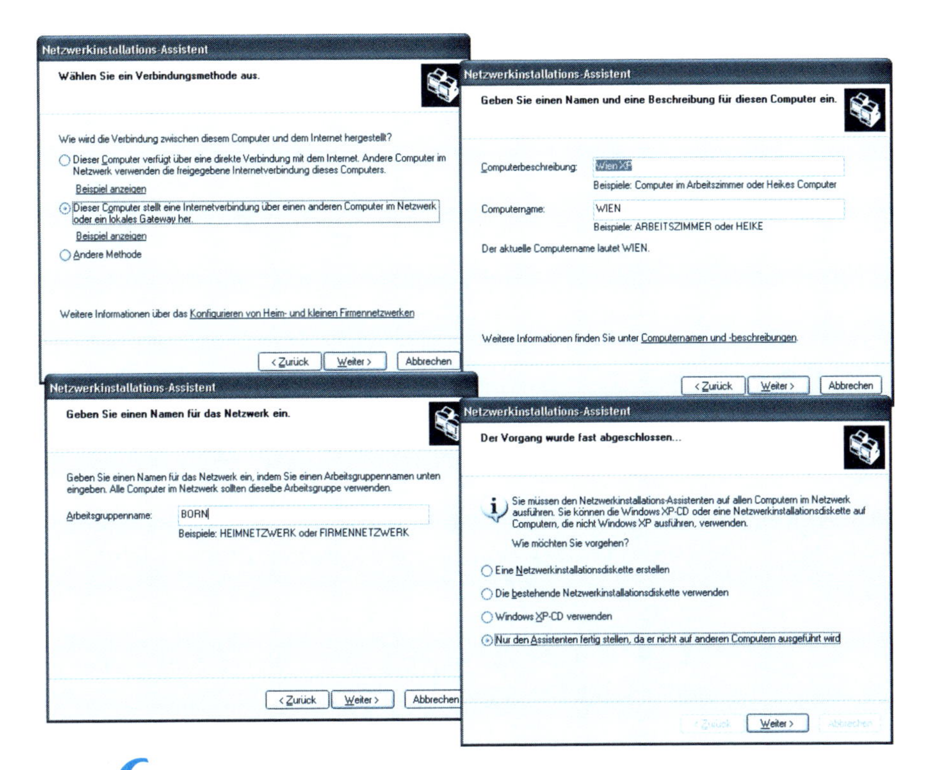

6 Wählen Sie im Dialogfeld zur Verbindungsmethode das Optionsfeld, welches die Verbindung des Computers zum Internet beschreibt.

Besitzt der Computer einen direkten Internetanschluss, markieren Sie das oberste Optionsfeld. Bei den restlichen Computern muss dagegen die mittlere Option angewählt werden. Existiert kein Internetanschluss, wählen Sie ggf. die untere Option *Andere Methode*.

7 Tragen Sie im Folgedialog einen eindeutigen Namen und eine Beschreibung für den Computer ein.

Sie können Personennamen, Städtenamen, Ländernamen etc. für die einzelnen Rechner verwenden.

8 Im nächsten Dialog muss ein Arbeitsgruppenname vergeben werden.

Der Assistent schlägt *MSHEIMNETZ* vor, ich habe den Namen *Born* für die Arbeitsgruppe verwendet.

9 Klicken Sie auf die Schaltfläche *Weiter*.

Jetzt beginnt der Assistent mit dem Einrichten der Arbeitsstation für das Netzwerk. Dies kann einige Zeit dauern.

10 In einem weiteren Dialogschritt gibt Ihnen der Assistent die Möglichkeit, eine Diskette zum Einrichten anderer Computer anzulegen.

Markieren Sie die benötigte Option und lassen ggf. eine Diskette erstellen. Falls Sie nur Windows XP-Computer verwenden, ist dies nicht erforderlich.

11 Sobald alle Schritte des Assistenten durchlaufen sind, klicken Sie auf die Schaltfläche *Fertig stellen*.

Anschließend müssen Sie die restlichen Rechner im Netzwerk, die zu Ihrer Arbeitsgruppe gehören, entsprechend konfigurieren.

Hinweis

Bei Rechnern mit älteren Windows-Versionen können Sie das Programm Netsetup.exe *von der vom Assistenten erstellten Installationsdiskette auf den betreffenden Rechnern ausführen. Dann wird der Assistent dort ebenfalls installiert, und Sie können die obigen Konfigurationsschritte nachvollziehen. Betreiben Sie ein Funknetzwerk, können Sie nach der Installation der WLAN-Komponenten ggf. den Befehl* Drahtlosnetzwerk für Heim- bzw. kleines Firmennetzwerk einrichten *in der Aufgabenleiste des Ordnerfensters* Netzwerkumgebung *anwählen. Ein Assistent führt Sie in mehreren Dialogen durch das Einrichten des Netzwerks bzw. erlaubt das Hinzufügen von Arbeitsstationen. Sie müssen dann einen Netzwerknamen eingeben und zwischen den Verschlüsselungsmethoden WEP oder WPA wählen. Die Netzwerkschlüssel zum Absichern der Verbindung können vom Assistenten automatisch generiert werden. Wenn alles geklappt hat, sollten Sie die nachfolgend beschriebenen Netzwerkfunktionen nutzen können. Weitere Details zur Inbetriebnahme sowie Hinweise zur Problembehandlung finden Sie in der Hilfe der jeweiligen Windows-Versionen (eine ausführliche Erläuterung führt über den Ansatz dieses Buches hinaus).*

Arbeiten im Netzwerk

Ist Ihr Computer erfolgreich in ein Netzwerk eingebunden, können Sie über das Ordnerfenster *Netzwerkumgebung* auf die freigegebenen Ressourcen anderer Rechner zugreifen.

> **Hinweis**
>
> *Fehlt das Symbol* Netzwerkumgebung *im Startmenü, klicken Sie mit der rechten Maustaste auf die Schaltfläche* Start *und wählen im Kontextmenü den Befehl* Eigenschaften. *Klicken auf der Registerkarte* Startmenü *auf die Schaltfläche* Anpassen. *Im nächsten Dialogfeld wählen Sie die Registerkarte* Erweitert *und markieren in der Gruppe* Startmenüelemente *das Kontrollkästchen* Netzwerkumgebung. *Sobald Sie alle Dialogfelder über die OK-Schaltfläche geschlossen haben, sollte die Netzwerkumgebung als Symbol im Startmenü auftauchen. Benötigen Sie Symbole wie* Arbeitsplatz *oder* Netzwerkumgebung *auf dem Desktop? Klicken Sie mit der rechten Maustaste auf den Startmenüeintrag und wählen im Kontextmenü den Befehl* Auf dem Desktop anzeigen.

Wählen Sie im Startmenü den Befehl *Netzwerkumgebung*.

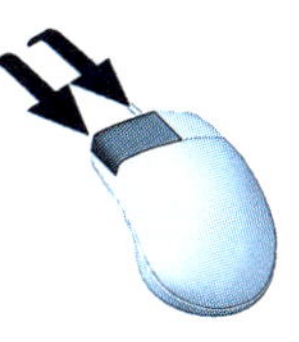

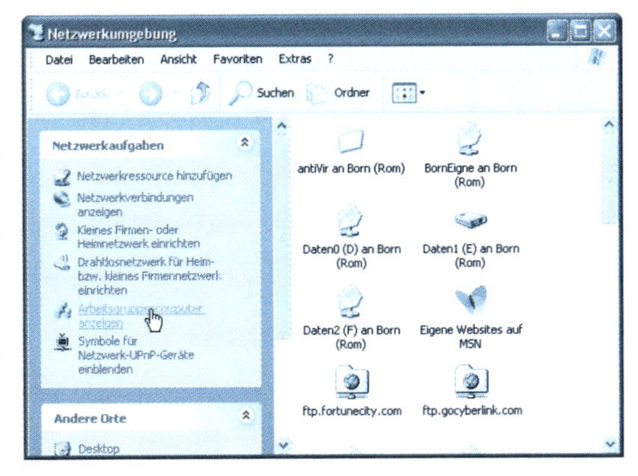

Windows öffnet jetzt das Fenster *Netzwerkumgebung*. Das Fenster gleicht im Aufbau dem bereits bekannten Fenster *Arbeitsplatz*. In der rechten Spalte wird eine Liste mit Ordnersymbolen angezeigt. Die Namen der Rechner werden dabei in Klammern mit angegeben. Sind im Netzwerk noch keine Ressourcen freigegeben, bleibt die Liste leer.

Diese Ordnerliste wird von Windows XP automatisch zusammengestellt. Jedes Ordnersymbol steht dabei für eine auf einem anderen Computer zur gemeinsamen Nutzung im Netzwerk freigegebene Ressource (Laufwerk oder Ordner). Sie können nun die Ordnersymbole per Doppelklick anwählen. Ähnlich wie beim *Arbeitsplatz* gelangen Sie dann zum jeweiligen Ordnerinhalt auf dem betreffenden Rechner.

Navigation in der Netzwerkumgebung

Um innerhalb der Netzwerkumgebung gezielt auf einzelne Rechner zuzugreifen oder zu sehen, welche Arbeitsgruppen und Rechner von Ihrem System erreichbar sind, gehen Sie so vor:

1 Öffnen Sie das Ordnerfenster *Netzwerkumgebung* (z.B. über das Startmenü).

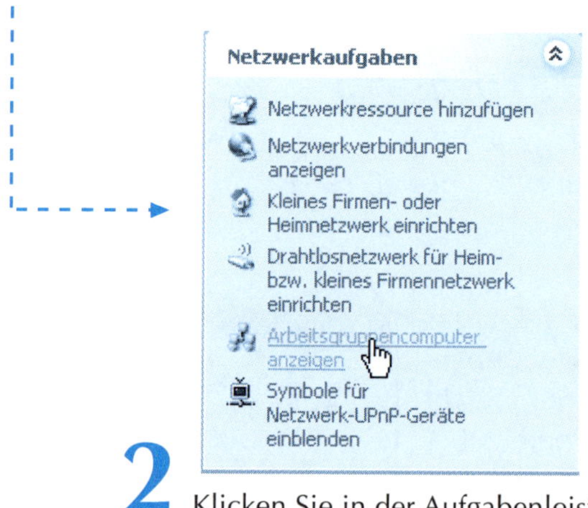

2 Klicken Sie in der Aufgabenleiste des Ordnerfensters *Netzwerkumgebung* auf den Befehl *Arbeitsgruppencomputer anzeigen.*

Windows öffnet ein Ordnerfenster, in dessen Titelleiste der Name der Arbeitsgruppe erscheint. Gleichzeitig werden die gefundenen Computer der Arbeitsgruppe in der rechten Spalte eingeblendet.

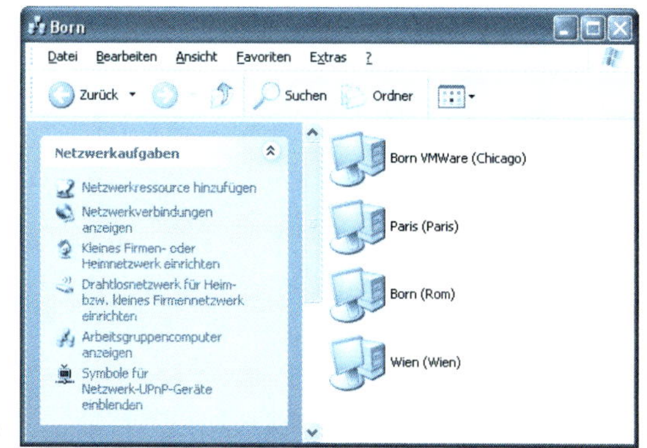

3 Doppelklicken Sie auf das Symbol eines Rechners.

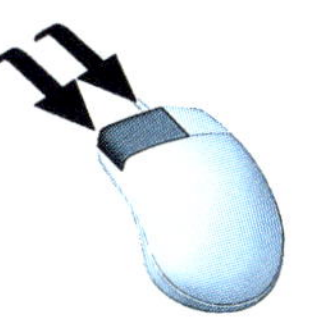

Windows öffnet das Fenster des Rechners und zeigt die auf dieser Arbeitsstation freigegebenen Laufwerke, Ordner und Drucker.

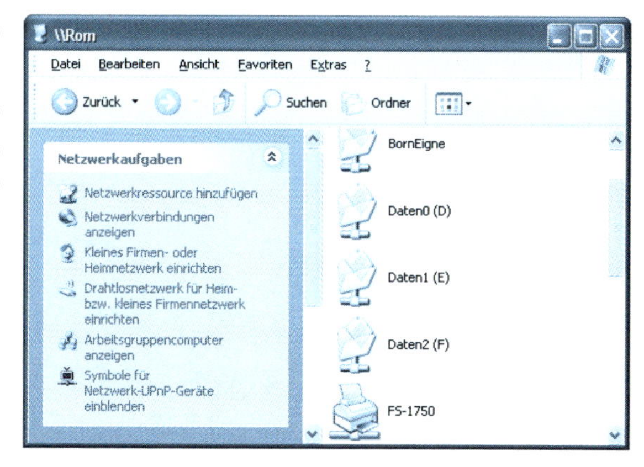

4 Doppelklicken Sie auf ein solches Symbol, um den Inhalt eines Laufwerks bzw. eines Ordners zu sehen.

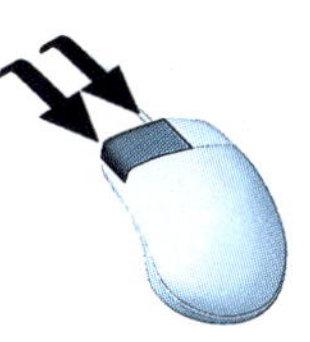

Im Grunde können Sie wie in jedem anderen Ordnerfenster mit den Ordnerinhalten arbeiten.

Hinweis

Der Benutzer des Rechners kann aber festlegen, dass externe Nutzer keine Dateien verändern (löschen, überschreiben, umbenennen) dürfen. Je nach Konfigurierung der Rechner im Netzwerk kann es zudem vorkommen, dass beim ersten Zugriff auf die Netzwerkstation ein Dialogfeld mit einer Kennwortabfrage erscheint. Sie müssen dann den Benutzernamen und das Kennwort eingeben, welches bei der Freigabe der Ressource festgelegt wurde.

Netzlaufwerke verbinden und trennen

Arbeiten Sie lieber mit Laufwerkssymbolen im Ordnerfenster *Arbeitsplatz* oder erlauben ältere Programme nur Zugriffe auf Laufwerke? Dann können Sie einem freigegebenen Ordner im Netzwerk einen Laufwerksnamen zuweisen.

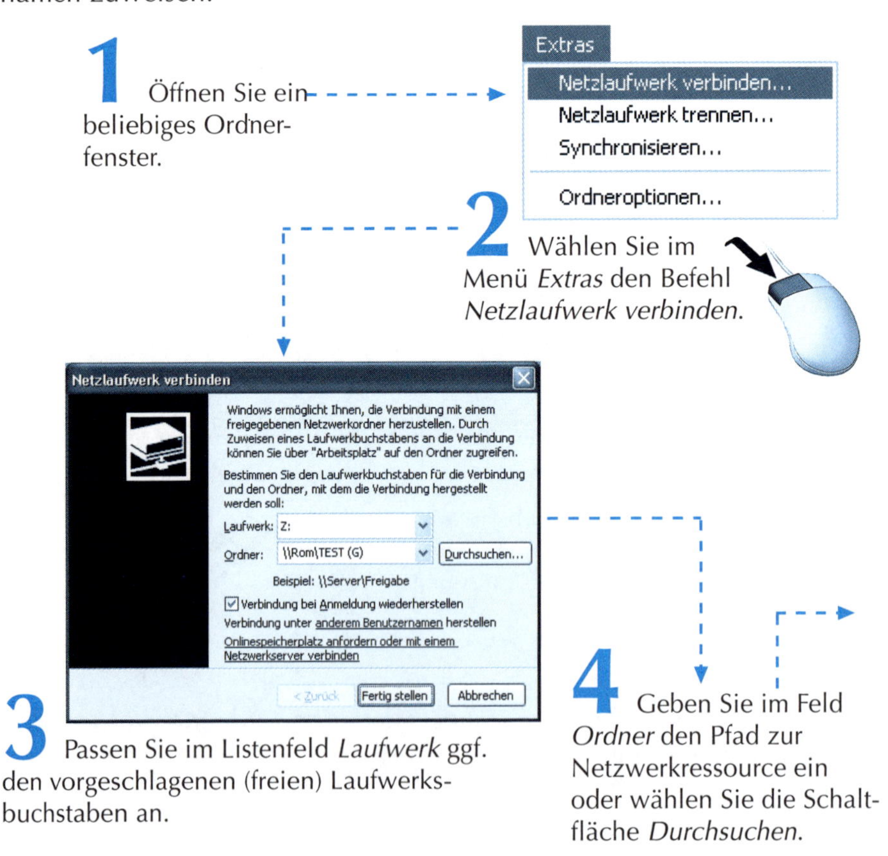

1 Öffnen Sie ein beliebiges Ordnerfenster.

2 Wählen Sie im Menü *Extras* den Befehl *Netzlaufwerk verbinden*.

3 Passen Sie im Listenfeld *Laufwerk* ggf. den vorgeschlagenen (freien) Laufwerksbuchstaben an.

4 Geben Sie im Feld *Ordner* den Pfad zur Netzwerkressource ein oder wählen Sie die Schaltfläche *Durchsuchen*.

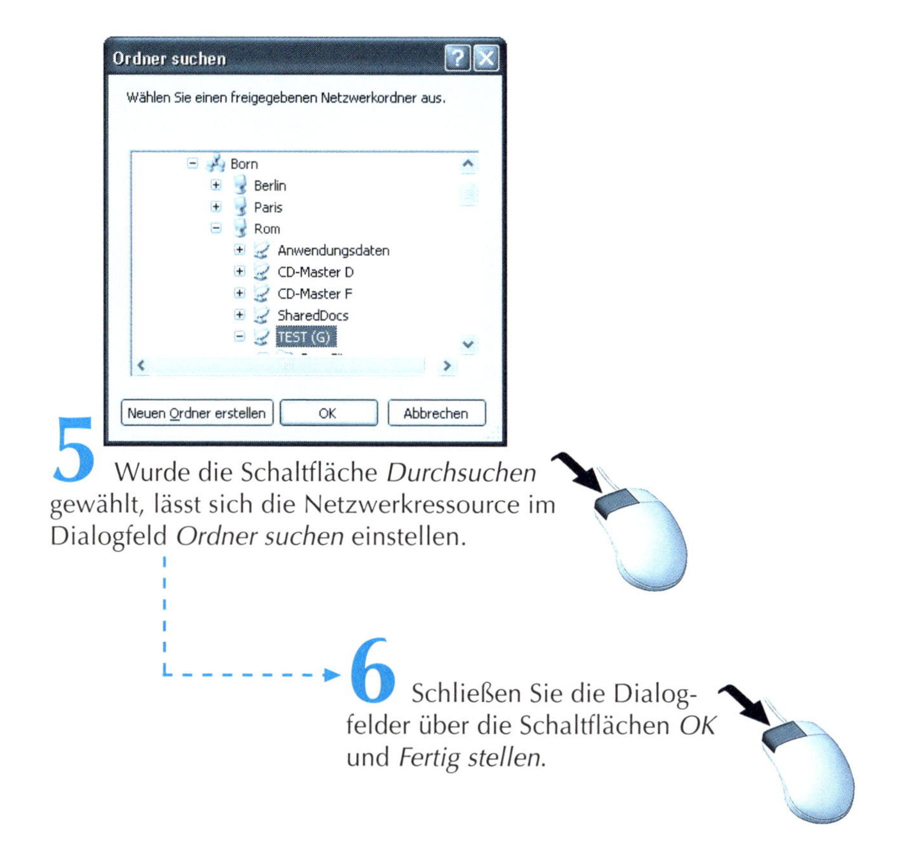

5 Wurde die Schaltfläche *Durchsuchen* gewählt, lässt sich die Netzwerkressource im Dialogfeld *Ordner suchen* einstellen.

6 Schließen Sie die Dialogfelder über die Schaltflächen *OK* und *Fertig stellen*.

Windows richtet jetzt das Laufwerkssymbol im Ordnerfenster *Arbeitsplatz* ein. Weiterhin wird die Ressource in einem Ordnerfenster geöffnet. Über das Laufwerkssymbol können Sie zukünftig direkt auf die Netzwerkressource zugreifen.

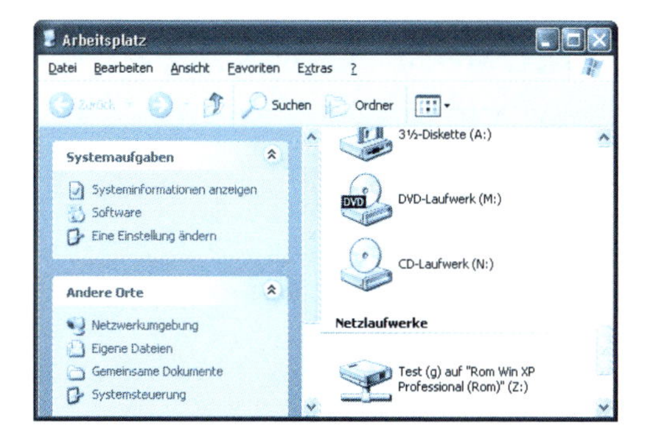

Um eine **bestehende Verbindung** für ein Netzlaufwerk wieder **aufzuheben**, gehen Sie folgendermaßen vor.

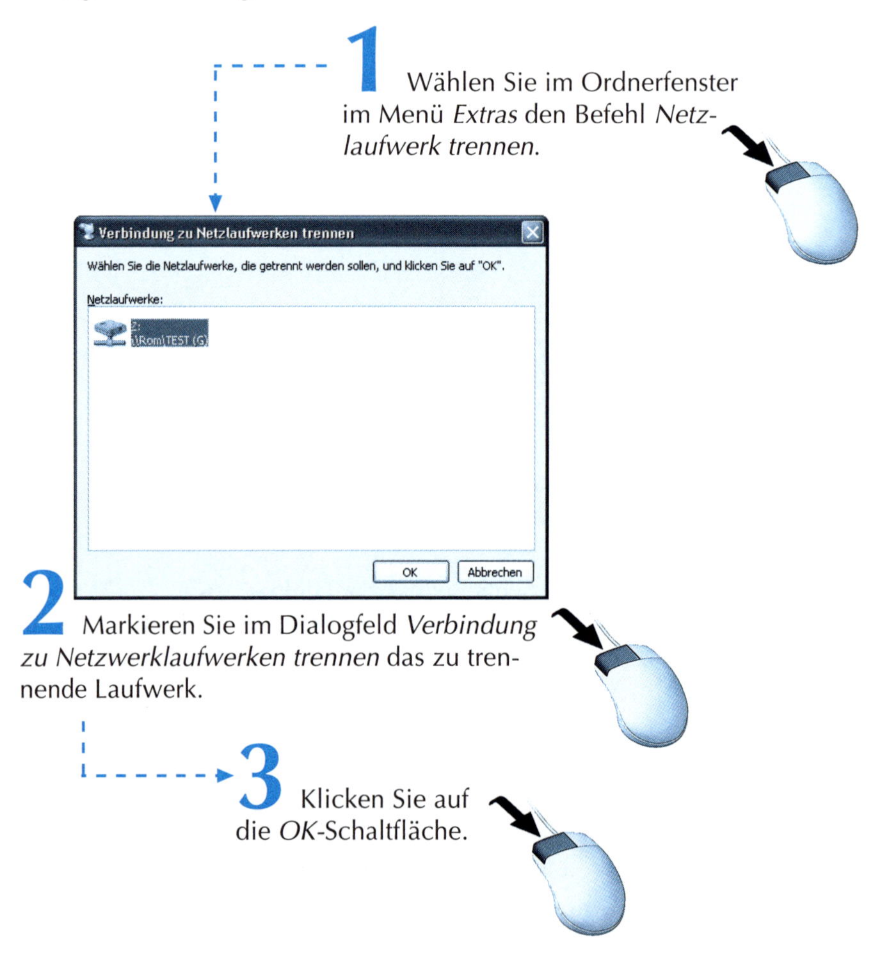

1 Wählen Sie im Ordnerfenster im Menü *Extras* den Befehl *Netzlaufwerk trennen*.

2 Markieren Sie im Dialogfeld *Verbindung zu Netzwerklaufwerken trennen* das zu trennende Laufwerk.

3 Klicken Sie auf die *OK*-Schaltfläche.

Windows trennt die Verbindung zur Netzwerkressource und entfernt das Laufwerkssymbol aus dem Ordner *Arbeitsplatz*.

> **Tipp**
>
> *Alternativ können Sie das Laufwerkssymbol mit der rechten Maustaste anklicken und im Kontextmenü den Befehl* trennen *wählen. Dann hebt Windows die Laufwerkszuordnung direkt auf.*

Ressourcen freigeben

Damit andere Benutzer im Heimnetzwerk auf Laufwerke, Ordner oder Drucker zugreifen können, muss der Besitzer des Computers diese Ressourcen freigeben. Auch dies ist kein schwieriges Unterfangen. Um ein Laufwerk oder einen Ordner zur gemeinsamen Benutzung freizugeben, sind folgende Schritte auszuführen.

1 Klicken Sie im Fenster *Arbeitsplatz* oder in einem anderen Fenster mit der rechten Maustaste auf das Laufwerks- oder Ordnersymbol.

2 Wählen Sie im Kontextmenü den Befehl *Freigabe und Sicherheit*.

Windows öffnet das Eigenschaftenfenster des Elements mit der Registerkarte *Freigabe*.

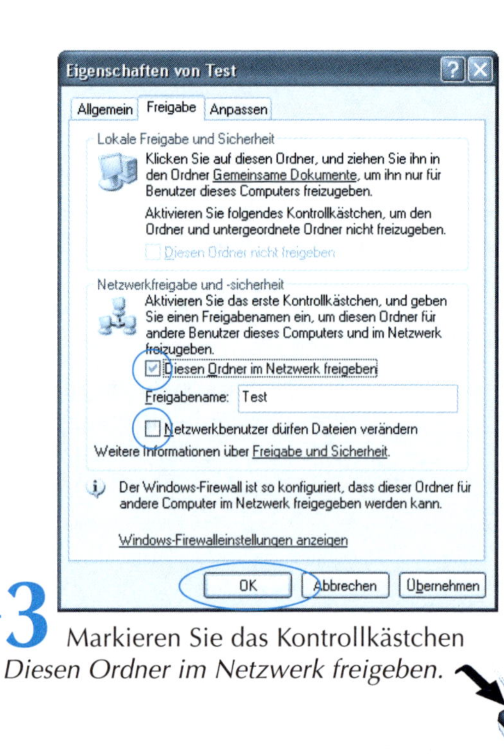

3 Markieren Sie das Kontrollkästchen *Diesen Ordner im Netzwerk freigeben.*

4 Korrigieren Sie ggf. das Feld *Freigabename*.

5 Markieren Sie ggf. das Kontrollkästchen *Netzwerkbenutzer dürfen Dateien verändern.*

6 Schließen Sie die Registerkarte über die *OK*-Schaltfläche.

> **Hinweis**
>
> *Markieren Sie das Optionsfeld* Netzwerkbenutzer dürfen Dateien verändern, *können andere Benutzer die Daten der freigegebenen Ressource nicht nur lesen, sondern auch verändern. Sollen die Benutzer die Daten nicht ändern dürfen, darf das Kontrollkästchen nicht markiert sein.*

Windows gibt das Laufwerk oder den Ordner mit den betreffenden Optionen im Netzwerk frei. Sie erkennen freigegebene Elemente an der stilisierten Hand, die in der linken unteren Ecke des Laufwerks- oder Ordnersymbols eingeblendet wird.

Einen Drucker freigeben

Sie können anderen Netzwerkteilnehmern die Benutzung des an Ihrem PC angeschlossenen (lokalen) Druckers erlauben. Hierzu müssen Sie diesen Drucker jedoch für die allgemeine Benutzung freigeben.

1 Öffnen Sie das Ordnerfenster der Systemsteuerung über den betreffenden Eintrag im Startmenü.

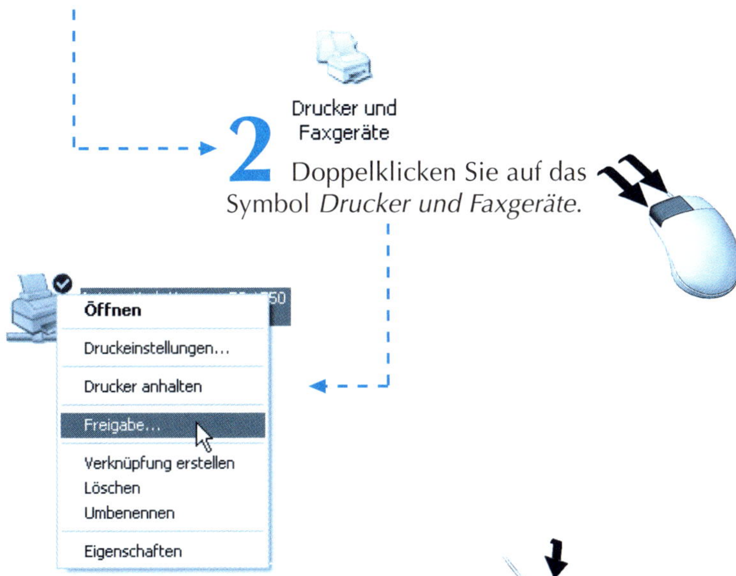

2 Doppelklicken Sie auf das Symbol *Drucker und Faxgeräte.*

3 Klicken Sie mit der rechten Maustaste auf das Symbol des freizugebenden Druckers und wählen Sie im Kontextmenü den Befehl *Freigabe.*

Windows öffnet jetzt das Fenster mit den Eigenschaften des betreffenden Druckers. Hier interessiert nur die Registerkarte *Freigabe*, die bereits im Vordergrund angezeigt wird. In dieser Registerkarte müssen Sie jetzt die Freigabeoptionen festlegen.

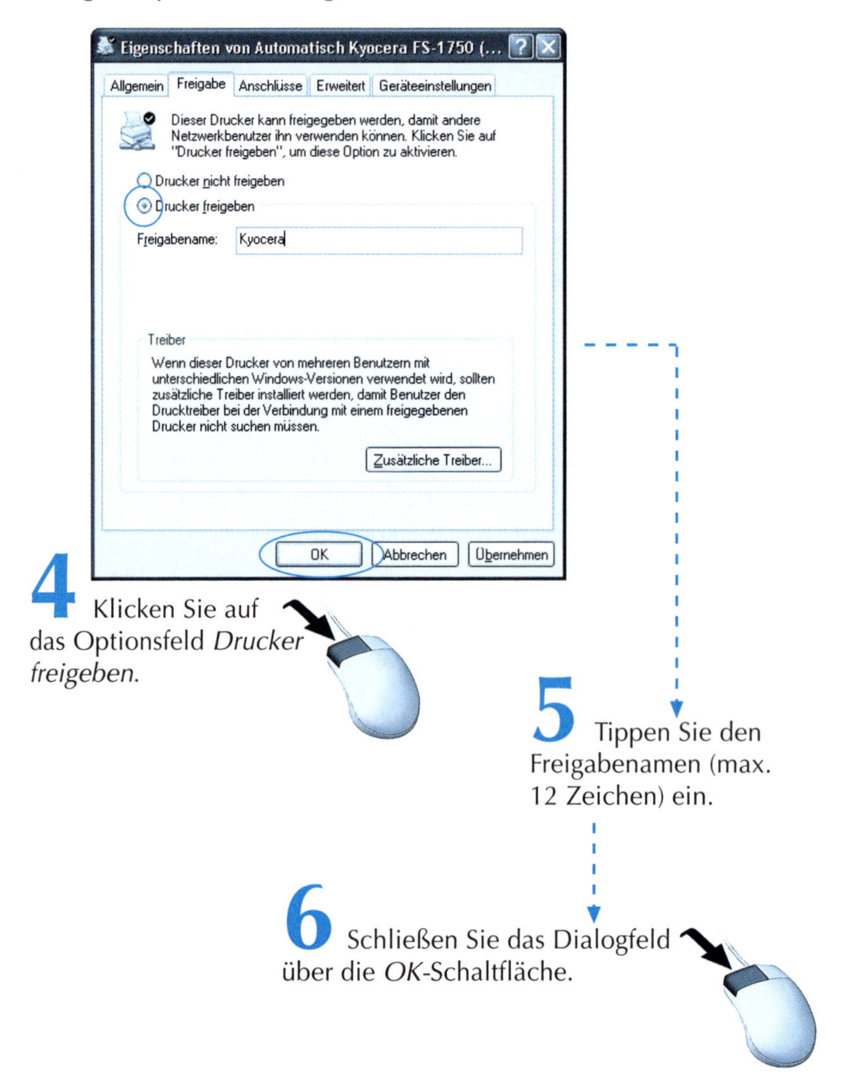

4 Klicken Sie auf das Optionsfeld *Drucker freigeben*.

5 Tippen Sie den Freigabenamen (max. 12 Zeichen) ein.

6 Schließen Sie das Dialogfeld über die *OK*-Schaltfläche.

Windows gibt den Drucker im Netzwerk für andere Benutzer frei. Im Ordnerfenster *Drucker und Faxgeräte* erscheint beim betreffenden Druckersymbol eine kleine Hand als Freigabesymbol.

Hinweis

Wenn Sie einen neuen Drucker lokal einrichten, gibt Windows diesen in der Regel automatisch im Heimnetzwerk frei. Der Druckername wird anderen Benutzern im Netzwerk angezeigt. Zum Aufheben der Freigabe verwenden Sie ebenfalls die obigen Schritte, markieren aber auf der Registerkarte Freigabe *das Optionsfeld* Drucker nicht freigegeben.

Wenn Sie einen Drucker im Netzwerk freigeben, dürfen Sie diesen nicht einfach abschalten, um beispielsweise einen Druckauftrag abzubrechen. Es könnte ja ein Druckauftrag eines anderen Benutzers ein. Auch beim Löschen von Druckaufträgen (siehe Kapitel 10) müssen Sie aufpassen und ggf. die anderen Netzteilnehmer verständigen.

An dieser Stelle möchte ich die Einführung in das Arbeiten im Heimnetzwerk beenden. Viele Funktionen mussten ausgespart bleiben – Sie kennen aber die wichtigsten Funktionen. Weitergehende Informationen finden Sie in der Windows-Hilfe.

Kleine Erfolgskontrolle

Zur Überprüfung Ihres Wissens sollten Sie die folgenden Aufgaben lösen. Die Antworten finden Sie (in Klammern angegeben).

- Wie wird ein Laufwerk verbunden?

  (Im Ordnerfenster *Extras/Netzlaufwerk verbinden* wählen und dann den Laufwerksbuchstaben sowie den Pfad auf die Netzwerkressource wählen.)

- Wie wird ein Laufwerk freigegeben?

  (Laufwerk mit der rechten Maustaste anwählen und im Kontextmenü den Befehl *Freigabe und Sicherheit* wählen. Anschließend auf der Registerkarte *Freigabe* die Freigabeoptionen setzen.)

Kapitel 10

Hinweise zum Drucken

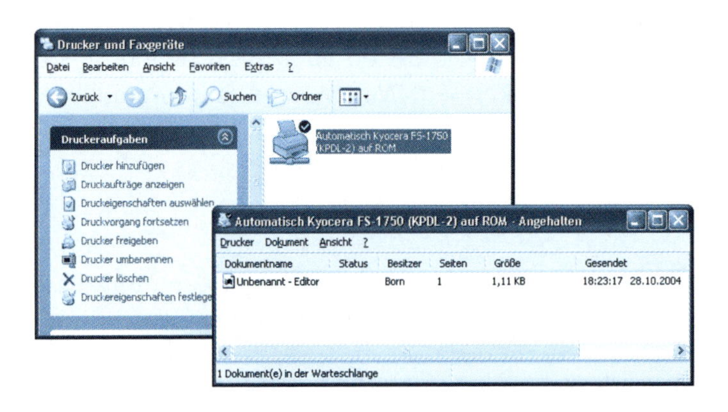

Das Drucken aus Anwendungen wie WordPad haben Sie bereits in den vorhergehenden Kapiteln kennen gelernt. Jetzt lernen Sie einen Drucker unter Windows einzurichten. Außerdem erfahren Sie, wie Sie eine Übersicht über die zu druckenden Dokumente abrufen, den Ausdruck anhalten oder ganz abbrechen.

Das können Sie schon:

Das lernen Sie neu:

Drucker neu einrichten

Windows unterstützt Drucker der verschiedensten Hersteller, die Sie an Ihren Computer anschließen können. Vor einer Benutzung des Druckers müssen Sie diesen jedoch einrichten. Dazu wird in Windows ein so genannter **Druckertreiber** installiert. Dies ist ein Programm, welches die auszugebenden Dokumente »abfängt« und für den Drucker aufbereitet. Bei der Windows-Installation werden diese Schritte automatisch ausgeführt. Bei einem Druckerwechsel müssen Sie ggf. den Treiber selbst installieren. Dies ist nicht sonderlich schwierig: Zur Installation eines Druckers verfügt Windows über einen so genannten Assistenten, der Sie durch die einzelnen Schritte führt.

1 Schalten Sie den Drucker ein.

Im Idealfall erkennt Windows (bei Plug&Play-Geräten) den Drucker und startet einen Assistenten, der den Treiber weitgehend selbsttätig installiert. Alternativ führen Sie die folgenden Anweisungen aus.

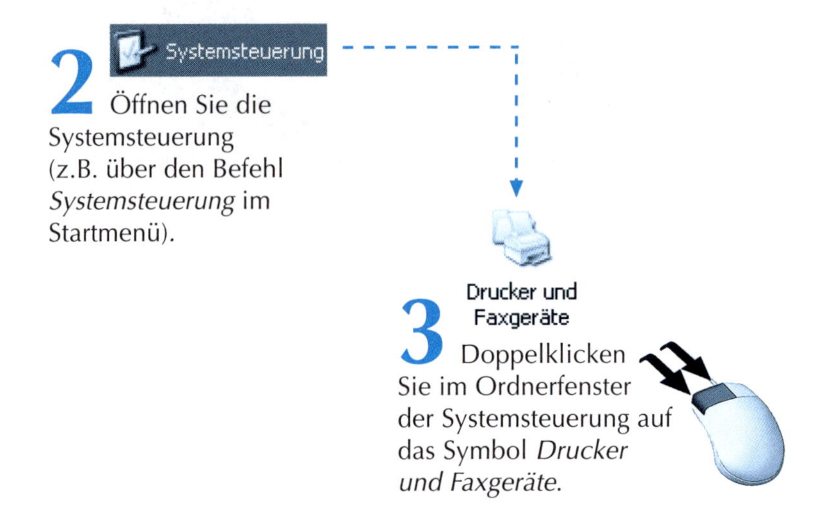

2 Öffnen Sie die Systemsteuerung (z.B. über den Befehl *Systemsteuerung* im Startmenü).

3 Doppelklicken Sie im Ordnerfenster der Systemsteuerung auf das Symbol *Drucker und Faxgeräte*.

Windows öffnet jetzt das Ordnerfenster *Drucker und Faxgeräte*, in dem die Symbole der bisher installierten Drucker zu sehen sind.

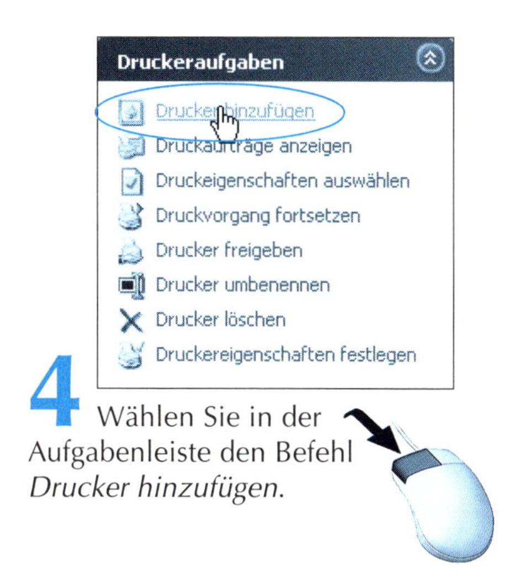

4 Wählen Sie in der Aufgabenleiste den Befehl *Drucker hinzufügen.*

Windows startet jetzt einen Assistenten, der Sie durch die Schritte zur Einrichtung des neuen Druckers führt. Über die Schaltfläche *Weiter* können Sie zu den Folgeseiten und mit *Zurück* zu den Vorgängerseiten des Assistenten weiterblättern.

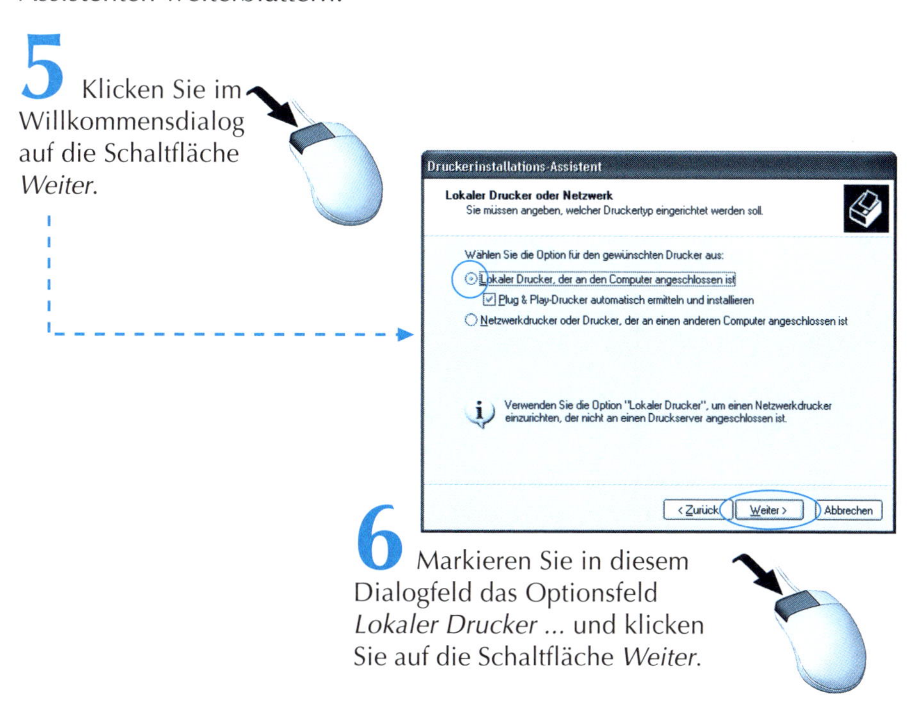

5 Klicken Sie im Willkommensdialog auf die Schaltfläche *Weiter.*

6 Markieren Sie in diesem Dialogfeld das Optionsfeld *Lokaler Drucker ...* und klicken Sie auf die Schaltfläche *Weiter.*

War das Kontrollkästchen *Plug & Play-Drucker automatisch ermitteln und installieren* markiert, sucht Windows nach dem Drucker und richtet den Treiber ein. Wird kein Drucker erkannt, weist Sie der Assistent in einem Dialogfeld darauf hin. Sie können den Drucker dann manuell installieren.

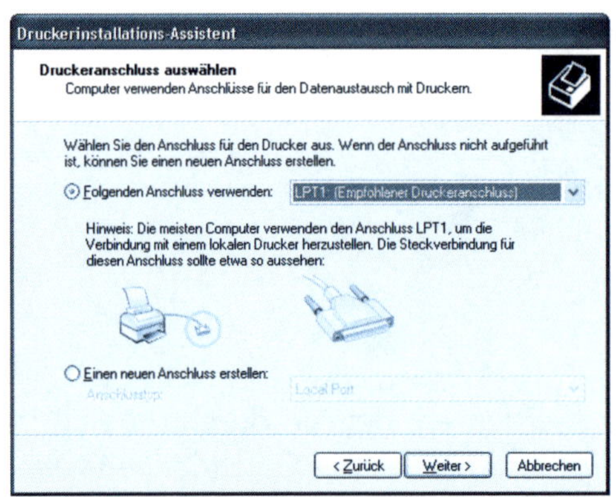

1 In diesem Dialogfeld ist der vorgeschlagene Druckeranschluss zu bestätigen und die Schaltfläche *Weiter* anzuklicken.

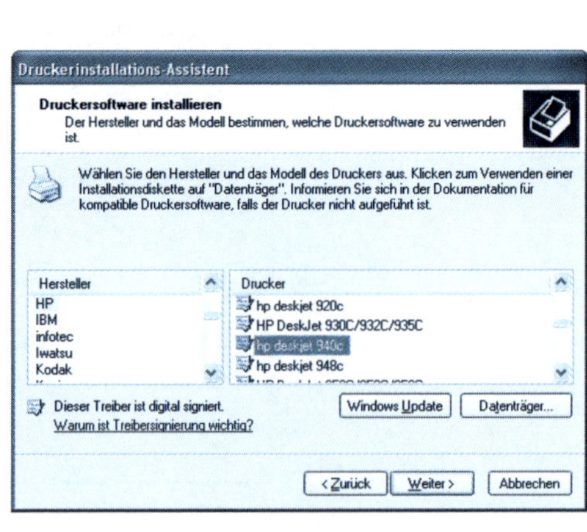

2 Wählen Sie in der linken Liste den Hersteller Ihres Druckers.

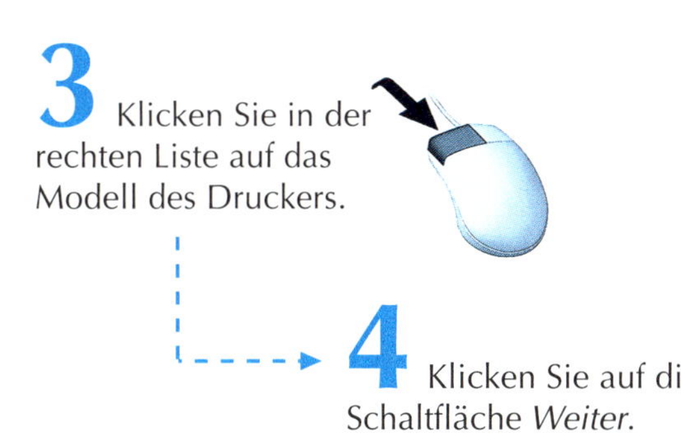

3 Klicken Sie in der rechten Liste auf das Modell des Druckers.

4 Klicken Sie auf die Schaltfläche *Weiter*.

Hinweis

Ist der Drucker in der Liste nicht aufgeführt und verfügen Sie über eine Diskette des Druckerherstellers, können Sie den Treiber über die Schaltfläche Datenträger *installieren. Windows öffnet ein Dialogfeld zur Auswahl des Datenträgerlaufwerks. Dieser Fall wird in diesem Buch nicht behandelt.*

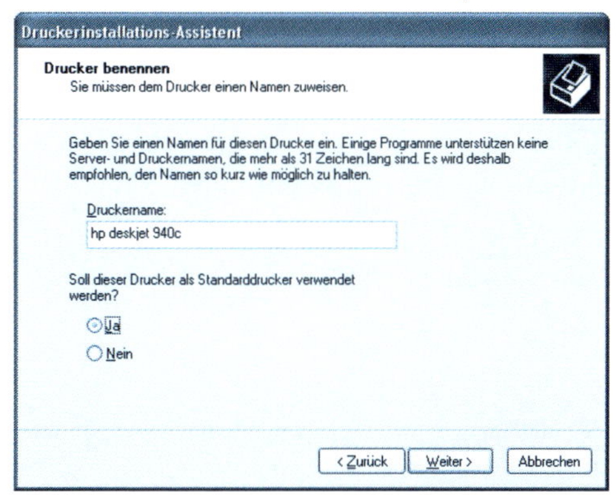

5 Bei Bedarf ändern Sie auf dieser Seite den (vorgegebenen) Namen des Druckers.

6 Belassen Sie die Markierung des Optionsfelds *Ja*, falls der Drucker von allen Windows-Anwendungen als Standarddrucker benutzt werden soll.

7 Klicken Sie auf die Schaltfläche *Weiter*.

Hinweis

Windows-Programme geben die Daten normalerweise auf dem ***Standarddrucker*** *aus, der in obigem Dialogfeld festgelegt werden kann. Dies ist der Drucker, der nach dem Start des Programms voreingestellt ist. Bei Systemen mit mehreren Druckern lässt sich das Ausgabegerät im Dialogfeld* Drucken *wählen. Der Standarddrucker wird übrigens im Ordner* Drucker und Faxgeräte *durch ein stilisiertes Häkchen im Druckersymbol hervorgehoben.*

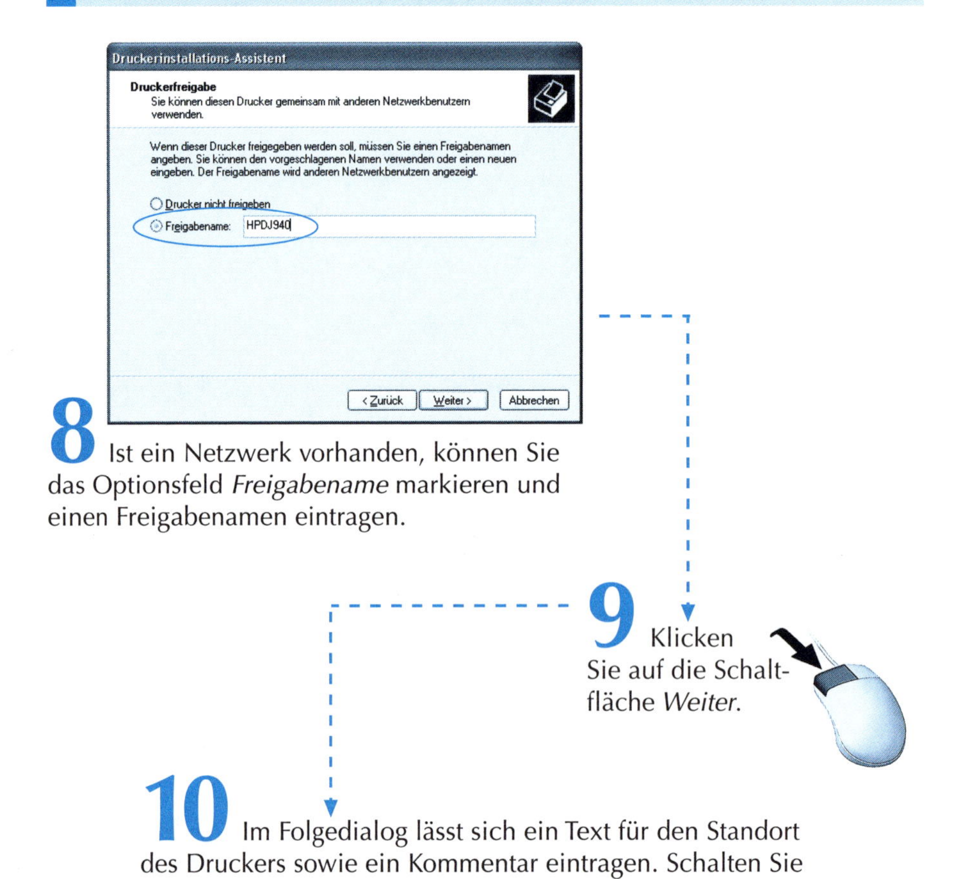

8 Ist ein Netzwerk vorhanden, können Sie das Optionsfeld *Freigabename* markieren und einen Freigabenamen eintragen.

9 Klicken Sie auf die Schaltfläche *Weiter*.

10 Im Folgedialog lässt sich ein Text für den Standort des Druckers sowie ein Kommentar eintragen. Schalten Sie über die Schaltfläche *Weiter* zum nächsten Dialog weiter.

Nach diesem Schritt besitzt der Assistent alle Informationen zur Installation des Druckers. Allerdings steht nicht unbedingt fest, ob alle Einstellungen korrekt sind. Windows kann nach dem Einrichten eines Druckertreibers eine **Testseite ausgeben**.

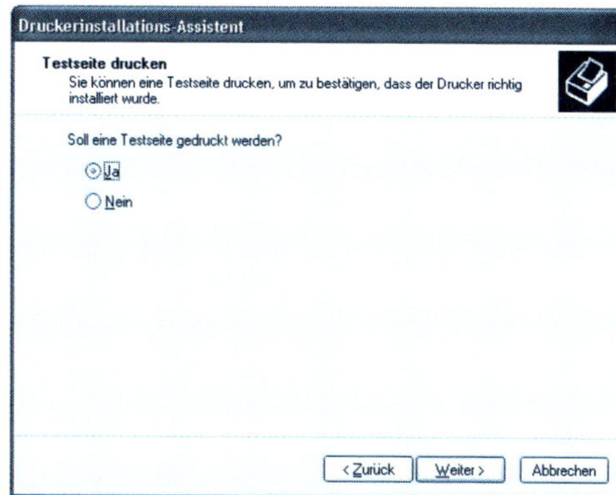

11 Belassen Sie die Option *Ja* zur Ausgabe der Testseite und klicken Sie auf die Schaltfläche *Weiter*.

12 Klicken Sie im nächsten Dialogfeld mit den angezeigten Installationsdaten auf die Schaltfläche *Fertig stellen*.

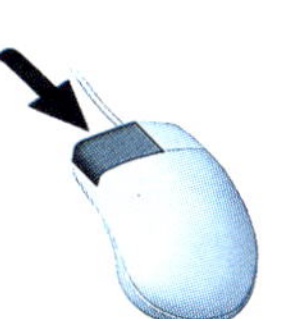

Windows führt jetzt die eigentlichen Installationsschritte durch. Dabei wird der Treiber intern kopiert und entsprechend eingerichtet. Den Ablauf erkennen Sie an Fortschrittsanzeigen, die kurzzeitig eingeblendet werden.

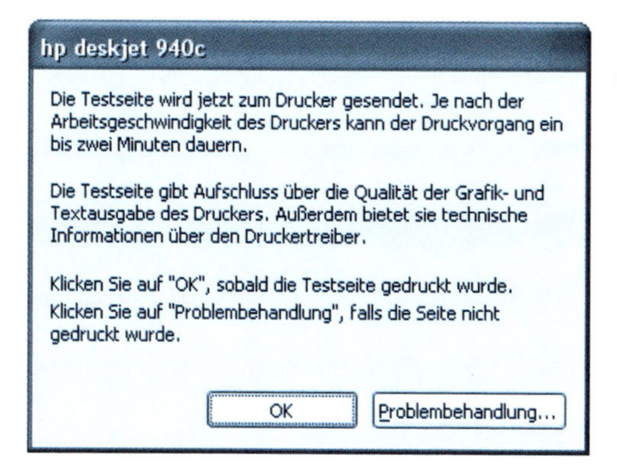

Erscheint diese Meldung auf dem Bildschirm?

13 Überprüfen Sie, ob die Testseite einwandfrei gedruckt wurde (notfalls Drucker einschalten und etwas warten).

14 Wurde die Testseite einwandfrei ausgegeben, klicken Sie auf die *OK*-Schaltfläche.

Anschließend ist der Drucker installiert und lässt sich aus Anwendungen heraus nutzen. Im Ordnerfenster *Drucker und Faxgeräte* erscheint das Symbol des neuen Druckers.

Hinweis

Treten Probleme auf bzw. wird die Testseite nicht ausgedruckt, wählen Sie die Schaltfläche Problembehandlung. *Windows öffnet das Hilfe- und Supportcenter mit einer Diagnoseseite für Druckerprobleme. Über die Optionsfelder und die Schaltfläche in diesem Fenster erhalten Sie weitere Informationen zur Fehlerdiagnose und -behebung.*

Druckerstörungen beheben

Erscheint nach der Installation oder beim späteren Betrieb die nebenstehende QuickInfo, liegt lediglich eine Druckerstörung vor.

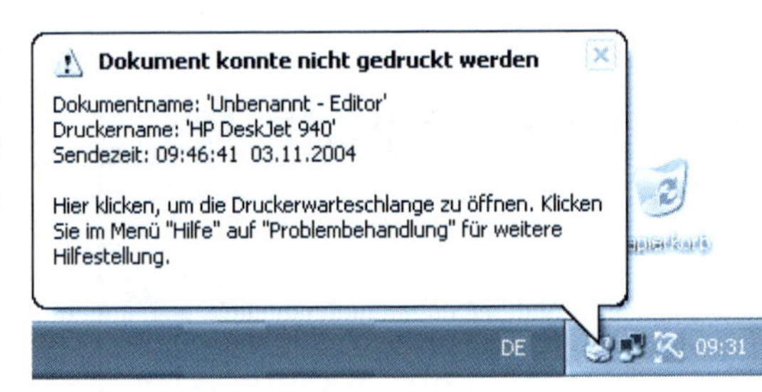

1 Prüfen Sie, ob der Drucker angeschlossen und eingeschaltet ist.

2 Stellen Sie ggf. den Drucker auf *Online*.

3 Prüfen Sie, ob der Drucker über Papier verfügt.

Sobald die Störung behoben ist, nimmt Windows die Druckausgabe wieder auf. Dieses Meldungsfeld erscheint auch beim Drucken eines Dokuments, falls der Drucker eine Störung aufweist. Sie sollten dann den Drucker überprüfen.

Tipp

Zum Zugriff auf den Drucker sollten Sie das Druckersymbol aus dem Ordner Drucker und Faxgeräte *zum Desktop ziehen. Anschließend reicht ein Doppelklick auf das Desktop-Symbol, um das Fenster mit den Druckaufträgen zu öffnen.*

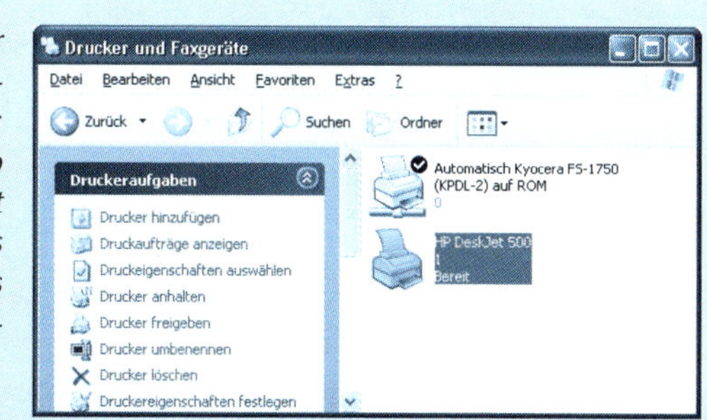

Wenn ein Drucker im Netzwerk freigegeben wird, richten andere Windows XP-Rechner diesen Drucker automatisch im Ordner Drucker und Faxgeräte *ein. Falls dies einmal nicht klappt, können Sie wie oben beschrieben den Assistenten zur Druckerinstallation aufrufen. Dann wählen Sie die Option für die Installation von Netzwerkdruckern und folgen den Schritten des Assistenten.*

Druckaufträge verwalten

Windows übernimmt beim Ausdruck die Daten von einer Anwendung und leitet diese als Druckaufträge an einen Druckmanager weiter. Der Druckauftrag wird dann im Hintergrund abgewickelt, während Sie im Vordergrund mit der Anwendung weiter arbeiten können. Sie können die **Druckaufträge** in der **Druckerwarteschlange** kontrollieren, anhalten oder abbrechen.

Solange noch Daten auszudrucken sind, erscheint im Infobereich der Taskleiste ein kleines Druckersymbol. Gibt es ein **Problem** beim **Ausdruck**, wird dies meist durch ein kleines Fragezeichen im Druckersymbol angezeigt.

Sie sehen daher immer, was mit dem Ausdruck los ist und können mit dem Programm weiterarbeiten. Zur Verwaltung der Druckaufträge lässt sich das Fenster des Druck-Managers über das Druckersymbol öffnen. Sie können hierzu das Symbol im Infobereich der Taskleiste oder das Symbol im Ordnerfenster *Drucker und Faxgeräte* benutzen.

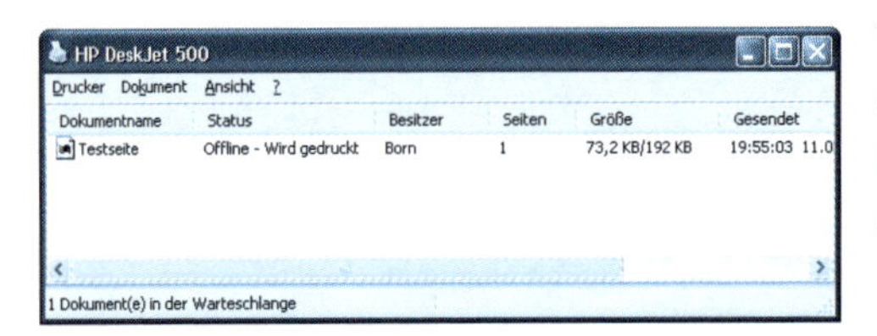

Windows öffnet anschließend das nebenstehend gezeigte Fenster, in dem die anstehenden Druckaufträge erscheinen.

Jeder **Druckauftrag** wird in einer eigenen Zeile dargestellt, wobei der gerade im Ausdruck befindliche Auftrag in der obersten Zeile erscheint. Das Fenster besitzt verschiedene Spalten mit Informationen:

- In der ersten Spalte sehen Sie den **Dokumentennamen**. Dieser Name wird durch das druckende Programm vergeben und entspricht meist dem Dateinamen des Dokuments.
- Die zweiten Spalte **Status** zeigt Informationen über den Status des jeweiligen Druckauftrags. Die oberste Zeile mit dem aktuell ausgedruckten Dokument enthält zum Beispiel den Hinweis auf einen momentanen Fehler. Bei den noch wartenden Druckaufträgen sehen Sie, ob diese angehalten wurden.
- Die Spalte **Besitzer** meldet Ihnen in einem Netzwerk, wer dieses Dokument ausdrucken möchte. Dies ist zum Beispiel hilfreich, wenn eine Druckerstörung vorliegt. Sie können dann den Besitzer des Dokuments verständigen.
- Bei längeren Dokumenten sehen Sie in der Spalte **Seiten** und **Größe** den Fortschritt des Ausdrucks.
- Die letzte Spalte gibt noch die **Startzeit** an, zu der das Dokument vom Programm zum »Ausdrucken« gegeben wurde.

Über die Menüleiste können Sie die Druckausgabe steuern und beispielsweise die Druckaufträge anhalten, fortsetzen oder abbrechen.

1 Klicken Sie in der Spalte *Dokumentname* auf den gewünschten Druckauftrag.

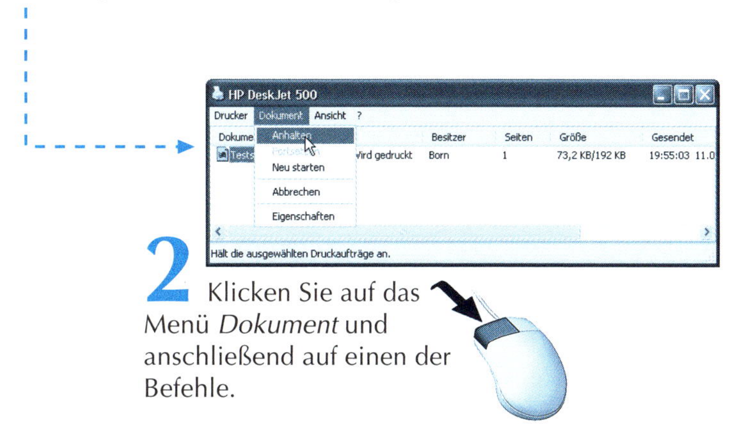

2 Klicken Sie auf das Menü *Dokument* und anschließend auf einen der Befehle.

Die Wirkung der Befehle ist weitgehend selbsterklärend. Mit *Anhalten* wird die Ausgabe anstehender Aufträge angehalten. In der Spalte *Status* erscheint die Meldung »Angehalten«. Der betreffende Druckauftrag wird nun von Windows so lange nicht an den Drucker weitergeleitet, bis Sie den Auftrag wieder freigeben. Dies erlaubt Ihnen zum Beispiel, ein sehr langes Dokument in der Druckerwarteschlange zurückzustellen und beispielsweise einen Brief kurzfristig vorzuziehen.

Achtung

Dies gilt aber nicht für das aktuell ausgedruckte Dokument. Sie können den aktuellen Druckauftrag nicht anhalten, um einen anderen Druckauftrags »vorzuziehen«.

Um einen angehaltenen Druckauftrag wieder freizugeben, wählen Sie den Befehl *Fortsetzen*. Mit *Abbrechen* wird der Auftrag verworfen und kommt nicht zum Ausdruck. Gab es Probleme beim Ausdruck (z.B. Papierstau), können Sie den Befehl *Neu starten* wählen. Windows gibt den Druckauftrag erneut ab der ersten Seite wieder aus. Es dauert aber immer einige Sekunden, bis der Status des Auftrags geändert und die aktualisierte Liste der Aufträge angezeigt wird.

Tipp

Um alle Druckaufträge abzubrechen, ist es günstiger, im Menü Drucker *den Befehl* Alle Druckaufträge abbrechen *zu wählen.*

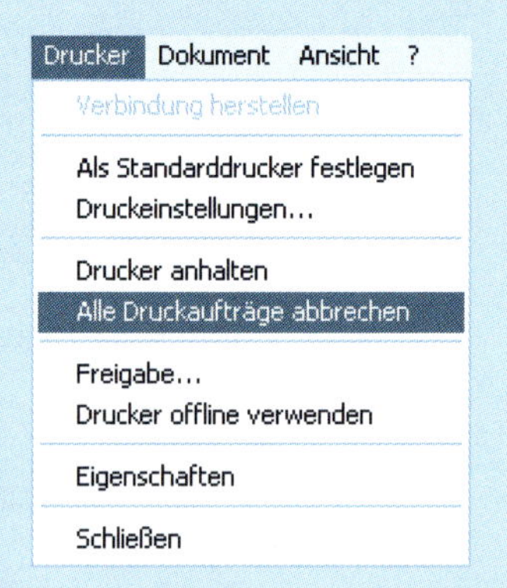

In diesem Menü können Sie auch den Befehl Drucker anhalten *wählen. Dann unterbricht Windows die Druckausgabe. Dies ist recht praktisch, falls gerade kein Drucker angeschlossen oder dieser zeitweise nicht benutzbar ist.*

Im Menü Drucker *erkennen Sie auch, ob das Gerät als Standarddrucker eingestellt ist. In diesem Fall erscheint vor dem Befehl* Als Standarddrucker festlegen *ein kleines Häkchen. Fehlt dieses Häkchen, klicken Sie einfach auf den Befehl. Dann stellt Windows das betreffende Gerät als Standarddrucker ein.*

Druckereinstellungen ändern

Möchten Sie eine Seite anstatt im Hochformat im Querformat bedrucken? Soll der Drucker das Papier aus dem Schacht für Briefumschläge holen? Haben Sie mehrere Drucker, und möchten Sie das Ausgabegerät wechseln? Windows bietet Ihnen verschiedene Möglichkeiten an, mit denen Sie die Druckereinstellungen ändern können. Sind mehrere Drucker installiert, können Sie vor dem Ausdruck den Drucker wählen.

1 Öffnen Sie das Dialogfeld *Drucken* (z.B. über den Befehl *Drucken* im Menü *Datei* des betreffenden Anwendungsfensters).

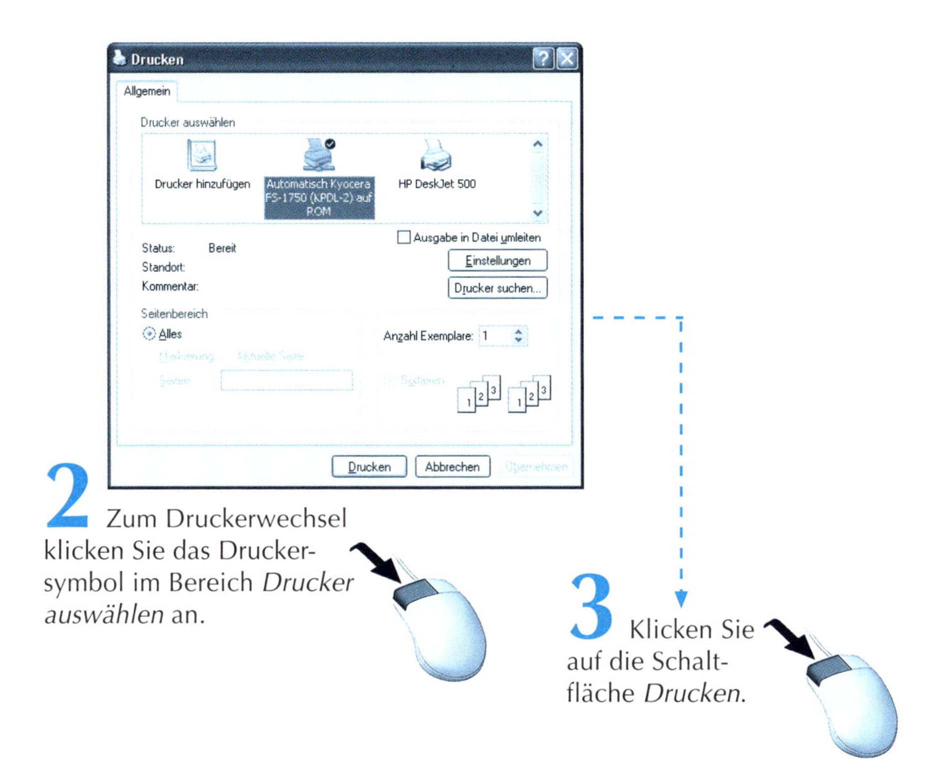

2 Zum Druckerwechsel klicken Sie das Druckersymbol im Bereich *Drucker auswählen* an.

3 Klicken Sie auf die Schaltfläche *Drucken*.

Hinweis

Der ***Standarddrucker*** *wird beim Start des Programms automatisch verwendet. Wählen Sie einen anderen Drucker, bleibt diese Einstellung für die* ***aktuelle Sitzung*** *des Programms erhalten. Beenden Sie das Programm und starten es später erneut, wird wieder der unter Windows festgelegte Standarddrucker benutzt. Sie können aber ein Druckersymbol im Feld* Drucker auswählen *mit der rechten Maustaste anklicken und im Kontextmenü den Befehl* Als Standard definieren *wählen. Dann wird dieser Drucker permanent zum Standarddrucker.*

Hoch-/Querdruck ändern

Im Dialogfeld *Drucken* sehen Sie auf der Registerkarte *Allgemein* die Schaltfläche *Einstellungen*. Über diese Schaltfläche können Sie die Einstellungen des Druckers abfragen und auch anpassen.

1 Klicken Sie auf die Schaltfläche *Einstellungen* im Dialogfeld *Drucken*.

2 Aktivieren Sie eine Registerkarte und setzen Sie die gewünschte Eigenschaften.

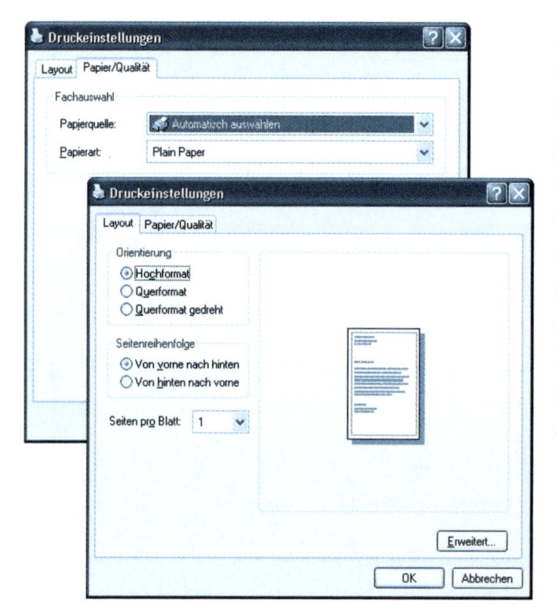

Nebenstehend sehen Sie das Eigenschaftenfenster eines Druckers. Auf der Registerkarte *Layout* lässt sich die Orientierung des Ausdrucks (Hoch- oder Querdruck) sowie die Seitenreihenfolge anpassen. Über die Schaltfläche *Erweitert* lässt sich ein weiteres Dialogfeld mit Einstellungen der Papiergröße etc. öffnen.

Die Registerkarte *Papier/Qualität* erlaubt die Vorgabe der Papierart und der Papierquelle. Der **Inhalt** der **Registerkarten** hängt aber vom jeweils installierten Drucker ab. Die wichtigsten Optionen sind bei den meisten Druckern ähnlich oder identisch.

An dieser Stelle soll die Einführung in den Umgang mit den Windows-Druckfunktionen beendet werden. Vieles musste an dieser Stelle aus Platzgründen gekürzt oder weggelassen werden. Andererseits nutzen viele Anwender diese Funktionen höchst selten. Falls Sie weitergehende Informationen benötigen, konsultieren Sie das Hilfe- und Supportcenter oder verwenden Sie die Direkthilfe der betreffenden Registerkarten. Auf Aufgaben zur Selbstkontrolle wird in diesem Kapitel verzichtet.

Kapitel 11

Windows anpassen

Windows lässt sich in vielen Bereichen anpassen. Geht die Uhr bei Windows falsch oder möchten Sie das Datum einstellen? In diesem Kapitel sehen Sie, wie sich dies mit ein paar Mausklicks korrigieren lässt. Weiterhin erfahren Sie, wie man die Eigenschaften der Anzeige anpasst. Dies erlaubt Ihnen, Hintergrundbilder oder Bildschirmschoner aufzurufen. Ein weiteres Thema ist das Installieren von Programmen und wie sich Windows-Komponenten nachträglich hinzufügen lassen. Zusätzlich wird gezeigt, wie Sie zum Beispiel die Einstellungen des Startmenüs ändern oder so genannte Verknüpfungen pflegen können.

Das können Sie schon:

Das lernen Sie neu:

Uhrzeit und Datum einstellen

Windows zeigt in der rechten unteren Bildschirmecke die Uhrzeit und, auf Abruf, auch das Datum. Was ist aber, wenn die Uhr falsch geht oder das Datum nicht stimmt? Dies ist kein größeres Problem, Sie benötigen nur ein paar Mausklicks, um die Uhr einzustellen oder das Datum festzulegen.

1 Melden Sie sich unter einem Administratorenkonto an und doppelklicken Sie in der rechten unteren Ecke der Taskleiste auf die angezeigte Uhrzeit.

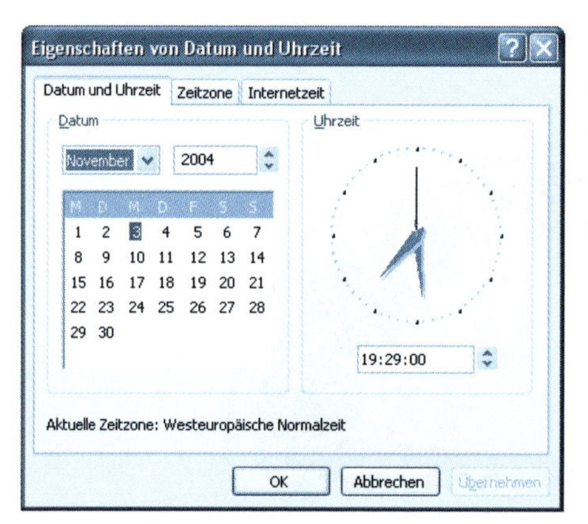

Windows öffnet jetzt das Dialogfeld mit der Anzeige der aktuellen Uhrzeit und des Kalenders. Im Kalender wird der Monat und das Jahr angezeigt. Weiterhin finden Sie im unteren Bereich der Registerkarte die Zeitzone.

Um die Uhrzeit oder das Datum einzustellen, gehen Sie folgendermaßen vor:

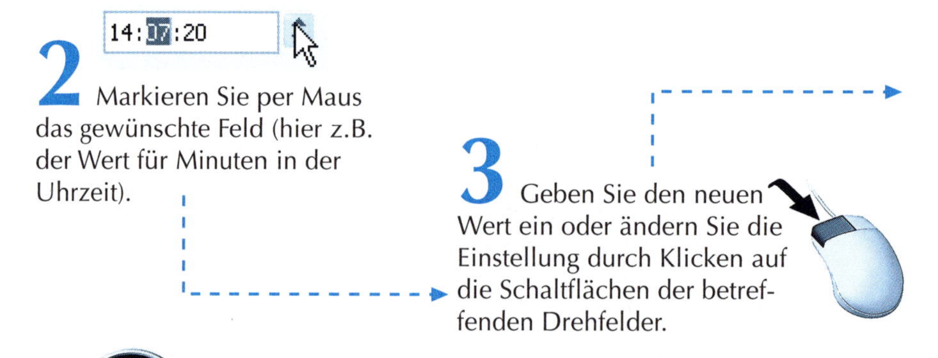

2 Markieren Sie per Maus das gewünschte Feld (hier z.B. der Wert für Minuten in der Uhrzeit).

3 Geben Sie den neuen Wert ein oder ändern Sie die Einstellung durch Klicken auf die Schaltflächen der betreffenden Drehfelder.

4 Klicken Sie entweder auf die Schaltfläche *OK* oder auf *Übernehmen*.

Die in diesem Beispiel neu eingestellte Uhrzeit wird direkt in der Anzeige des Zifferblatts dargestellt. Auf ähnliche Weise können Sie das Datum auf der Registerkarte ändern.

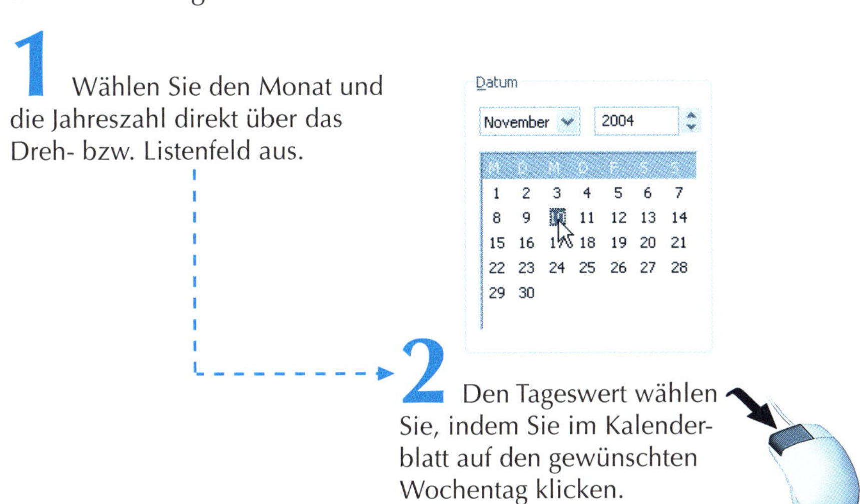

1 Wählen Sie den Monat und die Jahreszahl direkt über das Dreh- bzw. Listenfeld aus.

2 Den Tageswert wählen Sie, indem Sie im Kalenderblatt auf den gewünschten Wochentag klicken.

Der aktuelle Tag wird durch eine farbige Hinterlegung markiert.

3 Schließen Sie das Dialogfeld über die *OK*-Schaltfläche.

Hinweis

*Die **Zeitzone** sowie die automatische Umstellung auf Sommer-/Winterzeit lassen sich auf der Registerkarte* Zeitzone ***einstellen**. Diese Zeitzone legt unter anderem fest, in welcher Form das Datum und die Uhrzeit angezeigt werden. Das Kontrollkästchen* Uhr automatisch auf Sommer-/Winterzeit umstellen *sollte markiert sein, um die betreffende Zeitumstellung zuzulassen. Auf der Registerkarte* Internetzeit *finden Sie die Optionen, um die Uhr automatisch mit dem Internet abzugleichen.*

Die Systemsteuerung nutzen

Die Windows-Systemsteuerung ist so etwas wie die Kontrollzentrale des Systems. Viele der nachfolgend besprochenen Anpassungen erfolgen über die Systemsteuerung. Zum Anpassen einer Einstellung gehen Sie folgendermaßen vor:

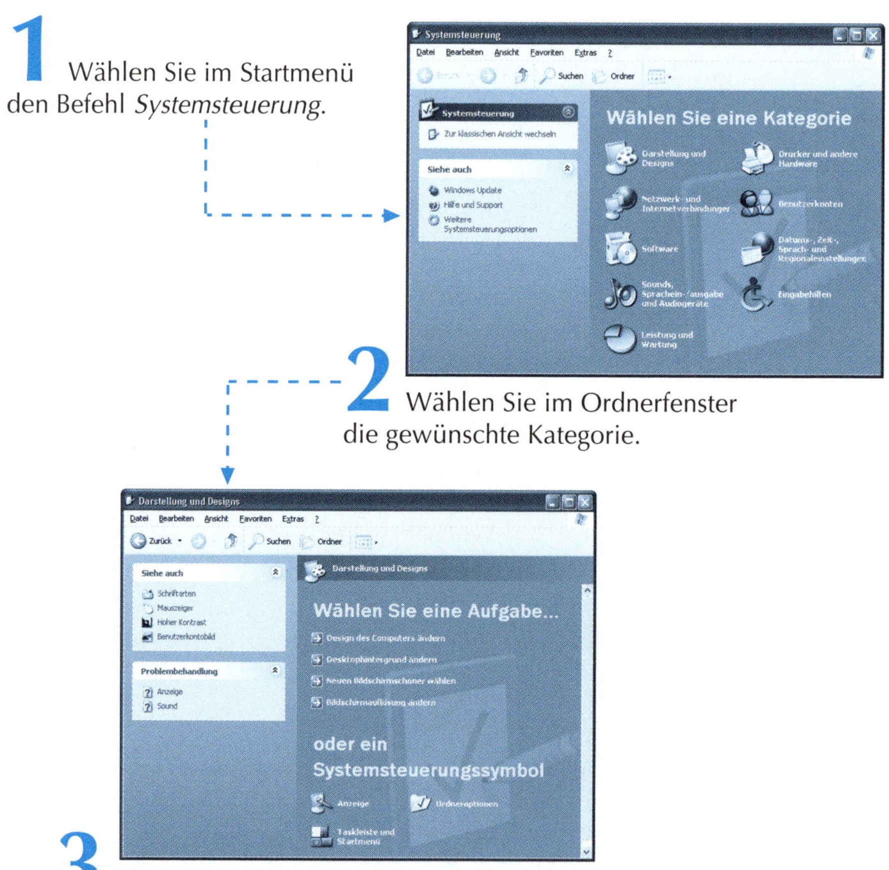

1 Wählen Sie im Startmenü den Befehl *Systemsteuerung*.

2 Wählen Sie im Ordnerfenster die gewünschte Kategorie.

3 Wählen Sie im nächsten Formular des Ordnerfensters den gewünschten Befehl oder ein Systemsteuerungssymbol.

Anschließend öffnet Windows ein Eigenschaftenfenster mit der Registerkarte zur Anpassung der betreffenden Optionen. Details hierzu entnehmen Sie den nachfolgenden Seiten sowie der Direkthilfe der jeweiligen Registerkarte.

Tipp

Das Eigenschaftenfenster mit den Anzeigeoptionen lässt sich auch abrufen, indem Sie mit der rechten Maustaste auf eine freie Stelle des Desktop klicken und im Kontextmenü den Befehl Eigenschaften *wählen. Weiterhin können Sie die Darstellung der Systemsteuerung über den Befehl* Zur Klassischen Ansicht wechseln *so umstellen, dass nur einzelne Symbole sichtbar sind. Dann doppelklicken Sie auf ein Symbol, um das Eigenschaftenfenster mit den Registerkarten zu öffnen.*

Den Desktop-Hintergrund ändern

Der Windows-**Desktop** kann mit einem weißen Hintergrund (wie in diesem Buch), mit verschiedenen Farben oder mit **Hintergrundbildern** versehen werden. Um den Desktop-Hintergrund mit einem Bild auszustatten, gehen Sie folgendermaßen vor:

1 Öffnen Sie die Systemsteuerung, wählen Sie die Kategorie *Darstellung und Designs* und im nächsten Formular den Befehl *Desktophintergrund ändern* (siehe oben).

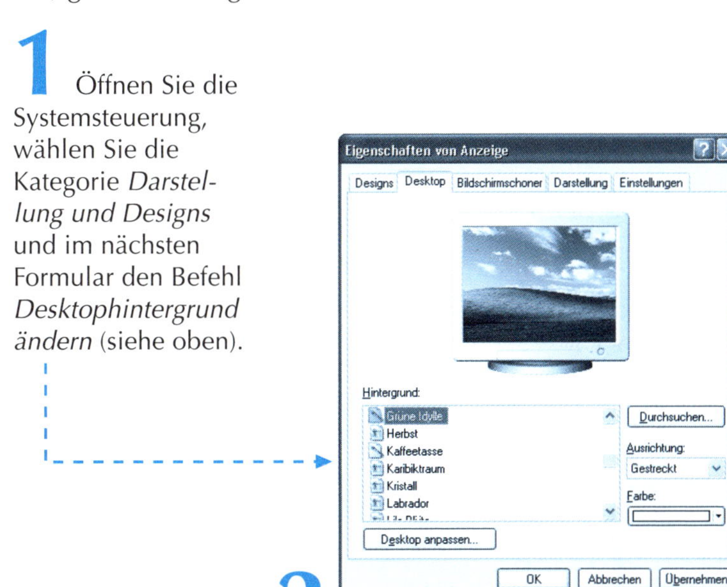

2 Markieren Sie auf der Registerkarte *Desktop* das gewünschte Motiv in der Liste *Hintergrund* und klicken Sie auf den betreffenden Namen.

Das Motiv wird bereits in der Vorschau auf der Registerkarte angezeigt.

3 Über das Listenfeld *Ausrichtung* können Sie vorgeben, ob das Motiv zentriert, gestreckt oder gekachelt nebeneinander auszugeben ist.

4 Klicken Sie zur Übernahme des Hintergrunds auf eine der Schaltflächen *OK* oder *Übernehmen*.

Windows wird jetzt den von Ihnen gewählten Hintergrund anzeigen.

> **Tipp**
>
> *Über die Schaltfläche* Durchsuchen *können Sie übrigens nach Bild- und HTML-Dokumentdateien in anderen Ordnern suchen. Um das* ***Hintergrundbild*** *wieder zu* ***entfernen****, wiederholen Sie die gerade gezeigten Schritte, stellen aber als Motiv »(Kein)« ein. Nach dem Entfernen des Hintergrundbilds können Sie auf den Pfeil neben dem Feld* Farbe *klicken und eine Farbe in der Palette wählen. Dies ändert die für den Desktop-Hintergrund angezeigte Farbe.*

Einen Bildschirmschoner einrichten

Windows bietet Ihnen die Funktion eines **Bildschirmschoners** an. Dieser wird aktiv, wenn der Computer einige Zeit unbenutzt ist (d.h. wenn keine Tastatureingaben oder Mausbewegungen erfolgen). Das Programm schaltet dann von der Anzeige des Desktops zu einem wählbaren bewegten Motiv auf dem Bildschirm um. Zum Konfigurieren eines Bildschirmschoners gehen Sie ähnlich wie beim Ändern des Hintergrundbildes vor:

1 Öffnen Sie die Systemsteuerung, wählen Sie die Kategorie *Darstellung und Designs* und im nächsten Formular den Befehl *Neuen Bildschirmschoner wählen* (siehe oben).

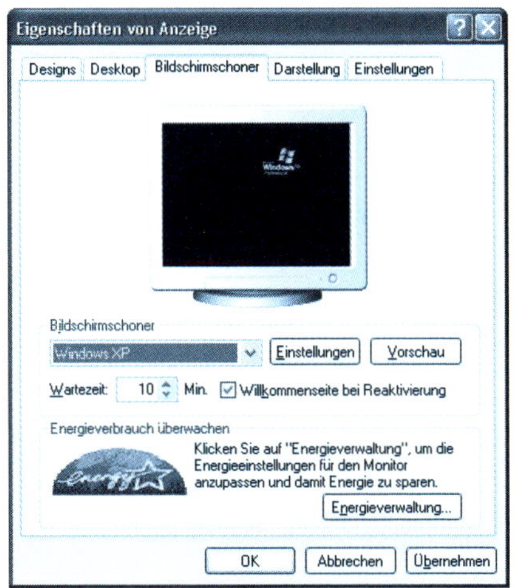

2 Wählen Sie auf der Registerkarte *Bildschirmschoner* im Listenfeld *Bildschirmschoner* das gewünschte Motiv.

3 Stellen Sie die Wartezeit in Minuten im gleichnamigen Feld ein.

4 Klicken Sie auf die *OK*-Schaltfläche.

Windows übernimmt jetzt Ihre Einstellungen für den Bildschirmschoner. Dieser wird aktiv, sobald das System länger als die vorgegebene Wartezeit unbenutzt war. Der Rechner lässt sich durch Drücken einer Taste oder durch Bewegen der Maus reaktivieren. Falls das Kontrollkästchen *Willkommenseite bei Reaktivierung* markiert war, erscheint nach der Reaktivierung die Windows Anmeldung.

Hinweis

Die Motive des Bildschirmschoners werden bereits bei dessen Auswahl in der Vorschau der Registerkarte Bildschirmschoner *angezeigt. Klicken Sie auf dieser Registerkarte die Schaltfläche* Vorschau *an, wird dieses Motiv auf dem gesamten Desktop angezeigt. Sie brauchen nur die Maus zu bewegen, um zur Registerkarte zurückzukehren. Abhängig vom gewählten Bildschirmschoner können Sie über die Schaltfläche* Einstellungen *verschiedene Optionen festlegen. Die Schaltfläche* Energieverwaltung *öffnet ein zweites Dialogfeld mit Registerkarten, die Optionen zum Abschalten des Monitors, der Festplatte etc. enthalten.*

Die Bildschirmauflösung ändern

Unter Windows lässt sich die Bildschirmauflösung wählen. Je höher die Bildschirmauflösung ist, umso mehr Motive haben auf dem Desktop Platz. Andererseits verkleinern sich die dargestellten Desktop-Elemente und Fenster mit steigender Auflösung. Sie können die Auflösungen folgendermaßen anpassen:

1 Öffnen Sie die Systemsteuerung, wählen Sie die Kategorie *Darstellung und Designs* und im nächsten Formular den Befehl *Bildschirmauflösung ändern* (siehe oben).

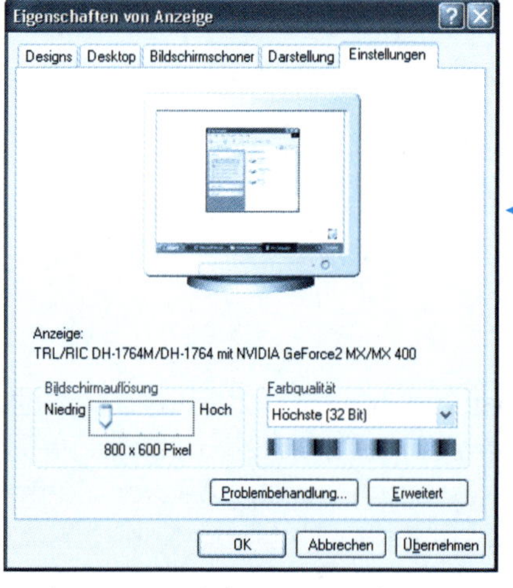

2 Ziehen Sie auf der Registerkarte *Einstellungen* den Schieberegler im Bereich »Bildschirmauflösung« in Richtung »Niedrig« oder »Hoch«.

Über das Listenfeld *Farben* können Sie zusätzlich die Zahl der angezeigten Farben umstellen.

3 Klicken Sie auf die *OK*-Schaltfläche.

> **Hinweis**
>
> *Windows muss zur Änderung der Auflösung die Darstellung umschalten. Da es hierbei zu Problemen kommen kann, zeigt Windows vor dem Umschalten der Auflösung ein Dialogfeld an. Klicken Sie auf dessen OK-Schaltfläche, um die Umstellung zu bestätigen. Wird der Desktop in der neuen Auflösung nicht korrekt angezeigt, warten Sie einfach ab. Nach einer Verzögerungszeit fällt das System automatisch in die vorherige Auflösung zurück.*

Softwarepflege

Unter Windows werden Sie zusätzliche Programme verwenden oder optionale Windows-Funktionen einrichten wollen. Fehlen bei Ihrem System spezielle Windows Funktionen? Optionale Windows-Komponenten wie Spiele lassen sich mit wenigen Mausklicks nachträglich installieren.

Software

1 Melden Sie sich als Administrator an, öffnen Sie die Systemsteuerung und wählen Sie die Kategorie *Software* (siehe oben).

2 Windows öffnet das Dialogfeld *Software*, in dem Sie die am linken Rand gezeigte Schaltfläche *Windows-Komponenten hinzufügen/ entfernen* anwählen.

Windows öffnet das Dialogfeld *Assistent für Windows-Komponenten*.

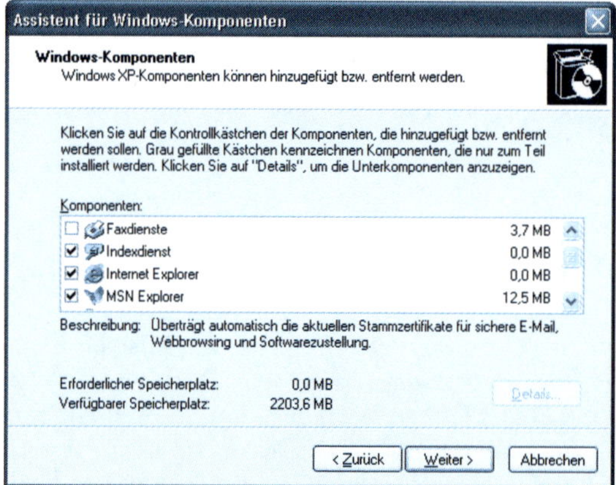

3 Markieren Sie die Kontrollkästchen der hinzuzufügenden Komponenten. Um eine Komponente zu entfernen, heben Sie die Markierung auf.

Wird die Schaltfläche *Details* bei einer Komponente freigegeben, können Sie über diese ein zweites Dialogfeld einblenden. In diesem Dialogfeld lassen sich die Markierung der jeweiligen Kontrollkästchen von Unterkomponenten der aktuellen Komponente setzen oder löschen. Zu markierten Komponenten blendet Windows übrigens eine Beschreibung im unteren Teil der Registerkarte ein.

Verwenden Sie die Schaltflächen *Weiter* bzw. *Fertig stellen*, um zu den nächsten Schritten zu gelangen. Der Assistent überprüft Ihre Vorgaben und installiert die erforderlichen Komponenten. Haben Sie dagegen die Markierung der Kontrollkästchen gelöscht, werden die Windows-Komponenten entfernt, der Speicherplatz auf der Festplatte wird freigegeben.

Andere Programme installieren bzw. entfernen

Um ein neues Programm unter Windows zu benutzen, müssen Sie dieses meist von einer CD-ROM oder von einer Diskette installieren. Hierzu sind nur wenige Schritte erforderlich.

Legen Sie die CD-ROM oder die Diskette in das entsprechende Laufwerk ein.

Bei neueren Programmen, die auf CD-ROMs vorliegen, erkennt der Computer dies und öffnet automatisch ein Dialogfeld mit Optionen zur Programminstallation. Falls die CD-ROM oder das Installationsprogramm nicht automatisch startet, gehen Sie folgendermaßen vor:

1. Öffnen Sie das Fenster *Arbeitsplatz*, und doppelklicken Sie auf das Symbol des Laufwerks.

2. Suchen Sie im Fenster des Laufwerks das Installationsprogramm (meist Dateien mit Namen wie *Setup.exe* oder *Install.exe*).

3. Starten Sie das Programm mit einem Doppelklick auf das Symbol.

Anschließend befolgen Sie bitte die Anweisungen des Installationsprogramms. Die Schritte bei der Installation sind von Programm zu Programm unterschiedlich. Aus diesem Grund müssen an dieser Stelle weitere Erläuterungen entfallen. Schlagen Sie in diesem Fall in der Programmdokumentation nach.

Hinweis

Im Dialogfeld Software, *welches Sie über das gleichnamige Symbol der Systemsteuerung öffnen, findet sich die Schaltfläche* Neue Programme hinzufügen. *Diese öffnet ein Formular, über dessen Schaltfläche* CD oder Diskette *sich ein Assistent zur Auswahl des, auf dem Datenträger befindlichen, Setup-Programms. In der Regel ist es aber einfacher, den oben beschriebenen Ansatz zum direkten Aufruf des Setup-Programms aus einem Ordnerfenster zu verwenden.*

Einige Programme bieten eine Funktion zur Deinstallation.

1. Hierzu wählen Sie im Ordnerfenster der Systemsteuerung die Kategorie *Software*.

2 Im Dialogfeld *Software* klicken Sie auf die Schaltfläche *Programme ändern oder entfernen.*

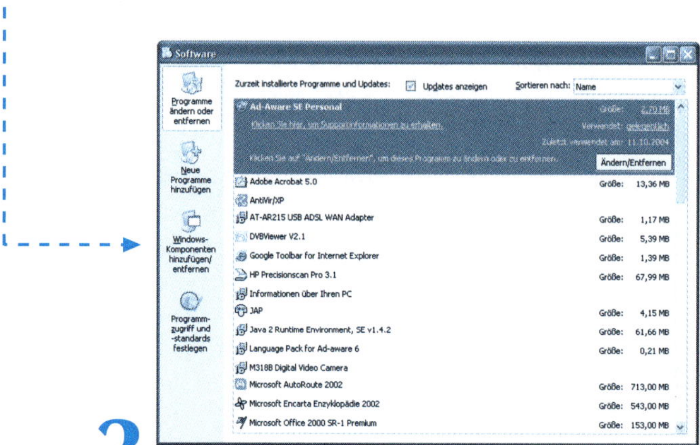

3 Markieren Sie den gewünschten Programmeintrag und klicken Sie dann auf die Schaltfläche *Entfernen.*

Windows wird dann das betreffende Programm entfernen oder einen Assistenten zur Deinstallation starten.

> **Hinweis**
>
> *Weitere Windows-Einstellungen lassen sich über die restlichen Symbole der Systemsteuerung ändern. Über die einzelnen Registerkarten der Eigenschaftenfenster können Sie die Optionen ansehen und verändern. Details zu den einzelnen Komponenten erhalten Sie über die Direkthilfe des jeweiligen Fensters.*

Benutzerkonten pflegen

In Kapitel 1 wird gezeigt, wie Sie sich zum Arbeiten mit Windows XP unter einem Benutzerkonto anmelden. Windows verwendet diese Benutzerkonten zum Speichern individueller Einstellungen, unterscheidet aber die Kontentypen **Administratorenkonten** und **eingeschränkte Benutzerkonten**. Zum normalen Arbeiten oder zum Surfen im Internet sollte aus Sicherheitsgründen immer ein eingeschränktes Benutzerkonto

verwendet werden (dies bietet Schutz vor ungewollten Änderungen an Windows und erschwert die Ausbreitung von Viren oder anderen Schädlingen). Administratorenkonten werden nur zur Systempflege (d.h. zum Anpassen von Systemeinstellungen), zur Aktualisierung von Windows bzw. von Programmen, zum Installieren/Deinstallieren von Software oder Geräten oder zum Verwalten der Benutzerkonten benötigt.

Benutzerkonten

1 Zur **Verwaltung von Benutzerkonten** melden Sie sich **als Administrator** an, öffnen dann das Fenster der Systemsteuerung (z.B. über das Startmenü) und wählen das Symbol *Benutzerkonten*.

Windows zeigt Administratoren das Dialogfeld *Benutzerkonten* mit einer Übersicht aller bereits definierten Konten.

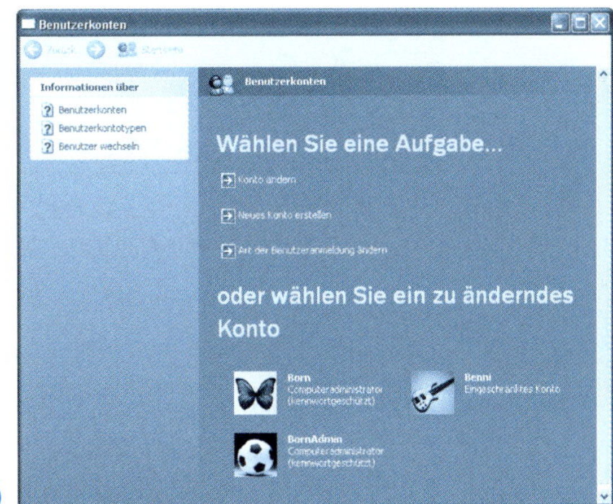

2 Um ein **neues Konto** anzulegen, wählen Sie den Befehl *Neues Konto erstellen* im Fenster an.

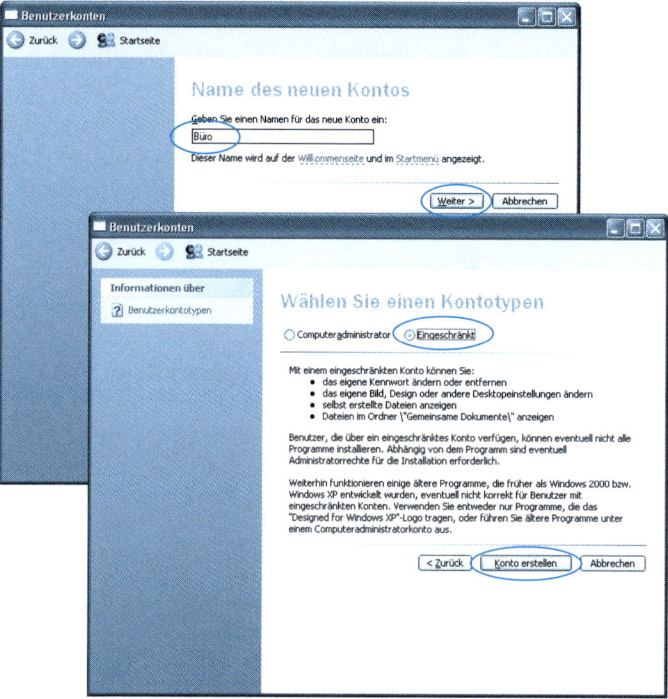

3 Tippen Sie im Folgeformular den Benutzernamen für das neue Konto ein und klicken Sie dann auf die *Weiter*-Schaltfläche.

4 Wählen Sie im nächsten Formular eines der Optionsfelder für den Kontentyp und klicken Sie auf die Schaltfläche *Konto erstellen.*

Die Benutzerverwaltung erzeugt dann ein neues Konto unter dem angegebenen Namen. Sie gelangen automatisch zur Kontenübersicht zurück. Als Administrator sollten Sie auf diese Weise dafür sorgen, dass mindestens ein Computeradministratorkonto und zusätzlich für jeden Benutzer des Rechners ein eingeschränktes Benutzerkonto vorhanden ist. Im nächsten Schritt sollten Sie dann den **Konten** noch **ein Kennwort zuweisen** und ggf. die Konteneinstellungen anpassen.

1 Klicken Sie im Fenster *Benutzerverwaltung* (siehe vorherige Seiten) im Bereich »oder wählen Sie ein zu änderndes Konto« auf das gewünschte Kontensymbol.

Jetzt erscheint das (hier im Hintergrund gezeigte) Formular mit den verfügbaren Befehlen.

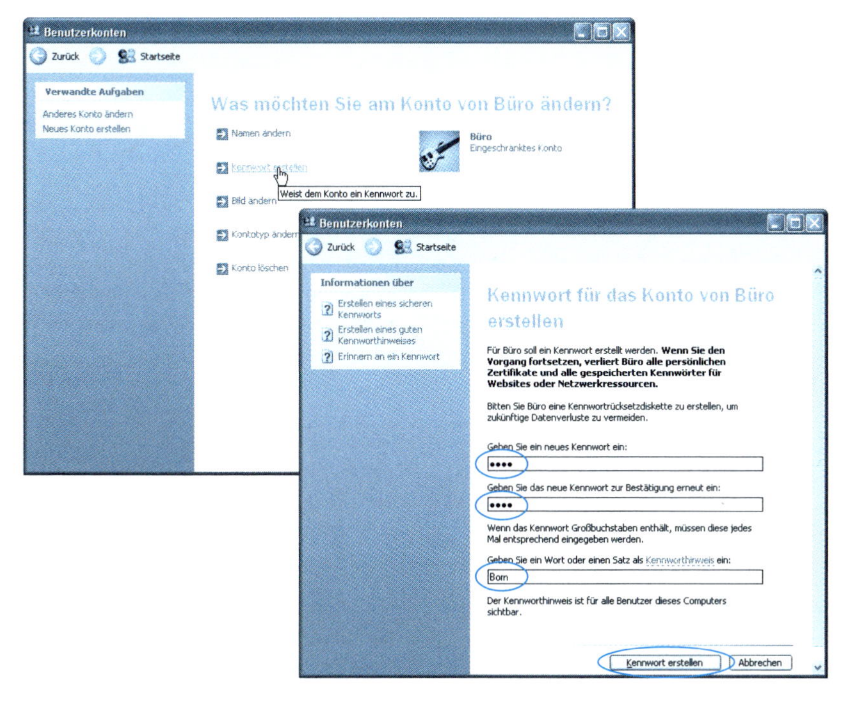

Über diese eingeblendeten Befehle kann ein Administrator das Kennwort eines fremden Kontos umsetzen (falls der Benutzer das bereits eingetragene Kennwort vergessen hat). Zudem lässt sich ein bestehendes Kennwort löschen, der Kontentyp ändern oder das Konto komplett löschen.

2 Um das Kennwort vorzugeben, klicken Sie im angezeigten Formular »Was möchten Sie am Konto von xxx ändern?« auf den Befehl *Kennwort erstellen*.

3 Tippen Sie im Folgeformular das neue Kennwort in die beiden oberen Textfelder ein, ergänzen Sie ggf. das Textfeld mit dem Kennworthinweis und klicken Sie auf die Schaltfläche *Kennwort erstellen*.

Jetzt wird dem Konto das Kennwort zugewiesen, der Benutzer muss sich zukünftig auf der Windows-Anmeldeseite mit diesem Kennwort am Konto anmelden.

Hinweis

Rufen Benutzer eingeschränkter Konten die Benutzerverwaltung über das Symbol der Systemsteuerung auf, gelangen sie sofort in das Formular mit den Befehlen zur Anpassung des eigenen Kontos. Dort sind aber lediglich Befehle zum Setzen, Ändern oder Entfernen des Kennworts sowie zum Anpassen des Kontensymbols vorhanden. Die Funktionen zur Änderung des Kontentyps oder zum Zugriff auf andere Benutzerkonten sind für diesen Benutzerkreis aus Sicherheitsgründen gesperrt.

Windows-Sicherheit

Über Programme, E-Mail-Anhänge oder beim Surfen im Web besteht die Gefahr, sich Viren, Trojaner oder andere Schädlinge im Computer einzufangen. Eine Absicherung des Systems ist daher empfehlenswert. Hier einige Punkte, die es beim Arbeiten mit Windows XP zu beachten gilt.

- Arbeiten und surfen Sie nur mit eingeschränkten Benutzerkonten, die durch Kennwörter abgesichert sind (siehe vorherige Seite).
- Installieren Sie einen Virenscanner unter Windows XP und halten Sie diesen auf dem aktuellen Stand. Privatanwender können unter der Internetadresse *www.antivir.de* das Programm AntiVir kostenlos herunterladen und benutzen.
- Halten Sie Windows XP und ggf. die installierten Programme auf dem aktuellen Stand (siehe folgenden Abschnitt »Windows Update«).

- Benutzen Sie die in den vorhergehenden Kapiteln und nachfolgend beschriebenen Sicherheitseinstellungen von Windows, im Internet Explorer (z.B. Zonenkonzept) und in Outlook Express (z.B. Nachrichtenfilter).

Benutzen Sie beim Besuch von Webseiten oder beim Abrufen von E-Mails den gesunden Menschenverstand. Nicht jedes Webformular muss ausgefüllt und nicht jedes Programm muss heruntergeladen und schnell ausprobiert werden. E-Mails unbekannter Absender sollten Sie ungelesen löschen. Kommen Ihnen E-Mail-Anhänge merkwürdig vor (unbekannter Absender oder Sie erwarten keinen Anhang), sollten Sie die Nachricht ebenfalls löschen. Per E-Mail zugeschickte Aufforderungen, sich zur Überprüfung Ihrer Kontendaten am Konto anzumelden, sollten Sie ignorieren. Verwenden Sie keine in der E-Mail enthaltenen Hyperlinks zur Anmeldung am Konto. Vielmehr sollten Sie die Ihnen bekannte Adresse der Anmeldeseite immer manuell im Browser eintippen. Dies schützt Sie vor so genannten Phising-Attacken, mit denen Bankdaten ausgespäht werden.

Windows Update

Microsoft stellt von Zeit zu Zeit kostenlose Programmverbesserungen (je nach Wichtigkeit auch als Updates oder kritische Updates bezeichnet) bereit. Gelegentlich werden auch mehrere dieser Updates zu einem als »Service Pack« bezeichneten Paket zusammengefasst. Als Anwender sollten Sie kritische Updates und Service Packs installieren, um Fehler und zwischenzeitlich entdeckte Sicherheitslücken in Windows XP zu beheben. So schließt das seit Herbst 2004 verfügbare Service Pack 2 wichtige Sicherheitslücken und verbessert Windows XP in einigen Punkten. Windows besitzt eine automatische Update-Funktion, um anstehende Aktualisierungen bei Internetsitzungen automatisch zu installieren.

Automatische Updates

1 Um die automatische Update-Funktion einzustellen, melden Sie sich an einem Administratorenkonto an, öffnen die Systemsteuerung und wählen das Symbol *Automatische Updates*.

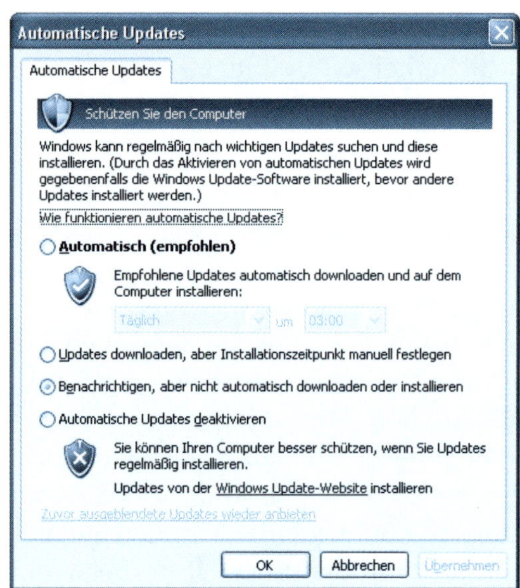

2 Setzen Sie auf der Registerkarte *Automatische Updates* die gewünschten Einstellungen und schließen Sie das Dialogfeld über die *OK*-Schaltfläche.

Besitzen Sie einen DSL-Anschluss, belassen Sie das Optionsfeld *Automatisch (empfohlen)* markiert. Dann prüft die Update-Funktion bei Internetsitzungen, ob Windows XP-Aktualisierungen vorliegen und installiert diese ggf. automatisch.

Wer mit Modem oder ISDN-Verbindung ins Internet geht, kann das Optionsfeld *Benachrichtigen, aber nicht automatisch downloaden oder installieren* markieren. Dann überprüft die Update-Funktion bei Internetsitzungen zyklisch, ob Aktualisierungen von Microsoft vorliegen. Sind Sie unter einem Administratorenkonto angemeldet und ist die Update-Option auf *Benachrichtigen* gesetzt, werden Sie über QuickInfos im Infobereich der Taskleiste über anstehende Updates informiert. Sie können dann das zugehörige Symbol anklicken und über Dialogfelder den Download sowie die Installation der Programmaktualisierungen steuern.

> **Hinweis**
>
> *Um Windows gezielt auf fehlende Updates zu überprüfen, stellen Sie eine Internetverbindung her, rufen den Internet Explorer auf und wählen im Menü* Extras *den Befehl* Windows Update. *Der Browser ruft die Microsoft Update-Seite für Windows XP ab. Diese Seite prüft, ob Aktualisierungen vorhanden sind, und gibt Ihnen eine Übersicht über anstehende Updates. Sie können dann neben kritischen Updates auch optional erhältliche Programmverbesserungen für Windows XP herunterladen und installieren.*

Die Windows Firewall

Windows XP ist mit einer so genannten Firewall ausgestattet, die den Computer gegenüber unerwünschten Zugriffen aus dem Internet schützt. Durch Installation des Service Pack 2 wird die Firewall automatisch eingeschaltet und die Funktionalität erweitert.

Versucht eine Anwendung auf das Internet zuzugreifen, zeigt die Firewall eine Sicherheitswarnung. Sie können dann den Internetzugriff über die Schaltfläche *Weiterhin blocken* unterbinden oder über *Nicht mehr blocken* freigeben.

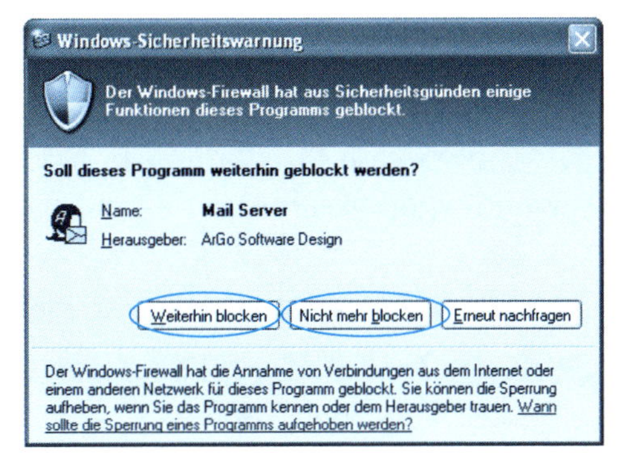

Windows-Firewall

1 Um die Einstellungen der Firewall zu überprüfen, melden Sie sich unter einem Administratorenkonto an, öffnen die Systemsteuerung und wählen das Symbol der Firewall.

2 Setzen Sie die gewünschten Einstellungen auf den Registerkarten des Dialogfelds *Windows Firewall* und schließen Sie das Dialogfeld über die *OK*-Schaltfläche.

Auf der Registerkarte *Allgemein* muss das Optionsfeld *Aktiv (empfohlen)* unbedingt markiert sein. Auf der Registerkarte *Ausnahmen* können Sie die Kontrollkästchen der Programme markieren, die trotz Firewall auf das Internet zugreifen dürfen.

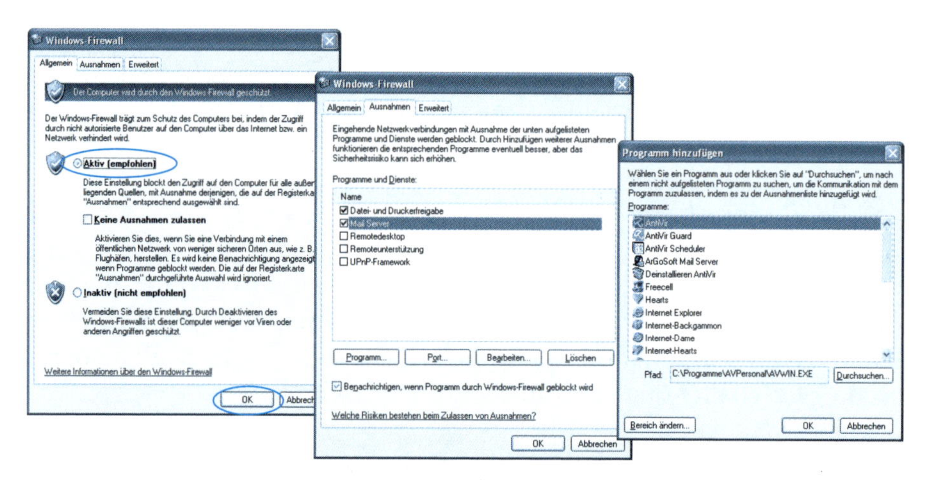

Die Schaltfläche *Programme* öffnet ein Dialogfeld *Programm hinzufügen,* über dessen Programmliste Sie in der Firewall Internetzugriffe für Anwendungen freigeben können.

Das Windows Sicherheitscenter

Mit dem Service Pack 2 erhält Windows XP die zusätzliche Funktion des Windows Sicherheitscenters.

Erkannte Sicherheitsprobleme werden dann durch eine QuickInfo und ein Symbol im Infobereich der Taskleiste signalisiert.

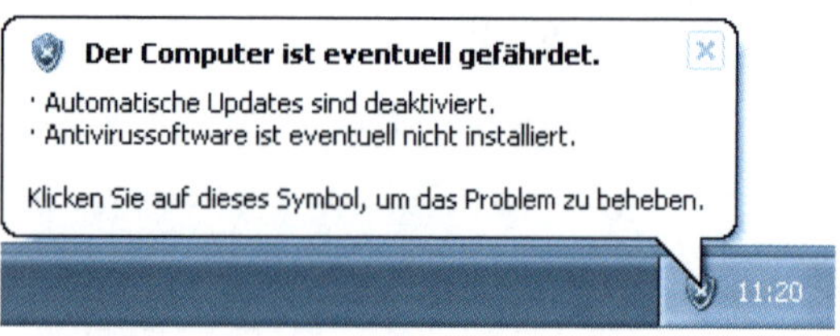

Sie können das Sicherheitscenter über das nebenstehende Symbol der Systemsteuerung oder durch Anklicken des im Infobereich eingeblendeten Symbols öffnen.

Das Windows Sicherheitscenter überwacht, ob die automatische Update-Funktion und die Firewall eingeschaltet sind und ob ein Viren-

scanner vorhanden ist. Die aktuellen Stati dieser Kategorien werden im Sicherheitscenter direkt angezeigt. Die in grüner Schrift erscheinende Meldung »Aktiv« signalisiert, dass mit der betreffenden Kategorie alles in Ordnung ist.

Fehlt der Virenschutz, wird dies über die in roter Schrift gehaltene Meldung »Nicht gefunden« mitgeteilt. Sie sollten dann einen Virenscanner (z.B. Norton Antivirus 5 oder das bereits erwähnte AntiVir) beschaffen und installieren. Während einer Internetsitzung überprüft das Sicherheitscenter zudem, ob Aktualisierungen für den Virenscanner und für Windows XP anstehen. Trifft dies zu, wird dies in einer Quickinfo signalisiert. Der Anwender kann sich dann unter einem Administratorenkonto anmelden und ein Windows-Update bzw. eine Aktualisierung des Virenscanners über das Virenschutzprogramm veranlassen. Weitere Details liefert Ihnen das Sicherheitscenter, wenn Sie die im Programmfenster eingeblendeten Hyperlinks anwählen.

Das Startmenü ändern

Beim Installieren von Programmen wird meist auch ein Symbol im Startmenü unter *Alle Programme* eingetragen. Oft ergibt sich jedoch die Situation, dass die Einträge im Startmenü zu ändern sind. Entweder sind nicht mehr benötigte Einträge zu entfernen, oder es gibt Fälle, wo ein Programm nachträglich im Zweig *Alle Programme* oder in der linken Spalte des Startmenüs (unter den Symbolen *Internet Explorer* und *Outlook Express*) aufzunehmen ist. Um ein Symbol aus der linken Spalte des **Startmenüs** oder aus dem Zweig *Alle Programme* zu **entfernen**, sind folgende Schritte erforderlich:

1 Öffnen Sie den betreffenden Zweig im Startmenü und klicken Sie den gewünschten Eintrag mit der rechten Maustaste an.

2 Wählen Sie im Kontextmenü den Befehl *Löschen* bzw. *Aus Liste entfernen.*

Das Symbol wird (ggf. nach einer Nachfrage) entfernt. Beachten Sie aber, dass die Symbole in der rechten Spalte des Startmenüs sich auf diese Weise nicht entfernen lassen. Hierzu müssen Sie im Kontextmenü der Schaltfläche *Start* den Befehl *Eigenschaften* wählen und auf der Registerkarte *Startmenü* die Schaltfläche *Anpassen* anklicken. Auf der Registerkarte *Erweitert* lassen sich die Optionen zum Ein-/Ausblenden der Einträge setzen. Um einen **Programmeintrag** als Symbol **in** das **Startmenü** (in den Zweig *Alle Programme*) **aufzunehmen**, führen Sie folgende Schritte aus:

1 Öffnen Sie das Ordnerfenster mit dem betreffenden Programmeintrag.

2 Ziehen Sie das Programmsymbol per Maus zur Schaltfläche *Start* und dann zum Symbol *Alle Programme*.

3 Halten Sie die Maustaste gedrückt und warten Sie, bis sich das Menü *Alle Programme* öffnet. Zeigen Sie anschließend bei weiterhin gedrückter Maustaste auf die Programmgruppe und den Zweig, an dem der neue Eintrag im Startmenü erscheinen soll.

Sobald Sie die Maustaste loslassen, fügt Windows eine Verknüpfung als Symbol im betreffenden Zweig des Menüs ein.

Tipp

Sie können anschließend den neuen Eintrag mit einem Klick der rechten Maustaste anwählen. Im Kontextmenü steht Ihnen dann der Befehl Eigenschaften *zur Verfügung, um die Einstellungen für den Eintrag anzupassen. Den im Startmenü gezeigten Befehlsnamen passen Sie beispielsweise auf der Registerkarte* Allgemein *an.*

Möchten Sie ein Programm als Symbol in der linken Spalte des Startmenü unterhalb der Symbole *Internet Explorer* und *Outlook Express* eintragen? Sie brauchen nur das Programmsymbol in einem Ordnerfenster mit der rechten Maustaste anzuklicken und im Kontextmenü den Befehl *An Startmenü anheften* zu wählen.

Verknüpfungen einrichten

Häufig benötigte **Programme** können Sie als **Verknüpfung** auf dem **Desktop** einrichten. Dann lässt sich das Programm durch einen Doppelklick auf das Symbol starten.

> **Hinweis**
>
> ***Verknüpfungen*** *sind eine speziell von Windows benutzte Technik. Hierbei wird ein Symbol und ein Name mit einem Programm oder einer Dokumentdatei verknüpft. Sie können eine Verknüpfung zum Beispiel auf dem Desktop anlegen. Dann genügt ein Doppelklick auf das betreffende Symbol, um das zugehörige Dokument oder Programm zu laden.*

1 Öffnen Sie das Ordnerfenster, in dem die betreffende Programmdatei abgelegt ist.

2 Ziehen Sie das Symbol des Programms bei gedrückter **rechter** Maustaste aus dem Ordnerfenster zum Desktop.

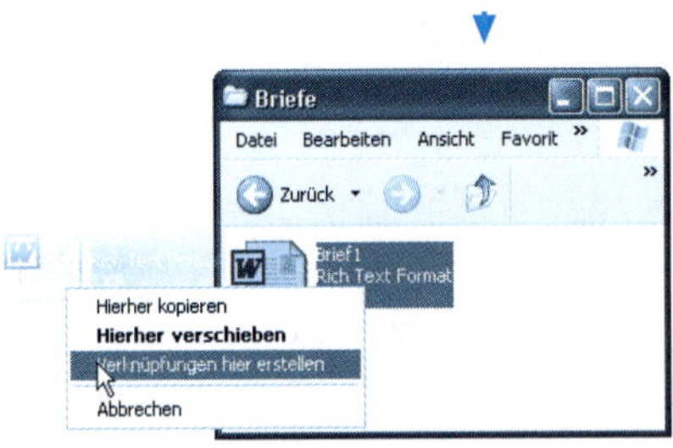

3 Sobald sich das Symbol außerhalb des Fensters im Bereich des Desktop befindet, geben Sie die rechte Maustaste wieder frei und wählen im Kontextmenü den Befehl *Verknüpfungen hier erstellen*.

Hinweis

Windows besitzt einen Assistenten, der alle 60 Tage Verknüpfungen vom Desktop entfernt. Dieses Assistenten können Sie auf der Registerkarte Allgemein *des Dialogfelds* Desktopelemente *abschalten (erreichbar ist die Registerkarte, indem Sie in* Eigenschaften von Anzeige *auf der Registerkarte* Desktop *die Schaltfläche* Desktop anpassen *wählen).*

Windows richtet jetzt das Symbol als **Verknüpfung** auf dem Desktop ein, welches sich wie jede andere Datei umbenennen lässt. Zum Starten des Programms genügt anschließend ein Doppelklick auf das betreffende Symbol. Die Verknüpfung löschen Sie, indem Sie das Symbol zum Papierkorb ziehen.

Damit soll die Einführung in Windows abgeschlossen werden. Sie haben einen Einblick über die wichtigsten bzw. täglich benötigten Funktionen des Betriebssystems erhalten. Zusätzliche Hinweise zu weiteren Funktionen und Details finden Sie im Windows Hilfe- und Supportcenter (siehe Kapitel 1). Der Easy-Titel »Computer« des Markt+Technik-Verlags enthält darüber hinaus nützliche und weiterführende Informationen (z.B. zum Internet, zum Brennen von CDs/DVDs, zum Aufzeichnen von Musik und Videos, zum Videoschnitt etc.).

Kleine Hilfe bei Problemen

Probleme beim Rechnerstart

Nach dem Einschalten tut sich nichts

Prüfen Sie bitte folgende Punkte:

- Sind alle Stecker an Steckdosen angeschlossen?
- Ist der Bildschirm eingeschaltet?
- Ist überhaupt Strom da?

Der Rechner meldet: Keyboard Error, Press <F1> Key

Prüfen Sie bitte folgende Punkte:

- Ist die Tastatur angeschlossen?
- Liegt etwas auf der Tastatur?
- Klemmt vielleicht eine Taste auf der Tastatur?

Drücken Sie anschließend die Funktionstaste [F1].

Der Rechner meldet: Kein System oder Laufwerksfehler ...

Vermutlich enthält das Diskettenlaufwerk A: noch eine Diskette. Entfernen Sie die Diskette, und starten Sie den Rechner neu.

Probleme mit Tastatur und Maus

Nach dem Start funktionieren die Tasten auf der numerischen Tastatur nicht richtig

Am rechten Rand enthält die Tastatur einen Tastenblock (den so genannten **Zehnerblock**), über den Sie **Zahlen eingeben** können. Lassen sich mit diesen Tasten keine Zahlen eingeben, drücken Sie die Taste [Num]. Diese wird auch **NumLock**-Taste genannt und befindet sich in der linken oberen Ecke des Zehnerblocks. Sobald die Anzeige *Num* auf der Tastatur leuchtet, können Sie Zahlen eintippen. Ein weiterer Tastendruck auf die [Num]-Taste schaltet die Tastatur wieder um, und Sie können die Cursortasten dieses Tastenblocks nutzen.

Beim Drücken einer Taste erscheinen plötzlich mehrere Zeichen

Die Tastatur besitzt eine Wiederholfunktion. Drücken Sie eine Taste etwas länger, wiederholt der Rechner das betreffende Zeichen. Vielleicht drücken Sie die Taste zu lange. Sie können die Zeit, bis die Wiederholfunktion von Windows aktiviert wird, ändern.

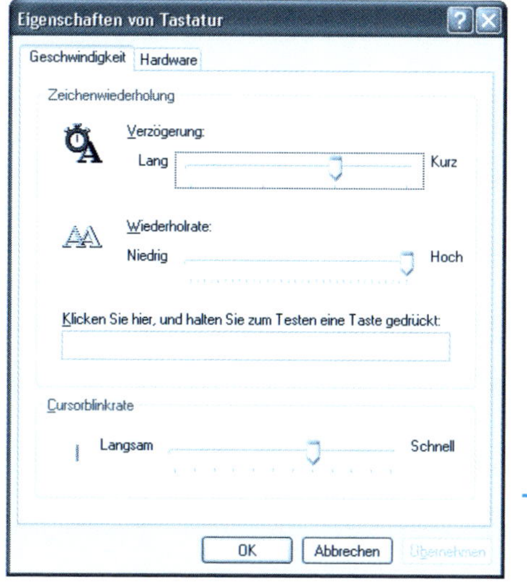

1 Wählen Sie im Startmenü den Befehl *Systemsteuerung* und im Fenster der Systemsteuerung die Kategorie *Drucker und andere Hardware.*

2 Wählen Sie im nächsten Formular das Symbol der Tastatur.

3 Passen Sie auf der Registerkarte *Geschwindigkeit* die Einstellungen für *Verzögerung* und *Wiederholrate* über die Schieberegler an.

Sie können die Einstellungen im Testfeld überprüfen und anschließend das Fenster über die *OK*-Schaltfläche schließen. Lässt sich das Problem auf diese Weise nicht beheben, prüfen Sie bitte, ob vielleicht eine Taste klemmt oder die Tastatur beschädigt ist (der Schalter für die Taste »prellt«, d.h. bei jedem Tippen gibt er mehrere Zeichen aus).

Der Mauszeiger bewegt sich nicht oder nicht richtig

Prüfen Sie bitte folgende Punkte:

- Ist die Maus korrekt am Rechner angeschlossen?
- Liegt die Maus auf einer Mausunterlage (Mauspad)?
- Ist die Kugel an der Maus vielleicht verschmutzt?

Bei längerem Gebrauch der Maus verschmutzt der Teil zum Erkennen der Mausbewegungen. Entfernen Sie die Kugel an der Unterseite der Maus. Sie sehen einige kleine Rädchen. Sind diese schmutzig, säubern Sie diese (z.B. mit einem Wattestäbchen). Sie sollten die Maus auch nicht auf eine glatte Unterlage stellen, da dann die Kugel nur schlecht rollt.

Die Maustasten sind vertauscht oder Doppelklicks funktionieren nicht

Es ergibt sich folgendes Fehlerbild: Klicken Sie mit der linken Maustaste, erscheint ein Kontextmenü, die rechte Taste markiert dagegen etwas. Oder will der Doppelklick nicht so richtig klappen?

1 Wählen Sie im Startmenü den Befehl *Systemsteuerung* und im Fenster der Systemsteuerung die Kategorie *Drucker und andere Hardware*.

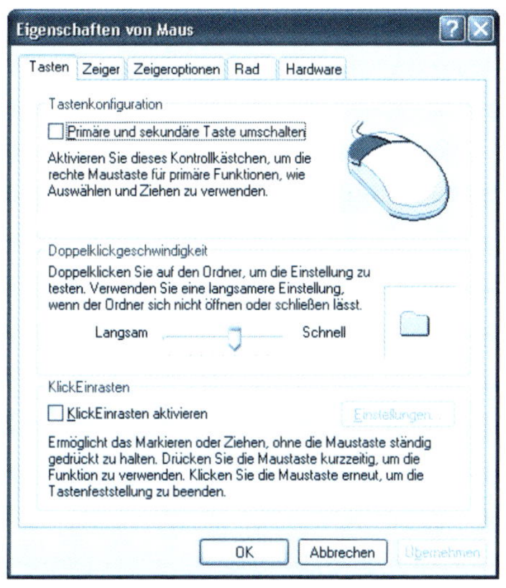

2 Wählen Sie im nächsten Formular das Symbol der Maus.

3 Passen Sie auf der Registerkarte *Tasten* die Einstellungen an.

> **Hinweis**
>
> *Arbeiten Sie mit einem Laptop? Dann aktivieren Sie die Registerkarte* Zeigeroptionen, *und markieren Sie das Kontrollkästchen* Mausspur anzeigen. *Weiterhin können Sie auf dieser Registerkarte auch einstellen, wie schnell sich der Mauszeiger bewegt.*

Das Kontrollkästchen *Primäre und sekundäre Taste umschalten* ist normalerweise nicht markiert. Die Doppelklickgeschwindigkeit lässt sich über den Schieberegler anpassen. Am angezeigten Ordnersymbol lässt sich die Doppelklickanpassung übrigens testen. Sobald Sie das Fenster schließen, sollten die Anpassungen wirksam werden.

Probleme mit dem Windows-Desktop

Eine Verknüpfung wurde irrtümlich gelöscht

Haben Sie eine Verknüpfung irrtümlich gelöscht, können Sie diese aus dem Papierkorb restaurieren (siehe Kapitel 2).

Das Programm fehlt im Startmenü

Sie müssen das Programm im Startmenü selbst eintragen. Wie dies funktioniert, wird in Kapitel 11 gezeigt.

Ein Programm wird beim Start nicht gefunden

Beim Starten eines Programms über eine Verknüpfung oder über das Startmenü erscheint eine Fehlermeldung, dass Windows das Programm nicht finden kann. Sie haben die Programmdatei gelöscht oder in einen anderen Ordner verschoben. Ist das Programm noch auf der Festplatte vorhanden, passen Sie im Eigenschaftenfenster der Verknüpfung den Pfad zu diesem Programm an.

Taskleiste und Startmenü sind verändert

Die Taskleiste oder das Startmenü sind im Aussehen stark verändert oder es fehlen beim Startmenü Einträge wie beispielsweise *Arbeitsplatz*. Klicken Sie mit der rechten Maustaste auf die Schaltfläche *Start* und wählen Sie im Kontextmenü den Befehl *Eigenschaften*. Auf den Registerkarten des Eigenschaftenfensters lassen sich die Optionen des Startmenü bzw. der Taskleiste anpassen. Fehlt beispielsweise die Uhrzeitanzeige im Infobereich der Taskleiste, markieren Sie das Kontrollkästchen *Uhr anzeigen* auf der Registerkarte *Taskleiste*. Details zu den einzelnen Optionen liefert die Direkthilfe der jeweiligen Registerkarte.

Ein Programm lässt sich nicht mehr bedienen

Manchmal kommt es vor, dass sich ein Programm nicht mehr bedienen lässt. Es reagiert weder auf Tastatureingaben noch auf Mausklicks.

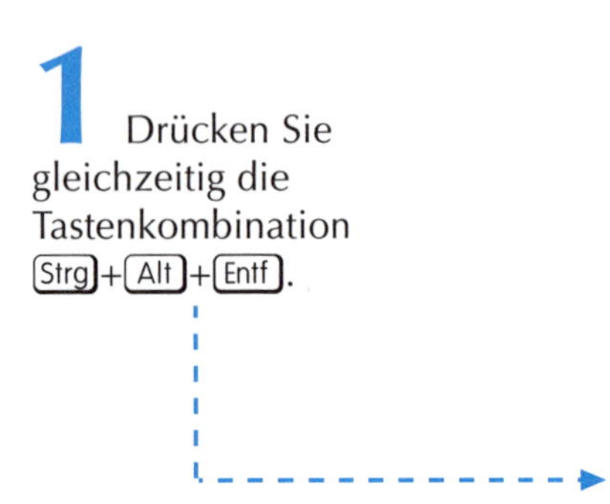

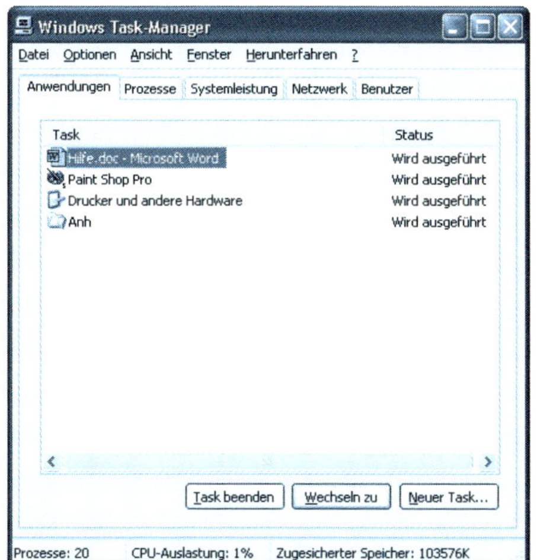

2 Wählen Sie auf der Registerkarte *Anwendungen* die betreffende Anwendung und dann die Schaltfläche *Task beenden.*

Windows versucht jetzt das Programm zwangsweise zu beenden. Geht dies nicht, erscheint ein weiteres Fenster mit dem Hinweis, dass das Programm nicht reagiert. Sie müssen dann die Schaltfläche zum Beenden des Programms wählen. Das Fenster des Task-Manager schließend Sie über die Schaltfläche *Schließen* in der rechten oberen Ecke des Dialogfelds.

Fenster, Ordner und Dateien

Im Fenster sind nicht alle Ordner und Dateien zu sehen

Manchmal ist das Fenster zu klein. Sie können dann über die Bildlaufleisten im Fenster blättern und die nicht sichtbaren Ordner/Dateien anzeigen.

Die Symbolleiste fehlt im (Ordner-)Fenster

Bei vielen Programmen können Sie Symbol- und Statusleisten über das Menü *Ansicht* ein- oder ausblenden.

Einige Dateien werden nicht angezeigt

Sind Sie sicher, dass eine bestimmte Datei in einem Ordner enthalten ist, erscheint diese aber nicht im Ordnerfenster oder im Explorer? Dann aktivieren Sie die Registerkarte *Ansicht* (Menü *Extras/Ordneroptionen*). In der Gruppe *Versteckte Dateien und Ordner* muss das Optionsfeld *Alle Dateien und Ordner anzeigen* markiert werden. Nach dem Schließen der Registerkarte sehen Sie auch die versteckten Dateien. Auf der Registerkarte finden Sie weitere Optionen, mit denen sich die Anzeige beeinflussen lässt.

Diskette oder CD-ROM lässt sich nicht lesen

Beim Doppelklicken auf das Symbol des Laufwerks erscheint ein Meldungsfeld mit dem Hinweis, dass das Laufwerk nicht bereit ist. Überprüfen Sie in diesem Fall die folgenden Punkte:

- Ist eine Diskette bzw. CD-ROM im Laufwerk eingelegt?
- Bei einer CD-ROM öffnen und schließen Sie das Laufwerk und warten einige Sekunden. Meist erkennt Windows dann den Wechsel der CD. Prüfen Sie, ob die CD mit der richtigen Seite in das Laufwerk eingelegt wurde.
- Haben Sie eine neue Diskette verwendet, kann diese eventuell noch nicht formatiert sein. In diesem Fall müssen Sie die Diskette vor der Benutzung zunächst formatieren (Laufwerkssymbol der Diskette im Ordnerfenster mit der rechten Maustaste anklicken und im Kontextmenü den Befehl *Formatieren* wählen, dann die Formatierung im angezeigten Dialogfeld starten).

Lässt sich der Fehler nicht beheben, klicken Sie auf die Schaltfläche *Abbrechen* im Dialogfeld *Datenträger einlegen*. Andernfalls versucht Windows zyklisch das Laufwerk mit dem Medium anzusprechen.

Auf eine Diskette lässt sich nichts speichern

Beim Versuch, eine Datei auf eine Diskette zu speichern, erscheint ein Fenster mit dieser Fehlermeldung, dass die Diskette schreibgeschützt ist.

Entfernen Sie die Diskette aus dem Laufwerk, und deaktivieren Sie den Schreibschutz auf (siehe Kapitel 2).

Eine Datei lässt sich nicht ändern

Sie haben eine Dokumentdatei in einem Programm geladen, den Inhalt geändert und die Funktion *Speichern* gewählt. Das Programm öffnet jedoch das Dialogfeld *Speichern unter* und schlägt einen neuen Dateinamen vor. Geben Sie den Namen der alten Datei ein, meldet das Programm, dass die Datei schreibgeschützt ist. Bei den Dateien einer CD-ROM ist dies klar, da Sie den Inhalt einer CD-ROM nicht ändern können. Werden Dateien von CD-ROM kopiert, erhalten die Dateien einen Schreibschutz. Sie können diesen Schreibschutz bei solchen Dateien aufheben.

1 Klicken Sie mit der rechten Maustaste auf das Symbol der Datei und wählen Sie im Kontextmenü auf den Befehl *Eigenschaften*.

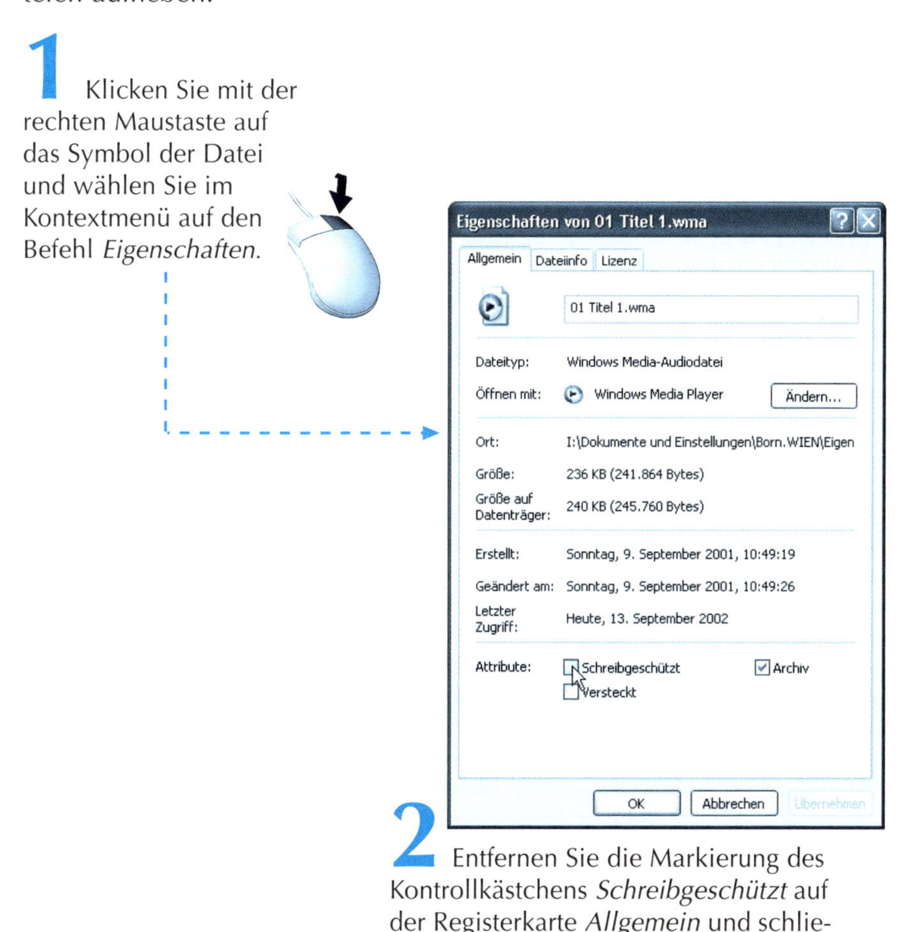

2 Entfernen Sie die Markierung des Kontrollkästchens *Schreibgeschützt* auf der Registerkarte *Allgemein* und schließen Sie das Dialogfeld.

Probleme beim Drucken

Der Drucker funktioniert nicht

Beim Ausdruck erscheint vielleicht die hier gezeigte Meldung. Die Druckausgabe ist gestört. Beheben Sie die Störung.

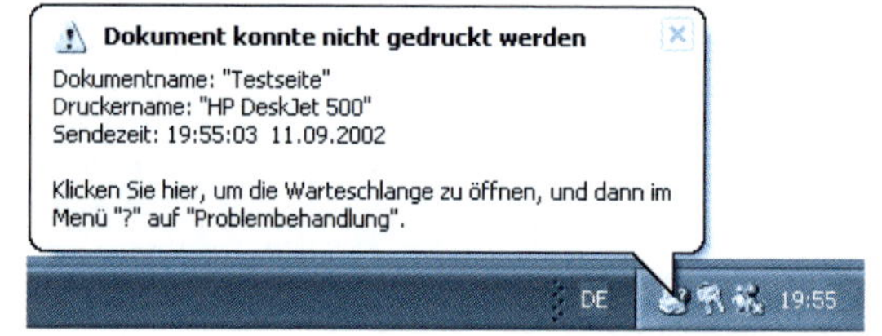

Sie können den Druckauftrag auch über den Druck-Manager beenden (siehe Kapitel 10). Zum Beheben der Druckerstörung sollten Sie die folgende Punkte überprüfen:

- Ist der Drucker eingeschaltet und erhält er Strom?
- Ist das Druckerkabel zwischen Rechner und Drucker richtig angeschlossen?
- Ist der Drucker auf **Online** gestellt?
- Hat der Drucker genügend Papier, Toner, Tinte?
- Gibt es eine Störung am Drucker (z.B. Papierstau)?
- Haben Sie beim Netzwerkdruck vielleicht einen falschen Drucker gewählt?
- Ist der Druckertreiber richtig eingerichtet (z.B. Auswahl der Druckeranschlüsse)?

Querdruck beheben

Die Druckausgaben erfolgen quer auf dem Blatt. In diesem Fall müssen Sie die Druckoptionen von Querformat auf Hochformat umstellen. Wie dies funktioniert, ist in Kapitel 10 beschrieben.

Drucker zieht Papier aus dem falschen Schacht ein (Brief, A4),

Ändern Sie die Druckeroptionen für den Papiereinzug. Wie dies funktioniert, ist in Kapitel 10 beschrieben.

Probleme mit Windows-Funktionen

Der Aufruf einer Windows-Funktion scheitert mit einer Fehlermeldung

Der Versuch die Uhrzeit zu stellen, Programme zu installieren oder zu entfernen etc. wird mit einem Fehlerdialog abgebrochen.

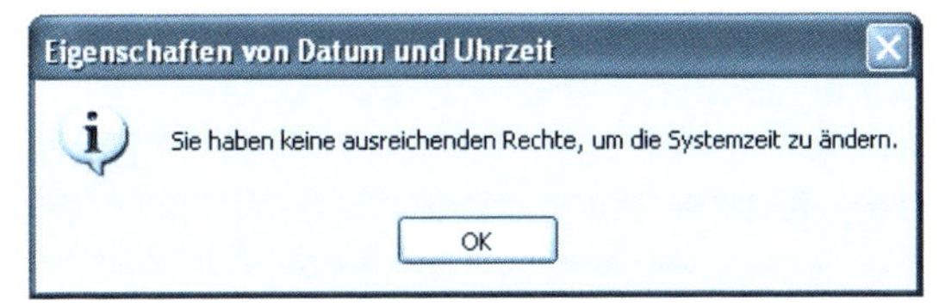

Dieses Problem tritt beim Aufruf der betreffenden Funktion unter einem eingeschränkten Benutzerkonto auf. Windows sperrt dann die betreffende Funktion. Melden Sie sich unter einem Administratorenkonto an und versuchen Sie die Funktion erneut aufzurufen.

> **Hinweis**
>
> *Im Windows Hilfe- und Supportcenter (siehe Kapitel 1) können Sie den Hyperlink* Beheben eines Problems *wählen, um Hinweise und Unterstützung zur Problembehebung für verschiedene Bereiche abzurufen.*

Lexikon

Account Berechtigung, sich an einen Computer per Datenleitung anzumelden und z.B. im WWW zu surfen.

Adresse Speicherstelle im Adressbereich (Hauptspeicher) des Computers oder Angabe zur Lage einer **Webseite** bzw. zum Empfänger einer **E-Mail**.

ANSI-Zeichen ANSI ist die Abkürzung für American National Standards Institute. ANSI-Zeichen definieren die unter Windows verwendeten Zeichen.

Anwendungsprogramm Programme, die zum Arbeiten am Computer benutzbar sind (z.B. Word, Excel, Access, CorelDraw etc.).

Arbeitsspeicher Dies ist der Speicher (RAM) im Computer. Die Größe wird in Megabyte angegeben.

Aufzeichnungsdichte Bei Disketten wird bei der Aufzeichnungsdichte zwischen **DD** (Double Density) und **HD** (High Density) unterschieden.

Backslash Das Zeichen \ (wird zum Trennen von Ordnernamen benutzt).

Baud Geschwindigkeitsangabe bei der Datenübertragung über serielle Leitungen.

Benutzeroberfläche Darunter versteht man die Art, wie der Rechner Informationen vom Benutzer annimmt und seinerseits Informationen anzeigt. Windows besitzt zum Beispiel eine grafische Oberfläche mit Symbolen und Fenstern.

Betriebssystem Dies ist das Programm (z.B. Windows XP, Windows ME), welches sich nach dem Einschalten des Computers meldet.

Bildauflösung Dieses Maß gibt die Zahl der Punkte zum Aufbau einer Grafik an (die als Punktreihen angeordnet sind). Die Bildauflösung bestimmt die Zahl der Punkte pro Zeile und die Zeilen pro Bild (gilt auch für die Bildschirmauflösung).

Bit Dies ist die kleinste Informationseinheit in einem Computer (kann die Werte 0 oder 1 annehmen). 8 Bit werden zu einem Byte zusammengefasst.

Bitmap Format, um Bilder oder Grafiken zu speichern. Das Bild wird wie auf dem Bildschirm in einzelne Punkte aufgeteilt, die zeilenweise gespeichert werden.

Booten Starten des Computers.

Bug Englischer Name für einen Softwarefehler in einem Programm.

Byte Ein Byte ist die Informationseinheit, die aus 8 Bit besteht. Ein Byte ermöglicht es, Zahlen von 0 bis 255 darzustellen.

C Name einer Programmiersprache.

Chat Englischer Ausdruck für »schwätzen« oder »plaudern«. Bezeichnet einen Internetdienst, bei dem sich Teilnehmer in so genannten Chaträumen unterhalten können.

Chip Allgemeine Bezeichnung für einen elektronischen Baustein.

COM Name der seriellen Schnittstellen des PC (z.B. COM1:).

CPU Englische Abkürzung für **Central Processing Unit**, die Recheneinheit des Computers.

Cursor Dies ist der Positionszeiger auf dem Bildschirm (Symbol: Pfeil, Hand, senkrechte Linie, Sanduhr etc.).

Datenbank Programme zur Speicherung, Verwaltung und Abfrage von Daten.

Desktop Publishing (DTP) Aufbereitung von Dokumenten (Prospekte, Bücher etc.) am Rechner.

DFÜ Abkürzung für Datenfernübertragung.

Editor Programm, zum Erstellen und Bearbeiten einfacher Textdateien.

Error Englischer Name für einen Programmfehler.

FAT Englische Abkürzung für **File Allocation Table**. Besagt, wie Windows Dateien auf der Diskette oder Festplatte ablegt.

Floppy-Disk Dies ist ein anderer Name für eine Diskette.

Font Englischer Name für Schriftart.

Freeware Software, die kostenlos benutzt und nur kostenlos weitergegeben werden darf.

FTP FTP steht für **File Transfer Protocol**. Dies ist eine Funktion im Internet, mit der sich Dateien zwischen Computern übertragen lassen.

Gbyte Abkürzung für Gigabyte (entspricht 1.024 Megabyte).

GIF Grafikformat, welches für Grafiken in Webseiten benutzt wird.

Grafikkarte Steckkarte in einem PC zur Ansteuerung des Bildschirms.

Hardware Als Hardware werden alle Teile eines Computers bezeichnet, die sich anfassen lassen (Gegenteil ist Software).

Homepage Startseite einer Person/ Firma im World Wide Web. Von der Startseite gehen Hyperlinks zu weiteren Webseiten.

HTML Steht für **Hypertext Markup Language**, dem Dokumentformat im World Wide Web.

Hyperlink Verweis in einem HTML-Dokument zu einer anderen Web-Seite.

Internet Weltweiter Verbund von Rechnern in einem Netzwerk (siehe Kapitel 7).

Joystick Ein Joystick ist der Steuerknüppel zur Bedienung von Spielprogrammen.

JPEG Grafikformat, welches für Grafiken in Webseiten benutzt wird.

Kbyte Abkürzung für Kilobyte (entspricht 1.024 Byte).

LAN Abkürzung für **Local Area Network**; bezeichnet ein Netzwerk innerhalb einer Firma (Gegenstück ist ein Wide Area Network).

LCD Spezielle Anzeige (Liquid Crystal Display) auf Laptop-Computern.

Linux Unix-Betriebssystem, welches von einer internationalen Gemeinde weiterentwickelt wird und frei verfügbar ist. Konkurrenz bzw. Alternative zu Microsoft Windows.

Mailbox Englischer Name für einen elektronischen Briefkasten.

Mbyte Abkürzung für Megabyte (1 Million Byte).

Multimedia Techniken, bei denen auf dem Computer Texte, Bilder, Video und Sound integriert werden.

Netzwerk Verbindung zwischen Rechnern, um untereinander Daten austauschen zu können (siehe Kapitel 9).

Newsgroups Diskussionsgruppen zu bestimmten Themen im Internet.

Online-Dienst Dienste zum Zugang zum Internet wie T-Online, AOL oder CompuServe.

Parallele Schnittstelle Anschluss zwischen einem Computer und einem Gerät (meistens ein Drucker).

Path (Pfad) Gibt den Weg von einer Festplatte zu einer Datei in einem bestimmten Ordner an (z.B. C:\Text\Briefe).

Prozessor Anderer Name für die CPU.

Public Domain Public Domain ist Software, die öffentlich zugänglich ist und mit Erlaubnis des Autors frei kopiert oder weitergeben werden darf (siehe auch Freeware).

RAM (englisch für Random Access Memory) ist der Name für die Bausteine, aus denen der Hauptspeicher eines Rechners besteht.

Scanner Ein Zusatzgerät, mit dem sich Bilder oder Schriftstücke in den Computer einlesen lassen.

Serielle Schnittstelle Schnittstelle zur Anschaltung eines Geräts (Modem, Maus).

Server Hauptrechner in einem Netzwerk.

Shareware Software, die kostenlos weitergegeben und zum Prüfen ausprobiert werden darf. Bei einer regulären Benutzung muss die Software beim Programmautor gegen eine meist geringe Gebühr registriert werden. Damit hat der Benutzer die Möglichkeit, die Software vorher ausgiebig zu testen. Der Autor kann auf aufwendige Vertriebswege verzichten und daher die Software meist preiswert anbieten.

Software Das ist ein anderer Name für die Programme.

Tabellenkalkulation Dies sind Programme, mit denen sich Berechnungen in Tabellenform sehr einfach machen lassen.

Textverarbeitung Dies sind Programme für das Erstellen von Briefen, Berichten, Büchern und so weiter (z.B. WordPad oder Microsoft Word).

Unix Unix ist ein Betriebssystem, das insbesondere in der Welt der Großrechner (Mainframes) verbreitet ist.

Viren Programme, die sich selbst verbreiten und in andere Programme kopieren, wobei häufig Schäden an anderen Programmen, an Daten oder an der Hardware auftreten. Meist stören Viren den Computer bei einem bestimmten Ereignis (z.B. an einem bestimmten Tag).

XML Abkürzung für Extended Markup Language, eine Spezifikation zur Speicherung von Daten in Webseiten.

Zeichensatz Die Zeichencodes, die auf dem Rechner zur Verfügung stehen (ASCII, ANSI).

Liebe Leserin, lieber Leser,

herzlichen Glückwunsch, Sie haben es geschafft. Windows XP Home ist Ihnen nun vertraut. Ist es Ihnen nicht viel leichter gefallen, als Sie am Anfang dachten? Genau das ist das Ziel unserer Bücher aus der easy-Reihe. Sie sollen helfen, erfolgreich die ersten Schritte zu gehen, und den Leser auf keinen Fall mit unverständlichem Fachchinesisch überhäufen.

Als Lektorin hoffe ich, dass Sie durch das Buch die richtige Unterstützung bekommen haben. Denn für Ihre Zufriedenheit stehen alle Beteiligten mit ihrem Namen: der Verlag, die Autoren, die Druckerei.

Aber niemand ist perfekt. Wenn Sie Fragen haben: Fragen Sie. Wenn Sie Anregungen zum Konzept haben: Schreiben Sie uns. Und wenn Sie uns kritisieren wollen: Kritisieren Sie uns.

Ich verspreche Ihnen, dass Sie Antwort erhalten.

Denn nur durch Sie werden wir noch besser.

Ich freue mich auf Ihr Schreiben!

Birgit Ellissen
Lektorin Markt+Technik
Pearson Education Deutschland GmbH
Martin-Kollar-Str. 10–12
81829 München
E-Mail: bellissen@pearson.de
Internet: http://www.mut.de

Stichwortverzeichnis

Symbole

A

B

C

D

E

F

N

O

P

Q

R

S

T

U

V

W

X

Z

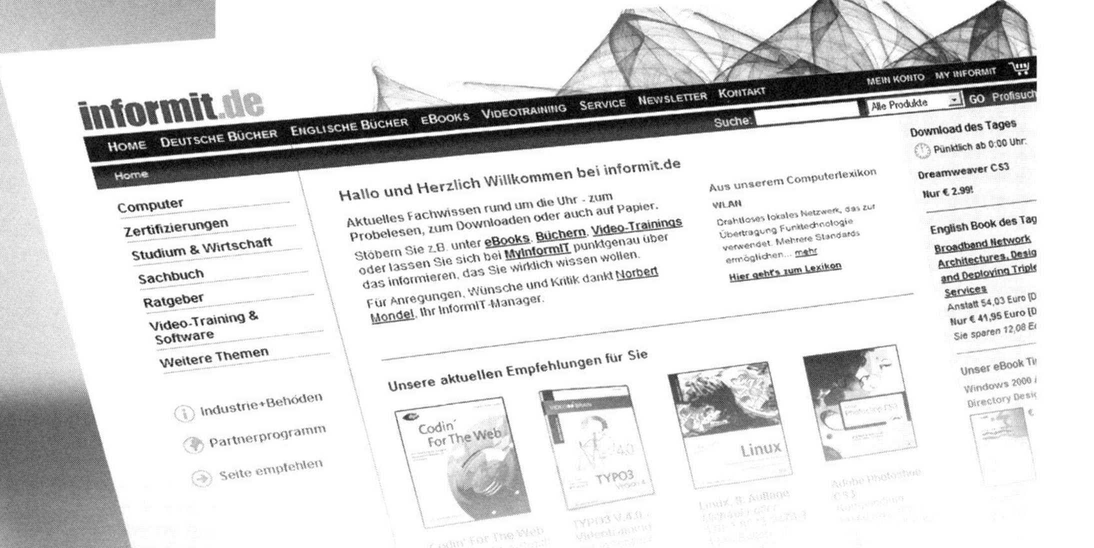

informit.de, Partner von Markt+Technik, bietet aktuelles Fachwissen rund um die Uhr.

www.informit.de

In Zusammenarbeit mit den Top-Autoren von Markt+Technik, absoluten Spezialisten ihres Fachgebiets, bieten wir Ihnen ständig hochinteressante, brandaktuelle deutsch- und englischsprachige Bücher, Softwareprodukte, Video-Trainings sowie eBooks.

wenn Sie mehr wissen wollen ...

www.informit.de

Heute noch ins Internet!

Leicht und schnell bringt Sie dieses Buch ins Internet. Jedes Kapitel bietet ein Thema: von eMail bis eBay, von Surfen bis Sicherheit, von „Telefonieren übers Internet" bis „Musik aus dem Internet", von Podcast bis Firefox. Ein praktisches Hilfekapitel unterstützt Sie außerdem bei allen Problemen.

Ingo Lackerbauer
ISBN 978-3-8272-4091-0
16.95 EUR [D]

Sie suchen ein Computerbuch, das Ihnen den Einstieg leicht macht? Die Bücher aus der Reihe easy erklären alle Arbeitsschritte mit leicht verständlichen Texten und vielen Abbildungen. Nur Fernsehen ist leichter!
Mehr auf www.mut.de

So einfach!

Easy zur ersten eigenen Website: Kapitel für Kapitel, Schritt für Schritt. Die Autoren führen keine fertigen „Website-Baukästen" vor, sondern zeigen sehr verständlich, wie man mit HTML-Grundlagen, CSS, Layout-, Struktur- und Design-Know-how eine gute, solide, bestens auf die eigenen Bedürfnisse abgestimmte, funktionierende Website baut, mit JavaScript mehr Pep reinbringt und mit PHP dynamische Seiten erstellt.

Tobias Hauser; Christian Wenz
ISBN 978-3-8272-4258-7
17.95 EUR [D]

Sie suchen ein Computerbuch, das Ihnen den Einstieg leicht macht? Die Bücher aus der Reihe easy erklären alle Arbeitsschritte mit leicht verständlichen Texten und vielen Abbildungen. Nur Fernsehen ist leichter!
Mehr auf www.mut.de